■■■ 21世纪广播影视一体化系列教程

编委会成员

主 任
陈祖继

副主任
张乐平　廖全京　徐先贵

编委（按姓氏笔画排名）
王志杰　曲　斌　刘益君　刘　彤　向　东
李佳木　宋永祥　贺莉娅　徐　荐　黄晓峰
韩治学

四川省卓越新闻传播人才教育培养计划项目
四川省2013—2016年高等教育人才培养质量和教学改革项目成果

DIANSHI JIEMU
CHUANGYI CEHUA YU ZHIZUO

电视节目
创意、策划与制作

徐荐 李万才 谷琳 魏伟 ◎ 编著

中国传媒大学出版社
·北京·

广播影视教育"一体化"模式，
是一种有益的探索(代序)

改革开放以来,人民物质生活水平极大提高,随之而来的是如何满足大众的精神领域需求,广播影视事业的蓬勃发展无疑顺应了这一趋势。但是,随着科学技术的不断进步,尤其是目前全球已经进入了信息化时代,网络、手机等新媒体的兴起,使得传统广播影视倍感压力;同时,越来越多的国外广播影视机构纷纷进军我国,也对本土的广播影视事业带来了冲击。为了应对严峻挑战,广播影视从业人员必须改变传统思维模式来适应不断变化发展的新形势。此外,高等院校影视类理论研究和实践课程一直滞后于行业发展,市场的需要、科技的发展,促使影视传媒教育必须转变思路,转换模式。

要建构起这种模式,我个人觉得,必须了解国内媒体所处的现状以及对人才的要求。

媒体大环境的转变给众多一线操作人员带来了全新的挑战。2009年8月28日,《中国新闻出版报》发布了《中华新闻报》停刊清算公告,此前该报曾多次试图引进战略资本,但都未能如愿。作为首家因经营不善而倒闭的中央级新闻媒体,这一消息无疑对于传媒界来说犹如晴天霹雳。传统媒体的工作人员或许即将面临"被跳槽"到网站、电子杂志等新媒体的境遇,他们原有的技能又明显无法满足新媒体时代的要求,亟待升级、更新。要想培养一名优秀的影视传媒人才,传统意义上的"积累工作经验"是不够的,教育工作者还要对在校学生进行"深加工"。这就需要在平时尽量让他们多参与活动策划、社会实践,多进行拍摄和编导实际操作,融入不同的工作环境,接触不同的行业,从而积累自身的职业经验。

从事媒体管理的人都知道：人才转型是一个艰难的过程。尽管我们已经培养了大量的媒体工作者，但在新媒体、全媒体时代，一切都要从头开始。例如电子杂志，对记者的要求明显高于传统杂志，特别是技术含量、知识含量。以前记者参加一个产品发布会，写一篇文章就够了。而现在，记者在采访前首先要写一篇关于"某公司将要发布一个新产品"的新闻在网站公布；然后，记者参加新闻发布会，掌握了新闻材料和现场情况，再通过网站在网民中调查：这款新产品哪些功能是新的、哪些是旧的？功能表现怎么样？最后把网友的代表性意见在杂志中汇总，发表评论文章，有时还要链接某项社会调查和策划。

我们已经认识到这种社会转型的存在，也意识到课堂转型的必要性和紧迫性。因此，我们必须培养学生多角度的、动态的采编能力：他们不但要具备传统媒体工作者的策划能力，而且要把握新媒体受众的心理，用最合适的形式展示信息；既要学会运用网页的版式、色块、标题，提高点击率，又要善于用最精练的语言，发布最有冲击力的信息；既要具备传统的语言概括能力，又要掌握运用 3D、视频、音频呈现信息的新技术。

为了培养适应新媒体时代，特别是全媒体时代要求的媒体人才，满足市场对人才动态变化的需求，作为一所新建的独立艺术学院，成都理工大学广播影视学院（现四川传媒学院）逐步改变传统的教学模式，面向市场办学，加强实践环节，极大地锻炼了广大学生的实践能力。特别是编导与戏剧影视文学系更是在学院的大力支持和精心扶持下，在各教学组织中脱颖而出，逐渐形成与广播影视事业鱼水相依的教学特色，提出了"一体化"的人才培养模式，即："采、编、播、摄、录、演、服、化、导、音、美、照"全方位培养。"一体化"的培养模式应具备"一体化"的实践性课程体系和教学目标，具体体现在多层次、多规格、多样化、开放式的教学特色，全面培养学生掌握"镜头＋笔头＋口头＋手头"的"四种能力"，逐步探寻出一条以市场动态为导向，不断激活传统课堂的静态模式，同时注重新型师资力量培育和毕业论文设计改革的道路，适应了数字技术和网络时代发展对于影视传媒人才培养的需要，促进了教学质量的提高。

由成都理工大学广播影视学院编导与戏剧影视文学系组织编写的这套"广播影视一体化系列教程"，可以说是基于时代的需要，融会贯通了这种"一体化"的人才培养模式，试图通过研究广播影视在新媒体和全媒体时代的发展，探寻市场动态，丰富我们的教学培养模式和育人方式。

其一，以大传播的理念、全媒体的视野，植根广播影视，面向传媒界。这是"一体化"人才培养模式的应有之义，也是该丛书的首要特点。该丛书为广播、电视、电影、报刊、网络、出版及新媒体竭诚服务，在成都理工大学广播影视学院马洪奎院长提出的办学方针，即"在学生掌握专业理论知识的同时，突出实践能力的培养，努力做到在校学习专业能力与将来岗位工作能力'零距离'接近"的基础上，提炼出鲜明的特色和优势。该丛书一方面力争将自己的研究对象置于理论层面上加以审视，从传统文化传承中寻求对特定问题的解释，并以此观照中国广播影视的发展；另一方面，又十分注重用市场的需求来反观影视人才培养的历史、现状和未来。在大量的实际操作和宽阔的实习平台中，构建一个开放的、动态的、科学的、零距离接近的育人模式，这是"一体化"培养模式的内涵。

其二，培养时代需要的新型的复合型人才，既是"一体化"人才培养模式的目标，也是该丛书的立足点。很多高校都提出过培养复合型人才的目标，但多数对复合型人才的界定，仅仅体现在动手能力的多元化和技术运用的多元化方面。在新媒体和全媒体时代的今天，我们需要在直面传媒市场的基础上，实施"产学研，实践第一"的人才培养方式，对复合型人才进行重新界定。北京影视艺术家协会理事、北京华谊兄弟影业投资公司董事长王中军认为，当前影视传媒行业的现状，最缺的不是演员而是管理人才和制片人，制片人可以是综合整个影视公司的管理人才。他说："制片人担起了关键角色，从对电影规模的把握到选择导演，选择演员，都是制片人的任务。如冯小刚导演不光是个导演，也是制片人，从选题材、抓剧本，到最后怎么拍、怎么卖，全权负责。"如何培养具有管理素质和市场运作能力的媒体人才，一直是我们探寻的问题。目前，我国高校影视传媒类专业非常多，但是在传媒管理人才和市场运作能力培养方面却比较弱。国内总共有5000多家媒体，从业人员近百万，而实际上真正懂得媒体经营管理的人不到1%，传媒企业的管理人员大多数来自于业务岗位。国家广播电影电视总局发展与研究中心研究员李岚介绍说："激烈的市场竞争使很多的传媒机构不得不通过猎头公司来引进传媒业之外的高级管理人才，这些人才又存在转型过程，不熟悉传媒运作特性。作为传媒经营管理人才，首先他应当熟悉中国传媒经营业务的国情，要懂得运用经营管理和传媒知识，一定要是一个职业经营管理人。传媒高级管理人才，还必须有一定的媒体经营才能并熟悉资本市场。具体而言，这些人应该有三种能力：一是要把握体制政策；二是熟悉传媒业务;三是要懂得企业经营管理方面的知识。"因此,影视传媒高校真正要培养的人才是既懂业务又懂政治和资本市场运作的新型的复合型人才。此外,川籍著名导演毛卫宁也曾经多次说过培养新型的影视人才,首先是培养学生的一种"观念"。本丛书作者就是期望能够从日常的教学过程中去努力探索一条道路,即从仅仅培养业务上的人才向具备以上三种能力的新型的复合型人才过渡,这正是"一体化"人才培养模式的最终目标。

  其三,丛书的作者来自两个方面:一是具有较深学养的院校专业教师和研究人员;二是具有丰富实践经验的一线工作人员。其构成不仅仅说明了"一体化"人才培养模式理论和实践的紧密结合,理论为实践服务,重视突出实践,同时也为该丛书的可读性提供了保证。该丛书既可以作为各大院校相关专业的教材,也可以成为从业人员的进修读物。

  当然,影视类人才培养的模式还在不断向前发展,丛书难免存在种种不足。但我相信,这只是一个开始,同时,也希望能有更多的年轻同志投入这项工作,因为,新媒体和全媒体时代更多是属于你们的!今时今日,或许我们还无法看清新媒体时代特别是全媒体时代的庐山真面目,但是,这肯定应该成为我们影视传媒教育努力和思考的方向!我们愿意将这种"一体化"的人才培养理念奉献给读者,抛砖引玉。

  是为序。

陈祖继

2010年10月1日

(陈祖继教授系中国作家协会、中国电视艺术家协会、中国戏剧家协会会员,四川省新闻教育学会副会长,四川传媒学院副院长)

目 录

总　论	电视节目创意、策划与制作新解
	第一节　从"源点"出发　/2
	第二节　三个"轮子"构成"金三角"　/4

第一章	电视纪实片的创意、策划与制作
	第一节　电视纪实片概述　/46
	第二节　电视纪实片的创意　/48
	第三节　电视纪实片的策划　/73
	第四节　电视纪实片的制作　/96

第二章	电视短剧的创意、策划与制作
	第一节　剧情短片的创意、策划与制作　/122
	第二节　电视情景剧的创意、策划与制作　/146

第三章	电视文艺节目的创意、策划与制作
	第一节　诗情画意艺术片　/155
	第二节　电视文艺节目特别制作　/176
	第三节　电视综艺娱乐节目制作　/192

第四章 电视广告的创意、策划及制作

第一节　电视广告概述　/204

第二节　电视广告创意　/213

第三节　电视广告策划　/279

第四节　电视广告制作　/284

第五章 音乐电视的创意、策划与制作

第一节　音乐电视概述　/296

第二节　主旋律类音乐电视作品的创意与策划　/298

第三节　商业类音乐电视作品的创意与策划　/301

第四节　成熟期典型音乐电视作品详解　/314

附录一　简谈"韩流"的影响　/331

附录二　学生音乐电视作品例析　/333

电视节目创意、策划与制作新解

总论

第一节 从"源点"出发

第二节 三个"轮子"构成"金三角"

第一节 从"源点"出发

世间万物的内在规律,或者说自身逻辑、辨识秘诀,无一例外都有一个追根溯源、"打破沙锅问到底"的过程,作为高难度视听艺术综合思维和操作行为集大成的"电视节目创意、策划与制作",无疑更有"究根寻源"的必要。

中华民族的母亲河——黄河,发源于青海的巴颜喀拉山脉;"滚滚东流水"的万里长江,则发源于青藏高原的唐古拉山主峰——格拉丹东雪山。

再把目光转向世界历史文化遗产和自然文化遗产"双遗"宝地、至今还在"源头"上源源不断发挥祈福、积福、造福效应的都江堰水利工程。

昔日水患不断,被大诗人李白在《蜀道难》中描述为"蚕丛及鱼凫,开国何茫然"、"人或成鱼鳖"的成都平原,因秦国蜀郡太守李冰父子于公元前256年率众在"源头"岷江上非凡的治理——"乘势利导、因时制宜","深淘滩、低作堰","遇弯截角、逢正抽心",绝妙处理鱼嘴分水堤、飞沙堰溢洪道、宝瓶口引水等主体工程,巧借当地西北高、东南低的地形特征,将分流、泄洪、排沙、引水、灌溉、航运,天衣无缝地高度协和,遂使成都平原"水旱从人,不知饥馑",一跃而为名副其实的"天府之国"。堪称"世界水利文化鼻祖"的都江堰水利工程,无愧是当今世界首屈一指的年代最久、硕果仅存、依然惠泽和濡养着万众苍生的"无坝引水"远古第一"生态工程"。

无巧不成书的是,东距成都市区13公里,穿越都江堰市呼啸而下的徐堰河与柏条河,在一个名叫团结镇石堤村的地方汇合,再徜徉前行200米,被一道从天而降、长达百米的威武水闸迎面拦截,来自岷江汩汩流淌的清流瞬间一劈为二,一半为府河,一半为毗河,这块由两条河流怀抱、水草丰茂、生态完好、河水清澈、白鹭群飞的"风水宝地",即是被成都人誉为母亲河的府河的源头地带。

我国广播影视教育界的一匹"黑马",规模和设施均处国内同类学校前列的四川传媒学院(原成都理工大学广播影视学院),就坐落在府河源头这片空气清新、鸟语花香的土地上。

那么,视觉艺术的"源点"又在哪里?"寻根问祖",我们可以在它的先导——美术大家庭中把脉寻找。

物以类聚,触类旁通,这一下子就变得简单了。美术的源头在于它的红、黄、蓝

"三原色"(指三种基础颜色中的任何一色都不能由另外两种原色混合产生,而其他七彩斑斓的颜色则可以由这三色按一定的比例混合调配出来),红(玫瑰红)黄(柠檬黄)蓝(湖蓝),或者红(永固玫瑰红、洋红)黄(柠檬黄)蓝(群青)通过搭配,可以调配出自然界赤橙黄绿青蓝紫无穷尽的多重色相。

与上述美术三原色相对应,电视光谱三原色——红(朱红)绿(翠绿)蓝(蓝紫)——也能产生丰富的混合效应:朱红光＋翠绿光＝黄色光;翠绿光＋蓝紫光＝蓝色光;蓝紫光＋朱红光＝紫红色光;黄色光、蓝色光、紫色光为间色光;朱红色光＋蓝色光、翠绿色光＋紫色光、蓝紫色光＋黄色光,混合效果均为白色光。

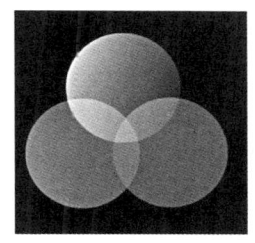

美术三原色与电视三原色

而减法混合的三原色则是加法混合三原色的补色,即翠绿的补色红(品红)、蓝紫的补色黄(淡黄)、朱红的补色蓝(天蓝),红色＋蓝色＝紫色,黄色＋红色＝橙色,黄色＋蓝色＝绿色。

三原色按一定的比例相混,所得的互补色为黑色或黑灰色。基于人们视觉习惯采用的中性色彩混合,亮度既不增加也不减弱。而将不同的光谱颜色并置,这些不同的颜色刺激就会同时作用到视网膜上的感光细胞,产生视觉色彩的混合效应。

概言之,魔术般可以变幻生发出异彩纷呈、气象万千的视觉盛宴的电视光影效果,究其本质——万变不离其宗——乃是其骨子里的红绿蓝"三原色"。

再回到电视播出运行的本体,无论作为宏观层面的频道、中观层面的栏目还是微观层面的节目,就其基本元素和对初入行同学进行操作的可行性来说,牵一发动全身,实打实创制"麻雀虽小五脏全"的单个电视节目还是特别地重要! 道理很简单,一个个具象电视节目的累积叠加和扩展延伸,便是电视栏目的构成基础和电视频道的雏形显现。从某种程度上说,电视栏目和频道又都是无数个被放大和延展的电视节目的综合与叠加。所以,"贪多嚼不烂",做一个像一个,做一个成一个,有的放矢、"量体裁衣"才最合适。

总之,电视节目创意、策划与制作是一项货真价实、重塑业者人品、打造业界精品的系统工程,毋庸讳言它更是一次真正意义上的"从源点出发"!

第二节 三个"轮子"构成"金三角"

一、创意

我们首先要搞明白什么叫"创意"？把它拆开细分，在"创"这边，直接引起我们联想的是：创造、创新、创建、创立、创办、创设、创获、创见、创举等，习惯性联系在一起的词组还有创造力、创造性思维。

而在"意"这边，接踵而至的有：意念、意想、意境、意味、意识、意图、意气、意趣、意会、意态、意象、意蕴、意愿、意旨等。

加在一起，不难理解，"创意"即是提出一种创造性的设计和构想。

我们不妨举一些耳熟能详、发生在大家身边，但不一定引起人们注意的经典案例，看看"创意"究竟在里面扮演了一个怎样的角色？

第29届北京奥运会，中国人的百年梦想，终于在2008年8月8日晚上8点一夜成真！

在这个盛大的、综合体现中华民族软实力的开幕晚会上，众多让世界为之倾倒的创意喷涌而出：比如太古遗音般的击缶计时；全场山呼海啸般的计数倒计时；极富民族传统，长147米、宽27米，由舞蹈演员点化抒写"山川日月"的巨画长卷；五千年华夏文明的精髓、由活字印刷术凸显演绎的"和"字；6万张笑脸衬映的主题歌《我和你》；变幻奇妙的太极图阵和诗情画意的人体鸟巢……但其中最重要、最传神、最朴素也最让人感慨的，却是烟花怒放后形成29个巨人脚印的绝妙创意。

天穹为幕，大地为屏，挥写在北京城中轴线上硕大无朋的"脚印"，跨着巨人的步伐迈进鸟巢，令国人与世界一派惊叹。这种用火药在北京上空绽放"焰火脚印"

的奇思妙想，无论在视觉营造还是立意开掘上，都具有无比恢宏的气势，成为该届开幕式"最大的亮点"（国际奥委会主席罗格语）。

再看看2010年上海世博会开幕式的"创意"。

如果说北京奥运会重点考虑展示中华民族的悠久历

史、灿烂文化和改革开放后的风貌风采,那么,首次在发展中国家举行的上海世博会(1851年首次举办世界博览会),则一改往昔纯"西方血统"而成为东西方文明交融、共享的盛举,开启了世博会的新纪元。同时,上海世博会也给了中华民族参与世界跨文化交流、重塑中国国家形象的历史性机会,以"理解、沟通、欢聚、合作"为目标,开始了关于"水滴"的全新创意。

我们不妨从会徽着手洞悉其视觉创意理念。

世博会会徽以汉字的"世"字为创意的"源点","世"与数字2010及英文书写的EXPO、SHANGHAI、CHINA巧妙组合,构成中西合璧、多元文化和谐交融的意境。从视觉形象看,会徽图案如同一个其乐融融的三口之家,极富人性化地凸现出"以人为本","家和万事兴、全球一家亲"的世博理念。主基调的生命绿色,尤其是最高处不经意托起的两个"水滴"状的小圆点(也像是一个球和一顶帽子),给人以无尽的遐想。

基于上海是一座江南水城,水是其生命之母和"美"的源头。上海作为临江濒海的港口城市,中国海岸线的神经中枢,以东海岸为满弓,六千三百公里长的长江为箭矢,东方龙的腾飞,离不开这黄金分割点上的远东第一大港,这一切的一切,与万物之灵、万业之本的"水",关系是太密切了。

开幕式更是将"水滴"的创意做到了极致。室内表演区由主舞台、圆形副台、合唱台和液压升降台组成,舞台的正前方密布着由计算机控制、象征水珠状的770个悬浮小球,仿若一个个俏皮活泼的小精灵。时而,小鳞片排列组合成世博会会徽EXPO的有趣字样;时而,它们又集聚成翩翩起舞的白鸽。由暗藏着21台电机的机械手控制的多功能超大圆球,遥控成直径5.8米的巨大花球,将"大珠小珠落玉盘"的历史意蕴,演变成"火树银花不夜天"的宏大胜景。

借助于水,把舞台拓展到江面,人与自然融为一体;依托于水,将演区延伸到天际,人与苍穹天人合一。"厚德载物,上善若水",五千年华夏文明的积淀,让上海世博会编织成水润润、光灿灿、永载史册的篇章!

剖析上述两个超大型晚会关于"脚印"和"水滴"的创意,我们是否对"创意"有了初步的了解?但作为学生,直接参与操办国家级的、百年一遇的盛典的机会是可望而不可即的,那么,就更实际一点,从自己身边大量的实例做起,辨识、储存、锻炼和磨砺自己的创意能力。

(一)关于创意的格言

创意不是以一当十,而是以一当千、当万,甚至于百万、千万。
创意是今后决胜企业经营的不二法门!
人生最大的刺激是"日新又新"。
创意是人类历史进化中永远有效的契机!
创意犹如原子裂变一样,只需一盎司就会带来无以数计的商业利益。
创意不是我们熟悉的苦力、苦工、苦熬,而是生命的智慧、灵感与效率。
创意要旨:人无我有,人有我优,人优我独。
对生活全面好奇的态度是伟大创意人成功的秘诀!
独创能力是国家兴旺的关键、生命力的源泉。
创意就是用脑袋来挣钱,用精神灯盏采掘物质富矿。
创意是一种突围、一种冒险、一种乐趣,是创造思路、创造想法、创造属于自己的原子能反应堆!
创意是与众不同的想法、个人心智及精神。
创意是想象力的发挥,创造欲的冲动;是灵感的迸发,好奇的探索。
谁占领了创意的制高点谁就将控制全球。
主宰 21 世纪经济命脉的,除了创意还是创意!

(二)创意的强势点

成功的创意赢得市场和观众的垂青,离不开它的独特之处。我们总可以从一则则引起轰动效应的案例中洞悉创意者精心布设的玄机。

1.设"奇"

人类本身有好奇、猎奇的天性,自然更有解奇、释奇的欲望。某品牌手表厂突发奇想,组织别开生面的飞机抛投手表新闻发布会,引发媒体和消费者极大的兴趣,当众人亲眼目睹高空坠落的手表毫发无损,分秒不差,依然还在滴滴答答走动时,这款手表的品牌效应和美誉度也同样"飞到了天上"。

辽宁电视台曾在被称为"塞外漓江"的东北冰峪沟拍摄《长发奇观》艺术短片,剧中人王丽娟眉清目秀、长发飘飘,头发精确长度 2.84 米,堪称吉尼斯之最!那么王小姐的秀发何以如此之长?她的饮食、生活与常人有怎样的不同?头发如此之长,是否她的相关"见识"就短?一连串的问号吸引人们一探究竟……

上海电视台拍过一个片子《"玩电"奇人李家俊》,这位电业局的奇才相当了不得,一次偶然机会,他发现了自己带电工作的特异功能,几经探索并加强自身锻炼,十余年后练就了带电为别人治病和在手上烹饪煎炸的绝活。这实在是不可思议，可将常人置于死地的220伏电压，竟成了他把玩于手掌间的小游戏。奇哉妙哉，究竟是"天方夜谭"还是"大千世界无奇不有"？

央视科教频道播出过西双版纳一位蟒蛇人的传奇故事，62公斤重的金花巨蟒大得有点吓人（系国家一级保护动物），偏偏这位名叫杨建松的勐腊小伙，与蟒蛇建立了14年的深厚情谊，甚至不惜将自己的婚事拖后，也要供奉这位"识人性、知感恩"的大自然"仙客"。这闻所未闻的精彩故事，吸引了观众的注意力，节目跃居央视收视排行榜第三名。

2. 设"趣"

好创意无处不在，瓜农果农待瓜果长到八成的时候，预先将剪成空心字的"福禄寿"、"吉祥如意"、"生日快乐"等标识贴在瓜果上，利用大自然的光照效应，产生栩栩如生的视觉效果。这样做，既增加了趣味性，又获得了不菲的经济效益。

一个DDT的创意短片，屏幕上黑线条勾勒出两只漫画蚊子，造型简洁、夸张，右面的老大端起手枪威逼左边的蚊子，直把它吓得胆战心惊、魂飞魄散，看着老二这副熊样，老大变本加厉冲将上去，说时迟那时快，左边的蚊子突然从腰间取出DDT暗器，冷不丁向右边的蚊子喷去，只见老大呜呼哀哉直挺挺倒下！此时，神气活现的老二洋洋得意地介绍起DDT如何如何厉害，并在飘飘然的情况下不小心朝自己喷了一下，不出所料，老二也戏剧性地直挺挺倒下。这趣味横生的幽默短片，直令观众忍俊不禁，笑得前仰后合。

比中国女篮主力中锋郑海霞高16厘米，比陈月芳高14厘米，身高2.20米的"华夏女巨人"姚德芬，真让人体会了一把什么叫势猛力大，什么叫高山仰止。

出生于安徽舒城山区的小芬子受聘于安徽一家杂技团，她随团到上海沪西工人文化宫演出，参与表演的节目一般，但编导着力开掘她生活中的率性、骨子里的憨厚和扳手劲时的爽朗，让该片充满了乐趣。

同样，原为林业工人操刀伐木的钢锯、饭馆厨师拨弄的杯盏碗碟，在金少白、巫洪宝两位业余音乐高手的操弄下，演绎出世所未闻的幽默音乐传奇。他俩不简单，一位是首创中国锯琴专利和组织锯琴协会的音乐教师，一位是部队文工团拿起炮弹壳、废油箱都能演奏几下子的怪才多面手，有如此能耐的两员骁将，进行一番龙争虎斗、你来我往的《"锯"与"碗"的对话》，其谐趣妙境，无疑不言而喻。

3. 设"反"

特指反常规的"反其道而行之"，截然的"背反"。例如国人首获诺贝尔文学奖的莫言，观其相何其本份、何其厚道，而一旦进入创作状态则自诩无比地"贼胆包天、狗胆包天、色胆包天"。这便是逆向思维的具象化——抛开大路自辟蹊径。

某品牌运动鞋做创意设计,排列整齐的大商场货架上,中心部位是该品牌款款有致的精美造型,周遭是清一色的与鞋子一般大小慵懒沉闷的蜗牛。顾客惊讶震慑之余,不免对反衬蜗牛模样、蜗牛速度的品牌运动鞋之俊朗之快捷,产生合理想象的期待,这便是别致和强烈对比产生的效应。

央视7套《致富经》节目介绍的养殖专业户黄锦华的致富故事特别有意思——别人是想方设法把鱼养肥投放市场挣钱,而他却千方百计将鱼弄瘦挣钱,而且是挣大钱。

黄锦华16岁起跟着别人贩鱼,自己也包了200亩鱼塘,一次去香港卖鱼,发现那边的人更喜欢吃没肥膘的鱼,从此他把活水引进池塘,经澄清、消毒,将鱼塘改造成不投任何饵料专门为鱼减肥的"瘦身池"。

别人纳闷,黄锦华把鱼减掉15%的体重,上市岂不亏了!可令大家想不到的是,瘦身鱼要比一般的鱼贵两三元一斤,好吃且卖得快。其他养殖户想效仿,但池塘水质不行;而市场一经打开,黄锦华养的鱼不够了,于是,近千养殖户与他合作,产业链由此形成,每天交易量近两万斤。

靠着养瘦鱼的怪招,黄锦华的瘦身鱼风行珠三角和香港、澳门,他不仅成了当地养殖行业的龙头老大,且造就了一条年产近五千万的产业链,年创财富两千多万。

贵州卫视季播栏目《中国农民工》,其中一期"最牛胖胖组合"让人有太多的惊喜和感慨。

谁都知道眼下是瘦身横行、"眼球经济"时代,书报亭、广告栏、招贴画、显示屏,举凡抬眼见画的地方,必是袅娜娉婷的美人形象;哪怕是男性运动的NBA篮球赛、不乏血腥的拳王争霸赛以及绿茵场上喇叭轰鸣的足球世界杯赛,性感美女拉拉队和火辣动感的"篮球宝贝"、"足球宝贝",都是断不可少的。

而四位体重加起来有1000斤、通常被认为是"丑女"的姑娘,勇敢自信地踏上了舞台,展现出"世上最牛胖胖组合"令人惊异和肃然起敬的精神特质。

来自成都的"肥肥"与主持人拥抱时自嘲"是不是像麻袋一样有一种很扎实的感觉"。牡丹江的"薇薇"自诩"快乐自己,感染别人"。濮阳姑娘"肉肉"开门见山:"牙好胃口就好,身体倍棒,吃什么都香!"郑州"小八"宣言:"吃别人的饭,长自己的肉,让别人无肉可长。"

姑娘们言谈举止间透射出罕有的阳光与快乐。称体重,她们敢于展现;以为胖妞必慵懒、迟钝,可她们双腿一字开,"劈叉下腰"毫不费劲;学模特猫步,四姑娘信心满满,风姿绰约;跳民族舞蹈,她们自然天成,不失"性感妩媚"。面对生活中近乎残酷的生存压力,她们淡定、乐天、灿烂!在这样一群"闪亮"天使面前,就是上苍也会自叹弗如,"羞"得躲起来。

贵州卫视这档独具一格、与世俗审美截然背反的节目，直让观众乐得合不拢嘴。

4. 设"局"

有时候创意就是设"局"，精心设计一个圈套，让自以为有能耐的"主"们"自投罗网"，而丝毫不感到有任何的不敬和委屈。譬如英国某报，大幅刊登通版预告：无论谁，无论来自哪个国家哪个民族，也不管是什么人，只要你能论证"哥德巴赫猜想1+1"，就能获得100万英镑的重奖。然而，乾坤旋转，春去冬来，多少年过去了，参与者换了一批又一批，"赴汤蹈火"者一队又一队，可说是摩肩接踵、前赴后继，但很遗憾，至今仍未有一人折桂，甚至说得"残忍一点"，连希望的曙光也没看到。这个案例，"众人迷糊他独醒"，唯有报社一家，空麻袋背米坐收渔利，得了名声而又未有任何破费。

台湾宏远电讯一则广告短片，可说是极尽"弄险"之能事：一只脚踩在钢丝上（拿捏的精准度很高），只见眼前飘过一片絮状的卫生棉，配以"来了，真的来了……"划过几粒酸梅，配以"有了，终于有了……"的画外音，简单得不能再简单，却一矢中的，传达出该电讯产品快捷高效的意蕴，令人拍案叫绝。

一家大公司，高薪招聘创意总监，消息刊登，应试者扎堆，人们不仅看中它的高薪待遇，更看重它的成长空间。面对蜂拥而至的应聘者，招聘负责人声言："相马不如赛马，为了选拔高质量的人才，我们出一道真实考察题：怎么想方设法，把更多的木梳卖给和尚！一周后看结果。"

话音刚落，现场"爆"成了一锅粥，绝大多数应聘者疑惑不解，有的愤然不平："出家人剃度为僧，向他们推销木梳，岂非自撞南墙吃错了药？！看来招聘方居心不良，纯属恶搞戏弄！"还有人说："醉翁之意不在酒，玩的是偷梁换柱，招聘是假，自我宣传是真！"一时间，沸沸扬扬，应聘者几乎散尽，只剩下小伊、小石和小乾三位应聘者。

一周后，真人露相大揭秘，招聘负责人问小伊卖出多少。答曰："一把。""怎么卖的？"小伊历数推销的辛苦，感叹受到众多和尚指着鼻梁训斥，还遭到追打；好不容易下山途中遇到一个一边抓虱子一边挠着又脏又黑头皮的小和尚，就递上一把木梳，小和尚用后非常喜欢，就买了一把。

负责人又问小石卖了多少。答曰："十把。""怎么卖的？"小石说他去了一座名山古寺，因风大，进香者的头发都被吹乱了，他灵机一动找到寺院住持说："在我看来，蓬头垢面是对佛的不敬，建议在每尊佛的香案前放一把木梳，以供善男信女梳理鬓发。"住持觉得有理，采纳了小石的建议。考虑到山上有十尊佛，于是买了十把木梳。

卖出一千把木梳的小乾,受到了招聘负责人的特别垂询。小乾娓娓道来:慕名来到深山宝刹,在结束相关考察后求见方丈:"凡来此名刹进香朝拜者,都有一颗善良虔诚之心,宝刹理应有所回赠,以示纪念,考虑到方丈书法超群,文章了得,而我正巧有一批木梳,建议刻上您写的'积善梳'三字,以作赠品。"方丈听罢大喜,立即买下一千把木梳,并热情款待小乾出席首次赠送"积善梳"仪式……方丈并留言:要买更多不同档次的木梳,分送给朝拜的施主与香客。

不怕不识货,就怕货比货,招聘结果谁担纲创意总监已不言自明。

(三)创意的行为误区

鉴于"创意"是个颇为梦幻又异常诱人的命题,挡不住追逐者的心驰神往;也因为"创意"是个色泽饱满、芳香四溢的奇异果,难免使树下摩肩接踵的经过者在观赏的同时情不自禁地抚摸它几下。所以,"创意"免不了要招惹些是是非非。

最容易踩上"地雷"的,是生活中最普遍,敏感度也最高的涉及"性"、"秀"、"格"的三个方面。

涉"性"出的问题最多。由于客观上操作美女广告比较容易,且最能引起人们的注目,加之女性身体部位的展现极易让人想入非非,因而该类广告成为某些"踩钢丝人"的"杀手锏"。

一则地铁灯箱广告:画面上一位漂亮性感的女郎胸前纽扣崩开,豁然露出"冰山"一角,旁边配以醒目大字"开了",底下标注某商场即将隆重开业。此招引起一片哗然,被认定"有碍首都城市形象"而遭罚被撤。

另有一则房地产商广告:"价格低一点,位置好一点,选择多一点。"可对应画面为裸露的"三点式"比基尼乳罩和内裤,直让人啼笑皆非,哭笑不得。

一些媒体热衷"性隐私",背后往往出于抢"收视率"和经济利益的考量,罔顾大众媒体的伦理责任,无节制地制作、播放涉性节目,客观上恶化社会伦理氛围,贻害青少年身心健康,显然是大不适宜的。

同样,涉"秀"的节目也问题多多。例如,遭广电总局明令禁播的整容、变性节目《美莱美丽新约》,画面血腥、恐怖,引起观众强烈不满。

近年来西风东渐,荧屏选秀节目异常火爆。这类节目,常以出格举动、麻辣点评、刻意煽情,以及追星族们的互相贬损、攻讦而掀起轩然大波。率先被广电总局叫停的选秀节目《第一次心动》,丑陋、低俗,热衷噱头炒作,在评委选择、比赛环节、歌曲内容、策划监管等方面均出现重大失误,产生了非常不良的社会影响。

那么,究竟由谁来给大众娱乐确定"游戏规则"? 文化娱乐的底线在哪里? 通俗与恶俗、有趣与恶搞、策划与炒作之间的界限是什么? 电视娱乐节目如何把握自己的伦理尺度……广电总局高悬的"尚方宝剑"使之得到了规范。

涉"格"指有损道德准则和民族情感，有辱人格、国格的行为，每每引起骨子里有着强烈爱国心的人的极大愤慨。快餐巨头麦当劳的一则广告就招致国人广泛的声讨和谴责，它的情节是这样安排的：

顾客：一个星期就好了，一个星期……（老板摇了摇头，不语）3天时间，3天时间好不好？

老板：（态度异常坚决）我说了多少遍了，我们的优惠期已经过了！

顾客：大哥，大哥啊……（跪地拉着老板的裤管乞求）

此时，画外传来"惊天大逆转"的激情旁白：幸好麦当劳了解我错失良机的心痛，给了我365天的优惠……

一则小广告，深深刺痛了改革开放后国人敏感的神经，广告方解释，他们是根据顾客天天都想得到价廉物美商品的愿望，据实设计的一个故事情节，下跪的细节仅仅是为了让广告显得更轻松和幽默。

这就涉及人格、国格和最起码的做人尊严，以此拙劣手法罔顾中国人民的民族情感而刻意抬高自身，实在是既可悲又可怜。

(四)创意者的"质地"构成

创意人才的"质地"必须是复合型的，尤其是从事诸如广告、建筑、交互休闲软件、音乐、电视、电影等创造性职业的人，往往都是受过艺术、技术、管理、营销、融资等复合型教育的高级人才。真正的创意精英是博学多才、思路开阔、反应敏锐、对策众多的复合型人才。对他们的培养会分成若干个层次，从最初一般操作层次的人物设计、造型设计，过渡到"会讲故事"，再从创意的核心层面里遴选出来。创意产业需要跨行业、跨领域的"杂交"协作，因而，各个领域不同层面的高端人才都是创意产业所必需的。

选拔创意人才的重要途径是培养和组建创意团队，即把不同特长和层级的人聚合起来，包括艺术家、实现创意理念的操作者和懂得国际市场营销、融资的国际人才，组成跨行业、跨领域的创意团队。我们认为：只有在这种高层次的跨界交流中，运筹帷幄的创意大家才有可能涌现。

就我国目前的状况来说，创意人才绝对是稀缺资源，"可遇不可求"。他们的孵化、成长与相对宽松的环境、相对温适的"气候"和各方面的支持、提供实践的平台分不开。这些要素对于创意，如温床之于蘑菇，如春天之于新笋。创意人才通常不是标准化模式所能"克隆"出来的，他们更需要自由想象的空间，使其浪漫洋溢的禀赋和天性得以光大与拓展。

真正的创意人是特别讲究和认真的，"创意"离不开灵感，他们身上往往带有一种喜欢冒险和反叛的"波西米亚属性"。全世界活跃着这么一批特殊的人,他们可能在生活上自由散漫、放荡不羁、我行我素,但先天富有敏感、灵气和傲视一切的特性。美国学者弗罗里达曾指出,创意阶层的成员"有一种共同的创造性气质,即对创造性、个性、差异和价值的重视……"

创意倚重灵感同时又有别于灵感。因为灵感是特定时间和环境下碰撞出的火花,可能会瞬间消失。而创意则是对某一事物的整体构想,是系统化的整体思路体现。创意也不同于狭义的点子,可以说它更具有一种能量释放的发散力。

创意需要方方面面的知识积累、经验积累、时间积累和资源积累。有的创意往往需要很长的时间才能实现,因为只有量的积累才能达到质的飞跃。一个好的创意需要智慧和对创意事物本质的把握,更需要具有相当的综合知识和专业水平能力。当你面对某种事物或特定环境时才能产生联想,思考得到升华,不断迸发出灵感的火花,获得创意能量的释放。

其实,创意就在我们的身边,这里所有的财富和成就,都是从与众不同的杰出创意开始的。

一位日本妇女利用废弃的罐头,填上营养土撒上花种子,成就了一门"懒人也可以养花弄草"的罐装花卉事业,年获利两千万日元。

英国一位70岁的老者,看到学校老师只能摊开地图讲解地球,便设计发明了滚动的地球仪,年营业额一千四百万英镑。

国内某工程师从"鱼头比鱼身贵,鸡爪比鸡肉俏"的市场规则中获得启示,将鲜果罐头厂丢弃的橘子皮加工再利用,开发出一种维生素和食物纤维含量高,兼具理气消滞和增进食欲功能的新产品——"珍珠陈皮罐头",市场价格竟然是橘子罐头的十几倍。

另外,每一个好创意的诞生都不可避免经历一番苦涩与艰辛,在一个新概念成形的过程中,肠枯思竭,辗转反侧,那种绞尽脑汁、千呼万唤,那种朝思暮想、神魂颠倒,都是经常遇到的。有时候云里雾里,似乎遥不可及;有时候若隐若现,柳暗花明,又似乎近在眼前。

激发创意的一种常用方法是"脑力激荡法",伴随着思想的交锋、智慧的闪烁,好点子、好概念自然会喷涌而出。脑力激荡法为我们提供了一种有规可循的创作方法,更是一种训练思维的方法。当这种激荡的思维成为创意人的习惯,创意就会如泉眼喷涌一样源源不断。

创意是什么?创意就是独一无二,它排斥常规和雷同,它是划破夜空的思维闪电,是厚积薄发、稍纵即逝灵感的喷发和闪现,它的独特和首创性,是久蓄内里遇到临界点时产生激烈"化学反应"升华的一种顿悟。

诚如哲人王国维所形容的做学问的三种境界:"昨夜西风凋碧树,独上高楼,望尽天涯路"——独处、冥思、苦熬；"衣带渐宽终不悔，为伊消得人憔悴"——矢志、坚韧、无悔；"众里寻他千百度，蓦然回首，那人却在灯火阑珊处"——开启、转折、亮色。成功创意的偶然与必然，皆出于如此漫长历练的修行，这三种境界转用在创意人身上，也是一样的精彩和贴切。搞创意，是一种近似于"精神苦行僧"的活儿，人人心中皆有创意，但并非人人皆能做出创意，古人反复权衡"僧推月下门"还是"僧敲月下门"，挖空心思，精准无极限，"吟成一个字，捻断数茎须"，虽然劳心费神耗力，却仍然其乐无穷，其得无穷。

同时，创意工作者还必须练就坚强的神经，经得起任何外人的挑战、质疑甚至"讨伐"、批判。身为创意人，一定要有敢于将自己呕心沥血的作品摊出来、让众人"挑刺"检视的勇气，学会"不自恋"，能客观理性地对待自己的作品，最大限度地倾听和吸纳别人意见的有益部分。也许，这能改变命运，展现出一派别有洞天的世界。

例如央视新闻品牌栏目《焦点访谈》专访前联合国秘书长加利时，就有一个特别巧妙的创意。他们既没有按常规出牌，让对口英语记者采访，也没有按重大节目惯例操作，请台里大牌主持采访，而是出其不意地邀请了一群孩子和普通观众向加利秘书长作宛若家庭叙谈式的问答采访。

这个创意妙不可言。大家都知道，联合国乃综合世界各国之和，秘书长乃日常执行联合国公务权力之长。由一群本身也可称为联合国小公民的孩子和普通公民的观众，用他们自己特有的大白话语言，向联合国的"当家人"聊天发问：联合国有多大？联合国秘书长的权力到底有多大等实实在在的话题，不能不让司空见惯答遍了世界各国记者提问的加利秘书长，倍感亲情有意味。这种家庭式的轻松随和的交谈，也正好生动体现和契合了联合国倡导的理念——"国与国平等，人与人友善，大家亲如一家人"。难怪，向来严肃的加利一下子变得那么惬意幽默，兴趣盎然。可见这个创意"绝顶"的好，该节目能获得当年度中国新闻一等奖也绝非偶然。

(五)创意的大趋势

创意产业可以说是时下一个潜力巨大的新兴产业，"创意产业"又称"创意经济"或者"创造性产业"，它是在全球化浪潮中，在产业革命向低碳经济、绿色经济转化过程中一次举足轻重的革命性转变。

创意产业通常包括广告、建筑、古董市场、手工艺品、时尚设计、电影电视影像、交互式互动软件、音乐、体育、表演、出版、计算机服务、旅游、文博、文化遗产等载体，通过知识产权的开发可创造潜在的财富和就业机会。

"创意产业"这一新语境的出现有其自身发展的必然。它是对旧行业理论范式、运作机制的一种调整和反拨。通过"越界"跨行业、跨领域的组合，发现与寻找文化与经济联姻的增长点。

而文化创意产业尤其推崇创新、推崇软实力向硬实力的过渡,强调文化艺术对新经济的支持与推动,它已经从最初一个探索性的前卫的念想,演进为风靡世界实体经济的一门庞大的产业,尤其对我们这样一个正在转型中,以过度消耗本国自然资源和廉价劳动力为发展模式的制造业、加工业大国,一个世界经济大拼盘中处于中、低端的发展中国家,未来文化创意产业对中国经济的全面协调发展和产业结构的优化、调整,具有不可估量的划时代意义。

当今世界,创意产业已从遥远的地平线"华丽转身",它的知识密集型、高附加值、高整合性特征,对优化产业结构、整体提升我国的产业发展水平,具有不可估量的作用。

创意,其实就在大家身边,它离我们的生活很近,如同每天呼吸的新鲜空气,如同驾车出行的安全气囊,都是须臾不可分离的。

先来看一组让人心"惊"的数字:全世界创意经济每天创造的价值为220亿美元,并以5%的速度递增,美国达14%,英国为12%。纵观全球,发达国家的众多创意产品、营销、服务,形成了一股巨大的创意经济浪潮。试以英国为例。十年来,英国经济整体增长70%,而创意产业增长93%,显示了英国经济从制造型向创意服务型的战略性转变。同时也使创意产业成功推动了英国的出口,有效地抵补了货物的贸易逆差。譬如英国曼彻斯特,原先是个很重要的纺织工业城市,很早就把产业转移出去了,如何解决就业等问题,曼彻斯特的做法是把老工厂改造成创意产业,做成艺术交流和艺术家活动的场所,在世界上很有影响力。现在,伦敦创意产业对经济发展的贡献已远远超过传统老大的金融业,伦敦已成为公认的国际创意之都。以电视界为例,上海文广新闻传媒集团、湖南广电等国内多家媒体,每年都要选派一定数量的业务骨干到伦敦轮训,学习他们的创意途径、方法,借鉴他们的模式操作运行,让亲历者获益不浅。

再来看一组让人心"寒"的数字:在中国的合资汽车企业中,外资提供30%的资本,拥有50%的股份,拿走70%的利润,中方企业只得到利润的30%。公平不公平?没法回答,因为企业的核心技术是人家的。而冠名外企贴牌商标,中方辛辛苦苦全额完成设备制造,但外国人拿走了利润的92%,付出辛劳和汗水最多的中国人只能得到8%。很多人为之鸣不平:"人家吃肉,我们啃皮,人家吃米,我们咽糠"。"中国制造"与"外资创造"差别就在这里,停留在低端粗放阶段"汗水工业"得到的结果,就是这样的不留情。

我们把眼光转向全球最大影碟播放设备制造基地,这里,中国每出口一台DVD需交纳外商18美元专利费,扣去成本,自己只赚区区1美元的蝇头小利。一台标价79美元的MP3播放机,作为制造商——中国企业的纯利润只有零头里的零头:1.5美元。

再想想,泱泱大国五千年灿烂历史文化,由于缺少创意,缺少市场化运作,那果子还是硬生生摘到人家口袋里去了。譬如《花木兰》,譬如《功夫熊猫》。花木兰是实打实的中国女子,功夫是地地道道的中国功夫,熊猫是货真价实的中国熊猫,怎么加在一起,却魔术师一般地变成美国人的"专利"了? 想得通也好,想不通也罢,反正

结果是秃子头上的虱子——明摆着,市场的游戏规则,绝对是偏袒创意、品牌和核心技术的那一方。

残酷的事实提醒和告诫我们:"中国制造"必须转型,摆脱浅薄摆脱粗放,只有通过高质量、高精度的创意加高科技、高技术含量这只神奇之手,才能真正走通和走向心想事成的"中国创造"!

事实上,我国在上世纪90年代后期已开始关注"中国创造",全国建立了53个高新科技产业园区,成绩不可谓不显著。但对创意产业却一直未能引起足够的重视,文化含量不足,品牌意识淡漠,创意特征、设计水平低下,成为制约中国创意产业发展的瓶颈。

那么,究竟什么是"中国创造"? 如何借力"创意经济"把"中国创造"推向前沿? 怎么给"创意产业插上中国文化的翅膀"? 怎样提升创意产业对"中国创造"的贡献度……这些严峻的问题一一摆在国人的面前。

这就必须是"人无我有"、"人有我独",一定要打拼出自己的创意品牌,打拼出属于自己的知识产权和核心竞争力。

所幸,近年来中国的创意产业有了长足的发展,上海、深圳、成都、北京等城市积极推动创意型行业的发展,建立了一批具有开创性意义的创意产业基地。

上海创意产业近几年获得了快速发展,推动了一批创意型行业的起飞,建立了一批高知名度的创意产业园区,聚集起一群有创造力的优秀创意人才。上海大力开展国际电影节、电视节、音乐节、艺术节和各类设计展,也在国际上赢得了广泛的声誉。上海开发改造和利用了100余处老工业建筑,对老厂房、老仓库进行改建,形成了一批独具特色的创意工作园区,如泰康路视觉创意设计基地、昌平路新型广

告动漫影视图片生产基地、杨浦区滨江创意产业园、莫干山路春明都市工业园区、福佑路旅游纪念品设计中心、共和新路上海工业设计园、"八号桥"时尚设计产业谷和天山路上海时尚产业园等,闯出了创意产业与城市改造的新路。

大力发展文化创意产业,也是形势所逼、大势所趋。其一,国际金融危机后,欧美市场趋于萧条,购买力下降;其二,中国劳动力成本提高,印度、越南等国已明显优于我们。

由此,发展创意经济,提升新兴产业结构已是不二选择。它既不受金融危机的影响,也不损耗宝贵的自然环境资源,具有充分可持续发展的优势和余地,并能让人们切实感觉心灵家园的舒坦和宁静。

创意产业的一个新亮点是"浪漫经济",它也是创意产业群里最具潜质的一个新创意,她既绚丽又环保,且连环带动上下游衣、食、住、行全套的产业链。随着经济的飞速发展、人均收入的大幅提高,人们在恋爱、婚庆和幸福生活方面的消费观念和行动,有了革命性的突变。"浪漫经济"全方位的开拓,以惊人的速度拉动起庞大的市场消费需求,无疑成了新经济增长的引擎。

这方面首屈一指的是婚庆MV微电影的兴起和电视台婚恋交友节目突飞猛进的增长与火爆。江苏卫视的《非诚勿扰》、湖南卫视的《我们约会吧》、东方卫视的《百里挑一》、浙江卫视的《爱情连连看》、安徽卫视的《周日我最大》、辽宁卫视的《幸福来敲门》等等,可以这样说,几乎没有一家电视台没有这方面的节目。

谨以新郎新娘举办婚庆所需费用排列全国第三的成都为例。据成都市民政局和成都市婚庆行业协会公布的数据:2004年,成都市新人婚庆的消费成本为2.8万元(限指婚礼服务、婚宴和烟酒),2005年为3.26万元,2006年为4.1万元,2007年增至6.15万元(109975对新人),2010年为7.22万元(134297对新人),2011年,142120对新人平均婚庆消费已达8.2万元,总计消费高达116亿元,也造就了成都2500家婚庆公司。由此可见,急速上升的"浪漫经济大蛋糕"(尚不包括购买婚房、婚车、婚游),全国累积,该是一个多么巨大的天文数字!中国浪漫产业的消费前景,必将成为继房地产和汽车消费热后的第三大消费领域。

话又要说回来,创意的精髓与灵魂离不开文化。试看今日之寰宇,全球经济、科技信息大战,"创意"始终站在制高点上。竞争到最后,谁能在高技术、高创新领域有更多的"制创权",他就是当之无愧的领头羊;谁能拥有更多的创造发明和知识产权,他在国际舞台上就更有重量级的话语权。某种意义上说,"全球大战",说到底也是"创意"的争霸战,而在这比试较量的过程中,源远流长的中国文化,一定是创意产业发展的原动力。中国制造必须坚定不移地迈向中国创造,这是历史的镜鉴、时代的呼唤,也是当下影视界的潮流所向和趋势选择。

二、策划

创意这第一个"轮子"率先启动,可谓匠心独运,得风气之先,紧接着的策划就得同步跟上。如果说创意是一个点,那么策划无疑是一根线,是创意理念的进一步细化、具象、展开和连接,是先行一步创意的扩展和延伸。

策划,从字面和词义上理解,"策"具有名词的属性,包含"马鞭"、"杖"、"策书"、"文体"等方面的意思,如鞭策、计策、策源地;此外"策"还可以作为动词,具有"以鞭策马"、假以"谋略"的含义,如策动、策应,策励、策勉,策略、策反,策论、策画。"划"有"筹谋"、"划断"和"切割"等意思,如计划、企划、谋划,划桨、划船、划拳。"策划"合在一起,本意就是"韬略"、"计谋",而当下现代意义上的"策划",则更是扩大引申到了政治、经济、军事、文化、社会等各个领域,可以广义理解为:充分运用策划学的原理和知识,根据自己掌握的信息、资源,为一个既定目标的实现,所提出的具体的构想、思路、方法与途径。

进入20世纪,伴随着商品经济的高速发展,信息社会形态初具,新兴学科、边缘学科、交叉学科如雨后春笋般地涌现,"策划"也从传统政治、军事的马鞍坐骑上奋起,一跃成为相对独立的学科分支。理论方面国外出现了科学管理、人际关系策划流派,行为策划、经济分层策划流派;实践方面涌现了美国兰德公司、斯坦福国际研究所,日本野村综合研究所等专职机构。策划,已成为常规举动,渗透到人际关系和社会生活的方方面面;策划学,已不动声色地紧贴着市场竞争的步履,走向了普罗大众。策划——这个先前与原始社会的生存竞争、古代社会的战场竞争、农工社会的产品竞争、商品社会的市场竞争同步前行的孪生姐妹,经神奇需求之火的淬炼,已变得越来越丰盈、越来越美丽。

而具体到电视节目的策划,实际上是策划者按电视节目生产和运行的规律,对节目的选题立意、制作流程、相互关系等前后期运行的所有"预设、假定"环节,作全方位透视、论述并由此形成新颖周密、妥善操作文案的过程。一言以蔽之,就是为某个节目的指导思想、结构布局、细节设置、拍摄安排、经费预算而专门设计的行之有效的操作方案。也就是说,在现存条件和环境下,力所能及寻找到最妥当的办法、最合适的途径,求得客观效果的最佳。

例如中央电视台第一届春节文艺联欢晚会(执行总导演黄一鹤),那是开天辟地第一回,打品牌的,创作团队封闭集结、全力以赴自不待言,精选全国一流演员一流节目自不待言,现场氛围追求欢乐团结、喜庆热烈自不待言。然而,策划晚会总体布局的宏观战略效应,策划晚会主旨、架构的新颖独特,仍是春晚创作团队最重磅的着力点,由此,首届春晚创意策划出现了四个大不同:大不同于常规轻车熟路的录像播出，采用难度更高但更真实更第一时间的现场直播；大不同于老套千篇一律的报幕式，创设节目主持人的新方式；大不同于往常文艺晚会单向节目表演，增设热线电话倡导与观众沟通互动；大不同于以往单纯的民众观赏，特邀党和国家高层领导参加，真正体现与民同乐。由于首届春晚在节目播出方式、主持串联方式、情感交流方式、与民同乐方式上独树一帜，晚会取得了极大成功。

一个好策划必来自于对大量有效信息的捕捉、吸纳和整合。电视节目的策划就是在广泛搜集、筛选观众收视节目实情的基础上，梳理、归纳观众的收视需求，有的放矢地策划出一个切实可行的新节目构想。

央视晨间节目《东方时空》，就是策划者通过对同时段电视媒体和百姓需求的广泛调查分析，在对电视行业发展趋势准确判断的基础上推出的新闻杂志型节目。通过圈内外人士反复多次的策划会，大家对观众需求作深入分析研究，发现一种很普遍的现象，即观众对加强社会监督、揭露社会阴暗面有强烈的需求；而反映寻常人生活、草根阶层人物命运的节目，电视里几乎是空白。于是，以关注时代热点、揭露社会重大弊案的新闻子栏目《焦点时刻》面世了，"讲述老百姓自己的故事"的《生活空间》应运而生，这便都是策划者们调查研究、因势利导的结果。

那么，结合学生拍片的具体状况，策划又是怎么进行的呢？譬如中国传媒大学学生拍摄的拒绝酒后驾车的幽默短片 *bloody drink*（《血腥的饮料》），剧情其实很简单：(1)酒杯——斟酒——喝酒，杯喝——瓶喝，不同角度、不同酒友、不同形态、不同动作的斗酒；(2)醉酒——醉态——上车，车行——瓶行，各种角度、各种景别、各种形态、各种方式的行进；(3)节奏趋紧后的酒瓶爆裂，骤然井喷后的死寂静场，瓶碎酒洒一地猩红，黑屏上亮出主题字幕：醉酒伤身、醉驾丧命、拒绝酒后驾车。总体而言，该片素材集中，手法简练，交叉、平行运用得体，颇有章法，视听效果非常强烈，不失为在好创意前提下精心策划的一个范例。

我们自己也曾组织过一次"校园达人"的命题短片拍摄。经过摸底调查，一批很有特色的选题渐渐浮出水面：播音主持系2009级，三位来自河南的孪生姐妹居然都在攻读同一个专业；一位超胖超重的平凡女孩，通过控制饮食和坚持不懈的体育锻炼，在短短一个学期的时间内减掉了50斤体重，让认识和不认识她的人惊叹不止……

有独特不凡的内容，首先要求相关创作组与被摄对象交朋友，"混"熟。于是，一个模子里刻出来似的三胞胎,鼻子上有一颗小忐的老大王安伊,戴着牙套的老二王安然,脸上有一个小印痕的老三王安琪,以及她们的兴趣爱好,三胞胎的同和异、分和合、心灵感应和性格特征,便日趋显现、越发清晰,随着一步步的深入,奇趣短片《三公主日记》便脱颖而出。

胖姑娘赵越性格比较内向,长期以来领受异样的目光使她不轻易绽开自己的笑颜,经过推心置腹的沟通,创作者把片名改成《炼"瘦"进行时》,并着重于展示她生活中的平易、锻炼与饮食控制双管齐下的坚持、因自信而表达出的对"旧我"的解嘲、因自强而透溢出意志上的坚毅和阳光般的灿烂!由此,一个从心态到体态、从美丽容颜到美丽心灵都是全新形象的女孩(对于她来说也是一次人生的跨越)出现在人们的面前。

(一)关于"策划"的格言

凡事预则立,不预则废。

策划为电视节目生产和运作指明方向。如宋代辛弃疾所言:"事不前定不可以应猝,兵不预谋不可以制胜。"

策划是战略战术的综合,创意的翅膀可以天马行空,策划的双足必须脚踏实地。

中国电视已进入策划人时代。

博晓古今可立一家之说,学贯中西或成经国之才。

策划节目要旨:思想精深,艺术精湛,制作精良,社会效益好。

策划电视要旨:节目精品化,栏目个性化,频道专业化。

策划——中国电视节目创作之牛耳,伟大之建筑设计师。

条条大路通罗马,策划是寻找最近的一条路。

越具挑战性,越能激发创造欲。

策划人必须具备:游说家的嘴巴(申报立项)、思想家的头脑(主题深化)、银行家的精明(效益观念)。

策划是一种程序,在本质上是一种运用脑力的理性行为(《哈佛管理丛书》)。

运筹于帷幄之中,决胜于千里之外(《史记》)。

创意是策划的灵魂,策划是创意的延伸。

策划如棋局之新,谋略如拳招之变。

工欲善其事,必先利其器。先算多算者胜,少算晚算者败(《孙子兵法》)。

策划是一门科学,也是一门艺术,更是一种文化。

世界经济已进入全球大策划、大战略时代,"不策划别人,你就会被别人策划"。

显意识与潜意识策划:"手中有剑,更要心中有剑"。

下君尽己之能,中君尽人之力,上君尽人之智。(《韩非子》)。

(二)策划的妙诀

创意的优良种子,经策划的严密论证,进入科学合理的播撒序列,再经过不胜其烦、不胜其累的耕耘、浇灌、施肥、除害(那主要是"制作"的任务),三者互为相关、连环进行无数次创造性劳动的积累叠加,才会有金秋硕果的收获。

因此,策划方法是否得体、高明至关重要,这就是策划的秘诀和精妙之处。

1. 优选法

这是大数学家华罗庚先生的创造。"优选法"的原意——充分运用0.618(黄金分割法)的原理,用最少的试验次数和最简洁的搜索途径,实现事物优化的最大值——也是策划的精髓:以最快的时间找出通向目标物最近的那条路。

用获得"全国重大科技成果奖"(系国内最高级别——"全国科学大会所认定")的"优选法"指导生产实践和经营管理,不增加人力、财力、物力,却取得了增产、降耗、优质、高效的效应。在中国酒乡——四川宜宾,流传着"优选法成就酒王五粮液"的佳话。

上世纪70年代,外商慕名求购中国名酒五粮液的低度酒,时任该酒科研攻关的刘沛龙顶着各方压力试验,但六年试制未见成效。适逢华罗庚先生率队来川推广"优选法",攻关组有幸参与,如鱼得水,立即以此法指导运用。例如试制一种新配方,需添加某种辅料,量化在1克至1000克之间,借用黄金比例分割法就不必从1克到1000克做千次实验,而是直接选618和382做试验,如果382克为最好,则再找382的对称点(再乘以0.618)236克做试验,这样循环往复,很快找到了最佳点。由此刘沛龙组迅速破解酒阵之谜,一星期后定值38度和35度(酒质晶莹、口感滑爽,五粮液风格依然),终获成功!尽管这次只用了区区六天,却为久攻未果的六年找到了成功的基石。刘沛龙欣然题谢:"六年未成功,双法出成果。"华罗庚回赠:"名酒五粮液,优选味更醇;省粮五百担,产量增五成。豪饮李太白,雅酌陶渊明;深恨生太早,只能享老春。"此酒很快打开国际市场,销量猛增3倍,既为国家节约了大额税款(国外海关以酒类烈度收税),又为企业创收、开拓市场提供了新鲜经验。

其实,我们的祖先早已懂得运用优选法。"田忌赛马",齐国大将田忌的谋士孙膑提议以己方的下马对冲对方的上马,以己方的上、中马叫板对方的中、下马,总实力未变、因排列组合顺序的变异而获得对齐威王强势阵容的胜利,这就是"优选"巧妙制胜的结果。

2. 扩展法

拥有一个精到的内核,并以此为轴心作相应的扩张,这是电视节目策划常用的手段。比如玫瑰是爱情的信物,但它的枝条往往是带刺的;蔷薇花、酸枣花虽然是小骨朵型的,但绽放起来同样美丽迷人,尤其是它身上扎堆的高密度利刺,常令对它有不良企图的小顽皮和牛羊群望而生畏。美国加州一位牧童娃的偶然发现,并仿效作相应尝试,使他日后成了牛羊圈带刺铁丝围栏的发明者和践行者。

1986年,笔者被《新民晚报》的一篇文化特写所吸引,文章介绍了在维也纳双获国际声乐比赛大奖的"姐妹花"——高曼华与詹曼华。看罢这篇报道,笔者忽然冒出一个想法,除了这第三届维也纳国际歌剧歌唱家比赛"新鲜出炉"的两姐妹,上海还有一个叫"曼华"的响当当的歌唱家——为电影《庐山恋》《海之恋》等演唱主题歌和插曲的"金嗓子"——钱曼华。

如果说,两个曼华,是当时极具新闻性的发现,那么,在这个基础上"重组"、"扩容",注入"新鲜血液",无疑具有了更丰厚的独家发现和创新意义。

想法既定,当进一步汇拢素材,竟发现三位一流的女才子皆毕业于上海音乐学院声乐系,可谓"三珠一线穿"。高、詹系同窗学友,钱、高又为同一老师周小燕的弟子。嗓音纯净、真假声转换娴熟的高曼华志向高远,赴国外深造,音质醇厚、娓娓动听的詹曼华想当传递薪火的声乐教师,人到中年的钱曼华醉心寻找民族化的声乐演唱路径……如此这般,开启"歌坛三曼华"心窗的钥匙就不难找到了。

一天高曼华打电话告知:签证已经下来,三天后将赴美国波士顿新英格兰音乐学院深造。摄制组闻讯紧急行动,翌日赶到上海音乐学院拍摄,由于这一回高曼华真要走了,"相见时难别亦难",三姐妹首度相聚接着就要离开,难舍、不忍之情溢于言表,看得出她们真的是情动于中,"撞"出了火花。

第二天,高曼华如期远行,待以后节目在上海电视台、中央电视台播出,同步撰写的特稿在七、八家报刊连载,笔者长舒一气:终于因策划到位、拍摄及时,"抢"出了一档活色生香的海派节目……

有了"三个花旦"打头阵,接着又有了"三个和尚"——《三个男高音的协奏曲》,分别是美声歌唱家魏松、美声带民族唱法歌唱家吴雁泽和信天游民歌唱法男高音阿宝。

再后来出现"男女混合双打"《歌坛三棵松》,将最年长、堪称乌苏里江畔"不老松"的郭松,年稍逊、姑称珠江畔"罗汉松"的罗天婵,年纪最小却也已是六十有四、且称嘉陵江畔"三峡松"的吴国松连缀在一起。

最有趣的,是对"三个女人一台戏"反拨的"三个老爸一台戏",让昔日三位不同艺术门类的一线青年才俊(舞蹈家黄豆豆、谭元元、钢琴家郎朗)退居后景,而将三

位几十年如一日"藏匿"幕后、甘做人梯作出非凡贡献的"老爸"推至前台,这般对位互换、整合重塑,一下子凸显了既是普通人又是卓越人的"三个老爸"的独特风采。

而央视2006年的"春晚",可说是"三"搭配、"三"组合范例的一次集中呈现。

小品节目,让久未露面的赵本山与宋丹丹牵手,再"掺沙子",让央视自己的品牌节目《实话实说》的主持人崔永元"掺和",打理出度身定做的小品《说事》,可谓一石三鸟。无论对节目主持崔永元及其栏目《小崔说事》还是对央视本身,都是一次绝妙的恰到好处的宣传。

唱歌节目,一首朗朗上口的家庭温情歌曲《吉祥三宝》(布仁巴雅尔、乌日娜夫妇与小侄女英格玛演唱),风靡屏幕。谁都知道家庭是社会的细胞、国家的基石,那舒缓奔放的旋律,天伦至爱的意蕴,将心灵的纯净和清雅美妙的质感,传递到每个家庭。一首小歌,委实作用巨大。

舞蹈诗节目,创意推出《岁寒三友——松竹梅》,给人以意想不到的视觉冲击。真不曾想到,传统绘画艺术水墨作品的松、竹、梅,经舞蹈艺术家大写意的舞蹈语汇,辅之以美妙的音乐、炫彩的灯光和现代气派的舞美,呈现出自然世界千姿百态的绚丽景象。诗情画意中,雪花曼舞,当今美国三大著名芭蕾舞团唯一华人首席演员的谭元元;红梅点点,身着一袭红裙的古典舞蹈家刘岩;一轮满月,剪影中的月光女神杨丽萍;以俊朗洒脱、妖娆轻盈,美轮美奂地展露着松竹梅的高洁、袅娜和娉婷,虽短短几分钟,却不愧是舞蹈的极品。

3. 借力法

在我们生活的世界上,无论精神还是物质,能力还是精力、物力、财力,无一不是相对有限的,所以,人尽其才、物尽其用便是可持续发展的基本要旨。同时,我们所处的环境,各种资源,总是偏紧的、稀缺的,因此"借力"便成为一种我们在最大限度发挥主观能动性的前提下,为把事情做得更好而采用的常态方法。诚如先人所言:给我一片天空,我会自由飞翔;给我一个支点,我会撬动地球。那么,假如暂时没有舞台或支点,又该咋办呢?唉声叹气怨命不好,抑或守株待兔等待天上掉馅饼,都不是妥当的做法,此时,有良知有头脑有作为者的不二选择就是——借力。

《艺术人生》有一期访问刘欢的节目。刘欢中学和大学的老师相继叙谈离场后,主持人朱军冷不丁说了句:"是刘欢的同学都站起来吧!"呼啦啦,从观众席内一下子站起来十多位刘欢30多年没见过面的小学同学,这一招,把人们心灵深处最柔软的部分拨动,令"久经沙场"的老将也猝不及防。面对久违的记忆、儿时的伙伴,刘欢本能地双手紧捂着脸,眼泪刷刷滚落下来,这借力"埋伏"不速之客的"情感炸弹",让在场的每一个人深深为之感动。

另一期访问陈凯歌的节目,借用作为电影导演生命一部分和触发创作灵感的电影胶片盒,访谈本身仿佛也构成了无数个电影蒙太奇。每次打开胶片盒,里面的"蓝天牌牙膏"、"父亲的录像带"、"《格林童话》《唐诗三百首》"和"来自陕北的一捧黄土",就成了解读陈凯歌命运轨迹的金钥匙,其间的甘苦、酸楚、隐忍和奋斗尽在不言之中,这特定的胶片盒,成了解析悬念与人物性格的魔盒。

访谈台湾女中音歌唱家蔡琴,栏目策划捕捉到她鲜为人知的小秘密:处于人生低谷时自我激励的"小纸条"。节目现场当访谈"气场"累积到一定程度,朱军便"借力"缓缓从玻璃瓶内取出蔡琴的"闺房密码"。睹物思情,此时重见这些曾伴随自己艰难走过、有着特殊情缘的信物,这位歌坛常青树心潮起伏、泪流满腮,由此袒露的真情告白与心灵感悟,让观众经历了一次灵魂洗礼。

而董卿在《音乐人生》中采访"两弹一星"元勋、钱学森先生的夫人歌唱家蒋英时,现场特意安排了50多年前他们在上海国际饭店结婚时弹奏婚礼进行曲的当事人——原中央音乐学院钢琴系主任周广仁教授,访谈时董卿朗读钱老的一段信件原文:"我和蒋英结婚已52年了,这真是不平静的52年……她在艺术我在科技,但我在这里特别要向同志们说明,蒋英对我的工作有很大的帮助,当我在一件工作遇到困难而百思不得其解的时候,往往是蒋英的歌声,使我豁然开朗得到启示。"切换到当时已满头白发的钱老,提起妻子仍抑不住容光焕发。平心而论,借力当年"钢琴红娘"周广仁的出现,蒋英的惊喜、现场的大拥抱,无疑是这期节目的特异亮点,尽管钱老斯人已去,但他俩高山仰止的幸福爱情令人动容。

借力还可以"反向进行"。越王勾践逆境不忘亡国之恨,每天睡卧硬板、舌舔苦胆,谓之"卧薪尝胆",终于赢得东山再起。项羽征战,自断后路,前进则生,退缩则死,断然"破釜沉舟!"青岛海尔公司老总张瑞敏,建厂之初召开全体员工大会,当众宣布由责任员工自砸76台不合格冰箱,这近乎残忍的"大铁锤"举动,震醒了海尔人的质量意识,成就了海尔日后的辉煌。

4. 变通法

当今时代瞬息万变,当下世界无比精彩。伴随着隆隆前进的脚步,每天都会遭遇未可知的事物,每时都会经历新的变化。新事物、新问题层出不穷,"计划不如变化快"永远是常态。对于职业属性必须时刻站在前列、"得风气之先"的影视策划和编导们来说,一方面必须充分做好"前期"物质和精神的准备(打有准备之仗,精心做好背景分析、策略研究、人脉联络、文案梳理,把困难和不利条件想得更多一点),另一方面要随时做好应对变故,甚至突发事件的预案,真正练就"变"则"通"则"畅"则"活",不变则"阻"则"梗"则"死"的生存意识。这种无论在任何情况下必须掌握的"变通"素养、"变通"能力,对影视行业的主创人员来说,实在是太重要了。

凤凰卫视中文台创办于 1996 年 3 月 31 日,至今也才 18 个年头,但已从蹒跚学步的"婴孩"迅速出落成花样年华的"美少年",从最初一个频道扩张为中文、资讯、电影、香港、欧洲、美洲六个频道,成为立足两岸三地、放眼全球大视野,敢于和善于运用自己的视听资源,发出强势影响力的国际华语电视传媒。

夺人眼目,凤凰人的目标很实在:"凡是有华人的地方就要有凤凰卫视,凡是有新闻的地方就要有凤凰卫视"。凤凰人志存高远又脚踏实地,他们务实简洁的"三名"战略:力主推出一批活跃于世界华人圈有知名度有影响力的名主持、名评论员、名记者,让人们时时在新闻的现场、事件的现场、娱乐的现场、焦点的现场看到熟悉的凤凰人的身影。

凤凰卫视刘长乐总裁坦言:"凤凰尽量为每个员工提供别的地方无法提供的施展自己才华、实现自身价值的平台"。这些"三名"骨干,深入参与栏目和节目的策划制作,有名副其实的主体感和归属感,而不像有些媒体空有皮囊。更值得称道的是,凤凰卫视通过股权机制激发"源头上"的战斗力,公司高管自不待言,主持《锵锵三人行》《文涛拍案》的窦文涛,获 1064000 股(位居第 10 位),主持《鲁豫有约》的陈鲁豫、主持《名人面对面》的许戈辉与之相当,而担当凤凰卫视资讯台副台长兼新闻主播,主持《小莉看世界》、《问答神州》的吴小莉,更是高达 1596000 股。毋庸讳言,凤凰的管理层、员工、凤凰"三名"们的"身家性命",都与金色凤凰的前程紧相"捆绑",要他们不努力、不拼命也难!

以俗人形象出现的窦文涛祖籍山东,武汉大学新闻系毕业,就职广东台主持谈话节目,拥有记者、编辑、策划多重身

份,曾获1991年度中国新闻一等奖(《你好,南极人》)和1994年度"全国十佳节目主持人金话筒"奖。然而,从大陆来到高度商业化的香港,主持人必须学会"港式表演"路子,倘不能及时"转身"变通,适应香港观众喜欢轻松、夸张、搞笑式的世俗化表演风格,那他这个"大陆仔",要么举步维艰苦苦支撑,要么心理扭曲精神失衡,那就离淘汰不远了!

好一个窦文涛,关键时顺应"变通"赢得新生。放下原本固有的身段,逐步形成平民化、戏剧化外壳下对周边人生的思考,严肃的内容诙谐解读,逻辑的思维形象阐述。如《解放军驻港部队大纪实》,他和许戈辉乐颠颠地在深圳军营里穿梭来往,那好奇冥顽的状态仿佛是小朋友参观迪斯尼……

之后,他策划了平民视角、热点新闻脱口秀节目《锵锵三人行》,将最初领导定为规范化时事"斋谈"节目,转型为其乐融融的"荤谈"和"戏说"节目,尽管事情闹得有点"大",但以市场为杠杆、观众为导向的刘老板容忍和扶持了这个节目,加之播出后广告、口碑齐升,使天生有着一副"大头小身"、习惯于"色迷迷抿嘴坏笑"的窦文涛,"篡改"成立,"变通"成功。

陈鲁豫毕业于"北广"(中国传媒大学前身),主修国际新闻,在校期间已在电视台实习,曾获得北京奥林匹克英语辩论赛第一名。对这样一个青春靓丽、各方面条件相当不错、很有观众缘的小女孩,她的频频"转身"变通,更多的是凤凰环境的选择。

最初鲁豫主持娱乐资讯《相聚凤凰台》和《音乐无限》,能言善侃反应甚佳;拓展她的清新可人,变通到新闻类重头戏《凤凰早班车》,良好的功底和一日之始灿烂的笑容让人们很有期待;伴随着鲁豫的日趋成熟,凤凰再让她展翅《鲁豫新观察》和《一点两岸三地谈》,小丫挑起了大梁;之后,锁定她的亲切知性和擅长沟通交流,量身打造品牌栏目《鲁豫有约——说出你的故事》,至此,小女孩的频频变通"定身"才算告一段落。

凤凰当家花旦吴小莉,毕业于台湾辅仁大学,主修大众传播专业。吴小莉出道甚早,豆蔻年华已获华视最佳儿童节目主持人奖,生就一副喜相的她天生丽质,笑意盈盈,其活泼大方、睿智机敏,赢得了海内外广泛的观众缘。

吴小莉的一夜成名,得益于1998年3月19日对中国新一届政府总理朱镕基的提问——既无某些西方记者潜意识里的刁蛮刻薄,也没某些大陆记者司空见惯的老套庸常。

"谢谢朱总理,我要说的

是，您也是我的偶像。"吴小莉以一个特别的开头回应了总理的关心。并针对亚洲金融风暴肆虐，香港股市一夜暴跌 2000 点提问："中央政府对遭受金融危机的香港会有什么样的支持措施？"朱总理即刻回答："如果在特定条件下，只要特区政府向中央提出要求，将不惜一切代价维护香港繁荣稳定，保持它的联系汇率制度！"（这番话让当天香港股市飙涨 340 点。香港报刊称，"若把当日股票增加值、房地产增加值、利息减少值和其他隐形价值相加，朱总理这番话价值超过 2000 亿港币"。香港媒体则将吴小莉比作"一个让香港股市上升了 300 点的女人"。）吴小莉的第二个问题："外界有人说您是'铁面宰相'或者'经济沙皇'，在您的铁腕政策下，外传在进行机构改革、宏观调控的过程中，对您的家人有一些不方便和困扰，请问您在进行改革过程中的心路历程，有没有沮丧过、想要放弃过？"

就是这个不落窠臼的感性发问，撩开了朱总理真情袒露的闸门："这次人民代表予我以重任，我感到任务艰巨，我非常地惶恐，怕辜负人民群众对我的期望，不管前面是地雷阵还是万丈深渊，我都将勇往直前、义无反顾、鞠躬尽瘁、死而后已……"

历史铭记住了这一时刻，吴小莉"一问动京城"。以此为发端，小莉获得了民间和高层双倍的信任，凤凰借此扩展品牌效应，《小莉看时事》《小莉看世界》《问答神州》应运而生，小莉也从一只人见人爱的"翠茜"卡通鸭，"变身"为名副其实的金凤凰。

(三) 策划中应注意的问题

有精妙绝伦的策划，自然也会有剑走偏锋，甚至误入歧途、走进死胡同，可称"搏位"、"触电"的策划，严格地说，那应该叫挑唆、胡搞，荤战、乱来，或者叫竭泽而渔、饮鸩止渴。

当前在电视节目策划中最忌讳"造假"、"拜金"、"恶俗"。

造假，由来已久，而进入社会转型期，由手授口传的小农经济转入以契约为主的市场经济，对诚信的考验比任何时候都显得更为紧迫。

商品经济领域，"唯利是图"使然，造成假冒伪劣和虚假交易盛行；足球界，赤裸裸利益驱动，"假打"、黑哨频频；因军人正直、军车通畅，于是假军人、假军车、假军医军品大行其道；找工作难，找好工作更难，而文凭、职称通常是学历、履历的依凭（据智联招聘薪酬数据研究中心统计：2010 年大专毕业生平均起薪 1607 元，本科为 2321 元，硕士为 3254 元，博士为 4681 元），于是假文凭、假学历、假证书扎堆出笼。做假凭证不仅在大陆，并且在全球形成了一个每年产值 5 亿美元的庞大产业链，其中售出的假博士文凭几乎跟合法大学颁发的一样多。

沸沸扬扬的新华都总裁兼 CEO 唐骏的"学历门"事件，既非单纯的学历能力之争和他作为海归人士、企业高管个人的职场去留;也非连续爆料称唐骏的履历、出境记录也存在造假嫌疑的方舟子"穷追猛打"与他"过不去";而是确确凿凿地提醒公众:一个连自己的履历都可以造假、不断编织虚幻故事的人,大众何以相信他的道德操守和相关做派? 包括企业的业绩、计划方案,乃至于财务报表?!

"打工皇帝"唐骏也许会感到委屈,他在接受《名汇 FAMOUS》的记者采访时说:"你欺骗一个人没问题,如果所有人都被你欺骗到了,那就是一种能力,就是成功的标志。"此话似乎"自信"过了头,在资讯与信息技术高度发达,网友动辄可以联合"人肉搜索"的当下,做人还是内敛谨慎一点为好。这世界上谁也不可能是永久的"阿斗",兴许,他说的成功可能很快会走到尽头,在历史的坐标上,诚信为本是最重要的,谁也不能一手遮天。

对于媒体打假,有关方面的文件、通知从来不缺,新闻出版总署《关于采取切实措施制止虚假报道的通知》,各单位三令五申的制约措施和自律条文,不可谓不强调、不重视。然而让人大跌眼镜的是,2009 年还是有不少假新闻来自于主流媒体网站,如《奥巴马将向金正日赠送苹果电脑、iPhone 手机》,源自环球网;疑似假新闻的《今起鸟巢、水立方免费开放 3 天》来自新华网;《杨振宁向媒体证实翁帆怀孕 3 个月》的咄咄奇闻,出自中国日报网站。可见,为了搏一篇所谓"抢眼球"的"新闻",竟然可以置"名分"于不顾,其流程之失范、管理之粗劣,可见一斑。

关于金钱,有句很流行的话:"金钱不是万能的,但没有金钱也是万万不能的。"物质世界,谁都不能空口说大话,生存、生活、消费,人人都要如实面对;而让观众大跌眼镜的是:相当长一段时间,电视相亲节目中的出位选手、麻辣嘉宾,行为之狂野、言辞之粗劣,到了令人惊愕的地步,其"拜金"的口无遮拦,"高论"的言如毒蝎,不把人"雷"倒"雷"趴下决不罢休。

一群外表光鲜、直言不讳的"拜金女",在炫目绚丽的相亲台上,"毒舌"飞舞,极尽刻薄奚落"穷男人"之能事,"拜金"争比谁刺激,语不惊人誓不休。无论是所谓的美女"选手"还是现场评点的嘉宾"导师",都因敢于挑战大众与传统道德的底线而"爆棚"。

回想十多年前,当《玫瑰之约》、《非常男女》、《相约星期六》等相亲节目掀起热潮,节目的服务性内容和男女对象带有神圣感、羞涩感与"王子公主"童话色彩般的淳朴感初现荧屏,曾激起年轻人多少美好的记忆;可时下大张旗鼓的电视真人秀相亲,已彻底摈弃以往的含蓄、静美和固有的"童话"色彩,变得惊人的直白与"酷毙",男女嘉宾不仅在节目中直奔"拜金"主题,而且大胆亮出另类、非分的主张,其"直白"、"裸奔"令人瞠目。

不少人认为这样的"相亲"太不靠谱。与其说是"相亲",不如说是"相金";与其说是为了日后"拜堂",不如说是"炫富"的"曝晒场"、"拜金"的名利场更为妥当。本来是为爱而来,经历了这一回才发现是"伪爱";"向前冲"是说的、虚的,"向钱冲"是做的、实的。在一切为了造势搏眼球,怎么有利于收视怎么炒作,怎么有益于吹泡泡怎么叫板,于是乎,"史上最刻薄拜金女"、富二代、"雷人"语、性话题,玩"火"不断、毒舌不止……相亲,只剩了个虚幻借用的外壳,内囊则是人为编织的"大型交友真人系列剧",一切为了刺激、够味、"好看"!至于选手们的真实身份究竟是不是单身男女?能不能交上朋友?会不会成为恋人?那才不关栏目的事呢!主办者自诩:"只提供邂逅,不包办爱情",怎么够劲、怎么麻辣、怎么收视率飙新高,才是他们最关心的!于是乎,观众很快看明白了,那是"托儿"忽悠百姓!所谓的衣饰店经理、煤老板女儿、火锅店老板娘,一查,原来都是兼职模特、临时演员、在校学生,所谓的婚恋交友,不过是设计好的圈套。

其实大千世界,出现"拜金男女"本不足为凭,奇怪的是这些赤裸裸的拜金言论竟能畅通无阻夺人眼球,这是一种扭曲的价值观。当下的中国社会需建立一个有公信力的、能为大众接受的公共理念,媒体应倡导健康、良性的价值观,提倡多元的成功标准,尽量不去渲染享乐至上和拜金主义,构建良性运行、公平、公正,人人通过自身努力奋斗得以成功的环境,那样,拜金主义相亲模式就会失去市场,才能还荧屏一片净土。

关于电视节目中的"恶俗",观众深恶痛绝,国人嗤之以鼻,试举六种类型为例:

第一,体育动感参与类。因为有大奖的刺激,"重赏之下必有勇夫",常在选手的前进路上设置各种各样的障碍,其中最多的,动不动就掉进水里,不管是夏天还是冬天,而且那水是又脏又混。最惨的,莫过于水还挺深,不明就里、脑袋发热的"旱鸭子"们可遭殃了,有时为了在恋人面前装一把英雄,成落汤鸡不说,还连喝脏水,甚至有伤残和生命危险之虞。不久前 Reborn 组合在电视录制现场参与高台跳水的一个环节,从未受过训练的选手不慎腰部受伤,可能影响日后的职业生涯。联想到之前有人参赛把腿骨摔断了,后遗症严重,教训极为深刻,所以无论有怎样的理由,录制节目千万不能光顾自己开心、刺激,拿别人最宝贵的生命和前途开玩笑!这便是恶俗之一。

第二,孩子说事童言无忌类。市场经济的负面效应,社会生活的阴暗层面,也在天真无邪的孩子身上得以夸张呈现。一些电视台的少儿节目掺杂了诸多人为的"色料",尤其是一些欠思量的主持人,不恰当地或者故意为之地甚至有些居心叵测地提问和诱导,误将孩子们对人体生理知识的不解作为包袱笑料,有的还想方设法有意无意地引逗孩子爆出父母家庭生活的隐私,更有甚者误导孩子在节目中撒谎,扭曲孩子纯真的心灵,这些行为无疑是"在幼苗身上动歪脑筋、打黑算盘",可视为缺德的恶俗。

第三,拾人牙慧"娘娘腔"类。一些电台电视台的节目主持人本来有着一口流利、纯正的普通话，主持节目却东施效颦、"舍长取短"模仿港台腔，让人觉得特不舒服。其实，就是真正的港台人，他们也很羡慕和渴望讲好普通话的，而我们一些装腔作势的主持人模仿的"娘娘腔"，直让人笑掉大牙，浑身起鸡皮疙瘩。这种不自信与浅薄，是骨子里的自卑和另一种意义上的恶俗。

第四，娱乐变"愚乐"无聊下贱类。某些电视台的娱乐、游戏节目，无道德心、廉耻感，九九归一总离不开隐私绯闻、情色料理，变相灌输和宣扬婚外情、婚外性的"时尚"感。有一家电视台的游戏节目，邀请几对夫妻参赛，游戏规则是淘汰方被罚，其妻子必须与获胜方家庭的丈夫接吻，主持人还不遗余力地追问被罚者接吻的感觉。此等恶搞，除了引来廉价的哄笑，还会有什么好果子?! 某台一档连续报道更是荒诞离奇，将一个假扮"记者"找小姐、开房间的详细过程全程拍摄，然后作"系列剧"连续播出，每当播到谈价钱、开房间、泡浴缸之时便戛然而止，"欲知后事如何请看下回分解"，足足播放了5天，真可谓将皮带下面的"新闻"发挥到了极致，恶俗到了极点。

第五，虚情假意广告类。有些电视台对不符合审批法规手续的广告源来者不拒，有的夸大其词误导消费者；有的以当事人现身说法为违规产品滥做广告；特别是一些吹得天花乱坠的电视直销广告，高密度、无休止、高分贝、地毯式的密集"轰炸"，直让人晕头转向、不胜其烦。其中一家号称采用国外纳米技术、在众多省市电视台轮番滚动播出的"疤痕修复"广告，让许多消费者上当受骗，吃足苦头。更有血腥恐怖的整形节目真人秀，将参与者"如动物宰割一般的整容"过程全景呈现，尽管有些部位打了马赛克，但荧屏上女体隆胸、隆下巴、隆鼻、臀部抽脂手术等画面，引起观众极度的恶心与抗议。这不恰当的恐怖场景的恶俗，猎获的是加倍的令人作呕。

第六，铺天盖地"真人秀"类。不可否认，近年来在唱歌选秀和才艺选秀领域出了一批好节目，其中以湖南卫视的《超级女声》、东方卫视的《中国达人秀》、央视的《星光大道》和浙江卫视的《中国好声音》、《中国梦想秀》为代表。但在电视相亲节目当中，还鲜有真人秀节目特别出彩的，主要原因是"谈情说爱寻找伴侣"，是人的一生中特别重要、特别复杂，也最为隐私的一件大事，而动辄以聚光灯下"短、平、快"的作"秀"和速配速决，显然有异或者有悖于爱情的本意。加之以往相亲节目普遍存在强化"秀"场表演而弱化甚至漠视服务功能，疑似"夜总会"的场景设计，一排排搔首弄姿的俏丽美女站台，随心所欲地对入场的异性"严刑"拷问，"毒舌"不止，看似"视觉盛宴"异常火爆，实际是刻意搓揉"娱乐至死"。

如上所述，"造假"、"拜金"、"恶俗"，乃电视节目策划之死穴。然而，一些地方为片面追求收视率所惑，津津乐道沉湎其中，于是，情色诱惑的《第一次心动》、《今夜不设防》、《超级情感对对碰》、《美丽新约》相继登场，恶俗之至的"凤姐"、"犀利哥"、"芙蓉姐姐"、"富豪男"愈演愈烈,一种状如南北朝时期放浪欲求、妖冶奢靡之风,清朝末期声色犬马、狎邪公案之气,像毒雾一样弥散开来……错把无耻当可爱,硬将隐私当噱头,它销蚀着人们的意志,损害着社会肌体的健康,要不是相关部门下重手整饬,捍卫荧屏的洁净与"绿色",真不知会产生多严重的后果。

(四)策划者的"质地"构成

顾名思义,策划是一种智力行为,高级策划、高端策划更是人类高智慧的体现和结晶。电视,作为受众资源极其广泛的大众传媒,与其策划的高下、优劣相关联所产生的社会影响绝对不可小觑。所以反过来,各领导部门或者说投资方,对策划的要求也近乎苛刻,不允许策划阶段就出现大的纰漏或留下隐患,而导致后续部队"大规模作战"时付出沉重代价。因此,对"提前作业"、对项目以后的功败垂成起决定性作用的策划,绝不会听之任之打马虎眼,而必须严肃、严谨、严格、严苛的高标准、严要求。

因策划的属性、职能使然,相关单位和部门会对用人的知识结构、秉性气质、反应能力、组织才能等诸要素予以条分缕析、繁复细致的综合检测,但删繁就简,笔者以为最重要的,莫过于"眼光、激情、胆量"六个字。

先说"眼光"。策划者一定要有与众不同的独特的眼光,谓之"人无我有、人有我新、人新我变",就是"策划如棋局局新、谋略如拳招招变",怪路子,独一份! 在同等条件下,让别人丧失与自己的可比性,让自己的"怪招、奇招、妙招"在多如牛毛的常规动作面前,脱颖而出抢得先机。

比如,历史上的纪晓岚曾为老北京大栅栏一家理发店写了一副门联:"虽然毫发技艺,却是顶上功夫",写得通俗实在,夸得恰到好处,平中出奇的过人"眼光"可称一绝! 但对这个店家来说,美中不足略显孤掌难鸣,缺了一点呼应。纪晓岚的好友钱大昕按捺不住雅兴,对上一副"不教白发催人老,更喜春风满面生",其谐趣、内涵与纪晓岚的首题有异曲同工之妙。如此你来我往,不由使这家客店人气兴旺、名声日隆。但纪晓岚就是不一般的纪晓岚,不然中国历史上就缺了一位绝顶聪明绝顶风流倜傥的才子了,他文采飞扬又接一联:"到来尽是弹冠客,此去应无搔首人",写得若行云流水,老叟、童子皆意趣盎然!

有这等丰厚的"猛"料,加之两位鼎鼎大名的人物,这家理发店不被踏破门槛才怪! 要生意不兴隆——太难。

笔者做《口述上海》节目时,从什么地方切入便颇费了一番周折,因为可拍的东西太多太多,常规角度的切入司空见惯又觉得太没意思。还是受纪老夫子案例的启发,决定学学老先生的"眼光",从人最高和最低的两极——头顶和脚底着手,做一档特写当代人帽子和鞋子的节目,题名叫《"顶"上生采,脚底生花》。

想想看,中国小孩子戴的状元帽,旧时官员权力与地位象征的红顶子帽(以至于有"血染红顶子"的说法),文革中的"帽子工厂",现当代五花八门的装饰帽、工作帽、美女帽;封建时代中国独有的"小脚一双,眼泪一缸"的三寸金莲鞋,功用各异、形态各异、造型各异的各个不同时期的男女鞋,该有多少珍稀的故事传奇、多少迷人的时代风韵啊!喜剧大师卓别林,如果离开那双流浪汉特有的大尺码鞋子和那顶滑稽兮兮的圆顶破礼帽,那还叫卓别林吗?久负盛名的巴黎、米兰时装周,如果离开模特身上那些标新立异、美轮美奂的鞋子帽子,那还叫时尚之都吗?看来,有没有独特的"眼光",做出来的东西硬是大不一样。

接着说"激情"。因为有独特的眼光,而发现了合适的金子般的选题,紧接着的是怎么想办法满怀激情地去开发它、理解它、感悟它。

策划人这个时候无疑是个激情澎湃甚至有一点"神经质"的诗人,他对有关这个选题方方面面、蛛丝马迹、细枝末节的一切因子元素,都充满着强烈的新鲜和好奇,此时眼前滴落的普普通通的一滴水,会引起他阳光照射产生霓虹斑斓的幻觉联想,此时随风飘落的平平常常的一片叶子,会诱发他"阅尽人间多少事,又何止在朝朝暮暮"的无穷伤感。策划人一颗敏感而热烈的心,应和着该选题一层层抽丝剥茧的递进,而与其内核越来越吻合、越来越贴近。就如上世纪美国作家梭罗在他的力作——《我生活的地方;我为何生活》中所言:"诗人能给平凡的田园押上优美的韵脚,能从寻常的牛乳中提炼精致的奶油"。饱满不做作的热情,让这波灵慧的心绪展开丰富的想象,眼前的一切变得那么灵动、那么美好;身边的生活变得何等的可爱、何等的滋味斐然。

因为激情的"救赎",他会义无反顾地朝着既定的目标努力,孜孜不倦,乐此不疲;因为激情的激荡,他会化腐朽为神奇地超常发挥,从不停顿、从不知足。所有的辛劳都当着甘愿的"享受"来解读,所有的付出都当着丰厚的"回报"来认知。这就是"激情"的激发、"燃烧",所带来的不可同日而语的崭新气象。

再说"胆量"。有了"眼光"和"激情","胆量"对于成功与否具有决定作用。因为归根到底,前面的好选题好点子,中间的好铺垫好描摹,都是为后面真枪实弹的"作战"做准备的,如果在最后关头"放水",丧失"排除万难、去争取胜利"的勇气和胆量,让放手一搏成"客里空"游戏,那么前期所做的准备、所花的心血岂非都将付之东流?

试看美国好莱坞艺术天才沃尔特·迪斯尼突发奇想创建巨型迪斯尼游乐园的巨大成功;美国全天候直播新闻之父——特纳首办纯新闻台的异想天开;卡塔尔半岛电视台不惧重压敢于发出阿拉伯世界自己的声音……都与他们的"超级胆量"密不可分。

回到国内,2006年10月8日,策划人——名不见经传的装饰材料开发公司北京富亚公司总经理蒋和平,为他们的环保新产品造势,花大血本在《北京晚报》打出通栏广告:"真猫真狗喝涂料——富亚涂料安全大检验"活动。

一石激起千层浪! 这个视点独特、抓人眼球的策划,吸引了读者尤其是准备装修的广大市民群众的注意;也吸引了接到投诉电话、以保护动物为使命的中国环境科学学会动物救助分会吴会长的注意;更不用说吸引了"坐山观虎斗"、估量此举必有一场纷争"好戏"的众多看热闹者和媒体的注意……

10月10日上午9时,一场势均力敌的"对抗赛"在人头济济的北京展览馆门前广场举行。一方是广告主富亚公司和他们邀请的崇文区公证处公证员及各就各位的一猫三狗,一方是高呼"不要残害动物"、发誓阻挠此事进行的动物保护协会和环保机构工作人员,还有里三层外三层看热闹的信众,以及前来"抢新闻"的媒体记者。现场火药味很浓,各方情绪激动,场面失控乱成了一锅粥。咋办? 若硬来试验,必激化矛盾,损害公司的公众形象;若拆台走人,不仅公司的脸面搁不下,且巨额广告费也打水漂……

万难之际,策划人蒋和平豁出来宣布:"照常进行! 改成'人喝涂料',试验者——是我总经理自己。"

这一回,倒是轮到全场震惊了。众目睽睽之下,蒋和平打开一桶涂料倒了半杯,兑了点矿泉水,晃了晃,在全场观众直勾勾眼光的逼视下,咕咚咕咚喝下了一大杯,并面带笑容地擦了擦嘴角。现场彻底傻了,惊异、唏嘘、喝彩、赞叹,继而爆发出雷霆般的掌声。第二天,新华社播发通稿《为做无毒广告,经理竟喝涂料》,全国200多家媒体转载,反正是正彩、侧彩、反彩、倒彩彩声不断,从街头巷尾的热议,到登上十大经济新闻,其知名度堪与该月举行的"悉尼奥运会"比肩。这策划人关键时刻关键点位的非凡"胆量",拯救了他的创意、他的广告,乃至于他的企业。这也验证了一条颠扑不破的媒体通则:狗咬人不是新闻,人咬狗才是新闻,狗怕被人咬而逃之夭夭才是最厉害的超级新闻。

(五)策划趋势前瞻

策划是一门渊源深厚而又前景无量的新兴学科,是知识经济和教学改革大潮中涌现出的高智慧、高含金量的课程。传媒界对其极为重视,从源头上说,电视节目的质量好坏、得失成败,与策划是否科学合理紧密相关;策划是宏观微观兼顾,理念思路、方法技巧的大综合,既可作必修课去攻读,更须以攻坚战去实施。

回想早期的电视节目尚不太需要策划,因其先天的垄断性和稀缺性造成一子独大,观众能免费看已属相当不易;随着改革开放及信息化时代的到来,省级台上星,有线频道普及,加之网络媒体、新兴媒体异军突起,与电视传媒的竞争和捉对厮杀日趋激烈。水涨船高,凸显出电视节目策划变得越发重要。

不说别的,就说中国电视界雷打不动的"龙头老大",被称为第一块"金字招牌香饽饽"的"央视春晚",近年来也接二连三遭遇叫板和挑战。尤其是2010年,庞大的编导组费了九牛二虎之力"烹饪"的"春晚年夜饭"惨遭媒体、网友狂轰滥炸。其中客观一点的评价如:"平淡、惊喜不多、乏善可陈";"王菲的歌很好听,小虎队很怀念,刘谦很神奇,'对弈'很精彩,本山很悲剧,小沈阳很酱油……语言类节目全军覆没"。极端一点的则放言:"春晚"已完成历史使命,该打"休止符"了,"2010春晚在一声叹息中 OVER"。而最让我们震惊的是如下一段网评:"59 分,这是我在心情好情况下能打的最高分。了无新意的老面孔已经承载不起迅速崛起的网络审美力量;中国式的幽默在老赵和小沈同志的没落后,将在近几年内很难忽悠起精英网民的情趣。"如此犀利,如此直言不讳,我们深感网络传媒作为新生代的冲击力量。而对传媒人最大的警策是,不仅要严肃考虑是否真的"春晚老矣,尚能笑否?"更要扪心自问,我们的"春晚策划方略"是否要换换脑子? 是否要大面积更新理念与行为? 不然不可避免地会落伍跟不上趟。再进一步地拷问自己:高手云集的国家级"春晚"尚遭如此猛烈的诟病,我们这些做其他电视节目的策划又怎敢懈怠?

"工欲善其事,必先利其器。"中国电视自1958年5月1诞生至今已五十多年,走过了行政负责人时代、制作人时代、制片人时代以及进入新世纪后的策划人时代。电视节目策划,应该是"以受众为出发点,以获得良好社会效益和经济效益为目标,对电视节目创制预测和先导的过程"。电视节目策划的成功运作,有利于媒体的谋势、造势和运势,有助于最大限度发挥媒体的积极性和创造性,并获得最佳效益。在我们国家,电视是党和政府的喉舌,承载着信息传播、艺术审美、娱乐消遣、增长知识等功能,所以,正确的舆论导向是策划者必须遵循的原则。譬如《焦点访谈》、《东方时空》等栏目,都是一批长期从事电视实践的专业工作者,经多年的积累、沉淀、呕心沥血策划出来的,如果说孙悟空能在神话的石头里"蹦"出来,那么,现实生活中的所有创作成果,都是历经九九八十一难,从太上老君的八卦炉里熬炼出来的。

作为大众传媒的电视,必须以受众为中心,对观众永远地心怀感激。观众的特点一是众多,上亿台的电视机,十多亿的忠实观众。二是差异,三教九流,众说纷纭。三是分散、流动。四是喜新厌旧,永远偏爱新鲜的内容新鲜的样式。因此,围绕"受众为中心"的策划必须把握观众的脉搏,明了观众的需求和喜恶爱恨,有的放矢,送节目也送温暖到他们的心窝里。当前形势下电视节目的策划尤其要克服散乱、小家子气和盲目跟风的老毛病。首当其冲要确立策划先行的理念,建立策划运行的有效机制,树立节目的整体策划意识和观念,使策划真正成为提升节目质量、"长治久安"不可或缺的中心环节。有条件的,从长计议,建立自己专业化的策划队伍。

须知,当今年代,世界经济进入了全球大战略、大策划的时代,作为一门前景无量的新兴学科,"人人都可以尝试成为策划大师"。有人戏称,这个年头"你不策划别人就会被别人策划"。我们老祖宗的孙子兵法,早有这样的预言:兵戎相见,"先算多算者胜,少算晚算者败"。"三年不鸣一鸣惊人,五年不飞一飞冲天"!策划,就是要像电影《英雄》中彰显的东方精神那样,气定神闲,雄光万丈,"手中有剑,更要心中有剑"。

伴随着全球化浪潮、地球村概念的盛行,世界已经变得如此之小,经济一体化,全球一盘棋,已深入社会各个领域。电视策划的模式结构也更趋多元。除了电视台"内外脑"结合的模式、电视台专职的策划研发部门模式,第三种作为新兴行业——社会性电视策划公司的模式破土而出,它和美国的兰德公司、斯坦福国际咨询研究所、德国的系统工程与技术革新研究所、日本"脑库"野村综合研究所、跨国智囊团国际应用系统分析研究所等相比,虽然规模和质量相距遥远,但毕竟吐露出希望的新芽。早先,西风东渐,电视文化潮流的趋势是国内学港台,港台学日韩,日韩学欧美。现如今变得简单多了,省却了许多弯弯绕的中间环节,欧美风行或者研发出的最新节目模式,一、两个月的光景便可在大陆屏幕上看到其本土化的雏形,真是世界变得越来越小,而电视节目的天地越做越大,这是个悖论,却是个有趣的趋势。

三、制作

顾名思义,"制作"乃创制之"制"、操作之"作"。制,在汉语里包含裁剪、做、拟订、准则、限定等意思,它的词组——制备、制导、制衡、制胜、制片、制造等,都是显而易见的动词。作的词组——劳作、振作、当作、创作、作别、作客、作为、作秀等,也都是名副其实的动态之词,所以,"制作"注定是辛苦的、劳碌的、不得懒、不得闲,须身体力行、流大汗出大力做大事情。

另外,作为创意、策划、制作"三驾马车"的第三个"轮子",尽管在次序上"制作"排在最后,但承载的分量却是最重的。如果说创意是个"点"(智慧点,比较轻巧)、策划是根"线"(扩展延长线,还相对比较"单"),那么"制作",毫无疑问是一个脑力、体力兼备,摄像、音响、灯光、舞美、服装、道具、内景、外景、演员、群众等多工种协作,非常庞杂、非常宽阔的操作"面"。它的工作的繁复细致和"面"广量大,显然是其他两个"轮子"无法比拟的。所以,真刀真枪的"制作"对于编导专业同学全方位的锻炼和打磨,是任何其他科目所难以替代的。打个比方,假如说创意是个"谋士"(轻摇鹅毛扇),策划就是个"参谋长"(提出各种各样的用兵策略和可能),那么制作,起码是个"将军",或者是个"元帅",必须统领三军进行实打实的合成军团作战。

特别需要说明的是,我们所说的制作是艺术和技术两个概念的叠加混合。作为编导,艺术层面的制作,是指节目从分镜头本开始的拍摄,到后期合成所有环节的全部过程,是富于创造性的主动的执行和运用;而技术层面制作的含义,是指在编导宏观理念、具体想法的指导之下,对于技术设备的性能、数据、指标及其特有的技术语汇充分合理使用的一种机械操作。也就是说,一个是侧重于艺术创作的电视编导,一个是偏向于技术操作的工程师。大的电视台分工明确,隶属两个部门,而中小电视台或者影视传媒学院的学生,则更多的是"合二而一",艺术、技术两方面的事情都要会做、都要能做,并且尽量做得很好。不然的话,市场竞争不等人也不饶人。

电视节目的制作讲究工艺流程的规范化和合理性,以期提高工作效率和节目的质量。电视制作的过程,一般分"前期制作"与"后期制作"两个阶段,前期围绕拍摄,制作音频视频;后期完成画面编辑、配音、字幕和合成。

客观地说,电视节目前、后期制作都非常重要,好比一个金币的两个面——缺一不可。没有前期拍摄精到的内容和相关的素材,后期"巧妇难为无米之炊",再大的本事也无能为力;而反过来,后期制作不精细、不讲究、不到位,则再好的前期拍摄也会相形见绌,后劲乏力。所以,电视节目的前、后期制作,就像体育场上田径团体比赛的接力赛跑,前后任何一棒出问题,都会招致无可挽回的失败。现在电视台做后期大都采用非线性编辑,用数字存储视频音频制作系统,具有成本低、速度快、效率质量高、变换功能好的特点。它可不受限制地随机访问任何素材,将来自录像机和其他信号源的视频音频信号经视频卡、声卡等进行采集和模数(A/D)转换,利用硬件如压缩卡实时压缩并存储到高速硬盘中,再利用编辑软件在计算机平台上自如地对素材进行二度制作加工,直至完全按自己的意愿操作,力所能及做出高质量的成片。

试以一般晚会节目的制作流程为例:

第一阶段:创意策划

1. 节目立意,确立主题,集思广益,搜集素材,撰写脚本。
2. 导演阐述,主创人员碰头,明确分工,并具体一一落实。
3. 拍摄方案,人员配置,工作安排。根据节目性质选定主持人及相关演艺人员,向制片、摄像、舞美、音响、灯光、服装、化妆等各工种阐明导演构想。
4. 各部门细化并切实执行,如签订租赁合同,制作场景道具、图版,做好 VCR 影像资料。

第二阶段:现场录制

1. 彩排走台：粗排、细排。
2. 演区部分：演员走位、表情达意符合要求，与主持人交流、衔接；对应的舞美、灯光、音响同步。电视导演与舞台监督、联络指令畅通。
3. 工作区部分：导演统领各工种，摄像的移动轨、升降臂的运用，镜头、景别、摄法的序列要求；舞美、灯光、音响、服装、化妆、道具各司其职；导播、技术、录制、通联各就各位。
4. 带机排练并按直播要求正式录制。

第三阶段：编辑合成
1. 粗编工作版。
2. 调整、细编、完善，配以特技、字幕。
3. 录配解说词，与音乐、音响混录合成。
4. 审片，存档待播。

概言之，21世纪是信息科技高速发展的时代，也是数字影像飞速发展的时代。电视是随着科技革命而产生的，它赖以生存和发展的物质基础、社会环境、技术条件均发生了深刻的变化。正是在数字信息技术的影响下，电视传媒业的新设备、新系统、新模式、新技术、新方法、新观念不断涌现。时代造就和发展了电视与新兴媒体，与此同时它也加倍回报和服务了人类。电视与新兴媒体，成了全人类沟通信息、互动交流、文化传播最强劲的媒介，可以预见，它在全球经济、政治、文化、社会发展中的地位与作用也将与日俱增。

(一)关于"制作"的格言

说一道万，电视节目的最后完成要落实到制作上，没有制作，创意和策划都还只是纸面上的，水中流的，空中飘的。

制作是检验创意是否可行、策划是否有效的试金石。创意可以天马行空，策划可以海阔天空，唯有制作，必须拒绝形形色色、五花八门的"客里空"。创意是雨过天晴美丽的彩虹，策划是鸟语花香清新的问候，唯有制作，才是斗笠"天使"浅笑低吟、任劳任怨的耕耘与播种。

出俏的、出彩的、出头露面的、风头健的，往往是创意、策划；吃苦的、受力的、刻苦耐劳的、下死劲的，一定是制作。不要心态不平衡，前者有务虚的灵敏、轻盈，后者有务实的厚重、实得。说到底，乐谱上的蝌蚪要变成动听的音乐；碟盘上的颜料要变成美丽的画图，创意、策划的方案要变成可视可感的电视节目，"拳打脚踢"的制作、"梦幻成真"的制作、聚沙成塔集腋成裘的制作最重要。没有制作的结果呈现,一切都还是空想,一切都还是子虚乌有。

(二)制作的佳境

什么样的状况相对来说才是电视节目制作的佳境呢？一般来说,离不开"天时、地利、人和"。"天时"包括大势和天象两个元素。大势为外部世界的形势和态势,天象则鉴于电视节目的制作绝大部分是外景拍摄,离不开对"老天爷"的察言观色,尤其是一部分对光效有特殊追求的、比较精致的节目,如果节目的整体老"阴"着脸,显然是不尽如人意的,所以,天气和时段的选择,对拍摄效果不可小视。"地利"指环境因素。拍摄的自然环境是否有足够的特点和造型力？制作的人际环境是否能给予较好的配合和支持？就像抗日战争和解放战争时期,这个仗选择在根据地打还是在"白区"打,对于决战的信心确立和结果判断至关重要。"人和"特指内、外在的人际关系,是诸条件和诸要素中最重要的一个,包含摄制组内部创作思想的统一、编导明晰的思路和团队精神的凝聚力、被拍摄对象有足够的兴奋感和合作度。有这三个节目制作的有利条件和必备条件,那么,节目制作的生态环境和工作环境应该是上佳的。再把它细化,节目制作的佳境又可分为四个重要环节:氛围、"气"场、含量和顿悟。

1. 讲究氛围

通常做节目,必须有效回答 5W 和 2H 的问题(why:为什么？为什么要做这个节目,理由何在？What:什么？用什么方式做什么内容？目的是什么？Where:哪里？节目在哪里做？从哪儿入手？When:什么时候？何时完成？什么时机最合适？Who:谁？这个节目谁承担？谁负主要责任？How:怎样？节目怎么做？如何提高效率？How much:多少？做这个节目需投入多少费用？产出效益能有多少？)。显而易见,做任何节目,与 5W 和 2H 相关的问题,责任编导必须准备和研判得滚瓜烂熟,因为你的领导你的合作方,直接间接就是用这把"尚方宝剑"考察你、挑战你、衡量你、审视你的,不管其做派是温情强悍、柔润坚利,还是嗜硬喜软明指暗修,唯这竿铁定的"标尺"是永远不会变的。

其实,5W 和 2H 的精髓是激发你搞清楚两大问题,一类属于解答"是什么",另一类属于解答"为什么",只有自己真正搞懂搞通搞明白了,才能避免"以其昏昏使人昭昭",但仅有这些也还不够,观众还希望知晓 M(meaning,意义、意味)的深意,并能在此基础上有自己的发现和创造,所以,制作电视节目对"氛围"入木三分的理解和把控极为必要。君不见,近年风靡荧屏的娱乐综艺 PK 比拼、龙争虎斗,"醉翁之意不在酒",看中的就是热闹火爆的现场气氛;而纪录片、专题片典型环境典型性格的塑造,也离不开特定的"氛围"土壤。

例如纪念国际反法西斯暨抗战胜利50周年"光明赞"文艺晚会,人民大会堂通体背景为白鸽、芳草、少女,伴随着《送别》稚嫩的童声,忽然间电闪雷鸣枪炮声大作,少女呼喊着妈妈坠入深渊,熊熊火光中,三位不同肤色的母亲举托起遇难女孩,氛围营造感人至深。

2. 讲究"气"场

谈这个话题,姑且借用热"气"腾腾的体育运动。上世纪70年代,乒乓球为中美紧张关系的"解冻"立下了汗马功劳,由此"小球转动了大球",中国的"乒乓外交"享誉国际。

无独有偶,上世纪末,剑拔弩张的两国再度擦枪走火,中美关系陷入低谷。此时,体育精神薪火相传,中国女足姑娘接棒,以她们精湛的球艺、坦然大度的为人,和在美洲大陆绿茵场上骄人的战绩,赢得了美国公众的赞赏与尊重,再次为中美关系的缓和起了不可替代的润滑剂作用。

而足球王国的巴西,桑巴舞的"热气"成了国家和民族的象征,诚如一位巴西评论家所描述:"毫不夸张,每到巴西国家队出场比赛的90分钟时间里,全巴西没有人偷盗、诈骗、抢劫,甚至连妓女都不再招揽,嫖客也修身养性……"因为所有一切的一切,都被足球——这视为全巴西尊严和骄傲的狂热"气场"所笼罩,在这个国度,再没有什么神灵比足球更令人亢奋的了。

制作电视节目,举凡出现与对手较量、与宾客访谈、与观众交流的场合,必然要有良好的"气"场,方能助推到达理想的彼岸。组织辩论PK,最好的办法也是不只有一个中心,不只有一个强势点,不然"孤掌难鸣"场面不好看。所以无论对话、插话,必须设置两个以上的强者对象,节目的看点与思维的碰撞才会精彩。如笔者曾组织电视界的三位"秀才、通才、怪才"王纪言、洪民生、陈汉元,就中国纪录片发展走势作不同观点不同角度的"华山论剑",气场饱满、观点新锐,取得了很好的效果。

3. 讲究含量

当下的电视节目制作,也是内涵外延"含量"的竞赛,试看琳琅满目各种风格样式的优秀电视节目,无一不是含量丰沛(质感的丰饶充盈,观赏的多维丰赡),诚如博览美景,须曲径通幽,横看成岭侧成峰,远近高低皆不同;似选美大赛,除了看先天的脸蛋、着装、三围、身形,还得检测选手的学养、应对、仪态、风范,总之得内外兼修,真正地风姿绰约才行。

而电视节目的"含量",包括思想、知识的含量和艺术、技术的含量。前者泛指节目制作所提供的精神养分和新鲜知识点,后者特指节目制作内生性的艺术和技术的含金量。

比如纪录片《舌尖上的中国》、《长寿密码》,命题的高屋建瓴、拆解的细密透彻,蕴含的思想性和知识点不言而喻。而艺术美,多路精兵强将大投入全高清拍摄,纪录片制作吸纳艺术片、风光风情片乃至于悬疑片的诸多审美元素,将纪录片做到兼有真实人物、精彩故事、异地风韵、叠生悬念这样一种看点高密度、视听高享受的程度;再看技术"范",前期拍摄高端器材设备的全方位运用,后期合成三维动画、水墨效应、调色渲染、特技特效十八般兵器齐上阵,精心打造高科技含量足、画质精细度高的视听产品,这样高含量赏心悦目的电视精品,芸芸众生的看客、百姓,哪有肯置若罔闻、失之交臂的呢?!

再比如获得首届华语大学生剧情片一等奖的《变形记》(作者:北京大学周圣崴),有一个独特新锐的创意:现代社会高压下人性的焦灼与扭曲,孤寂无助的小职员幻觉变身一只嗡嗡嘤嘤的苍蝇,才可享受片刻的自由和大自然的生机……极具反讽的结局,自身又被另一个化身的自己拍死(堪称现代版的"西西弗斯"故事)。编导的艺术想象奇特并富有现代感,制作的高技术含量把一个在普通办公室(仅一人一桌一电话一铅笔一卷刀一水滴一画框,外加几条凳子一堆白纸)拍摄的简单镜头组接成一个虎虎有声、意趣盎然的短剧故事。尤其是形象化声画语言的创造性运用(头胀欲裂,下意识用手拉出的红线团,飘零的叶片幻化成滚动的人体,纸张的魔幻迭起,蝇头的大特写飞翔等),将常规手段难以企及、无以表达的情景、意象,展现得形神毕肖、入木三分!其异常出色的高技术含量,无疑为这个实验片性质的微电影争金夺银,发挥了决定性作用。

4. 讲究顿悟

对于编导专业的同学来说,增加社会实践、增强专业素养仅是它的外壳,重在领悟、讲究顿悟和实战能力的提升才是它真正的内核。

例如,有几位同学拍摄一部描写漫画家生活之路的纪录片,初次联络被委婉谢绝,他们不恼不怒不泄气,慢慢学会走近他、体谅他,最后与他交上了朋友,离别时恋恋不舍,一起喝起了啤酒。此次实践,这几位同学不仅拍了一个好片子,还让他们学会了"锁定"目标该怎么锲而不舍地接近,知道了怎么走进片中人的心灵,碰到困难该如何入情入理地应对……这种做节目的沉稳、执著,以及危机"公关"的具体经验,成了他们一辈子的财富。

另几位同学拍摄文艺短片《城市表情》,取材繁忙都市高楼林立、车水马龙中不乏安逸闲适的节奏与动感。随着人们生活水平的提高,时尚、活力、表情多了,微笑成了城市的主题音符。有了不错的选题,她们动足了脑筋,画面要有开放感和冲击力,拍摄人物要考虑画面的几何中心、趣味中心和意味中心,景别要多变,构图要活泼,影调以高调和暖色为主,特别注意观察细节和保持节奏的灵动。经过翻来覆去几个来回,她们发现课堂上学的东西自己能用上了,并对团队合作、如何"抬头做人低头做事"、采访拍摄"胆子要大、脸皮要厚"有了独到的理解和感悟。

还有的同学通过拍片深感"台上一分钟,台下十年功"的重要:"一个片子就像是新生婴儿,创作组的每个人都是把孩子带到这个世界上的父母。"摄像除了注意画面的平准稳匀清外,更在拍摄垂直角度的俯、平、仰,水平角度的侧、正、反、斜上下工夫,以保持镜头内外的运动与流畅,后期剪辑总结出了各种情况下运用闪白、1—2帧叠化切换、画面色彩调控、不规则构图、声画对位处理等18条具体的操作经验,仿佛是一位成熟的"高工",这种感悟让人刮目相看。

(三)制作的陷阱

说起"陷阱",自然而然想起猜谜的陷阱、价格的陷阱、股评的陷阱、山寨的陷阱,乃至于广义的美丽的陷阱、温柔的陷阱、酒色的陷阱……

其实,电视节目制作的陷阱也甚多。例如,因选用资料不慎而"漏"出了不该出的画面引起轩然大波;因言语措辞不当违反了党和国家的民族政策,引起少数民族同胞的愤慨;自以为轻车熟路、对电视直播的相关环节衔接掉以轻心,造成直播过程中危机四伏……

也许是大千世界一物降一物的规律使然,就是看似很不起眼的字幕,有时也会体现出它的重要性。上海一家杂志《咬文嚼字》,硬生生盯上了国内综艺第一大品牌——央视春晚,像林中仙子啄木鸟似的,为节目清"虫"守护,打点梳理。仅以2006年央视春晚为例,有名有姓发现的字幕差错就有28处之多。其中错别字差错20处,如"当"打成了"噹"、"搅和"打成了"搅合"、"啰嗦"打成了"罗嗦"、"招呼"打成了"招乎"、"神舟"打成了"神州"、"清波"打成了"青波"等;另有时间年份差错、人名位置差错、用词不规范差错(如"天地君亲堂堂正正的中国心"、"骨血里淌的都是黄河长江")和知识结构差错(将印刷字体与书法字体混为一谈,将南非一个城市开普敦与汤加、葡萄牙、利比亚等国家混为一谈)共计8处。

可见,不起眼的荧屏字幕也是以小见大、牵一发而动全身的。《咬文嚼字》杂志字里行间体现出的这种对于先祖文字和文脉传承的敬畏感,见微知著、捍卫汉语表达的精确美丽和民族文化神圣感的认真劲,远远超出相关电视台"错一个字扣50元钱惩罚"那样单一性的处理,他们这种对观众、对老祖宗悠久文化传统高度负责的精神,令人崇敬,令人感佩。

(四)制作者的"质地"构成

如果说,创意和策划带有更多的务虚思辨的特征、前期酝酿的特征、"异想天开"的特征,那么制作无疑具有务实操弄的特征、后期实干的特征和收拢归并的特征。也就是说,创意和策划可以像风筝那样无遮无拦在天上飞、空中舞,天南海北、纵横驰骋,比较的汪洋恣肆;但制作必须回归现实接"地气",一个萝卜一个坑,一步一个脚印,一个个拍摄对象必须仔细敲定,一个个过程细节必须考虑周详,一个个目标任务必须有效落实,相对而言,比较"循规蹈矩"和"老实刻板",来不得半点夸张与虚浮、逃避与"抬杠"。

具体地说,制作需要具备三种基本的职业能力:执行力、应变力、具象力。

先说执行力。借用一个趣味个案:某日,天南海北的老鼠们聚首召开全体成员大会,讨论鼠类同行共同面临的危机:怎么破解老鼠的天敌——猫,这个有关"鼠种族"生死存亡和今后发展走向的大问题。提案多多,有的主张把"猫爷"供起来喂饱,但代价太大;有的主张把"猫小子"隔离起来,但又恐办不到。七嘴八舌之间,一只小白鼠的提议得到了大家的一致认可:何不在猫的脖子上挂一只铃铛,让它走到哪儿响到哪儿,我们就有充足的时间与它周旋捉迷藏了。好点子!一下子获得了无可争议的最佳创意奖。可是……坐在边角的一只老鼠皱着眉头发问:好是好,那么请问,谁去把铃铛挂到猫的脖子上呢?这一问不打紧,暴露出了问题的致命七寸:点子很好,却无法执行,结果成了聋子的耳朵——形同摆设。但是,如果老鼠们有能耐,能动员猫的兄长姥爷大象、狮子、老虎、长颈鹿,或者猫的主人给它挂上小铃铛,不是一样能成吗?如是,老鼠们"曲线救国",也就同样具备了执行力。

言归正传,所谓执行力,就是把想法变成举动,把蓝图变成实景,把一致认为美好的创意、严谨的策划通过具体的执行制作,转化为可知可感、可视可听的实实在在的作品。所以,执行力也就是你的协调能力、配置能力、组织能力、实施能力、预测能力、规避风险能力、动员你的团队齐心协力实现你的预想的各种能力的综合!再说白一点,就是你的人格魅力所能动员多少社会资源达到你的目标最大值的总和!!有好多情况,创意、策划都还不错,就是因为执行力太差而大打折扣,甚至于面目全非、功亏一篑,这是特别需要注意的。所以,无论对于编导还是领导,预案和实施、创造和执行皆同等重要,万不可失之偏颇而追悔莫及。

再说应变力。从大的方面来说,变化是这个世界的本质构成,所以人类赖以生存的这个大环境,充满着变动、变异、变化、变革,而我们每个人所处的周边小环境,无论是天象地理、政治经济、行业行为、人际关系,都因人而异、因时而异、因境而异,时时处处充满着变数,也就更不足为怪了。自然界有地震、泥石流、海啸、飓风,那是生态平衡被打乱,在经过激烈的宣泄、喷发、动荡后寻求新的平衡点。我们拍电视节目,也常常会遇到各种各样的情况变化,有的被拍摄者前面答应得好好的突然说不干了;有的原本想象得挺好,可到现场一看完全不是那么回事;又有的在拍摄过程中出现意想不到的新情况,进退维谷,让人左右为难。

所有这一切,都在考验编导的应变能力,看看在不期而遇的困难或者突发事件面前,编导有没有应对预案?能不能处变不惊、以变制变,反制于对手。一个优秀的编导永远不会责怪外部条件的不如意和抱怨合作方的不作为,他只会从自己的身上找原因,并且以最快的速度将自己调整到最佳状态。

1915年巴拿马万国博览会上,代表中国参展的茅台酒在一大堆华丽典雅装饰的世界名酒面前尤显寒酸土气,时遇名酒评选已近尾声,但"茅台酒不要说被高看评选,就是连尝尝味道的宾客也没有"。见此光景,茅台酒厂参展代表急中生智,当即取出一瓶,猛然用劲把酒瓶摔破,顷刻间酒香四溢,举座皆惊,有人拾起茅台酒瓶碎片往鼻子上闻,顿感幽香扑鼻,妙不可言。据此,原先不屑一顾的评委们"重新入座,把盏品评",最终,"其貌不扬"、土里土气的茅台酒,得以凭借自身非凡实力一鸣惊人,荣获与法国科涅克白兰地、英国苏格兰威士忌同享盛名的世界三大白酒王金奖。试想,如果没有这急中生智、临场应变的"一摔",何来金奖?

最后是具象力。电视艺术是画面和声音的艺术,电视编导应该先天具有将看到的一切、将要拍摄的某一命题所涉及的方面,迅速转化为特定镜头语言的能力,也就是视觉艺术工作者常说的镜头感觉和具象的能力。例如,沙漠中行走——脚印的特写,泥泞中行旅——蜿蜒的车辙;悲极可以欲哭无泪,开怀却遇喜极而泣;一丝枯黄一片落叶预示深秋的来临,一滴水润一声蛙鼓呼唤生命的绿洲……立刻就能形象化为相关的画面、相应的景别。

同时,制作是艺术,也是技术,更是一个具体操作的过程,因而机器性能、开关、滤色片、各个旋钮的熟练掌握,摄像机位的合理选择、运用,推、拉、摇、移、跟、升、降、高俯、仰拍等镜头运动诸要素的规律,构图的大全、小全、中景、近景、特写的有序配置,情与景、人与物的交流与交融镜头语言的逻辑等,都是十分重要的。

精心制作一个节目,光效的明暗变化,色彩的冷暖过渡,音乐的节奏变幻,舞美的风格把握等,都显得不可或缺。比如,拍摄一个诗情画意江南风光的舞蹈,绿色侧逆光的光效配置,与青山绿水的美景融为一体,干冰作用升腾起的淡淡的烟雾,衬映出如梦幻一般的江南胜景。伴随着旭日升起,青春少女热情洋溢的舞姿,一组橙红色的气氛光把姑娘们装点得楚楚动人,越发美丽;峰回路转一个小小的波折,一位姑娘想起了守卫边陲的远方恋人,惆怅蓝色的气氛光衬托出女主人公淡淡的忧伤;倏然一转,男女主人公梦境呈现,双双跳起了爱情双人舞,热情的侧逆光配置以正面的追光,既生动展现演员的修长形体,又刻画出他们丰富的面部表情,视觉效果优美而丰盈。经过这一系列的制作处理,使节目变得熠熠生辉而富有感染力。

四、创意、策划、制作三者的辩证关系

那么,创意、策划、制作,三者究竟是什么样的关系呢?似乎用形象化的比喻更能让人明白。

如果将创意比作火柴（隐含着发光的本体），那么，策划就是火柴盒边摩擦生电的硝皮（有它才能转化成火光），制作则是蜡烛（一切美丽的想法进入制作才有被点亮的可能）。火柴只有摩擦硝皮点燃自己，再点燃蜡烛，才能照亮别人照亮世界。

如果把创意比作挖井（隐喻活水的源头），策划与制作是打水的绳子与木桶（必要的恰当的工具），那么，三者结合，便能把清澈甘甜的井水打上来，让观众清新解渴、如饮甘霖。

如果说创意是满弓（很饱满的状态），策划是绷弦（做好一切临战的准备），那么制作就是射箭（全力以赴于一个点），才能盘马弯弓，一箭中的，旗开得胜。

再把创意比作是一场轰轰烈烈爱情的导火线（姑且把做节目看作是一场特殊意义上的恋爱），策划是红娘与催生婆（尽管有点絮絮叨叨，但做好了一切细致的准备），那么制作无疑是抱金娃娃了（看到了一个完整的"新作品"）。

如果把做节目看成是一次不寻常意义上的远航，那么创意是罗盘上的指南针，策划是精准细腻的航海图，制作就是要到达的目的地。

倘若用最简练的语言直呼本义，那么创意近乎于一种灵感，策划好似科学设计，制作则是前者一切美好想象的操弄与实现。

最后想说的是，人人都有梦想，尤其是从事艺术专业的同学，那么创意就是创投梦想，策划就是编织梦想，制作就是实现梦想。三者之间的关系，就是这样三部曲的关系，缺一不可，互为贯通。这也是我们对创意、策划、制作三要素"金三角"关系的全部理解和诠释。

思考题

1. 解构电视节目、研判电视现象为什么总要从"源点"出发？
2. 美术三原色与电视三原色的构成及意义是什么？
3. 电视节目创意的含义是什么？试举例说明。
4. 电视节目创意的显著特征及重要性体现在哪里？
5. 电视节目策划的含义是什么？试举例说明。
6. 电视节目策划中应注意避免的问题有哪些？
7. 电视节目制作的含义是什么？试举例说明。
8. 电视节目创意、策划与制作的关系如何理解？

第一章 电视纪实片的创意、策划与制作

第一节 电视纪实片概述
第二节 电视纪实片的创意
第三节 电视纪实片的策划
第四节 电视纪实片的制作

第一节　电视纪实片概述

一、什么是电视纪实片

电视纪实片是一种排除虚构的电视节目,它从现实生活中汲取素材,并用剪辑和音响增加作品的感染力。电视纪实片最主要的特点就是它的非虚构性,不论是记录人物还是自然景观都是如此。

我国的电视纪实片属于纪实型的电视专题报道类节目。它继承了电影纪实片的艺术创作原则和方法,同时又凭借电视传媒的优势,运用电视的先进手段,无论在反映生活的广度、深度等方面,还是在形式、风格、技法的丰富多彩方面,都已经远远超过了早期的电影纪实片,出现了不少新的品种和样式。

二、电视纪实片类型的划分

我国电视纪实片划分为两种类型:纪实型专题节目和创意型节目。

(一)纪实型专题节目

纪实型专题节目是指用自然朴实的方法、真实的报道反映社会生活和人文现象的节目。它特别注意采用采访拍摄手法,保持被摄对象形声一体化的表现结构,记录具有原生形态的生活内容,通过对生活现状、文化现象或历史事迹的记录,来揭示生活本身具有的内涵和意蕴。

纪实型节目题材广泛,既有对新闻事件的深度报道,又有对历史事实的现实审视;既有对人类生存状态的探索,又有对个体人生的认识;既有对民俗风情的展现,又有对自然风光的介绍;既有对典型经验的总结,又有对社会问题的分析。

(二)创意型节目

创意型节目是指在生活事实的基础上,渗透创作者浓厚的主体意识,具有较强创作意识的电视纪实节目。它注重营造诗一般的意境,抒发创作者的主观思想感情,蕴含深邃的哲理意识,给观众以独特的审美感受。创意型节目在展现自然景观和生活情状时,注重美的开掘,给人以"美感";注重创作的情感抒发,给人以"理念"。

三、电视纪实片的发展现状

当今电视荧屏上,娱乐性节目可谓过度膨胀,晚上黄金时间大多都是娱乐性节目,看多了自然会感觉到疲惫,产生视觉疲劳。相对于娱乐性节目,电视纪实片记录了国家历史文明、现实生活和百姓关注的重大事件,自然容易吸引人。比如近年来央视在每晚黄金时段及纪录频道播放的电视纪录片《舌尖上的中国》、《大国崛起》、《水问》等就吸引了不少观众的眼球。

在互联网上,电视纪实片的传播方式也很多元,一些优秀的电视纪实片被上传到网上供网友下载观看,网友观看后还可发表意见和感想,也可以推荐给更多的人,通过网络传播的纪实片对人们的影响越来越大了。

电视纪实片的商业化在国际上已经得到了进一步的发展,从电视荧屏成功地转向了电影银幕,比如 2003 年荣获第 75 届奥斯卡最佳纪录片提名的《迁徙的鸟》就成功地走向了电影银幕。

从世界大趋势看,电视纪实片的产业化不仅仅是一种概念,它应该是面向大众化的产业。如今已经进入一个讲求票房和收视率的时代,需要把握观众的口味,拍摄出百姓生活中的真实故事来满足广大社会观众。与此同时,国家对电视纪实片的生产与制作进行鼓励,为创作和发展铺开道路、培养人才。

只要遵循创作规律、遵循市场规律和满足市场观众的需求,中国的电视纪实片市场就会繁荣,电视纪实片的春天也一定会来到。

2010 年 10 月,国家广电总局出台了《关于加快纪录片产业发展的若干意见》,又给电视纪实片的发展注入了新的动力。

此外,"制播分离"及央视纪录频道开播为进一步繁荣电视纪实作品市场也起到了推进的作用。

第二节　电视纪实片的创意

一、创意理念

(一)世俗化

我们常常用"阳春白雪"来形容高雅的艺术,用"下里巴人"来形容低俗的艺术。在电视这一传播媒体下,无论你是"阳春白雪"还是"下里巴人",只要能吸引住众多观众,那就是好的电视作品,就是成功的电视纪实片,而世俗化就是原汁原味的现实生活。

目前,中国老百姓中虽有教授、学者,但更多的是文化程度为初高中甚至小学的人。在中国偏远的山区,由于交通不便、信息闭塞,教育普及不到位,以至于那里的老百姓多数是大字不识的文盲或仅仅认识几个字的半文盲……面对这样一个群体,电视纪实片怎么做?答:回归世俗。

1.世俗化的表现

(1)平民化

世俗化首先是要平民化,即电视纪实片主人公绝大部分都是名不见经传的平常老百姓。

讲述凡人小事、聚焦普通人物,是近些年来电视纪实片选材的一个特点。在社会这个大舞台上,活动的众多角色都是小人物。从一定意义上说,小人物在某一个侧面更具展示事物内涵的优势。作为杂志节目,中央电视台《东方时空》中的子栏目《百姓故事》,在不断地拓展中,曾经形成相对稳定的节目风格和收视群体,一句"讲述老百姓自己的故事",已成为经典标志。

《马班邮路》讲的是普通乡邮员和他的儿子在自己工作岗位上一次送邮件的历程;《献肾救母》讲述的是一个普通家庭中的患病母亲和有孝心的儿子……这些人都再普通不过。

平民化已经成为电视纪实片的主流。平民化的节目之所以受到观众的厚爱是因为它说出了老百姓心里想说的事情,在关注他们真实生活的同时完成了对社会、现实、命运的思考。

(2)生活化、日常化

有时候最能打动人心、让观众印象最深刻的不是多么复杂曲折的故事,而是原汁原味、未经雕琢的生活,普普通通、平平常常的生活。美也好,丑也好,生动也好,乏味也罢,只要是真实的生活,就能打动观众。要想打开更广阔的受众市场,只有大众化的才是最有观众缘的。一部作品表达的内容是否贴近了广大的老百姓,是否贴近生活,是否表达了社会共同的情感诉求是电视纪实片的根本出发点和归宿。

2. 世俗的美

世俗化是一种美学追求。在普通人的日常生活中、伟人的普通活动中,我们互相观照,产生一种亲近感、认同感,有一种温馨,我们发现生活是题材最好的来源,生活是美的,生活是世俗的,所以,世俗即美!

3. 实践中如何把握世俗化

有人说过社会就是"草根"的影像,所谓"草根"就是大众的,就是将摄像机扛到大街上表现每个人身边的事情。我们不难看出,这个时代是大众时代,电视纪实片世俗化是时代的要求、观众的心声,是顺应大众传媒的发展的。编导们在进行创作时,题材一定要贴近广大群众,贴近现实生活,让观众看到我们的节目时有一种亲切感。节目要与观众的生活息息相关,这是我们在创意时就应该重点把握的。

(二)情感

1. 情感是纪实作品的生命线

或许是因为当今社会是经济的社会,是金钱的社会,所以情感被人们越来越看重,人们强烈地呼唤真情。当然,对于电视纪实片也一样,情感渗透到节目的每一个段落并成为重要主题。

除了真实再现、客观反映以外,更重要的是通过事实内涵融入创作者对生活的一种深刻反映和对事件进行甄别的态度。没有情感,作品就没有生命力。像《献肾救母》、《马班邮路》、《寻找回来的亲情》、《船工》等这些作品之所以能打动观众,引起观众共鸣,其主要原因,就是创作者以其独特的视角反映现实时所蕴含的浓郁情感。

2. 情感的体验和物化

情感是艺术化创作的基础,也是创作的核心。对创作者来说,最主要的是对情感的发掘和体验,在每个创作环节都做到身入、心入、情入。创作者借助可视形象寄托自己的情感,并以此去震撼观众的心灵。创作者只有让情感始终溢于心中,将平时对社会生活的观察和认识进行综合概括和组织之后形成艺术化的感受,这样才能够给人以启迪,并打动观众。因此可以说,情感是能否引起观众共鸣的重要因素。

在发掘并体验到情感之后,创作者必须将情感物化,因为情感是一种心理现象,具有抽象性,应有一个实体,它可以承载情感。所谓情感物化就是把自己的感情移到外物上去,仿佛觉得万物也有同样的情感。创作者把自己的情感投入到对象物体之中,这种移情,赋予了表现对象以生命,并使其主观化、情感化,从而增强了艺术感染力。情感物化常常通过一系列的空镜头来借物说话,为我所用,表达感情。比如《船工》中多次出现的三峡移民拆迁及谭邦武老伴的遗像的镜头,就具有情感物化的作用。

3. 情感的表达方式

在电视纪实片中表达情感的方式有很多,主要包括:

(1)细节

细节是表达情感最常见也是最具感染力的一种方式。

常常有这样的情境:当你看过一个节目很长时间以后,具体内容是什么很可能早已记不清了,但是片中的精彩生动的细节却深深地印在你的脑海,让你永远记忆犹新。这正是因为细节在节目中表现出的引人入胜、画龙点睛、震撼心灵的巨大魅力,使生活中原本所具有的情感力量更加集中、更加浓烈震撼。观众们通过节目中的一个小小细节,能够洞察、理解、认识人物令人震撼的内心世界,从而更增强了真实性和生动性。

(2)空镜头

几乎所有的事物,只要它与表现的主体密切相关,我们就可以赋予它情感,使主体得以升华,人物情感得以延伸。

例如《船工》里,水面上孤零零的小船的空镜头与谭邦武老人孤零零地坐在山坡上的镜头衔接在一起,衬托出老人的孤独;老人担心与老伴的双人墓碑不能顺利完成,这时编导插入了夕阳、小草的空镜头,意境深远,透露出一种淡淡的忧伤。王国维说:"一切景语皆情语也。"有经验的摄像师善于捕捉蕴含情感的空境头,因为具有抒情性、意境感的镜头能够增加电视纪实片的情感效应,从而让电视纪实片有更多的看点。

(3)特写

特写是"放大",除了突出表现人和物体的局部特写外,重要的一点是通过"放大"展示人物的情感世界。

优秀的特写都是富有抒情意味的,它作用于我们的心灵,而不是我们的眼睛。比如《寻找回来的亲情》中有很多握在一起的手、眼神、眼泪的特定镜头,表现的是亲情和团聚。

(4)慢动作和定格

有人把慢动作和定格称为"时间的特写",以改变时间长度的形式向观众强调,完全打破了物理时间而提纯为心理时间。

慢镜头将时间延长,定格将时间停顿,从而造成心理时间的延伸,使感情得到升华,仿佛是向观众提醒说:"请你好好看一看,仔细看一看。"慢动作与定格在电视纪实片中运用较多,它是情感表达的重要手段。例如《献肾救母》中,当儿子的肾从体内被摘除那一刻就是用的慢动作和定格。

此外,情节、蒙太奇组接、音乐、解说词及特效等都是表达情感的有效手段。

需要指出的是,情感必须以真实为前提,包括生活中的真人、真事、真景、真情和创作者的真实的内心体验。而在情感表达中,必须注意铺垫和积累,否则太突兀,反而会弄真成假。

(三)思辨意识

1. 思辨性、哲理性是一部作品的灵魂

思辨性、哲理性,是对思想深度的开掘和体现,是为了进一步引导观众对时代、社会和人生进行有益的追索和探求,在潜移默化当中提高观众的思想认识水平。我们不难发现,在日常生活中,能让人心灵产生共鸣的电视纪实片,都是思辨性较强的片子。这样的片子能让我们重新认识自己,认识社会,对我们所生活的空间重新思考。这样的片子是成功的片子,也就是说成功的作品都是应当具有思辨性的,都是能让观众产生心灵共鸣的。

并不是只有大题材才具有思辨意义,生活中处处有哲理。《船工》中有这么个场面——谭帮武老人在准备为逝去的老伴和自己撰写生死双人墓碑时,因为没有文化不知道重孙女的名字怎么写,说:"至于是哪个字你们有文化的知道,我搞不清楚。"观众一方面钦佩这位近百岁老人的聪明和记忆,另一方面又为他不识字而感到遗憾。

2. 思辨的意义

首先,观众需要思辨。事实上,观众除了在电视节目中获得娱乐外,还希望有更多的收获。要知道,观众不会拒绝思想,只会拒绝过去思想传播的外壳——"说教者"的面孔。所以,我们不当"说教者"。创作者尽可能以平等、朴素、诚恳的叙述替代过去曾十分流行的喋喋不休的说教,用事实说话。

其次,寓教于乐。电视纪实片要展示生活、揭示生活,不仅要呈现"生活是这样的",还要指出"生活应该是那样的"。这是观众乐意接受的,在看节目的同时,得到了领悟,学到了东西。

当然,我们要注意,千万不要从一个极端走向另一个极端。我们的编导在创作中千万不要为了让观众得到更多的领悟,直接地抛出一大堆道理,而忘记用真实的画面去展示生活,两者要兼顾得当。另外,还要分清主次关系,在如实地再现某些内容时,要在抽象的意义上使它的含义更加丰富,不要是一盘散沙,主要说什么、想让观众领悟到什么,这些都是要分清的。

最后,要给人启示、教益。在电视纪实片的创作中,不能满足于只在屏幕上描摹生活的表象,要善于从生活的表象中,揭示出本质与现象、必然与偶然、思想与现象的辩证关系。也就是说,我们的编导自己要有极强的思辨意识,能敏锐地发现、揭示哲理和问题,才能给观众们启迪。

3. 思辨意识的表达

思辨毕竟是抽象的,而电视则是活的画面。人们反感说教,因此怎样生动表达思辨至为重要。

首先,创作者要以平等的身份出现,不高高在上,要与观众朋友一样,平易近人。创作者尽可能以平等、朴素、诚恳的叙述替代过去曾十分流行的喋喋不休的说教,将"我"尽量融入所记录的生活之中去。不留摆拍、造型等痕迹,但又处处体现着"我"的思考。

其次,寓思辨哲理于形象中,让形象、让画面说话。事实胜于雄辩。比如《营生》中,老郝对婚丧嫁娶及黄河边旅游生意的认真对待,说明营生的艰辛,以真实的事情和形象表现的思辨,触及人的心灵。

再次,要将哲理和情感结合起来,既有哲理在思索,又有诗情在腾跃。常言道,动之以情,晓之以理,动情以后,自然容易接受哲理。

一般来说,哲理应尽量避免直露,应在形象中、事件中自然地流露。故事讲述是对真理的创造性论证。一部优秀电视纪实片的制作者就是讲故事的能手,其故事的讲述亦是对真理的创造性论证,其全部创作的目的还在于"证明思想"。因为故事来自于现实。

(四)人的主题

世界因有人而生机勃勃,因有人而有意义。没有人这样一个生命体,何来生离死别,何来贪嗔念痴,更别提爱恨情仇了!那样的世界又怎会是丰富多彩、绚烂缤纷的呢?所以,人是一切的主题,自然也是电视纪实片的主题。

1. 人是电视纪实片的主题和灵魂

电视纪实片主要是以记录人的生存状态、现实处境,以及人的命运发展为基本任务、基本目的和精神的。换言之,"'人文精神'是纪录片文化艺术精神的核心内容",因为即便是表现动物、植物、微生物或非生命世界的电视纪实片,它最终还是要直接和人类的生存与命运发生联系,或者说,这些作品都被赋予了人类的眼光和精神。由此,我们可以看出,人才是电视纪实片的主题。

中国电视人学会以电视纪实片的艺术手段关注生命本体的人、人的生存背景是在 80 年代末、90 年代初的大变革时代。以人为切入点,对中国电视纪实片产生广泛影响和最大贡献的应该是中央电视台创办的、播发短电视纪实片的专栏《生活空间》。一句"讲述老百姓自己的故事",形成了对普通人的亲和力与新电视纪实片时代的定位。《生活空间》中的短电视纪实片模式,可以说在当时是颇具原创意味的。不同身份、不同年龄的普通人成为真正意义的影像主体。他们的喜怒哀乐无不浸染着生活的甘苦,他们的生活与命运的真实写照,对同时代的观众产生巨大的冲击力,从而构成空前的互动效果,完成了电视纪实片以沟通为宗旨的使命。

人作为电视纪实片的主题是显而易见的。个人的命运和经历,包括主体的生存体验、矛盾冲突、生存历程、生存趋势等,作为一个时代的缩影,无疑成为电视纪实片需要特别关注的主题。例如央视及各地电视台都有类似"讲述老百姓自己的故事"这样的栏目,其收视率都较高,这就说明了它被关注的程度。通过这些我们发现,原来有价值的东西就是对人性的开掘,对人的一种关照。

从我国的电视纪实片中不难看出,大至政治、经济、文化、教育等,小到日常生活中的点点滴滴,全方位、多层面地反映人与自我、人与人、人与社会、人与自然的联系,这是电视纪实片的主体。

2. 主体人物的个性化

电视纪实片中的个性化人物要典型,"独一无二"。人成为主角,不仅表现在他处于直接或间接的中心地位,最重要的是他必须是充分个性化的人,这才是真正意义上的独立的人。

并不是所有的人都可以成为主角,都能吸引众多观众的眼球。电视纪实片毕竟是追求新奇的,所以那些个性化的人才可能成为节目的卖点。人们总是这样的,当有那么一个和自己有相似生活境况的人活出了不一样的人生时,人们就特别想知道那人怎么就活的不一样了呢,这是人的好奇心理的驱使,电视节目选材时自然要充分考量这一点,不然电视纪实片还能吸引人看吗?

当一个人物形象在电视上栩栩如生、呼之欲出时,他恰恰展现的是具体而真实的生活,这样的节目才是好的、成功的。在《献肾救母》里,儿子田世国为了母亲的健康,将自己的肾捐出,小心翼翼地瞒着母亲,让她幸福地生活在大家编织的谎言里。母亲曾将生命赋予儿子,如今,儿子要以另一种方式将生命回赠给母亲,这就是孝心。《马班邮路》中李宾父子在一次送邮件过程中的经历说明他是马班邮路上的硬汉,是敬业的……

这些形象是令人难忘的,其魅力正在于他们不是概念,不是社会生活的抽象体现,不是社会学意义上的人,而是完全个性化的,是真实的形象。所以,人才是电视纪实片要始终追求并坚持的根本的根本,我们编导要做以人为主题的专题并不难,但关键是这个人是不是"有个性的、独一无二的"。

(五)审美意识

德国电影理论家克劳斯·克莱梅尔曾说,"纪录的质量首先取决于美学的质量"。编导们在创作中要体现审美意识,主要应把握以下几点:

1. 由真到美

真实是创作者矢志不移的追求目标。真实是电视纪实片的生命,真实的力量是无穷的。电视纪实片的真实是见证的真实、过程的真实、历史的真实,电视纪实片具有历史文献价值和社会价值,它随时牵动着人们的心灵,给人以真实的震撼。从创作的本质来看,我们可以这样认为,"真实性是电视纪实片的艺术生命,但它是化作了影像纪实形象的,经过创作者重新组合并具有了审美价值的真实"。

仅有真实还是不够的,真实并不等于美。真善美是联系在一起的,唯其真,唯其善,才显示美。电视纪实片极大地考验着编导对现实生活提炼的功力。编导必须从这些真实中提炼出美,要从真上升到伦理范畴的善,再上升到美,才达到极境——审美层次。真善美三者是递进关系,真是基础,美才是最终的归属。

我们说,要从真到美,那什么是美呢?美的本质主要有客观说、主观说、主客观关系说,至今没有定论,仍在争执之中。其根本原因或许在于美的丰富性、美的情感性、美的体验性,从而造成了美的不可言传性。

美必然反映在内容和形式上,虽然我们不能确切定义美是什么,却能体味到什么是美的、什么是不美的。任何事物都是由内容和形式构成的,美必然反映在内容和形式上。

美是人类永远的追求,是艺术的最高理想。

2. 追求内容美

如果说形式美是身体,内容美则是灵魂。内容美由两部分组成:一是题材本身的美丑,二是创作者提炼的主题的美丑。一般说来,美的题材更容易形成内容美。但描绘丑恶的事物,这作品却不一定丑。描写美好的事物可以是美的艺术,也可以是丑的艺术。同样,描写丑恶的事物可以是丑的艺术,也可以是美的艺术。当作者对丑恶进行批判时,就表现出对美的追求和向往的审美理想和审美态度。

作品的内容美要求我们编导用美的心灵去赞美人和事物,用美的理想去鞭挞丑恶的人和事物。

许多电视纪实片中都展现了不同的美。比如《再说长江》既有长江磅礴的美，也有人们生活平静的美；《献肾救母》中赞扬儿子对母亲的孝心，这同样是一种美……

3. 重视形式美

形式美与内容美一样不可缺少。

形式美的表现方式是画面、声音、蒙太奇组接等，形式美具体表现为各形式要素之间构成的关系。

我国的编导们在形式美上有不少的努力，也取得了一定的成果。《再说长江》中，运用了高清摄像机，画面清晰干净，飞机航拍所带来的美给人一种震撼的感觉；《故宫》3D数码特技的运用给人一种新奇的、唯美的艺术效果；《船工》拍摄构图的完美，如三峡大坝工程进展、木船的打造、生死双人墓的修建这三条线索的交织；《二娘》中在不幸的家境衬托下二娘的勤劳善良等都是形式美的表现。

4. 美的统一

完美的作品，内容即形式，形式即内容。不同内容有不同形式与之相适应，形式必须符合内容的需要，内容美主要作用于我们的心灵，而形式美主要作用于我们的眼睛和耳朵，编导要努力提高自身的艺术修养，创作出内容美和形式美相统一的作品。

(六) 文化意识

文化意识正越来越明显地成为电视高品位的象征，也已经成为创作者的重要追求。

1. 文化的定义

文化，可分为广义的文化和狭义的文化两种。

广义的文化是指一切生活方式的总和，包括物质文化和精神文化，有时也特指精神文化，即所有的价值结构、规范结构、信仰结构等。

狭义的文化是指个人或群体具备和体现出来的所受教育的程度和水平、知识素养和层次以及文学艺术修养。

广义的文化中包含着狭义的文化，电视既然可以作为广义的文化母体的衍生物来看待，那么它就会与广义文化和狭义文化发生种种联系。

至于文化意识，是指对当代人的生活方式的影响。它直接影响到当代人观念的变化，包括伦理、价值观的变化。

2. 深义的文化

文化意识的本质是"深义文化",它是整个民族、全人类精神的结晶,是历史传统在我们身上的积淀,是历史与现实的结合。正因如此,真正意义上的文化才是我们创作者应该追求的方向。

就拿《故宫》来说,它并不是像风光片一样,只是让我们看看故宫是什么样的就完了,而是在向我们传递一种知识、一种精神。它是人类历史文化的纪念碑,对于一个时代、一个民族、一个国家有着重要的象征意义。

一方面,它继承了传统的宫城、内城、外城的三重城制度,前朝后寝、左祖右社、五门三朝,体现了儒家的理想和封建礼制。

另一方面,阴阳五行学说在紫禁城建筑中也得到运用。故宫外朝在前就是阳,纵向的太和殿、保和殿为三,最为高贵的太和殿分别是九五、九五至尊,九是皇帝的象征;内寝在后,乾清宫等三宫是皇帝真正处理文件的地方,其台阶为偶数。如此布局说明阴阳结合,是对宇宙秩序的认识和追求。

故宫,是中华民族的国宝,是一种思想,是一种文化。

假如说《故宫》的编导认识不到这一点,根本就不懂得什么儒家思想、等级制度,什么阴阳五行,他们也不会做出让人产生共鸣的片子,观众们也不会知道故宫有什么意义让我们称它为国宝,它仅仅是皇帝住过的地方而已。

3. 深义文化的内涵

我们的电视纪实片被称为"时代的立体档案"、"历史的备忘录",这表明它不仅仅是人类现实生活的"自审"窗口,而且应当是人类多重信息最丰富、最生动的历史记录。

《再说长江》这部片子的主旨就是以长江沿岸风光地貌、风土人情的变化来反映中国 20 年的经济建设所带来的巨变。《再说长江》全景式地展现了长江波澜壮阔的壮丽景象、多姿多彩的人文景观,以强烈震撼的内容凸现出充满魅力的长江形象。它是长江的立体档案,纪录着长江的一点一滴。

只有具备了文化的深度和广度,我们的作品才能成为"人民的记忆",《再说长江》就是这样一部好片子。

(七)风格化

一部成功的电视纪实片,在很多方面都必定要有其独特的个性,这就是风格。

1. 风格的多样性

风格是创作者对生活和世界的观照方式,一般认为风格即某一作品中表现出来的艺术个性。

一方面,不同的人由于个性、经历、观念(包括艺术观念)的不同,在把握创作题材及体裁、选择表现手法、运用语言等方面各有爱好与擅长。

另一方面,同一作者出于表现某种内容,烘托某种氛围,创造某种意境的需要,也在自己不同的作品中尝试不同的格调。一堆画面素材从无到有,到最后变为一部完整的片子,其中肯定包含了电视艺术的某种创造性,而既然是一种创造,当然就会表现为电视纪实片的个性风格。

2. 风格的重要性

随着我国电视事业的发展,在电视纪实片创作中当真实成为共同的追求、纪实方法为大家普遍接受之后,主体的个人风格便显得重要了。只有当各具特色的个人风格在作品中形成时,创作者才会有创造艺术品的快乐,观众才能看到五彩缤纷的节目。

3. 作品风格形成与作品的总体面貌

作品风格形成与作品的总体面貌是贯穿于创作者全部创作中的,而最能体现总体面貌的,则是创作者精神个性与审美形式的独特性,因为成熟的、杰出的创作者总是有自己独特的审美角度、艺术方法与技巧,去表现那些自认为最有价值、最值得表现、得心应手、符合自身的精神个性和情感体验的东西。他们在审视作品内容的社会历史内涵与情感、思想个性特征的同时,总是选择、创造那种与特定审美意蕴相契合的艺术形式和技巧,以构成具有较高审美价值和鲜明艺术风格的作品,也就是说作品风格体现在内容和形式上,编导应该加强这方面的认识,要知道,只有风格化才能有自己的特色,才能具有生命力。

4. 风格与个性

我们知道,创作者的创作个性与作品风格的形成,与他的世界观、艺术观、审美情趣、思想、人格密切相关。当然,风格的形成跟作者的特殊经历、性格、气质、艺术素养也有关系。

5. 风格与时代

创作个性、风格不仅是主体的体现,还是时代、社会环境的产物。作品风格的形成,标志着创作者思想、艺术的成熟,同时也是时代生活、社会环境通过创作主体的独特体验、创造而在艺术作品中的凝聚和闪光。

《献肾救母》反映的就是在这个物欲横流的社会,人们对真情的渴望;《马班邮路》则反映的是当今如此繁华的时代中,还有这样的人用最简单原始的方式为人民服务,做着最辛苦的工作。

这些作品之所以能给人留下深刻的印象,就是因为这个创作的大背景,如果这些创作离开了这个大背景,其内涵的厚重感和分量感就大打折扣,那样,只会给人浅薄和脱离主体的感觉。

就形式而言,求真纪实的风格是时代的主题。

时代在前进,环境在变化。我们的创作一方面要加强自己的文化、艺术修养,确立自己的个人风格;另一方面要不断地创新,开拓风格的多样化。只有自己的风格被观众接受了,才能和观众实现心灵上的共鸣。

世俗化、情感、思辨意识、人的主题、审美意识、文化意识、风格化这七种创意观念是一个编导所应具备的,这些观念就像是做菜时所需要的调料一样,想要突出什么样的味道,什么调料放得重一点,一位优秀的电视纪实片编导要拿捏得很好才行,只有这样,这道"菜"才会味道纯正。

二、题材

(一)素材与题材

根据《辞海》的解释,素材是指"作家、艺术家从社会生活中摄取出来的,未经过提炼和加工的原始材料"。

题材是文艺作品的内容要素之一,即作品中具体描写的,体现主题思想的一定社会、历史的生活事件和生活现象,它来源于社会生活,是作者对生活素材经过选择、集中、提炼、加工而成的。

作者选择什么题材,如何处理题材,取决于他的创作意图和所要表达的主题。与素材的原生态不同,题材本身就是由创作者经过自己的头脑判断、分析,根据自身经验有意图地进行选择、提炼和概括,最后通过想象重新合成的产物。

从生活中的素材到作品中的题材,这是一个艰难抉择和辛苦筛选的创作过程。在这里创作者是以自己的人生感悟作为基础,通过自己的心灵对生活中的素材进行重新编写、重组和改造,使之成为表达自我人生理念与认识的载体。在许多情况下,生活中的素材到了具体作品中会变得支离破碎甚至面目全非。同样的素材在不同艺术家的作品中,会有不同甚至大相径庭的表现。就像人们常说的"一千个观众心中会有一千个哈姆雷特"一样,艺术家根据个人体验和心灵理念,面对相同的素材,他们筛选后剩下的部分可能会有很大的出入,即使选择保留的部分一样,处理的方式也会有所不同。所以在欧洲文学史上,同样都是浮士德的故事,在马洛笔下和歌德那里完全是两种不同的天地;同样是唐璜的故事,拜伦笔下的唐璜和梅里美笔下的唐璜完全是两副面孔、两种性情。

(二)电视纪实片的题材

题材的丰富多样给创作带来了极大的选择空间,同时,也给题材的最终确定带来了一定的干扰。就像大海捞针一样,在浩如烟海的大千世界里,选择一个适当的题材进行创作,需要大浪淘沙般的魄力和快刀斩乱麻的决心。有时候,创作者会感觉很多题材都不错,都想拍摄成电视纪实片,但是,并不是所有的题材都可以作为最终的选题,也不是每个编导都可以驾驭任何样式的题材。

(三)题材的价值标准

选择好的题材是创作成功的基础,很多有拍摄制作经验的编导都说过:选定了一个好的题材等于电视纪实片创作成功了一半。

对于从事创作的人来说,最重要的是要能够从大量可能拍摄的线索中判断什么是好题材。所谓好题材,就是题材内在价值比较高,诸如题材本身所具有的信息量、题材的审美价值蕴含量、对受众的吸引力等等。我们大致可以从以下四个方面,来判断一个题材是否具有较高的价值。

1. 史料知识性

有这样一句话,叫做"今天的记录就是明天的历史"。电视纪实片是用图像写就的历史。电视纪实片的功能首先在记录,因此对题材价值的判断,首先要看其记录的对象有没有历史性意义和知识含量,题材有没有历史性价值和信息含量,这对于电视纪实片是至关重要的。那么,题材的历史性和知识性表现在哪些方面呢?

人类发展史上曾经经历过刻骨铭心的战争和灾难,也曾经经历过惊心动魄的科技突破,这些都具有历史性和知识性,对过去历史的记录可以帮助人类反省历史,也可以为后人留下美好的瞬间记忆。

我们曾经创作出一批反映中国历史或中国革命历程的电视纪实片,如《百万雄师下江南》、《红旗漫卷西风》、《大西南凯歌》、《大战海南岛》等等;还有一批表现伟人事迹的,比如《周恩来外交风云》、《邓小平》等;还有展现当代社会变迁和风貌的,如《香港沧桑》、《澳门岁月》、《挥师三江》等。第一类题材的电视纪实片,真实地反映了一个国家艰辛的诞生过程,这些留下了不可磨灭的历史烙印的题材,对于我们认识历史、检验现实、展望未来都有参考价值。伊文思曾经说:"纪录片把现在的事记录下来,就成为将来的历史。"第二、三类客观记录现实发生的重大事件的电视纪实片同样如此,这种客观而真实的记录,不仅对当代人,而且对后人都具有不可替代的意义。

2. 社会普遍性

选题的另一个价值评判标准,是看选题是否具有社会普遍性。我们生活在这个日新月异、纷繁复杂的社会空间里,每天都要接触到不同的人群,这些人群的生活并不是我们所了解的,但是很多人群都面临着相同或类似的困扰和问题,比如失业人群,他们最大的烦恼也许就是再就业的艰辛和重新认识自我价值的挑战。如果一部纪实片真实客观地反映了这些人群所共同关注或关心的话题和问题,那么,至少从选题角度来讲,这部作品是成功的。

社会普遍性的另外一层考虑是我们国家的实际国情,因为我们的电视制作受到电视编排管理方式的影响,同时也受到国家法规政策的制约,很多题材的电视纪实片不能播出或者受到播出限制,具有社会普遍性的选题可以从某种程度上帮助政府解决问题。如何表达普通市民解决面临的各种问题的选题,既考验了创作者对拍摄对象的认识程度和把握能力,也考验了创作者适应社会、调节自身的能力,如果能从中寻找到平衡点,并通过影像作出自己的表达,这样的作品就会具有卓绝的艺术魅力。

3. 形象趣味性

绝大多数电视纪实片都要通过各种媒体面对受众,因此,受众的欣赏需要也在某种程度上影响了电视纪实片的价值。创作者如何在题材的选择上挖掘出其蕴含的审美趣味,得到受众的欢迎和赞赏,这就涉及题材的一个特征——形象趣味性。

不难想象,观众都看不下去或者忍受不了的电视纪实片,即使具备丰富的信息量和艺术含量,也不会具有多大的审美价值,因为它从根本上排斥受众,形成了一道作为影像艺术不可跨越的鸿沟。

随着电视的普及,观众的欣赏口味也在日新月异,对他们来说,新鲜的东西越来越少。许多内容和题材被拍了又拍,早已是陈词滥调,在这种情况下,更需要创作者花更大的力气去寻找新鲜的内容,同时力图找到新的角度,即使是雷同的内容,也要从中发现和找到闪光点,赋予其更深刻的内涵和艺术感染力。

4. 突破常规

在电视纪实片的创作过程中,创作者往往会习以为常地采用"焦点透视"的观念和方法选择题材,这样尽管可以集中展现社会上人们普遍关注的热点和焦点,但是,这是一种主观色彩极其强烈甚至是居高临下、强加于人的创意理念和方法。有时候,创作者会情不自禁地把个人的喜好掺杂进创作当中,但是个人的价值判断和审美趣味,并不能代表大多数观众的需求和期待。

理论界一致公认,1991年的《望长城》在语言、题材、风格、视角、叙述方式等诸多方面的创新与突破,形成了中国电视纪实片发展中的一道分水岭。

在英国BBC纪录片部担任监制的艾利克斯·霍姆先生介绍了目前世界上比较流行的新模式:(1)戏剧化、有情节的纪录片;(2)真实再现风格;(3)侦探风格;(4)借助于电子计算机生成图像,拍摄我们不可能用摄像机拍到的世界。通过不同的叙事方式和镜头语言的运用,可以达到意想不到的效果。同时,运用各种高科技的手段,也可以发挥影像的独特性和多变性,从而创造出一个全新的电视纪实片影像模式。

(四)思考与主题的校正

在电视纪实片发展史上曾出现过关于主题的两种不同见解:

一种认为,电视纪实片就是记录现实,本身就有了历史价值,而历史价值就是电视纪实片的根本意义所在。

另一种认为,电视纪实片不应只是对客观现实进行记录,而应该是对现实素材进行创造性加工,因此,一部电视纪实片必定是有主题的。

我们认为,电视纪实片创作离不开主题。当一个事件发生时,往往涉及不同的人物,包含不同的人物关系、人与事的关系,从而构成许多方面的不同主题,在这种情况下必须有所选择地去拍。而这种选择的依据,就是对于主题的把握和判断。只有确立了主题,电视纪实片的拍摄才不至于偏离记录的方向。如果没有创作者在事件进行过程中的选择,就会显得无从下手,搞不清楚该拍什么不该拍什么。

由于拍摄思想是变化的而不是僵化的,因此,主题校正是必要的,而且是可能的。题材确定后,在拍摄中的思考,其目的之一,就是在创作中寻求价值意义。主题校正中的思考,既要面向生活,也要面向受众;既要考虑深度,也要考虑接受度。这其中,主题与时代背景、主题与生活真实,是我们需要格外看重的两个问题。

1. 主题要与时代挂钩

无论什么样的电视纪实片,都会体现创作者要阐述的一定意义。所谓意义,就是既要好看又要深刻,而深刻的东西应该关注我们的历史,关注我们周围发生的事情,深刻的东西正是主题的内涵之所在,正是时代的主流追求。

2. 电视纪实片创作故事化

电视纪实片创作故事化,是很多电视纪实片创作者的创作倾向。是否只注重故事倾向,片面强调可看性、戏剧性,从而放弃对历史理性和现实根本问题的关注,就成为主题校正时必须兼顾的问题。一些电视纪实片致力于故事背后的历史理性,其拍摄题材往往集中在一种主题选择下,即"变化社会中的人生和人心",既有历史意义,又有现实意义。记录处于变革时代所发生事情的电视纪实片,应该有一个大背景。电视纪实片创作离开了大背景,其内涵的厚重感和分量感就大打折扣,那样,只会给人浅薄和脱离主题的感觉。主题校正必须严肃面对这个问题。

3. 主题要与生活真实相合

电视纪实片被誉为人类的"生存之镜"。在对客观生活的反映上,电视纪实片生动的影像和声画并茂的优势,使真实成为电视纪实片经典定义中不可或缺的词汇。

围绕生活,创作者要思考如何在电视纪实片的不断发展中,运用更加独特的视角和手法,告诉观众所要讲述的故事原委和人物命运,在主题层面上,给观众留出一些回味的空间。

把握主题是以现实为第一位的,发掘现实的人和事当中所包含的最有价值的主题,这一点并不容易做到,很多电视纪实片编导们的做法是,面对感兴趣的人或事,一时把握不准主题时,就盯住跟拍,即使拍出来的一些素材编辑时用不上,也绝不让有价值的东西从眼前溜掉。

电视纪实片在制作上需要选择题材、选择人物、选择拍摄内容、选择拍摄角度和手法,需要确定内容的社会意义,确定作品为受众带来的认知价值等等,这些选择和确定无不与主题有关,无不隐含着相对的价值驱动,这都是创作者情感态度的一种体现和理性的介入,都是基于认真思考之后的一种负责任的主题校正。

(五)电视纪实片选题的误区

电视纪实片选题的领域相当宽泛,自然、社会、人文、历史、民族、文化等都可以作为电视纪实片的选题,但是,在实际创作的过程中,很多创作者却犯着这样那样的错误。其实,越是宽泛的选择领域,让创作者选择的空间越是相对狭小,因为其他的创作者都已经创作完成或者正在着手创作,重复性的拍摄工作既浪费了时间和精力,对电视纪实片的整体创作环境也带来不良的影响。

从编导角度看,电视纪实片在选择题材时常见的问题大致有这样四个方面:

1. 主题先行

主题先行的原因一个是由来自上级布置的任务所致。我们在电视纪实片选题的来源环节曾经提到,上级布置的任务是现阶段我们国内电视纪实片创作的一个重要方式。电视台是党和政府的喉舌,上级布置的任务就不可能按照编导的个人喜好来选题。歌颂我们社会生活中优越和美好的部分,是这些布置下来的任务想表达的主要意愿。因此很多时候,这样的电视纪实片创作就会犯主题先行的错误。它往往并没有根据客观实际,从现实的角度出发,客观而真实地反映现实生活的本来面貌,而是从一个既定的观念或主题出发,排斥某些真实的细节,从一个偏颇的角度来完成这个上级布置的拍摄任务。大多数情况下,即使是上级布置的任务,也会有很多的发挥空间,领导常常不会指定太具体的题材,而是划定一个大概的范围,提出几条基本要求,具体的拍摄对象、拍摄方法以及拍摄的细枝末节,仍需要编导自己去寻找和发现。

另一个原因就是功利心太强。有些创作者看到某个比赛中某些题材得到了评委的青睐和认同,于是不考虑观众的需要,也不考虑自身的实力,去抢拍这些自己并不熟悉的题材,就像电影界曾经出现过的一个怪现象,有段时间,第五代导演拍摄的一些表现西部民俗的影片频频得奖之后,国内很多导演纷纷上马拍摄跟西部相关的电影,结果很大一部分作品因为缺乏艺术深度和审美内涵,而遭到了观众的唾骂和评论界的否定。

2. 一窝蜂地跟风现象

就像流行时尚一样,一些成功的选题很容易引来许多盲目的模仿者,观众和评论界认可的电视纪实片选题,很容易招致其他创作者的竞相模仿,甚至有的电视纪实片编导会重复拍摄相同的题材。这些跟风拍摄出来的影片,既没有新颖的创作思路和创作方法,也没有独特的艺术技巧和表现手段,只能在前人已做的范围内不停地重复着别人,也重复着自己。这样的创作不仅无法提高电视纪实片的水准,也降低了电视纪实片创作者的水平,一个没有自己观点的、没有个性的电视纪实片编导,是无法在这个领域有什么建树和存在价值的。在第三届四川国际电视节的电视纪实片评选现场,一个德国的评委提出过一个疑问:"你们拍过那么多西藏片,为什么西藏给人的感觉总是那么遥远、贫穷?我们希望看到更多的当代生活。"我们的创作者只停留在对当地自然形态、人民生活形态的猎奇上,导致作品内涵的浅薄和内容的走马观花。

创作者要对拍摄对象有足够的了解和认识,不能一味地跟风,看到别人拍什么也拍什么,只有对拍摄对象有了深入的认识和理解,才能用自己独特的眼光去观察和介入,从而拍摄出具有独特风格和审美意义的作品。《马班邮路》不仅表现了乡村邮递员在艰苦工作条件下的爱岗敬业,还反映了那里的少数民族生活和变化。

3. 背离真实的创作原则

电视纪实片的创作要求真实客观地记录镜头前的人物、事件发生的全部过程,而有些电视纪实片的创作却违背了这个原则,采用拍摄电影或者电视剧的方法,用虚假的扮演和事先安排好的情节,来替代原本应该发生的故事。

作为电视纪实片来说,最主要的是要传播真实的事实,如果事情的变化超越了我们的控制,比如说久远的历史上曾经发生的事情等,这时我们也可以采用扮演的方式来处理,但是这种扮演要建立在根据客观事实所进行的调查基础上,按照历史的原貌和逻辑规律进行一定的原景重现。大家熟悉的中国人民解放军攻克国民政府总统府的画面，士兵爬上总统府城楼扯下国民政府旗帜的画面，就是事后扮演出来的。

不可否认，真实性是电视纪实片的本质属性，但电视纪实片也提供突破常规的可能性，这种可能性是建立在对真实性的遵循和把握之上。事实摆在面前，我们要尽可能地恢复或重建它的原貌，处理的方法和拍摄手段可以突破常规，基本的创作原则却是不能背离的。

4. 主观臆断，不尊重被拍摄对象

电视纪实片的创作要面临拍摄对象的问题，电视纪实片的拍摄对象包罗万象、丰富多样，拍摄自然界的生物也好，拍摄生活中我们身边的人和事也好，在创作的过程中，不能干扰被拍摄对象的自然生活状态。很多评论界人士认为，拍摄动物题材的电视纪实片在某种程度上破坏了它们的生活秩序，干扰了它们本来的生活环境。电影大师罗西里尼曾经在一次拍片现场，看到一位摄影师把一片黑色岩石上的一块孤零零的白石头一脚踢开，就责备摄影师说："大自然把那块石头安排在这里也许有一千多年了，你有什么权力来改变它呢？"

被拍摄对象是自然界相对要简单得多，如果被拍摄对象是人，那么在拍摄的前期准备过程中，要事先咨询被拍摄对象的意见，因为这里涉及诸如肖像权、隐私权等公民的基本权利，创作者不能因为主观的需要而强行剥夺被拍摄对象的这些基本权利，创作者的工作要尊重和理解当事人的感受。

电视纪实片的创作需要题材的精准和创作者灵感的迸发，我们身边有着丰富的题材，它们就摆在那里等待着具有慧眼的人去发现和挖掘；同时，电视纪实片的创作在某种程度上讲，也是一种个人行为，创作者个人的思维方式和思维习惯，以及处理题材的做法和拍摄方法，都是纯粹个人化的东西。我们需要的是深刻挖掘题材内涵的能力，激发创作灵感的萌动，对题材的深刻理解力和精确把握力，这三者的结合才能创作出优秀的电视纪实片。

电视纪实片拥有其他媒介无法取代的独特魅力，拥有认知世界和认知自我的强大功能，是富有启发性文化内涵的艺术。作为从事电视纪实片创作的专业人员，应切忌浮躁，切实遵循电视纪实片的创作原则，努力探寻电视纪实片的艺术创作空间，对选题进行深层发掘。那么，我们的荧屏上就会少一些浮躁之作，多一些有价值的电视纪实片。

综上所述，在电视纪实片创作中，不但不能忽略主题，而且必须对主题进行把握。而对于主题的把握是一种功夫，它需要一个积累和磨炼的过程。

一部电视纪实片在拍摄时，一旦确立了主题，实际上就划定了一个拍摄的方向,从而使得拍摄工作在实际进行的过程中选择得当,不会显得无从下手,搞不清楚该拍什么不该拍什么。

当拍摄完成时,得到的东西只能称作素材,而不能称为电视纪实片,只有在对素材进行编辑、加工,使其按照一定的主题,按照一定的逻辑顺序,形成一个独立完整的叙事体时,才能称其为一部电视纪实片。

如果事先限定或要求了电视纪实片的主题,反而会使拍摄者无所适从,连真实自然的情景都会拍不到。而什么要求都不提,反而能得到许多生动有趣的影像。同时,这些影像还自然呈现出许多深刻的主题。可见,创作者的最终目的还是要获得"真实的影像"和"深刻的主题"。

主题是统帅全篇材料的灵魂,主题引导作者深入调查研究;主题帮助作者构思,不同的主题会将作者引向不同的创作思路;主题联结不同的素材,使作品更紧凑、更富有逻辑性和感染力;主题使作品富有整体性,具有深厚的艺术力量。

三、选题

(一)什么是电视纪实片的选题

1. 关于选题

纵观我国电视纪实片的发展史,我国早期电视纪实片的选题大致可以分为历史题材和现实题材两种类型。

以历史为题材,通过对历史的忠实纪录,我们可以以史为鉴,从中吸取经验教训,也可以更加深刻地体会我们中华五千年文明的博大精深。这一类题材又包括两种情况:一是以颂扬历史人物为主,通过歌颂他们的丰功伟绩、不平凡的人生,使观众进一步加深对他们的了解和认识;二是以介绍名胜古迹为主,以物照人,托物言志,反映出时代的变迁。

以现实为题材,通过对现实中人物、事件等的记录,真实地展示人们的生存状态,反映人们的精神面貌。

对于中国电视纪实片来说,不管是创作初期颂扬式的新闻纪录,80年代深沉的民族文化反思,还是90年代以后平民化的百姓故事讲述,电视纪实片的题材都受到当时政治环境和主导文化倾向的深刻影响。随着我国政治、经济、文化等各方面事业的不断发展,电视纪实片越来越受到观众的青睐,不论是央视还是地方电视台的各种题材内容的电视纪实片都得到了较为充分的发展。虽然基层电视台视野比较狭小,但也不难看出,地方电视台选材范围也在不断扩大。生活中凡人小事也成为被关注的对象。

2. 选题的取向

无论是新闻纪实片还是平民故事纪实片,都不能脱离表现时代本质、颂扬时代发展的主旋律。虽然说纪实类节目是真实地记录现实的生活,但绝不是现实生活中的全部,所截取的部分应该是最生动、鲜活,最具表现力和渲染力,最能突出主题的部分。好的选题的获得,是靠细心地观察、发现,深入地探寻得到的。好的选题,并不是一味地求新、猎奇,身边的一件小事、一个普通人,也能谱出感人至深的乐章。通过电视纪实片,我们可以纪录历史、怀念过去、思考未来。艺术来源于生活,好的选题需要细心地观察,在生活中去总结,探寻我们所生存的世界中的点点滴滴。也许一件小事,也可以创造奇迹,带给人们心灵的震撼。

3. 电视纪实片选题的立意

作为长于叙事的电视纪实片,在选题上来讲,虽然范围十分宽泛,内容上也可以说无所不包,然而作为电视的叙事艺术,电视纪实片的创作最为关键的一步首先是选题。选题的好坏,直接关系作品的成败,而选题立意的高低直接关系到作品的品质和艺术价值的高低。纵观中外成功的电视纪实片,无不是在立意上有着较高的追求,即使是同一个题材,但由于立意高度不同,结果也会不一样。有人说,选题好、立意高,作品就成功了一半,这话虽然有点绝对,但也不无道理。

(二)电视纪实片的选题原则

1. 电视纪实片应遵循的选题原则

电视纪实片创作过程中选题的重要性,使得题材的确定显得尤为突出。在大量的题材选择中,存在着各种各样的因素影响或制约着创作者的抉择,这里面既有主观方面的原因,如创作者主观创作意图和愿望等;也有客观因素的作用,如题材不具备拍摄性等等。电视纪实片题材的获取渠道有很多种,而影响电视纪实片选题的因素也有主观和客观两个方面。

真实与纪实是电视纪实片的艺术特征。真实是纪实影像的本质属性,它要求创作者从现实生活中获取创作素材,以非虚构的方式从事创作。探寻电视纪实片理论的历史,从某种程度上说,都是围绕着"如何对待现实"以及"如何达到真实"这两个问题展开的,而立足于"现实"是电视纪实片的最基本要求,"真实"则是电视纪实片所追求的最高或最终目标。

2. 电视纪实片的真实性原则、价值性原则、市场性原则

电视纪实片经过较长时间的发展,形成题材日益广泛、类型多样、表现手法以

纪实为主的多元共生格局。电视纪实片反映生活、记录历史、传播知识以及引导作用的社会功能，表明了电视纪实片创作价值取向的多样性。

真实性是电视纪实片的生命。作为电视观众，选择看电视纪实片，就是想看到最真实的东西，否则会使观众丧失对电视纪实片的信任感，这个信任感一旦丧失，整个电视纪实片的概念都会垮掉。作为电视纪实片的创作者，也是以追求真实性为创作原则的。不论是把电视纪实片比作"打造自然的锤子"，还是"观照自然的镜子"，都毫无疑问地说明，在电视纪实片中，故事的真实性是电视纪实片的生命，这也是电视纪实片区别于故事片的根本所在。然而，电视纪实片绝不是现实的原貌，创作者拍什么，不拍什么，取舍之中本身已具有了主观色彩。"真实，实际上是人介入物质世界的产物，是人对物质世界形态内涵的判定。客观事物的'存在'是脱离人的精神世界而独立的，这个物质世界不依赖人的感觉而存在，但它又是通过人的感觉去感知的"。因此，一部好的电视纪实片，不是停留在表层的记录，而是能够通过对客观事物的深层记录，体现出事物本质的真实。有良知的电视纪实片创作者所努力追求的正是最大化地接近事物本质的真实。

社会价值是一部电视纪实片的意义所在，也是作品的影响力所在。电视纪实片的社会价值往往同选题有关，尤其是现实社会生活的选题，其主题思想愈深刻，其社会价值就愈大。电视纪实片具有反映社会、引导生活的功能，特别是作为一种意识形态的载体，创作者应有高度的责任感和历史使命，站在时代前列，创作出更多具有影响力的作品。

在节目交易市场上，电视纪实片、新闻、影视剧基本上是各占三分之一天下。电视纪实片的范围非常宽广，在交易市场上电视纪实片的价格可以跟影视剧相提并论，但我们很少从国外买电视纪实片进来，因为这些片子在国际市场上很贵，而在中国却没有市场。美国的电视纪实片发展为什么那么红火，主要是跟它的播出回收系统相关联的，没有这个保障，美国不可能20万做一个片子，因为那样不可能赚到钱的。美国电视节目的交易基本上占全球的95%以上，它的节目可以卖到100多个国家，所以它可以20万做一个节目。

国内的电视纪实片目前的状况也不允许投资很多的钱，而为了纯粹去迎合国际的市场，难度也是很大的。现实一点，或许我们能够真正成立一个电视纪实片的频道。因为当时美国探索频道形成全球电视纪实片库之前，也是很多电视纪实片都很散，但是它形成一个点以后，经济的一个环节链就出来了。如果国家做一个电视纪实片的频道，像实体一样，从制片人到商业的所有环节，围绕着一个播出平台，就有很多事情可以做起来。

3. 中国电视纪实片选题的边缘性

电视纪实片的边缘性主要是指对非主流人群的观照，中国的电视纪实片运动正是走了这样一条边缘化的道路而兴起的,是电视纪实片首先将目光投向"小人物",关注他们的生存状态和内心世界。中国的观众也比较能接受这类题材的电视纪实片,因此将摄像机对准一些较为特殊的人群也比较容易成功。题材的时宜性是电视纪实片对当下热点问题的关注,因为热点在新闻中总是被新闻化,即观众总是不得不去恭听那字正腔圆的播音员的报道。而新闻最缺乏的就是人情味,这一点在电视纪实片中却能充分地体现出来。其实电视纪实片的题材价值与电视新闻的新闻价值两者本不能严格地分开———无论从形态划分上还是历史渊源上都是如此。

电视纪实片被认为是大新闻,它的真实性与新闻的真实性有着同等的含义:不能虚构、不能伪造、不能欺骗观众。新闻题材的价值与电视纪实片题材的价值是有相互借鉴的意义的,从我国电视纪实片发展的历史可以看出这一点。早期的电视纪实片是新闻简报式的,也是政论式的。这一点是受到前苏联电视纪实片创作的影响。我国的电视纪实片脱胎于新闻,自然更强化了这一意识。新闻尤其强调题材,题材可以说决定着新闻成败的关键。

(三)关于电视纪实片主题的舆论导向

聚焦社会热点,服从大局需要,这类关注社会热点的电视纪实片,一方面引导人们正确认识在改革发展方面遇到的新矛盾、新问题;另一方面,也从另一角度真实地记录了改革发展中所获取的经验、教训,为经济建设服务。

强化电视纪实片的导向意识,就要把视角伸向基层,走进火热的生活,既要紧紧围绕党的中心工作开展宣传,又要满足人民群众的需要,与群众心心相印,才能发现生活中真、善、美的东西,拍摄制作的电视纪实片才有引导性、前瞻性,真正做到为群众代言,让群众信任,让党和人民放心。

1.什么是舆论导向

舆论导向又称舆论引导,是一种运用舆论操纵人们的意识,引导人们的意向,从而控制人们的行为,使他们按照社会管理者制定的路线、方针、规章从事社会活动的传播行为。

(1)将提高舆论导向放在首要位置

舆论引导正确,利党利国利民;舆论引导错误,误党误国误民。在把握电视纪实片的选题上,一定要坚持以科学发展观为指导,坚持党性原则,牢固树立政治意识、大局意识、责任意识、阵地意识,把坚持正确舆论导向放在选题工作的首位,坚持团结稳定鼓劲、正面宣传为主,唱响主旋律,打好主动仗,更加自觉主动地为党和国家工作大局服务、为收视区域的人民服务。要切实增强政治敏锐性和政治鉴别力,在重大问题、敏感问题、热点问题上把好关、把好度。一切宣传思想文化阵地,都要宣传科学理论,传播先进文化,塑造美好心灵,弘扬社会正气。把提高舆论导向放在首要位置,就是要以实事求是作为宣传工作的基础。越是实事求是的东西,穿透力越强。

(2)不同的舆论导向所引发的不同结果

在电视纪实片的创作中,不同舆论导向所带来的社会影响或结果是不同的,电视纪实片更是如此。正确的舆论导向可以鼓舞人心,弘扬时代本质;片面的舆论导向,会给社会带来不稳定的影响。如果没有正面的舆论导向,则容易滋生负面的舆论导向,产生巨大的社会动荡。在较大的社会范围内,由于公众成分的复杂性,一般存在着多种行为舆论,这就给媒介提供了以正抑负,从而在观念上控制局势的可能性。因此,对于舆论的引导,总体上应当以正面示范为主。媒介需要关注那些有助于社会文明的社会运动,鼓励各种有利于社会发展的群体倡议以及伴随的社会活动。由于我国特殊的新闻体制,媒体所担当的社会责任重大,因此,在进行舆论引导的同时,既要以符合社会发展主旋律为基调,又要考虑社会效果,切莫导向错误,否则"误党误国误民"。比如在"5·12"汶川地震中后期阶段,舆论引导基本上以人道救助和关爱地震灾区为重点,既得体又适宜,起到了很好的传播效果。

(3)把握正确的舆论导向是电视纪实片的灵魂

在我国,媒体的舆论导向在政治大局上与党中央保持高度的一致,尤其在我们的节目选题创作中更是如此,这一点是毋庸置疑的。

总结为两句话,树立正面导向、注重社会效果;化解观点矛盾、提高引导艺术。这是我们在创作电视纪实片中必须遵循的舆论导向原则。

2. 追求记录事物本质的真实

(1)"真实"的含义

纪实片这一形式进入电视后,成了电视屏幕上真实地记录现实生活的一种节目形态。从形态上来说,电视纪实片具有许多新闻的特征,属新闻范畴。它真实地记录社会生活,客观地再现真人、真情、真景,着重展现生活原生形态和完整过程,排斥虚构和扮演。电视纪实片的真实性具体包括以下内涵:

第一,"真实"的相对性。电视纪实片用纪实手段记录所谓真实的故事——过去的事件。也就是说,创作者既不能虚构某一个事件,也不能让已经发生过的事情重新安排补拍。我们可以说,电视纪实片的真实性是相对的,无论我们把电视纪实片解释为现实的戏剧化,还是对现实的创造,或是现实的真实反映,我们都不认为电视纪实片反映的是客观的原始现实。真实很遥远,没有人能做到再现真实。电视纪实片里的真实是创作者通过某个视角所观察到的、打上了自己主观印记的真实，它只是电视纪实片创作者眼中的真实。

第二，真实的幻象性。电视纪实片展现的真实是一种已经化为画面的真实。事实上，电视纪实片很难重现本真生活的真实性。镜头把摄像师看到的东西有选择地记录下来，电视画面本身不是真实，而是被中介了的"真实"。同时，在观众与这一幻象现实之间，还隐藏着意识形态、创作者主观意图、剪辑特技等重要因素。所以被呈现的画面现实，也就是被摄像镜头所选择、所捕捉到的所谓"现实"，其实是受上述诸因素影响的主观价值体系，是经过编织的画面真实。而任何画面都是局部的，无法重现整体关联之真。

第三，组合后的真实。与其他所有电视片和电视节目一样，电视纪实片也是创作者根据某一政治意识形态、影视市场、艺术驱动和审美需要而进行编辑、组合，以达到特定的社会和艺术目的的电视艺术作品。以上几种需要大体决定了创作者在电视纪实片创作中的主观导向性。电视纪实片记录和展现的不仅仅是一段真实的画面，而且也表达了创作人员的思想感情和政治伦理价值的倾向性，这应该是电视纪实片存在的价值。

第四，有审美价值的真实。电视纪实片的真实性基于所表现的某一具体社会生活片段的真实性。它必须通过创作人员的具体创作实践来表现这种真实性，也就是说，通过美学手段来反映现实生活的存在方式和其本质意义。在电视纪实片作品中，真实性不仅表现在真人、真事、真实生活情况的记叙上，而且还表现为如何运用纪实性电视艺术手法，创造"纪实美"。

电视纪实片的纪实美主要体现在"以事信人"上面。要更好地让生活本身说话，就应该真实地、具体地展现拍摄对象生活的具体情况和过程。电视纪实片创作者的主观倾向性和创作意图既然不能完全排除，那么在创作过程中要做到尽量淡化，不要把自己的主观意图强加给观众。

在审美取向上，电视纪实片应该强调客观再现的方法，让观众自己做分析、判断，得出自己的结论。要达到纪实美就应该展示事件的来龙去脉及其内涵。电视纪实片没有"过程"就没有"事件"，构成电视纪实片事件的是过程交代，事件只是过程展现的结果。而要记录较为完整的各个过程，运用长镜头是比较好的选择。一般认为，长镜头是纪实性电视纪实片增强真实感的重要美学手段。这时，长镜头可以比为观众的眼睛，使观众通过长镜头画面经历生活流程和具体情况，领略到纪实的美。如果一味地"剪切"，会把原本真实的生活过程切得支离破碎，流露出过多人工编制的痕迹。

综上所述可以认为，电视纪实片虽然是对生活的实录，但生活中发生的事情并不一定都有搬上荧屏的价值，创作者不仅需要价值趋向决定选题，还需要对大量的实际拍摄的生活素材进行取舍和艺术加工。所谓"纪实"是一个相对概念，它是创作者实际介入程度和巧妙处理"有我"和"无我"的不同方式。

(2)"真实"与"纪实"的区别

纪实手法在电视纪实片中的广泛运用,是电视纪实片具备大众所认可的"真实性"的最直接手段,也似乎是"真实"最具体的体现。完全按照生活本来的样子记录和拍摄,力争把最客观、最真实的生活状态还原给大众,这是《生活空间》向来最受电视纪实片创作者追捧,也最被大众所认可的一种表现方式。"纪实"曾经成为一种创作风尚,不加剪辑的长镜头引领着观众的视线,"原生态"表现成为创作者追求的最终目标。在这样的创作理念引导下,屏幕上固然多了"本色自然",但是也极易流于冗长、琐碎和无意义。这也是近年来电视纪实片创作避开纯纪实,采用必要的"导拍"、"虚构"、"重现"等方法来表现主题的原因。非纪实手法的采用,其实是对"滥纪实"的一种矫正。但是纪实仍然是电视纪实片创作中的主流手段、必要手段。

这里需要澄清两个概念:尽管"纪实"能带给观众更强烈的"真实感",但是"纪实"并不就是"真实"。贾樟柯用纪实手法拍摄的一系列电影仍然只是电影、是故事片而不是电视纪实片就是这个原因。"纪实",只是电视纪实片创作的一种手法,它绝不是"真实"本身。

"电视纪实片不是生活本身,它是一种文本创作——通过影像发表对生活的看法。"就像"纪实"不是"真实"本身,电视纪实片也不是生活本身,它不负有完全客观还原真实生活的责任,而任何对它"绝对真实"、"完全客观"的要求都是过分的、不切实际的。电视纪实片的确具有某些"真实性"的特质,而且是使它区别于其他影视艺术门类的本质特征,但是真实性并不是电视纪实片的最终目的,而是用以承载创作者所要表达的思想、情感和精神的载体。

电视纪实片的真实性所界定的范畴,可以是它记录对象的真实,记录手段的真实,反映问题的真实等等,却不能用来界定它所传达的思想、情感和精神。但是,思想、情感和精神是可以在人类共有的情感体验基础上获得感悟和共鸣的,如果创作者通过对真实人物和事件的记录与表达,唤起了观众在情感上、思想上的深层共鸣,它真实性的特质就会被公众的认可放大和强化,而作品本身也会被认为是公正、客观地反映了真实世界的真实问题。

事实上,电视纪实片创作者根本无从完全重现本真生活的真实性。观众从电视纪实片里所体悟到的真实,"是创作者通过自己的视角所观察到的,打上了自己主观印记的真实","是从人类性情出发看到的真实一角","是一种思想的、感情的、意识的判断方式"。它原本就存在于我们每一个观影者的心里,是创作者成功的记录和表达与我们内心的情感判断契合,从而唤起了它显性的倾向与关注。

一直以来,业界关于"真实性"问题产生分歧的原因,除了"纪实"与"真实"两个概念的混淆之外,对电视纪实片真实性范畴的界定模糊不清也是原因之一。可以要求电视纪实片的记录对象是真实的、记录手段是纪实的、所反映问题是真实存在的,但是作者所传达的思想、感情却不能用真实与否来衡量。盲目要求电视纪实片"绝对真实"、"完全客观",其实是混淆了对创作手段与创作目的的不同要求,是没能完全理解电视纪实片作为一种艺术创作的存在及其特质。

(四)电视纪实片要有故事性和丰富的镜头资料

一部电视纪实片无论内容是单纯的人物,还是事件,都要突出故事性。正在发生的事情,需要跟踪记录,然而又存在很多未知的东西,具有不可预测性,往往需要编导同事件中的人物进行很好的沟通,时刻保持联系,在这种前提下,尽可能地避免拍摄时漏掉精彩的故事细节。现在有些电视纪实片(特别是讲述已故名人的片子),因为过去没有留下镜头资料,又没有其他镜头来衔接,编导只得别出心裁地招徕演员来演,最后,在画面上进行一番特殊处理,现在比较流行的说法叫"场景再现",以此来弥补片子镜头的缺陷,使片子的故事性臻于完美。中央电视台的《东方时空》栏目,从新闻杂志性的栏目《东方之子》到《百姓故事》,就有很多运用这种表现手法的先例。有的电视纪实片因为缺少资料,编导不惜代价租用电影厂的摄影棚,加班加点进行后期的资料补充,如《梅兰芳》《鲁迅》《冯玉祥》等,他们每个人都有自己的人生故事,讲述他们的故事,镜头资料十分有限,倘若用一本书的封面、几处主人公曾经生活的房屋,甚至几张老照片是远远不够的,唯一的办法就是在故事的基础上进行再度创作,把"过去式"变成"进行式",进行演绎,这样,电视纪实片的故事性和镜头都能得到充分的展示。

(五)电视纪实片在选题上应具备的基本条件

电视纪实片的选题应具备八个条件:
第一,现场环境具有可视性和新鲜感。
第二,事件、人物、细节有利于镜头表现。
第三,拍摄现场有利于机位变化和多机拍摄。
第四,人物形象有特点,个性也比较鲜明独特。
第五,人物的职业和活动有比较丰富的视觉特点。
第六,人物经历和事件比较曲折丰富。
第七,所反映的事件具有一定的故事性。
第八,人物和事件的内涵较为深沉,具有一定的思想意义和美学价值。

通过电视纪实片,我们可以记录历史,可以怀念过去,可以思考未来。有人说,现在的电视纪实片,不修边幅者、故作深沉者多,猎奇、夸夸其谈者多,而什么都没谈的更多。的确,要想拍出令人震撼、令人感动的电视纪实片,必须在选题上多下工夫,选题是一部电视纪实片的灵魂。艺术来源于生活,好的选题需要细心地观察,在生活中去总结,探寻我们所生存的世界中的点点滴滴。也许一件小事,也可以创造奇迹,带给人们心灵的震撼。

第三节 电视纪实片的策划

一、栏目策划和定位

(一) 电视栏目定位的含义

电视栏目定位,是指栏目所确定的自身在现实中的位置,栏目所担负的任务,栏目的宣传对象。定位是一个栏目的灵魂,决定着一个栏目与其他栏目的区别。准确而又清楚的定位,是一个栏目能否拥有生命力的关键。例如《焦点访谈》的栏目定位是"时事追踪报道,大众话题评说,新闻背景分析,社会热点透视",这四句创办之初的定位语既是电视工作者智慧的结晶,也是他们非凡的策划理念,给观众留下了深刻的印象。后来的定位语更加简洁明了:"用事实说话"。《东方时空·生活空间》的"讲述老百姓自己的故事";《新闻调查》的"正在发生的历史,新闻背后的新闻"等,都是突出个性、旗帜鲜明的栏目定位。

当今世界,信息业的发展建设惊人,可供受众选择的信息源愈来愈多,大量电视专业频道的涌现,计算机互联网络的普及,使受众享有的选择媒体的自由空间迅速扩大。正如陆晔在《当代广播电视概论》中说的:"作为相对比较成熟的现代电子大众传媒的广播电视,正由传统的'广播(Broadcasting)'向'窄播'(Narrowcasting)发展,现代广播电视向'大——小——大'发展的趋势,即频道(频率)数量庞大、单个频道受众人数相对较小、节目数量大。"20世纪90年代以后,随着我国进一步的改革开放,电视技术的进一步改进,中央电视台及各地方电视台的发展速度很快,他们纷纷增设频道,以扩大收视范围,固定收视群体。例如目前中央电视台就拥有15个专业性频道,而四川电视台目前也拥有11个专业频道,这种频道数量的增大,必然导致节目数量增大,因为一个频道每天一般要容纳18—24小时的播出量,如此之多的频道资源,使每个频道的受众群体相对减少,一般能形成较为固定的收视群体。由于现代受众拥有越来越大的选择自由,电视纪实片只有经过精确的节目定位才能吸引特定的受众群体,达到传播目的。换句话说,现在可供大众选择的电视纪实片越来越多,而每个栏目的受众越来越少,如果所办的电视栏目定位不准确,制作的节目也就不会吸引人,没有人看的节目自然会影响到它的经济效益和社会效益,长期这样下去,就达不到传播的目的,所办的栏目就会被淘汰。

因此,栏目的编辑应该在本栏目的方针指引下进行选题、策划、制作、编排等,否则就会偏离该栏目的宗旨。

(二)电视栏目定位的重要性

电视栏目是电视台每天播出的相对独立的信息单元,主要是单个节目的组合,是按照一定内容(如新闻、知识、文艺)编排布局的完整表现形式。它有固定的名称、固定的播出时间(即起止时间固定)、固定的栏目宗旨,每期播出不同的内容,来吸引人们的视线,给人们带来信息知识、享受、欢乐和兴趣。

栏目定位是在节目生成过程中传播主体对节目的内容和形式做出的设计与规定。换句话说,就是在大量市场调研的基础上为给节目确定一个位置而做的一系列决策性工作。其目的在于推出与竞争对象不同的新产品以满足受众的需要,树立优秀的节目形象,从而占据节目市场的空白点和薄弱点。从另一个角度看,当今信息爆炸,受众被各种媒介、信息所包围,他们往往会对节目进行归类,也就是将节目在自己心中"定个位置"并同时做出综合评价。听众和观众也许是漫不经心的,但绝不是漫无目的的。准确、科学的定位是受众对节目产生深刻、独特的印象和好感,形成视听习惯的关键。一个专题栏目在前期定位不准确,极其容易导致栏目的直接失败,在前文曾提到办好一个专题栏目有很多的因素,栏目定位则是一个关键的因素。

在广播电视栏目化的时代,栏目是广电媒体的产品,更具体地说,是媒介产品生产、营销的项目单元,栏目具有异乎寻常的重要意义,成为媒体运作的重要载体。

(三)电视栏目定位的目标

1. 什么样的定位才是栏目通向成功的保障

明确了栏目定位的内涵,随之而来的问题就是栏目定位要达到什么目标?因为定位对于栏目的成功与否具有决定性的意义,因此,探讨栏目定位的目标就显得很有必要了。目标是预期达到的境界和目的。电视栏目定位的目标或要求大致可以归纳为三点:明确、合理、独特。

(1)目标之一——明确

栏目定位首先要求明确,不能含糊、模棱两可。栏目定位明确,既为栏目形成特定的风格特征、保证吸引观众持续接受提供了必要条件,也为节目采编制作人员的具体操作,如话题的遴选以及角度的切入提供了主要依据。在栏目策划方案中,栏目定位一般都处于醒目的位置,一般是放在第一段,常常以简约的文字概括、说明栏目的类型、目标受众、内容取向、表现形式等要素。

(2)目标之二——合理

栏目定位既需要明确,更需要合理,因为明确的定位未必就是合理的定位。如果策划一个新的栏目,将其定位为"立足中国,面向世界,力求成为全国人民获得新闻信息的最主要的渠道之一"。定位固然是明确了,但显而易见,它与中央电视台久负盛名的《新闻联播》定位雷同,这就不能说它的定位是合理的,因为差异性定位才是我们追求的目标。此外,定位的合理性还包括需要考虑与播出的时间段目标受众群的需求吻合这个因素。总之,如果忽视了定位的合理性,定位再明确也没有什么实际意义。

(3)目标之三——独特

栏目定位要有特色,整体上形成不同于其他栏目,尤其是同类栏目的风格特点,这是一个栏目存在的理由。与众不同,尤其是与知名度高的栏目形成差异性,这样的定位才能体现栏目的传播价值和社会价值,也才能给栏目未来的成功打下良好的基础。栏目定位的独特性包括受众、内容和形式几个因素。受众的定位主要解决为谁服务的问题,内容的定位主要解决为受众提供什么服务的问题,而形式的定位主要解决服务的方式问题。受众的定位决定了内容与形式的定位。

2.定位对于栏目的成功与否具有决定性的意义

内容定位是立足于受众需求和传播目的而对栏目进行的决策,是栏目据以发掘、取舍和处理内容的基本准则。形式定位则是从表现内容的需要出发,恰当规定节目形式的基本要求和处理内部结构层次的原则。如中央电视台的《艺术人生》、中央人民广播电台的《桑榆情》,其目标受众都是老年群体。两个栏目的内容都是围绕着老年人的生活选材的。《夕阳红》围绕老年人这个主题下设若干子栏目,《桑榆情》则从周一至周五每天一个子栏目,形成了以多栏目、整体化为特点的栏目形式。两档栏目定位颇有特色,具有不可替代性,因而取得了较好的社会效益和经济效益。定位是否明确、合理、独特,的确关乎栏目的生命。大凡知名度高的、长盛不衰的栏目,其定位都自觉符合或无意暗合上述要求。

办栏目要达到最高境界仰赖广电从业人员的创造性和想象力,否则只能永远跟在别人后面效颦。而想象力的大敌是克隆、跟风、赶时髦、自设牢笼。克隆一些时髦的话题、时髦的栏目形式、时髦的语言可能给栏目带来短期的轰动效应和泛泛的认可,也可以降低栏目风险,但是亦步亦趋、自缚手脚、赶时髦只会使人的创造力、想象力萎缩。一个栏目从无到有,再到给栏目恰当定位,靠的是创造性、想象力、激情和灵感,当然还有执著和理性。

(1) 模仿型定位策略

模仿型定位策略分为创新性模仿和追随性模仿。模仿总是与"克隆"相连,是被指责、被批评的对象。对于区域性广电媒体来说,模仿策略可行,能够做到创新性模仿更好,即使是追随性模仿也无可厚非。对品牌栏目的模仿是有着填补空白的意义,是最直接的"品牌地域化移植",能够给区域性广电媒体带来可观的社会效益和经济效益。

首先,模仿能够激发起区域性受众的期待;其次,模仿便利地满足了地域群众的参与心理;另外,通过模仿迅速形成的品牌影响力对商家的广告投放形成强烈的吸引。

(2) 竞争型定位策略

这是针对区域市场中明确的竞争对手而采取的策略。随着广播电视频道频率的丰富、节目传播买方市场的形成,以及多重覆盖格局的催化,竞争已经形成常态。因此,一档栏目如何在竞争中生存、发展,在竞争中取胜,成为必须面对的问题。企业管理领域运用态势分析法进行经典的竞争分析和策略选择,可给我们提供借鉴。态势分析法是将与研究对象密切相关的各种主要优势、劣势、机会、威胁等因素通过调查列举出来,运用系统分析的思想进行综合分析,依此选择竞争策略。对于广电媒体而言,无论是频道、频率,还是栏目,态势分析法都是一个很有用、很有效的方法。

(3) 错位编排策略

针对已经存在的强势栏目,自己处于相对弱势的位置,在这种态势下,是以弱拼强,正面交锋?还是避其锋芒?对于处于相对弱势的区域性媒体来讲,避其锋芒、错位编排是理性的选择。比如在晚间18：00—20：00这个以新闻节目为主的时段,由于《新闻联播》形成的收视高端,地方台新闻栏目纷纷另择时段。错位编排还要重视重播策略,重播并不是简单地填充时间,而必须要结合目标受众的梯次分布和频道的整体战略,科学安排重播次数和重播时段。

(4) 形态突破策略

在内容竞争日趋同质化、内容创新的难度与日俱增的趋势下,以元素差异为核心的形态突破往往会成为竞争制胜的法宝。形态突破、形态创新的实质就是不同元素的差异化组合。

央视的《全球资讯榜》是一档新闻资讯类栏目,它的成功在于新闻编排方式的创新,别具一格地以分类新闻排行榜为发布方式,以与众不同的栏目编排而形成了独特的内容加工方式,进而打造成为一档品质卓然的新闻资讯品牌栏目。

(5) 情感强化策略

广播电视是情感性强于理性的媒体,叙事时注重扣人心弦,煽情时追求催人泪下。因而,以情感人、动之以情是行之有效的策略。《艺术人生》《超级访问》《绝对情感》都是通过情感强化取得成功的栏目。

(6)发展型定位策略

这是基于内部资源整合之上,充分利用外部环境的机会,力求获得更大发展的策略。发展型定位策略的理想状态是寻找到能获得垄断利润的蓝海。运用发展型定位策略需要借鉴产品生命周期理论,对栏目的发展阶段进行科学的分析。产品生命周期理论将产品的生存发展周期划分为初创期、成长期、成熟期、衰落期四个阶段,并存在多种循环模型,包括:单周期循环模型、双周期循环模型、多周期循环模型、非连续循环模型等等。任何一档栏目的改版和创新都需要在充分考虑其生命周期的特定阶段下,努力将栏目的品牌效应最大化。

(7)品质化定位策略

这一策略兼顾社会效益和经济效益的统一,精神内涵与物质利益的协调,更具一种文化和公益的追求。《开坛》是一档开办至今依然坚守品质的栏目,《读书时间》《新青年》《今日谈》《松花江之夜》是已经消失的品质化栏目,《百家讲坛》是一档因品质滑落而引发极大争议的栏目。

(四)影响电视栏目定位的因素

1.电视栏目定位的多样性

受众是栏目的最终服务对象,而且受众正逐渐成为现代传播活动的参与者。栏目的定位要针对具体的受众对象来操作,因此,栏目定位首先要确定自己的目标受众。到哪里去寻找我们的诉求对象,途径有二:一方面是注意寻找受众群体的空白点,开辟新的发展空间;另一方面,可以对受众群体分类重组,获得新的发展天地。

受众群体的结构往往是多元组合,即他们是由不同年龄、不同职业、不同地区、不同性别的人组成的一个群体。如央视经济频道的受众主体特征为:年龄段为20—49岁,文化程度高,投资或消费能力强。具体节目定位的关键就是从频道的主体受众中遴选出自己的目标受众。

作为传播对象的观众应该是衡量一个栏目定位的基本尺度和立足点,很多栏目都希望目标受众群最大化,以提升自身的社会影响力和收视率。

栏目定位要实现目标观众策略,首先要细化观众属性特征,了解观众偏好,明确目标观众。只有明确了目标受众群,对实际受众群做出正确的估计,了解和掌握观众的收视习惯和收视心态,才能使栏目拥有忠诚度较高的观众。

如《实话实说》栏目,该栏目的创办人杨君从1993年在《东方时空》栏目时起,就开始酝酿策划一个"能让咱们老百姓说话的空间"的栏目。经过几年的策划和准备,1996年3月,《实话实说》栏目开播,可以说是开了中国谈话类节目的先河。此后中央电视台及各地方电视台纷纷推出自己的谈话类栏目。

2. 定位取决于各方面的条件要求

(1)栏目传播内容

它包括栏目内容的基本取向、取材范围以及内容构成等方面。节目的传播内容是由媒体的性质、频道的宗旨和受众对象的需求决定的。相比较而言,目前各台的新闻栏目在恰当确定内容取向上常常陷入困境。除了一些专题性新闻栏目以外,互相之间几乎没有明显的区别,整点新闻栏目尤甚,已经成为影响此类节目提升视听率的主要原因。新闻栏目固然主要为受众提供最新信息,但不同时间段的受众构成各不相同,他们的年龄、文化程度、经济收入、性别不同,信息需求自然也不尽一致,因此不同时间段的新闻栏目在内容取向上,不仅应该而且完全可以有所不同。

(2)栏目表现形式

栏目表现形式包括节目、栏目、体裁三个层次。节目属于形式的整体层次,栏目、体裁则是隶属于节目的内部结构层次。设定栏目表现形式的关键在于,从表现内容的需要出发,恰当规定栏目形式的基本要求和处理内部结构层次的原则。特定栏目在形式上的整体要求主要是形成不同于其他栏目,包括同类栏目的鲜明特点,并保持本栏目风格特点的稳定性。在设定节目形式时,首先要考虑把特定栏目的栏目形式纳入节目所在频率、频道之中,既要有自身的鲜明特点,又要与其他节目,尤其是上下栏目相互协调、相映成趣,使整个节目链成为形式多样的有机整体。

(3)栏目风格特色

栏目的风格特色指节目的整体结构、传播内容、传播方式等所综合表现出来的格调和特点。栏目的风格特色是由媒介性质、编辑方针、频率频道宗旨以及受众对象决定的。

栏目的定位必须服从、服务于频道、频率的定位。频道、频率是基于栏目选择基础上的栏目组合,这种选择既是一种艺术,更是一种科学。

(五)栏目风格定位

每个人都有着自己的风格,电视栏目同样也有着自己的风格,一个栏目的风格成就了一个栏目。名牌栏目都有着自己的风格,在一个名牌栏目下派生出来的一批栏目的确可以在短期内使一个频道的受众面迅速扩大,而且可以节省许多策划、包装、宣传方面的精力和费用。比如《鲁豫有约》就是一个成功的具有风格的栏目。

在谈话节目中,访谈风格是节目的显著标签。它能够使节目独具个性,在与其他同类节目的竞争中异军突起,受到广大观众的青睐。由于在一档访谈节目中,主持人常常是整个节目的核心,主持人的风格往往就决定了节目的风格。因此,以"尖锐记者"形象出现的王志和以"邻家女孩"形象出现的鲁豫在一定程度上就成了两个节目的象征符号。《鲁豫有约》的"倾听"风格之所以吸引人,很大程度上是因为主持人鲁豫具有很高的"倾听"艺术。她在节目过程中大量的时间是在倾听,说话时间最多的也只占总谈话时间的20%,最少的只占7%。鲁豫在节目中,常常在提问之后,就静静地、聚精会神地听受访者诉说,不打断,也不急躁,她的倾听使嘉宾感到被尊重、被理解,从而使嘉宾畅所欲言,使受众为嘉宾的肺腑之言所打动。但是,鲁豫的倾听不是一言不发地呆坐着,而是在每一次倾听之后,她都获得不少信息和灵感,继而进行成功追问,最终使嘉宾说出生命体验和心灵秘密。

(六)主持人风格定位

电视纪实片的主持人是沟通节目与观众的中介,它缩短了观众与传播者的心理距离,主持人只有了解节目,正确地分析自己,才会与节目相融合。一个优秀的节目主持人的人格魅力、学识修养,可以给节目增光添彩,使许多观众因为喜欢这位主持人而更喜欢他主持的节目。所以主持人在栏目中也起到了至关重要的作用。综观现阶段中国电视纪实片的主持人,还有相当一部分没有准确的定位,有学者总结为:"平庸,缺乏创造力,刻意模仿,缺少理性思考能力;心浮气躁,只追求表现形式的迎合、趋附,缺少文化见识和独立品格;媚俗,拿肉麻当有趣、视鄙俗为新潮。"造成电视纪实片主持人角色偏离的原因是多方面的,不仅有主持人本身素质的原因,也不乏管理体制的弊端因素。这就需要我们对当前国内娱乐节目主持人进行正确的角色定位。电视娱乐节目主持人的角色定位要准确,在大陆的娱乐节目中,主持人并不一定被"圈"在"主持人"这一狭小的定义内,可以更深程度地融合在节目制作的各个环节中。例如可以像毕福剑一样,既是主持又是观众,同时兼任节目的制片人,具有极强的亲和力,既不失幽默又不乏人文关怀,这样才能做一个全面的具有各方面能力的主持人,这样才符合我们真正意义上的"节目主持人"的概念。

(七)受众群体定位

定位是一种逆向的思维方式,定位不是以自己为出发点,而是以潜在顾客的心智为起点,这就是大众传播所说的"受众心理需求"。电视栏目定位,需要事先周密搜集、分析资料,根据其覆盖区域特征、目标受众的新闻敏感度、感知热点和兴趣爱好所在,以及主创人员的业务水平和主持人驾驭调控现场节目的能力等方面的因素进行综合评估,才能制定出准确的栏目定位。

例如，随着出国人员的增多，海外的中国观众日渐增多，他们的需要也是多方位的，中央电视台针对当时广大海外受众了解祖国中医学的需要，在1998年6月，创办了服务型栏目《中华医药》。这是中央电视台唯一向海内外传播中国中医药文化的权威栏目，由于它面向的主要是海外观众，又兼顾国内观众，所以它的定位是"向海内外传播中国中医药文化，向世界展示中国传统医学的宝贵遗产和名医名药，为海内外观众提供求医问药和健康咨询的服务，使之成为一个兼具知识性和服务性的高品位的电视栏目"。

(八)电视栏目的特征

固定化是栏目最基本的特性，也是其最直观的特征。它要求有固定的栏目名称、固定的播出时间、固定的片头、固定的节目长度、固定或相对固定的节目主持人等，使观众定期、定时收看。

1. 固定化的具体内容

(1)固定栏目名称

一个栏目的名称犹如一个人的名字，一经推出不能随意更改，是一个品牌，它给栏目一个定性，栏目名称是栏目内容的符号的概称。只有性质固定，这个事物才能固定。栏目名称还可以起到广告作用。

(2)固定播出时间

固定播出时间，一方面是整个电视台统筹安排节目的要求，另一方面也方便观众，使他们不至于错过自己喜欢的节目。这种准时播出具有社会意义，让观众在头脑中形成一个明确的时间概念。

(3)固定节目长度

为了保证节目的准时播出，各栏目中节目的长度也必须固定，不能一个栏目内的节目各期之间长短不一。节目长度固定是节目得以按时播出的保证。

(4)固定片头片尾等栏目特征

这其中包括字体、图案、音乐、色彩、徽记等一切与栏目特征有关的部分，不能三天两头改换面孔，弄得面目全非，观众熟悉都来不及又怎么能谈上喜欢呢？

(5)主持人相对固定

主持人与固定栏目相伴而生，相辅相成，栏目因主持人而具有人格意义，主持人在栏目中展示自己的魅力，栏目必须有固定或相对固定的主持人，一个固定的主持人有利于和观众的沟通，提高节目的收视率。

二、连续报道和系列报道

连续报道和系列报道,是现在电视新闻报道中重要的组成部分之一,有着举足轻重的地位,它们有着各自的特点和共性,对它们特点和共性的了解,有助于电视新闻工作者在日常工作中能更好地发挥它们的作用。

连续报道和系列报道,是消息类新闻的深化、补充、拓展和延伸。它们有着各自的特点和共同点,在当今的电视新闻系统中占据着重要的地位,如今这种全方位、多角度、立体化传播信息的新闻体裁,越来越受到人们的关注和喜爱。在这种情况下如果对它们的特点不加以区分就难以发挥它们各自的优势,不抓住它们的共同点就难以对它们进行深化和补充。所以了解电视连续报道与系列报道的共性与特性是作为新闻工作者的重要要求。

(一)电视连续报道

1. 电视连续报道的对象和内容

电视连续报道主要是对正在发生并持续发展的某一重要的、众所关注的新闻事件,在一天或一个时期内进行多次、连续、及时的报道,以完整地反映其发生、演变、结束及影响的全过程。

连续报道在国际上被广泛地采用,深受欢迎。比如俄罗斯与格鲁吉亚冲突、印度孟买恐怖袭击、奥巴马当选美国总统、泰国政局动荡等都是连续报道。在我国,自上世纪 80 年代开始,也较多运用这一形式,中央电视台关于南方冰雪灾害的报道,各地电视台关于三鹿毒奶粉事件的报道,中国第一次太空行走的报道等,都是比较成功的连续报道典型。

连续报道的题材都是广大观众深切关注的重大事件,一般取材于不可预知的事件性新闻,整个报道大体上与新闻事件相始终。它以新闻事件自身的发展和时间顺序纵向展开,要求电视记者和电视台在事件演变过程中紧密追踪,不断以新的变动为依据进行后续报道,分段分层地将事件发展中有新闻价值的信息及时向公众传播,直到事件终结或告一段落为止,从而构成反映该事件全过程和问题实质的新闻报道整体。

2. 电视连续报道的特点

(1)时效性

连续报道中的每一个新闻都是事态的最新动向。它是记者在新闻事件演变过程中,以事态变动为依据,作追踪式报道的结果,随着采编传输设备的进步,连续报道几乎达到与事件发展同步,如 2008 年中央电视台对发射神舟七号的连续直播报道。

(2)连续性

这体现在连续报道事态的发展和对新闻内容的连续追踪上。一个连续报道中的各个单独报道在时间先后顺序、事态变化发展的承接上紧紧相连,互为依据,形成一个严格以事件发展过程为秩序的有序连续。前面报道是后面报道的基础,后面报道是前面报道的延伸、发展、继续。

(3)完整性

连续报道从事态产生一直追踪到事态的结束,总体结构从头到尾,反映出新闻事件的全过程。完整性是连续报道产生强大效力的重要条件,各条报道相辅相成,形成一个完整的统一体,使每条报道在大系统中发挥自己的作用。如果是零零散散的,不能形成整体,每条单独报道的意义也就极为有限。

(4)递进性

指连续报道在报道层次上随着事物发生、发展的递进来展现事件的全过程的不断深化。递进性是由新闻事件自身发展的先后顺序、层次性决定的。这犹如接力赛跑,随着选手一棒一棒往下传,新闻事件也在发生、发展、高潮中一层一层地递进。

(5)密集性

连续报道围绕新闻事件的发展,在传递信息上比单条新闻的容量大,对事件可以做纵向追踪和横向联系。

(6)未知性

连续报道因为与事件发展同步,在最后结果出来之前,前边的所有报道都只具有现在进行时意义,而事态进一步发展是未知的。最典型的例子是 2008 年神舟七号发射,其成功与否是不知道的。正因为连续报道对未来事态的难以预测,增加了"悬念",所以,这种形式具有极大的吸引力。

(7)客观性

连续报道的未知性决定了其报道的客观性,只有按事态发展的自然顺序,准确、真实地记录事件过程,才会顺理成章,反映事物规律。

(8)显著性

由于连续报道对同一新闻事件的多次报道,在宣传上必然造成声势,从而产生强烈的社会效果。2008 年发生在四川的"5.12"特大地震,中央电视台等各级电视台连续一个月报道灾区的救援工作,温家宝总理第一时间赶赴灾区,全国人民捐款捐物,全国记者赶赴现场采访,通过连续报道灾区情况,让全世界人民了解到了灾区的情况,全世界向灾区提供了帮助。由此可见连续报道的巨大影响力。

3.连续报道在电视节目中的运用

2008年四川的"5.12"特大地震发生后,中央电视台及各地电视媒体对抗震救灾进行了持续性、大跨度的直播报道。据CSM媒介研究全国测量仪数据显示,从12日至18日,全国各电视台共计播出1397小时的抗震救灾直播节目,共有10.15亿观众通过直播节目在第一时间了解到来自灾区的最新消息。

中央电视台、四川卫视频道停止了原有的节目安排,全天24小时滚动直播"众志成城、抗震救灾"特别节目,在第一时间播出发生在灾区的最新消息。全国的各省市台也停播了自办节目,一律转播中央电视台的"众志成城、抗震救灾"特别节目,这在我国广播电视宣传工作的历史上是空前的。

通过电视台客观、连续、完整、密集的报道,最大限度保证了灾区信息的透明和流动,保证了新闻的真实性和准确性,起到了稳定社会秩序、调节灾区人民情绪、增强民族凝聚力、澄清谣言的作用;发挥连续报道的时效性,使得媒体的应变能力和反应速度得到提高,有效地提高了援助工作的效率,使电视媒体变成了反映灾区现实情况的"晴雨表",对救灾物资的使用分配进行了有效的调度和舆论监督。电视媒体的连续报道,让灾区得到了全世界人民的同情和帮助,在很大程度上支持了全国的抗震救灾工作,向全世界展示了一个大国在自然灾难面前的良好形象,为后来奥运会的举行及其他重大新闻事件的报道做了良好的铺垫。由此可见,电视连续报道在当今电视纪实片中有着重要的作用。

(二)电视系列报道

电视系列报道是在一定时期内围绕同一重大新闻主题或典型事物,从不同角度、不同侧面、不同对象进行连续、多次的报道,强有力地体现、揭示和深化特定的主题思想,宣传重大成就和推广典型经验。

1.系列报道的对象和内容

系列报道一般取材于可预知的非事件性的新闻,整个报道以新闻主题为依据横向展开,有目的、有计划、有选择地对彼此独立存在却反映相同本质的事物或某个典型事物进行逐一的或分解式的报道,从各方面和各层次反复揭示其必然联系,实现主题,从而构成全面、系统和深入地反映新闻事物内在本质和发展趋势的新闻报道整体。比如中央电视台《新闻联播》中的"坚定信心 应对挑战"系列报道,既有一批重大能源工程将在年内开工建设;也有央行五项措施落实适度宽松的货币政策,又有明年将较大幅度提高粮食最低收购价格,还有"温州鞋业新观察:高附加值自主品牌成为拉动出口新动力"。这些事件的人物不同,地点不同,没有什么外在联系,却都是在全球金融危机的大环境下,国家做出的重要举措和各地不同的先进经验,观众通过它们了解到国家保增长、促稳定,提高人民生活水平的决心,从而提高了人民的信心。保增长、促稳定这一主题将它们汇聚在一起,形成一个系列报道。

2. 系列报道的特征

(1)针对性和导向性

这是系列报道主题先行的必然结果。系列报道有明确的目的,或是围绕某新闻主题,或是围绕某典型事物。因此系列报道的选择和组织材料都必须针对新闻主题或典型事物,其最终目的是,通过全面的多角度的论证,将主题烘托出来,引导人们认识和接受这一主题。

(2)密集性

系列报道由于是对某一主题或某一典型事物的全方位报道,信息相当丰富,具有集束效果。与连续报道相比较,系列报道更注重横向开拓,极具开放性,可以"旁征博引",凡是相关的事物都可以报道、"引证",为主题服务。比如连续几年的《质量万里行》系列报道,将全国各地各行业贯彻《产品质量法》的情形一一地展现出来,信息量大,波及面广。

(3)完整性

系列报道要充分地表达一个新闻主题或一个典型事物,就必须做到全面,兼顾事物的各种情形。在完整周密中证明主题,才能给人以信服感。

(4)显著性

这是就系列报道的效果而言。系列报道的单个报道虽然只是一个个片段,但整体组合的大系统却可以产生巨大的优势。这犹如一棵树易折,一片树林就能阻挡肆虐的风沙,产生巨大的力量。同时,系列报道的连续性也加强了强势效果。

(5)递进性

尽管系列报道的单个报道之间彼此独立,没有外在的联系,但一旦纳入系列报道的大系统中,它们之间就不再是没有联系。结构上各个报道可能是并列的,但在内容上,却相互增加"厚度",以"平行累积"的方式互为"阶梯",形成递进。这与连续报道在时间先后、内容前后、因果关系上的递进相比,是另一种方式的递进:每增加一个方面、一个片段,就更进一步地完善新闻主题或典型事物。

此外,系列报道也有连续性特点。不同于连续报道追踪采访的连续,系列报道的连续性是指播出时间和传播效果的连续。

(三)电视连续报道与系列报道的异同

1. 连续报道与系列报道的不同点

首先,连续报道与系列报道之间的不同,最根本的是目的与题材选择上的差异。连续报道大多是不可预知的事件性新闻,系列报道则是主题先行,是具有意义的某新闻主题或典型事物。

其次,二者虽然都是报道形式,但由于题材不同、目的不同,一个是客观、及时地陈述事件经过,一个却是多侧面全方位地阐述主题。这样,连续报道是真正意义上的报道,系列报道的"报道"却带有"论证"意味。

最后,二者目的、题材的不同自然就导致观众接受心理的迥异。连续报道与事件同步,未来处于不可预知中,所以容易造成悬念,产生强烈的"求知"心理和期待欲望,人们总是怀着好奇心理等待一个结果,这可以说是连续报道的优势。系列报道没有悬念留给观众,但由于是经过时间沉淀的思索,由于是横向、多方位地"论证"与"联想",克服了连续报道现在进行时的匆忙和仓促,可以从从容容地向观众阐述一些思想和观点,较之连续报道更深刻、更全面。

2. 连续报道与系列报道的共同点

虽然连续报道与系列报道有不少相异的地方,但是,从宏观的角度来看,二者似乎有更多的共同之处。这集中表现在二者都以系统形式出现,在播出上都具有连续性。系统与连续,决定了二者都能产生轰动效应。连续报道与系列报道是系统理论的典型运用。

连续报道显然是一个系统,其中的每一个报道都是系统的要素。系列报道也一样。二者不同之处在于结构方式不一样:连续报道以时间为线索做纵向结构,系列报道以空间、观念为线索做横向结构。在一个系统中,结构比要素更重要,对于复杂事物更是如此,这也是现代社会的重要观念。结构的优劣取决于它与内容的适应程度。连续报道的对未来的不可预知性决定了它以时间为结构方式,系列报道的主题积累性决定了它以空间、横向为结构方式。所以,二者各自的结构方式是适宜的。结构的合理导致功能的较好发挥。

系统理论最重要的观点是:系统大于单个要素,也大于要素之和。连续报道与系列报道能产生巨大影响的重要原因就在于发挥了系统优势。每一个单独的报道都是不完整的、片面的,取出来可能给人以零碎之感,连成整体则有了意义。这让人想起黑格尔的论断:单独一只手不会完美,只有当它成为人体的一部分时,才有生命、才美。连续报道和系列报道中的一个个独立报道都发挥自己的作用,"集腋成裘",汇集成大的系统,便如同洪流,给观众以强烈冲击。

可见,系统整体优势和连续播出的累积效果,是连续报道与系列报道备受关注的关键和共同点。

(四)如何把握连续报道和系列报道的共性与特性

1. 发挥电视连续报道和系列报道各自的特点

系统思维、整体思维是记者应该具备的。连续报道和系列报道都是连续播出。从观众心理的角度分析,观众观看电视的过程,实际上是心理接受外界刺激的过程,是一种高级的神经活动。而高级神经活动具有一种累积的特点。外界刺激作用大脑,引起神经细胞的兴奋,但这种兴奋很快就处于抑制状态。如果在旧的刺激所引起的神经兴奋消退之前,对大脑施加新的刺激,刺激对大脑的作用就会不断累积,最终强化大脑对客观事物的反映。连续报道和系列报道的连续播出,对观众大脑产生连续刺激活动,在观众对新闻报道的感受、理解、记忆等方面所起的能动作用,是远非一次报道能比拟的,所以常常造成巨大的影响。这是我们在从事新闻工作当中应该重点注意的问题,也是电视纪实片制作成功与否的关键。

2. 电视连续报道和系列报道必须遵守的法则

(1) 法则之一

电视连续报道和系列报道需要大量的新闻事实,要想达到集中、连续、突出的传播效果,就要遵循事例筛选集约性的规律,找准内在的"闪光点"。

电视连续报道和系列报道,从整体上来说,具有信息传播广博和传播效果显著的优势,既可横向联系,又可纵向开掘,尤其需要大量的新闻事实,但并非"捡到篮里都是菜",而是需要有目的、有选择地对大量事实进行"过滤"性的处理,去芜存精,去伪存真,找准内在的"闪光点"。纵观大量优秀电视连续报道和系列报道,在事例选择上无一不是"精做佳肴巧下厨"的杰作。在"过滤"中,具体要把握以下三个方面:

首先,看是否具有时效性。时效性是新闻报道的共有属性,也是体现新闻价值的重要因素。

从某种意义上讲,"快就是质量";从新闻的规律上讲,"文贵在新";从受众的心理上讲,"好菜先上";从新闻竞争的程度上讲,迟缓就意味着舆论阵地拱手相让。今天的新闻是金子,昨天的新闻是银子,前天的新闻是石子。尤其连续报道的时效性是最强的,其题材多为现在进行时态,报道与事件的发展同步进行,它不是等事情有了结果再去报道,而是笔随事起,笔随事走,快速及时地跟进事件的发生、发展的最新走向,不断传递鲜活的新信息。由此,时效性应成为达到理想传播效果的首选。

第二,看是否具有显著性。显著性,即新闻价值的构成要件非常明显,地位特别突出。像党和国家的重要会议、重大决策、重点工程建设、重大典型的追踪报道等,都是万众瞩目的。这类报道的过程和结果,一般是可以预见的。此时运用连续或系列报道,可以发挥短时间集中轰炸的优势,通过频繁刺激,为活动推波助澜,渲染气氛。

第三,看是否具有重要性。这类题材涉及面宽,群体性广,与百姓利益、兴趣接近性强,常常会搅动生活,反响强烈。有时还会针对一个没有解决的社会问题,或尚无定论的社会现象,通过连续或系列报道专家学者、职能部门、意见领袖等各方面的反应和争辩,以达到解决社会问题、解释社会现象的目的。特别是对那些久悬不决的、一个时期屡禁不止的民生问题,更是穷追不舍,一次报道不行,再来第二次、第三次,不断扩大舆论声势,及时传递有效信息,直至把堡垒攻破。比如,荣获国家特别奖的中央电视台、黑龙江电视台、吉林电视台联合摄制而成的《关注黑土地》,就是这样一类题材的系列报道,它从不同侧面、不同角度反映出了东北黑土地面临的严重问题,展示了水土流失的严重性。节目播出后,时任国务院副总理的温家宝同志专门召开座谈会,作出重要指示,要求国务院各有关部委联手投入巨额资金,认真作出规划,推动治理和保护行动。

从中我们可以发现,有经验的编辑、记者,让所报道的事实与同类事实相比,在主题思想和意境上更深一层;他们总是尽可能地找到不同价值的素材,将事实排队,按递进的逻辑结构,在不同的深度上筛选出更为典型的事例;总是能从同一事物的诸多事实中判断、鉴别出最有价值的东西。当然,上述要件如果不能同时满足导向正确、事实准确这两个条件,那么,整个传播效果就会大打折扣。换言之,这两个条件与其他要件结合得越多,价值越大,其传播的效果就越好。

(2)法则之二

电视连续报道和系列报道需要一定的"连缀"和"排列",但并非只是停留在对事件进程的展示和再现上;要想达到集中、连续、突出的传播效果,就要遵循信息传播系统性的规律,找准内在的"关节点"。

时下,有些电视连续报道和系列报道,往往叙事太多,悬念太少,既没有悬念的开头,也无悬念的递进。有的主持人或播音员在导语或主持词中,一开始就告诉观众,在什么地方发生了一件什么事,现已真相大白,水落石出,最后一点评,有哪些值得讴歌、弘扬的,有哪些需要全民一起抨击、鞭挞的。我们知道电视连续报道和系列报道,从词意上分析,"连续"即"不断","系"即"连缀","列"即"排列";从整体上说,它是按照事态持续的发展"连缀"、"排列"而成的。

要想达到集中、连续、突出的传播效果,一个有效的办法,就是遵循信息传播系统性的规律,注意运用和设置悬念。悬念的设置,既可利用主持人在演播室里主持,也可利用出镜记者在现场提问;既可播音员解说,也可当事人描述,但无论采取哪种手法,都是向观众抛出一个又一个悬念,在单位时间内布置一个又一个信息点阵，都是将新闻事实中能够扣人心弦的情节，从平淡的生活流程中提取出来，并作为一个"关节点"，让观众带着问题思考，带着悬疑寻找答案。

实践证明，一则成功的电视连续报道或系列报道，只要遵循信息传播系统性的这一规律，找准内在的"关节点"，顺藤摸瓜、环环相扣、脉络相连、悬念迭出，就能发挥其应有的功能。这里需要把握三点：

一是防止体裁的滥用和衍化。系列报道，通常都是"大工程"，要么是影响历史乾坤的大人物，要么是改变历史进程的大事件，要么二者兼而有之，一集不能包容，必须靠一个系列才能完成。连续报道，可以说是以"实"见长，内容丰富，大都有看头，有情节，有冲突，有波折。但有些题材如果过于空泛、平常，或者只是一些凡人小事，也照样去泛用衍化为连续报道和系列报道，甚至不遗余力挖掘细节，挖掘吸引观众的看点，或者勉强拉长周期，就会损害它在受众心目中的分量，从而造成不良印象。

二是注意合理的跨越度。连续报道和系列报道的题材对象持续的时间跨度不能太长，如果进展太慢，旷日持久，结局遥遥无期，则观众的兴趣必难长久维持。

三是保持结构的完整性。连续报道与系列报道相比，系列报道的每篇都可以单独拿出来，甚至每篇都可以纵横跳跃，而连续报道具有较强的延伸性，题材对象的前后自然顺序都不能颠倒互换，时间线索也只能在一维数轴上延伸，它的单篇一旦抽离出来就不完整。由此，连续报道应给观众一个完整的交代，如果无疾而终，不了了之，或者有始无终，有头无尾，只能令观众大失所望。

(3)法则之三

电视连续报道和系列报道需要对大量事实与动态进行集合与链接，但并非只是对客观信息的一般描述与提示；要想达到集中、连续、突出的传播效果，就要遵循主题贯穿同一性的规律，找准内在的共同点。

电视连续报道和系列报道，大量的是主题性新闻题材，即各集"贯穿"起来的"主题新闻"，但它并非只是对客观信息的集合与链接，或只限于客观描述具体事物的现状，满足于去提示事物的发展和变化，而是从看似互不相干的新闻事实中找到彼此之间内在的共同点，从而体现出同一主题思想，并以同一主题思想为轴线将各集"贯穿"起来，起到突出主题、深化主题的作用。因此要做到以下三点：

第一，作为编辑、记者要将所得到的客观信息与所要表现的主题相对照，看哪些新闻事实和动态与主题相吻合，吻合的就采用，不吻合的，就毫不可惜地舍弃。

第二，要综合分析多提炼。所谓综合分析，就是指让事物反复地在头脑里经历着从概念到判断，再到推理的逻辑思维活动，从而引起认识上的飞跃和升华，在比较中与"立意"联系起来思考，看哪件事实、哪种动态最能说明主题。

第三，要坚持"一军之中一个帅"。人们常说，"一军之中只能一个帅，帅多了则等于无帅"。电视连续报道和系列报道,也同样强调一个"统帅"、一个主题。事实证明,一个主题,节目就集中、深刻;反之,主题多了,也就多中心了,就谈不上集中、深刻。由此可见,电视连续报道和系列报道,只要遵循主题贯穿同一性的规律,用同一主题作"红线",去穿那些丰富多彩的"珍珠",那么,无论从哪个侧面,或者按照哪种顺序报道,也无论如何展开,形成几集,都会穿成精美的艺术项链,都会收到"形散而神不散"的效果。

(4)法则之四

电视连续报道和系列报道,需要大量的画面与解说,但并非只是画面与解说的叠加及运用;要想达到集中、连续、突出的传播效果,就要遵循思维模式"非线性"的规律,找准内在的"创新点"。

创新,是信念的追求,是生命活力的表现,也是提高电视连续报道和系列报道质量、赢得更多观众的动力。当今时代各种媒介的激烈角逐,转瞬之间的荣枯兴衰,国际传媒网的迅速扩张,以及先进电视技术的嬗演变化,都已容不得抱陈守旧,安坐于固有的思维模式和行为窠臼之中。要想达到集中、连续、突出的传播效果,就要遵循思维模式"非线性"的规律,找准事物内在的"创新点"。所谓"非线性"思维模式,简单地说,就是能够懂得和感悟事物中所显现和蕴含的全部意义的创新思维。纵观一些令人耳目一新的电视连续报道和系列报道,可以说大都采取了这样一种"非线性"的思维模式,都蕴含着创新之点:要么表现手法独具一格,不落俗套;要么切入点新颖别致,充满灵气;要么善于捕捉细节和动情点,给人以思想的启迪、情感的震撼;要么大题小做,庖丁解牛,游刃有余;要么小题大做,以小见大,一叶知秋;要么运用"电视化"的手段,把自然社会中的声、光、色、音、线、形,真实地、全方位地、全景式地呈现在观众面前。可见,那些把思维只局限于简单地运用解说加音乐,或者只靠简单地堆积画面的方式,只能说是一种线性的思维方式。一般来说,这种思维方式是很难创作出富有新意的作品的。

这里需要说明的是:创新既不是简单的符号式的标新立异,也不是一些时尚词语、流行样式的拼凑包装,更不能违背新闻的基本原则和创作的基本规律,而应当根据内容的需要,注意事物的形式,学会选择、利用和创造适当的形式,来促进内容的发展,尤其是运用内容和形式的矛盾运动的原理,既不死抱住过时的形式不放,也不过早地任意改变尚有积极作用的形式,还要适时创造出有利于事物发展的新形式。

(五)电视系列节目的结构形态

1.确定整体结构

电视系列节目题材重大、内容庞杂,这就要求编导精心组织、结构,以形成完整、和谐的统一体；同时需要编导采取灵活多样的形式，特别是每集切入点的选择，以增强节目的趣味性。

越复杂的事物，结构越重要，它决定着事物物质的优劣，事物具体的组成因素已退居其次。电视系列节目作为"系统工程"，结构至关重要。

结构是事物自身的生成、存在形式，因此，不同的系列节目应根据事物特点选择适合的结构。一般而言有这样几种结构：

有按时间为线索来结构的，以表现事物发展的顺序、脉络，比如《让历史告诉未来》就按人民军队诞生、成长、发展、壮大的顺序，以大革命、抗日战争、解放战争、抗美援朝、建设国家几个时间段来结构全片。

有按空间为线索来结构的，比如《话说长江》就以长江从西向东顺流而下的空间展开为结构，从发源地、沿途流域到入海口。

有以时间和空间相结合的，比如《望长城》的结构既是按照采访的时间顺序，又是按照从东向西寻找长城的空间顺序，二者一致。

还有按内容的思想、逻辑来结构的，比如《世纪行》。

一部系列片因为内容众多，在总体结构确定之后，可以交叉运用多种结构，以增强灵活性、丰富性。像《让历史告诉未来》总体上以时间结构，但在每一集中，又往往使用时空交错、逻辑、意识流结构，从而生动活泼。

在系列节目的结构上，应注意首尾兼顾，全片统一，否则容易产生"虎头蛇尾"或"水蛇腰"的不平衡情况。

2. 选择切入点

结构定下来之后，节目的切入点变成十分重要的问题。面对系列节目这个庞然大物，如何对它着手解剖呢？这就要寻找适当的切入点。常言说"万事开头难"，切入点也是节目的开头。

一般而言，切入点宜小不宜大，如果从细节着手，会很容易让观众进入情景，利于节目往下开展。切入点应该"举重若轻"。每集节目、每个事件的切入点应该巧妙、新奇，而各集之间则要注意变化，寻求多样化。

选择好的切入点、好的角度，在《再说长江》和《故宫》中有相当出色的范例。

系列节目是电视纪实片中的"重炮手"，编导应精心选材、精心结构、巧妙切入、化大为小、由小入大，系列节目才会既完整、容易，又灵活、耐看。

一部电视系列纪实片成功与否，可以说关键因素是采制过程中的角度切入方式，而角度切入问题历来是电视记者最为费神、最为棘手的问题，一部成功的系列电视纪实片，必须由一个成功的角度切入方式来引导。展开切入角度的好坏与否，直接关系到节目的社会效果。切入角度选择得好，片子也就成功了一半，一部片子有了一个好的选题,也仅仅是采制过程中有了一个明确的方向,要想把这个选题采制成一部好的片子,就得冲破角度切入这个难关。

3.电视系列专题节目的构思特点

(1)大处着眼,小处着手,体现个性

构思首先是大处着眼,要从作品的总体构想入手,确立作品的基调和大轮廓。

构思的小处着手就是要选择新的角度、新的方式、新的形式去述他人所未述之事,去言他人所未言之理。构思是否新奇独特,是衡量一个作者是否摆脱了模仿和平庸的标志,也是看他是否成熟了的标志。

构思还要注意表现作者的个性特征。对于作者来说,创作不只是简单地去反映生活现实,而且要通过构思表现出作者对生活现实的独特认识和思考,表现出作者独特的见解。作品具有鲜明的个性特征,才更容易引起人们的注意。

(2)形象化的理性分析

电视系列专题节目一般来说,是以表现情感为其特点,以形象塑造为其主要形式,而不是以抽象的概念和理论为目的的。

电视系列专题节目又必须具备一定的理性层次,一定的深刻性和思考性。而且它也不排斥在作品中有部分的直接说理和议论。

电视系列专题节目创作中"理性"的特点是指:第一,它是对具体事物的一种价值判断,是创作者主观意识与客观存在相联系的部分。第二,它是建立在形象的基础上的。第三,它往往融入情感的因素,即所谓情理交融。

(六)电视系列节目本体特征所体现出的优越性

电视系列节目"地位显赫"已不容置疑,其繁盛原因何在?其魅力何在?

与其他节目相比较,不难看出系列节目的特色与优势,这集中体现在:节目时间长、容量大、形式多样、风格多样;连续地固定播放,有整体力量,易造成心理冲击;系列节目中,可以最大限度地与观众交流,等等。可以说,系列节目是"集大成"者,可以吸取专题节目创作的所有精华于一身。

1.时间长

"长"是系列节目第一个特征,也是最明显最基本的特征。我国中央电视台和日本 NHK 电视台的《丝绸之路》分别为 18 集和 14 集,累计长度都在 12 个小时左右。《话说长江》有 25 集,播出时间达半年。《再说长江》30 多集,定时播出达 9 个多月。《让历史告诉未来》有 12 集,共 240 分钟。《望长城》共分为 4 部 12 集,总长度 626 分钟。《大京九》有 30 多集。《故宫》12 集……

尽管"寸有所长,尺有所短",当共同呈现给观众时,观众更容易受系列节目"左右","重量级"拳击手与"轻量级"拳击手交手,胜负是不言自明的。所以今天的节目评奖中,不管电视剧也好,专题节目也好,或者新闻类节目,都已经按"重量"分别对待。

系列节目以"长"而赫然耸立观众面前,令观众不得不抬眼视之。

2. 容量巨大、内容广泛

"长"毕竟只是系列节目的外部特征,其实质表现则是系列节目内容的巨大丰富和形式、风格的无限多样。这是系列节目的第二个重要特征。

系列节目容量之大、内容之广泛,少则数小时,多则十几、几十小时,在表现社会生活的广阔性方面,其他节目形式是难以与之匹敌的。

人类发展到20世纪后半期,已经迈入信息时代,现实的急剧变动,使人们的文化生活及审美情趣产生了较大变化。现在的观众,已经从过去的被动接受型,向着主动思考型转变。人们不仅想从电视中得到娱乐,更想从中得到知识,得到信息。不仅想看到"是什么",更想了解"为什么"。真实、准确、丰富的信息,已经成为现在观众欣赏节目的重要期待价值,而这正是系列节目所具备的。系列节目的"长"与开放式结构,可以装载下"上下古今"、"天地万物"。

系列节目包罗万象的内容,庞大的容量,自然需要多种多样的表现手段与之相适应。电视系列节目由于采取化整为零、分段编辑、连续系列播出的方法,把主题的表现"在时间上分割为连续性的片段,构成上演节目",所以,所有手段都可以在这儿得到施展,系列节目成为"十八般武艺"操练之地。诸如再现、表现、纪实、创意、长镜头、同期声、蒙太奇、过程、主持人、色彩、光效、演播室、外景,等等,都可以在系列节目中找到自己。最重要的是,这些形式、手段可以同时出现在一部系列节目中,各显资质,五彩纷呈,构成大主题下的多形式、多风格;而系列分集制作、播出,又不会造成大杂烩的尴尬。

3. 可以运用多种交流手段

电视系列节目可以最充分地与观众交流。单本的电视纪实片由于时间、空间、篇幅的限制,其交流面的广度与深度也就有限。系列节目则提供了无限可能性,能最大限度地与观众交流、沟通,可以运用多种交流手段,诸如主持人运用、边拍边编边播、制作特别节目等。

主持人形式现今已经普遍用于各类电视纪实片中,主持人不仅仅是节目各部分内容的组织与串联者,更是节目与观众之间的桥梁。主持人的出现,使大众传播与人际传播相结合,产生巨大魅力,可以像朋友一样与观众面对面交流。

从《话说长江》开始,主持人在系列节目中代替以前的解说员,变播报为播讲,在演播厅与观众交谈。《话说运河》在主持人形式上作了深入探索,主持人不再局限于演播室,而走向外景地,现场采访、解说,与观众、群众直接交流。到《望长城》,主持人形式则趋于成熟,焦建成与黄宗英的出色主持令人难忘,他们成为节目的重要因素,自身成为鲜活信息走进广大观众心中。《大京九》主持人在工地上与建筑工人们一起交谈、过元旦,增进了相互间了解,缩短了距离。主持人形式极好地体现了电视作为"家庭艺术"的亲切与温馨。

边拍边编边播则是系列节目独有的与观众交流的方式。《话说运河》曾对此做了有益的尝试。这种方式具有实况感、现场感,能够及时而广泛地吸取来自观众的种种信息和要求,吸收广大观众参与到节目制作中来。这种参与不但与观众形成了气氛融洽的密切交流,而且也从预测观众收视心理角度提高了节目的针对性,在一定程度上避免了电视纪实片作为"遗憾艺术"的不可补救性。《话说运河》的"无锡"一回播出前,曾有观众建议拍摄船菜。编导们认为船菜因"船"而与水相连,应该纳入"话说"之列,于是拍摄了船菜镜头,并在"致观众"节目中说明将在"大运河的无锡景"这一回中,接受观众的建议,编入船菜镜头。

边拍边编边播在电视系列节目中能够有充分的条件实行,是加强与观众交流的重要手段,也是电视化的重要表现。1995年电影《红天鹅》在北京地质礼堂放映,召开观众、专家意见会议,其意义也在于吸纳观众到电影创作中来,促进与观众沟通。但由于电影制作、拍摄与电视系列节目有许多不同之处,边拍边编边播在电影中极不现实。而电视系列节目却可以得心应手、游刃有余。

特别节目,如穿插在系列节目中的"致观众"、"与观众对话"等,也是增强真实感、交流感、亲切感的方式,是对观众收视意见的再反馈,显示对观众的尊重。

此外,在与观众交流、沟通上,系列节目还运用对摄制工作"曝光"的方法。比如系列片《话说运河》节目之始加上一集表现创作人员工作概况的《话说运河的前前后后》,对"海陆空"主题拍摄的宏大进行披露。《望长城》的第一集开始镜头是:大雾中,主持人焦建成左顾右盼,扯着嗓子喊:"哎,你们在哪儿啊?"摄制组在雾中寻找长城……这些镜头在以往可能被认为"不合时宜",但运用在纪实为主的专题系列节目中,却极其逼真、有真实感。将一般观众不知道、颇感神秘的拍摄情况告诉观众,是对观众的信任,更能拉近双方的距离,消除神秘感、朦胧感。

三、深度报道

深度报道是竞争的产物,新闻类深度报道一方面具有一般新闻的规律,另一方面又具有"专"的特点,不是简单的新闻消息、事件的陈述与罗列,而必须有一定深度,属于深度报道。传统观点认为,深度报道是报纸的优势与长项,电视不适合深度报道。我们认为,电视不适合深度报道是一种片面性的、不符合实际的认识;相反,电视不仅适合深度报道,而且具有深度报道的优势。

(一)深度报道的产生

许多人之所以认为电视不适于深度报道,一个很重要的原因在于深度报道产生的历史。众所周知,深度报道产生于西方,它的雏形是第一次世界大战后出现的解释性新闻。第一次世界大战的余波和1929～1933年的世界性经济危机使当时的世界动荡不安,社会生活极不安定,受众对社会政治、经济等领域的新情况、新问题普遍感到迷茫与惶惑,他们期望媒介能对新闻做出解释,期望揭示"新闻背后的新闻"。另一方面,二十世纪二三十年代,广播、电视等电子媒介相继诞生,它们以其迅速快捷、形象直观等优势对传统的印刷媒介——报纸产生了极大挑战和威胁。为顺应受众的要求,适应同广播、电视激烈竞争的需要,报纸结合自身特点,推出了深度报道这一新的报道形式。

(二)深度报道的含义

深度报道是一种阐明事件因果关系,预测事件发展趋势的报道形式,它不仅要说明新闻发生的来龙去脉,前后因果,而且还要分析它的意义,预见事件的发展和影响。

深度报道既要说明"怎么样","是什么",更要解释"为什么"。"是什么"可以从画面中看到,"为什么"则需要报道者深入挖掘。

(三)深度报道的特征

首先,思辨色彩是深度报道最显著的特征。
第二,报道的多侧面、多角度、多层次、立体化。
第三,报道立体化,离不开新闻背景材料的运用。
最后,表现手法多样性,是深度报道在形式上的特征。

(四)深度报道的选题

第一,对重大新闻事件的追踪调查。
第二,对重大成就、重要经验或问题的综合剖析。
第三,对某种观点的阐释或哲理的启示。

(五)深度报道的表现形式

电视工作者的实践早已非常充分地表明了电视纪实片在展现事件的"过程性"、展示事实的逻辑力量以及引发受众对新闻事实的深刻认知方面所具有的强大能力,这是因为:深度报道是以深度和全面为旨的新闻报道,不同的新闻媒介进行深度报道的具体方式和手段各有不同。只要报道能引发受众对新闻事实的深刻认知、揭示新闻事实的真相及其性质,不管它是通过"剖析现实和历史的因果关系",还是通过"整合宏观、中观、微观各个层面的背景";不管它是通过展现新闻事件发展的"过程性",还是通过直接发表记者或主持人的分析评价意见等,都应该是深度报道。

(六)深度报道的优势

电视新闻研究与实践已经完全可以证明,"电视不但有进行深度报道的可能,而且还有着相当的优势"。

首先,之所以说电视具有深度报道优势是基于电视传播信息的丰富性。与印刷媒介和广播媒介相比,电视是一种综合性媒介,它兼容了前两种媒介的所有信息内容,并有所改进和扩大,因此它可以同时承载交流语义信息、符号信息、听觉信息、视觉信息和行为信息。其视觉信息与报纸的视觉信息相比有显著进步,它是一种动态性的视觉信息,除了在立体感等方面的局限性外,已经完全可以使受众产生对外界事物身临其境的亲切感受。从某种意义上说,电视能有效地进行深度报道,正是得益于电视承载和传播信息的这种丰富性。

其次,之所以说电视具有深度报道优势,与电视传播符号的多样性有直接关系。画面具有"再现性"、"现场性"、"概括性"等传播特性,故有利于反映生活的原生态,展示事件发展的过程,有利于直接传达"言外之意"或某些"难以言传"的微妙内容;声音具有物理性、表情性和心理性等特性,因此它在电视传播中的有效运用可以打破画面的时空局限,大大扩展电视传播的内容范围,可以通过缜密的逻辑推理和精确的分析来阐述深刻的思想内涵与哲理,也可以渲染、烘托环境气氛,刻画人物心理,加强传播内容的真实感和亲切感;屏幕文字可以起到画龙点睛、深化受众对传播内容与主题的认识作用。电视同时兼容了画面、声音、文字等传播符号,而且它们不是一种简单的相加关系,而是相互整合,形成了一种合力。这种合力就是我们常说的电视再现事实、表情达意、概括抽象、谈古论今、上天入地的潜能。也正因为如此,我们说,电视具有深度报道的潜在优势。

第四节　电视纪实片的制作

一、声音和画面

(一)声画关系及作用

画面和声音,如胶似漆,形影相随,相辅相成,不可割裂。声音与画面是构成屏幕艺术的主要物质材料和运动形式。它们和我们所从事的电视工作休戚相关、荣辱与共。因此,电视工作者只有在声音、画面上动脑筋,在耳朵、眼睛上做文章,摸透声音、图像的脾性,掌握视听综合艺术的规律,才能谱写动人心弦的艺术篇章,而声画之间的关系不外乎以下三种:

1. 声画同步

电视声画纷呈,视听兼备,既及时,又传真,富有纪实性和临场感,观众宛如置身其中进行审美观照。电视的声画相辅相成、珠联璧合,是人们的审美需要,也是电视艺术的生命力、吸引力和感染力的关键所在。

而声画同步本身是一个由粗到精,由低级到高级的发展过程,通常是指画面中的影像和它所发出的声音同时呈现、同时进行、同时消失,两者如影随形,结伴而行,声画统一,互相吻合,是画面、声音关系处理的一种方式,也是电视纪实片中最基本、最常见的声画组合形式,给电视纪实片增光添彩,使其真实感人。电视纪实片《水问》在音乐、音响的艺术处理上突破了以往电视纪实片的水平,采用了"真实的,才是最美的"艺术表现手法。被摄客体的行为语言是按照生活的原生形态进行的,声音和画面同步同构,相辅相成。在音乐的运用上他们采取了点到为止、歌声与环境同构、合拍的做法,利用当地原汁原味的音乐,即那些土得掉渣的、老百姓最喜欢的音乐,也是城里人听不到的乡间小调来丰富全片的音乐创作,从而使有声画面更具多彩性、地域性和民俗性。

2. 声画分立

影视的画面、声音之间,既可以同步、合一,也可以平行、分立。同步合调是一种方式,平行分立也是一种方式。

声画分立的直接结果是,突出了声音的作用,使它从依附于形象的从属地位中解放出来,成为独立的艺术元素,从而丰富了电视纪实片的表现手法。

电视纪录片《再说长江》中的主题歌《长江之歌》既有和画面同步、合一的艺术处理，也有主题歌旋律与画面分立的艺术处理，音画形式上各自分立，充分发挥了音乐音响作为独立的艺术元素的表现力和感染力。

画外音的运用在当前的电视纪实片创作中，已成为一个必不可少的要素。比如，介绍先进人物事迹的节目作品，某一段解说词是对人物几十年来成长历程的追述，而画面是表现"现在时"的人物工作、学习、生活的场面，声画的分立，有意识地造成画面和声音的互相映照。

3. 声画对位

声画对位是以对立统一的辩证法为美学基础的，但它是有生活根据的：现实生活中，人的内心世界是复杂多样的，人在失望、绝望时，往往用追忆过去的甜蜜生活和憧憬美好的未来作为精神支柱，使自己振作起来；人在高兴、得意时，又往往乐极生悲，涕泪纵横。这种对立统一可以反映生活的复杂性和多面性，更有力地揭示生活的本质，塑造具有深刻内涵的艺术形象，给观众以独特的审美感受。

(二)声画组合在电视纪实片中需掌握的分寸和技巧

"视思明，听思聪"，在视听兼备、有声有色的电视艺术中，画面赋予声音以形态、神韵，声音则回报画面以生命、现实感和生活气息。

关于声音和画面的关系，一直是电视纪实片创作过程中争论不休的问题，而这种声画关系的争论又往往表现在对声音的认识上。在过去的很长一段时间里，对声音的认识，主要有这样两种偏差：一种是主张以画面为主，声音是为了补充画面的不足，它注重的是画面的冲击力和表现力；而另一种则是强调解说的作用，画面只是图解解说词的意义而已，它注重的是解说词的表意作用及创作者主观情感的抒发。虽然这两种认识各有各的理由，但从某种意义上讲，它们都忽视了电视本身所具有的表现特点。

电视是一种直观的视听形象系统，它的画面与声音是同时存在的，而且两者是相辅相成、缺一不可的，它们共同作用构成了活动着的情境，只不过在不同的情境中，它的偏重点有所不同而已。

那种音乐垫底，一铺到底的做法，之所以不受同行及观众的认可，并不是因为它没有补充画面的不足，而是因为它忽视了声音传播信息的功能。那些附加的声音成分——解说和音乐与画面的关系则较为复杂。画面作为直接的信息形态，主要用来传达现场气氛和形象细节。声音作为间接的信息形态，主要用来表现概念运动，表达抽象的意思和创作者的主观情感。在这里，视觉信息和听觉信息各自执行着不同的任务，起着不同的作用。它们之间不仅仅是一个相互补充的关系，而且还是一个相互作用、相互加强的关系。

对于电视纪实片的创作来说，题材的要求、作者审美趣味的偏好以及创作中的风格因素等等，都会影响到对声画关系的认识。同样，声画结合的最佳值，也很难用一种定量分析的方法来确定。两者有时会相互干扰，会起抵消作用，而单纯强调一种因素而忽视对另一种因素的潜在能力的发挥，都会给人以不满足感。这需要创作者根据节目的要求，有效地利用它们，追求一种最佳的传播效果。我们认为大体可分为以下三种关系：

1. 真与假的关系

真是艺术的基础，假是艺术的大敌。真善美是审美的要求，只有真才能善，也才能美，真是美的基础，美是真的表现。影视是靠画面思维的艺术，因此首先要求画面真实，同时也要求声音的真实。声音的真实性和准确性是影视艺术作品质量的重要艺术因素。

当然，我们强调真，并不等于自然主义的"有画必录，有声必取"，故事片的声音画面毕竟不同于电视纪实片的声音画面，电视纪实片的声音画面要求从现实中来，实有其事，真有其声，要善于发现，精于挑选，采录富有表征意义和有价值的声音画面。故事片的声音画面则允许虚构，提倡出新、创造，既可以析毛辨发，究幽极微，反映音容本相，也可以遗貌取神，选择最富有表征意义的声音画面。

2. 动与静的关系

动和静对立统一，相辅相成。以动写静，以静写动，是传统的艺术手法，事物往往是在对比、冲突等抗衡因素中显出风貌、神采。

生命不止，运动不息。动，是永恒的，静，是相对的、暂时的。声音、音响可以强调，化静为动，变轻为重，以突出人物的心理感受，强化属于音响特写之列，爆破前的走钟，智取情报前的电铃声，对天发誓的雷声……平添悬念，陡增现场的紧张气氛，使观众悬着一颗心。声音停顿、静默无声不是轻松、省劲，而是"停顿"之中见神功，"无声"之处胜有声。例如，有这样一组画面：主人公与已经改嫁的妻子在小酒店的无言相会，静默、对视、静默、对视……万语千言尽在不言中，百感交集全在眼神上，这种"微相学"的内在情感交流就是声画组合中动与静关系的最好的表现，在电视纪实片中这种动与静手法的运用更是常见，更能表现出影片的主题和真实性。

3. 藏与露的关系

声音最能调动人们的想象力，声音虽然不能造型，但能唤起想象的功能，运用"想象、形象远飞"，完成"无状之状，无象之象"的形象的塑造。因此，声音不能太直、太露、太满，不能仅仅停留在声画同步、图解画面的阶段。例如，皮靴的吱吱声不再和皮靴接在一起,而是接在焦虑不安地倾听这种吱吱声音的人的脸上,变"强迫意识"为"思而得之",变含义单一为丰富、多义,触发观众的艺术联想,增添审美情趣。

虚与实、藏与露,是艺术创作中的一条重要规律,也是处理声画关系不可忽视的问题。完全舍虚就实,或无实只虚,都是不符合电视艺术本性的。电视画面的声音,贵在有虚有实,有藏有露,有艺术的直接形象,也有艺术的间接形象,相映生辉,相得益彰。我们提倡诱发观众的想象力,但是想象出来的声音永远无法代替真实的声音。如果说,画面上的空白,没有直接形象,空白始终是空白,而电视中的声音情同此理,没有客观音响,永远构不成主观音响,一切主观音响都是大脑储存的声音记忆的折射。

二、解说词

(一)解说词与画面的关系

1. 简单陈述

用平实无华的白描手法来写解说词,不流露作者的主观色彩,将作者思想和感情尽量藏而不露。

2. 主持人讲解

电视纪实片的解说词是通过现场主持人来说的。

3. 字幕讲解

主要是解决可能产生歧义的画面问题。而且为了保证与纪实风格一致,片中的字幕全部采用引号之内第一人称谈感受的形式。

4. 无解说词

完全用被拍摄对象的同期声自述及生活镜头有机构成电视纪实片的叙述方式。

(二)解说词的作用

1. 补充画面背景

电视纪实片的所有画面都是在进行时态下拍摄,但要完整表现一个人物、一个事件,就必须涉及过去和未来,对人物的背景知识介绍,对此仅靠画面是无能为力的,于是解说词承担了画面所不能完成的职能。解说词在电视纪实片中和画面一起相互串联、铺垫,互相补充,从而构成完整又形象的专题信息。

2. 整合画面、衔接内容

电视纪实片是由一个个画面组合而成的,如果没有解说词的衔接、整合,画面则可能因为没有明确的指示关系而显得无序、杂乱。而且,画面与内容的衔接与转场,很多时候也需要解说词的过渡和连接。因此,好的解说词可以保证整部电视纪实片内容的自然、流畅与和谐。

3. 表现细节

解说可以对处于无序状态的画面信息进行概括、整合,又可以对画面信息给予逻辑重点的强调突出,将画面中未曾强调、观众未曾留心的细节放大。这时解说起到比特写镜头更明显的作用。

4. 调动想象和联想

解说词可以克服画面语言的局限性,通过对画面的审视,以画面为基础,可以广泛而自由地想象和联想,从而拓展画面时空与画面信息。

5. 抒情

一般来说画面也是可以抒情的,比如远景、特写都具有很强的抒情意味。但是画面抒情是含蓄、隐晦的,而且比较模糊,不易让观众领会。解说词抒情仿佛是一位充满深情的人直接对观众倾吐肺腑之言,它是创作者内心情感的流露,必须自然、真实,否则就会产生适得其反的效果。

6. 突出画面,深化主题

画面以形象、生动见长,可以充分给观众展示一个个具体、逼真的影像、事件过程。电视纪实片画面本身具有转瞬即逝性,对其中的一些能够深化主题的信息,画面本身有时并不具备时间延展性。对解说词来说,镜头的边框与具体画面形象只是展开解说词的基础,通过它的内容完全可以联想到画面之外更多的信息、更深的含义和其他信息。解说词在电视纪实片中的作用不是堆砌,而是镶嵌,它可以通过外在语言的强调和刻画,更有利地突出展现电视纪实片的思想内涵。

7. 增添审美,创造意境

电视纪实片的解说词与画面的关系是同一生活情态的两种不同的语言渠道。画面是社会生活的形象化反映,画面与画面的组合构成一种画面语言。但这种语言只能通过画面形象和画面的内在逻辑性来对生活实施审美,即视觉审美。而对此更深层次的理解和联想,就是解说词要完成的对生活的审美,是听觉上的审美。

(三) 解说词的形式风格

电视纪实片中解说词的形式风格是多种多样的,主要可以分为以下几种:

1. 新闻式

电视新闻评论和一些具有较强新闻性的电视纪实片,它们的解说词写作大都是采用新闻式风格,于是便产生了新闻式解说词。新闻式解说词的特点为:第一,严谨的纪实特点;第二,有较强的新闻时效性;第三,信息量丰富;第四,画面不能说明的由解说词来交代;第五,语言的时代特点。

2. 政论式

政论片、哲理片、文化反思片等大都是采用政论式风格解说词。这类电视纪实片,往往是对历史、社会、时代、人生、文化等做出分析和判断,提出自己的认识和主张,具有较强的思辨色彩,从而引出政论式解说词。政论式解说词的特点主要有:第一,解说词是主导;第二,先有解说词,后找画面;第三,强调语言的逻辑性;第四,适当与画面结合,避免死板。

3. 抒情式

抒情风格的解说词主要用在创意性专题节目中,这类节目主要是抒发对自然景观、风土人情、民族文化的深厚情感,或者表达创作者对美好事物、理想的炽烈追求。抒情式解说词语言优美,情感真挚,有很强的节奏感和韵律感。这类解说词有浓厚的文学色彩。

4. 叙述式

叙述风格是电视纪实片解说词中最常见的,是对社会状况和人生形态,或一件事的说明介绍。这类解说词语言自由、流畅,内容贴近生活、朴素平实。当前,大多数电视纪实片都采用这种风格的解说词。

(四) 解说词的写作

从根本上讲,电视解说词属于文字语言创作,解说词在电视纪实片中占有独特的位置和作用,所以解说词的写作非常重要。

1. 总体构思,整体布局

电视纪实片的解说词写作必须从总体出发,综合考虑画面、同期声、音乐音响、图片、表格、字幕等各种电视元素之间的作用,整体布局。

解说词不能取代其他电视元素。电视艺术是视觉语言和听觉语言相结合的艺术,视觉语言包括画面、图片、图表、字幕等,听觉语言包括解说词、同期声、音乐、音响等,这些元素在电视纪实片中发挥着各自的优势,不能相互替代,也不能独立地存在。

2. 注重细节描写

电视专题片、纪录片可以没有情节,但必须有细节,解说词对细节的描写可以使画面信息的逻辑重点的强调更加突出,将画面中未曾强调、观众未曾留心的细节扩大。如过去时空、未来时空中的细节,只能靠解说词传达。

3. 叙述角度

我们站在不同的角度看一个事物,必定看到不同的内容,得出不同的结论,解说词的叙述也是一样的。

第三人称的叙述角度可以多方面、全方位地叙述,还可以给人留下深刻的印象,但是这种叙述方式往往使观众感觉是个旁观者,从而感到冷漠、生疏、不够真实亲切。

第一人称的叙述角度具有明显的主观参与意识,有很强的现场气氛,容易给观众真实亲切的感受,同时便于发表意见,直抒胸臆,表达情感。但是第一人称的叙述角度受到"我"与"我们"主观视点的限制,超过这一视点之外的活动,就难以表现。这样,画面与内容都受到了严格的制约。

多种人称叙述角度交替出现也是一种很好的叙述方式。这种方式灵活多变,既有深度又有广度,既能客观介绍,又能畅抒主观情感,兼有第三人称与第一人称的共同优点。但是最基本的人称应该统一,不能太混乱,不分主次。

4. 开头、主体与结尾的写作

解说词的开头、主体与结尾,属于结构布局方面的内容。解说词的写作要做到"凤头、猪肚、豹尾",也就是说,开头要引人注目,主体要丰厚翔实,结尾要响亮有力。电视解说词应叙事干净利落,语言晓畅明白,词句短小简洁,语言力求口语化、形象化。

5. 解说词的语言特色

电视解说词不同于书面语言和日常口语,而是精心设置的视听语言。解说词不是画面的简单说明,而是画面及同期声的概括、评价、补充、延伸和深化,以传达画面及同期声没有传达或无法传达的信息。

(1) 时代感与生活化

任何艺术都是时代的产物。电视纪实片以现实生活中真人真事为直接内容，反映时代生活，因此解说词语言应该富有时代气息。解说词还应大众化、生活化。语言生活化并不仅仅因为生活化语言浅显易懂，而是因为生活化语言清新、生动、有鲜活感。当然生活化并不是生活的照搬，生活中的许多语言还很粗糙，必须给予辨别提炼。

(2) 解说词语言应简洁精练

任何文字语言作品都要做到简洁、精练。解说词还受到时间的限制，不允许像小说一样描述，要高度概括，信息量大，做到"一字千金"。注意解说词用词造句的标准性，缩减语要简单明确，称谓定位关系要精准。

(3) 文学性

电视解说词虽然不同于一般文学作品，但需要文学性，文学性可以使解说更形象、生动。为了增强解说词的文学性，可以在解说词中运用多种修辞手法：①比喻。在解说词中，以画面为基础，表达"比"和"兴"的效果。②对比。对比联想可以使平淡的东西妙趣横生，拓展观众思想。③排比、反复。排比可以增强气势，通过把内容相连、结构相同或相似、语气一致的句子或词组接连讲出，充满力度，能激发观众的情绪。反复则是配合画面上积累式蒙太奇，对某一句子的反复强调。排比与反复都带有较强的情感色彩，必须与整体风格协调一致。④反问。反问本质上是一种强调。文学性表现还很多，解说词语言的文学性必须用得适当，切忌华词丽句堆砌，否则适得其反。

(五) 电视纪实片中画面语言的局限性

第一，电视画面语言是电视最根本的语言要素，没有画面，就不能说是电视，但是，电视语言也有自己不可克服的缺陷。视觉语言是人类的第一语言，据现代科学研究分析，人类70%的感知来源于视觉。

第二，视觉语言具有二重性：一是启发开拓人们思维，画面可以唤起人们的构思和联想；另一方面，则有制约思维的作用，使人们的思维局限于画面，只是机械地重复画面，被紧紧束缚在画面之上。

第三，画面语言具有多义性，这正说明画面语言意义的模糊性。

第四，视觉画面语言无法表现未来时和过去时，只能表现现在时。

第五，视觉画面语言具有表象性，面对人物复杂的内心世界、思想和事物发展的本质、规律等抽象、无形的东西，画面就无所适从了。例如《故宫》。当画面出现的时刻，我们并不知道作者想要表达的是什么，这时解说词就起到了作用。电视纪实片对客观现实真实的严格要求，使得画面表现对过去时与将来时无能为力，而解说词却可以上追远古,下及未来,全无时空局限。

三、节奏处理

当我们被一部电视纪实片深深吸引而又心神荡漾、情感勃发的时候,才深深地感受到一部成功电视纪实片情绪节奏的魅力,体味到情绪节奏给人们带来的恐惧、愤怒与爱、愉悦、兴奋和快乐。而创作者的思绪节奏则是电视纪实片情绪走向的关键,尽管作者的思绪在客观上主要依照事物发展的规律和矛盾冲突程度以及人物个性和事件转换程度来安排布置电视纪实片的情绪节奏,但是,创作的情感要求和情感倾向以及对事物的认知程度都影响着电视纪实片的情绪发展,因此,创作者的情绪和创作主导理念不可忽视地影响着电视纪实片的情绪节奏。

可见,在一部电视纪实片中创作者对其内部节奏的把握,决定着这部电视纪实片的成功与否。

(一)节奏

1. 节奏的来源

大家对节奏的解释各不相同,有的说是重复周期,有的说是速度、速率,有的说是节拍。这些只是节奏的一个方面,或某一种表现。那么节奏到底是什么?

"节奏"一词早在几千年前即已为古希腊应用。古希腊文为 rhythms,含有程度、程序、匀称活动之意。英文的节奏一词为 rhythm,这个词又是从 rhin 即流动一词引申出来的。在中国古代,节奏一词与古代的法制音乐、舞蹈有关。《礼记·乐记》中有"使其曲直、繁瘠、廉肉、节奏,足以感人之善心而已矣","接合以成文","节奏,谓或作,或止。作则奏之,止则节之。"这里揭示了节奏源于止起、静动的实质及艺术感染力。现代音乐术语中节奏一词的概念是:音乐中交替出现的强弱、长短而合乎一定规律的现象。在建筑艺术中指在建筑物表面结构上的线、面、体和它们之间的平衡、对比、对称等变化。在绘画艺术中指由点、线、面及色彩等因素,以一种相同或相似的形式按一定规律交替出现的构成。因此,节奏一般是指物体运动时交替出现的包括张弛、紧松、徐疾、长短、高低、跳跃、平稳、流畅、重复、凝滞、轻、重、强、弱等等合乎规律的状态。

2. 影视艺术的节奏

一方面是由节奏的表现形式,即时间的听觉节奏和空间的视觉节奏决定的;另一方面为影片的内容和人物的内心状态,即推动情节发展的力所决定。

(二)纪实片节奏的体现方式

1. 外部节奏

所谓外部节奏,主要是指画面上一切主体的运动,以及镜头转换的速度而产生的节奏。也就是观众可以直接耳闻目睹到的节奏形态。如画面转换节奏、解说词快慢节奏、音乐旋律节奏等,这些节奏形态有机地交融在一起,构成了作品的外部节奏。

2. 内部节奏

所谓内部节奏,主要是指由情节发展的内部联系或人物内心情绪起伏,以及创作者的思绪波澜而产生的节奏。当然也包括观众欣赏的情感接受节奏。

电视纪实片的创作,虽然可以体现为内、外两种节奏方式,但在作品中都往往有机地交融在一起:作品的外部节奏,往往以内部节奏为依据;作品的内部节奏,往往以外部节奏为表现形式。

编导在创作时,要巧妙地用外部节奏为内部节奏服务。《幼儿园》中,编导用孩子们的各种表现来为自己想要表达孩子们内心世界的主题服务,不是通篇将小孩儿的表现搬上荧屏,而是巧妙把握内部节奏,将它们串联起来形成有序的波澜,更好地为主题服务。

我们在剪辑时一般要求要有适当的剪接率,以便使作品的外部节奏和内部节奏保持一致;而一些个性化创作者却有意创造一种内部节奏和外部节奏的不和谐,用以表达一种异样的对生活的感觉。有些个性化很强的片子看上去拖沓冗长,节奏缓慢,甚至让人觉得压抑沉闷,这种感觉来自于创作者自己对生活的体验、对事物的认识。当然,这种创作方法也是一把双刃剑,运用得好让人觉得与众不同,运用不好也会让人难以接受。

(三)纪实片内部节奏的主导把握

节奏是电视纪实片的运动方式,表现为电视镜头在电视专题中的长短、快慢、张弛程度。明快的编辑手段、和谐的内在运动规律、有序的表现手法,都会使电视纪实片呈现出活力,主导着观众在流畅、自然的节奏中感受电视专题的独特魅力。电视纪实片的节奏主要表现为编辑节奏、动作节奏、声音节奏和情绪节奏等四种节奏形态。

1. 编辑节奏

编辑节奏是指电视纪实片在素材完成之后,进行后期编辑制作过程中的组合章法。这种章法根据传播者的需要和观众的收视要求及节目的社会价值而确立,它要求编辑节奏符合节目的运动特点和规律,并围绕事物发展的内部联系再现其运动状态。

编辑节奏主要包括电视镜头的编辑组接节奏和电子技能开发应用编辑组接节奏两个方面。

剪辑率指单位时间里镜头变化的多少。剪辑率是镜头转换速度的反映,也暗示了单个镜头的时间长度,单位时间里镜头数量少,单个镜头时间长度相对长,转换速度慢,剪辑率低,反之剪辑率高。

一个镜头在屏幕上停留的时间越短,作品的节奏便越快;一个镜头在屏幕上停留时间越长,作品的节奏便越慢,也就是说,短镜头,造成快节奏;长镜头,造成慢节奏。编辑节奏要充分和电视纪实片的内容结合起来。反映改革、创新和社会主义大建设的电视纪实片,在编辑节奏上要相对快些;反映大自然风光的电视纪实片则需要长镜头,要讲究景深,注重悠扬舒缓的节奏,让人在节目的节奏中放松心情,享受情绪上的愉悦。

2. 动作节奏

动作节奏主要表现为电视纪实片中动态镜头本身所表现出的动作内容,主要包括:被摄景物是运动的物体,并表现着一定的运动节奏;或是用固定的镜头去表现人物不平静的内心。被摄物体本身所体现的动作内容,在拍摄过程中,客观上不以节目的意志为转移,飞奔的骏马、奔驰的列车、滚滚而下的洪水、淙淙流淌的溪流等,它本身的运动速度决定了客观上的节奏规律,这就需要根据镜头的动作节奏,去合理地把握节目的节奏。

3. 声音节奏

声音节奏主要是有声语言的运动节奏,它是指电视纪实片中所有有声语言因节奏运动变化而产生的效果。这种效果为节目内容服务,又因内容而产生节奏形态。它包含着人声语言节奏、音乐语言节奏和音响语言节奏三种节奏形态。

(1)人声语言节奏形态

人声语言节奏形态的主体是人发出的声响,及其因人发出声响速度的快慢、高低而产生的效果。它主要是指以片中人物的语言、电视解说词的解说语言、主持人语言、播音员语言等为主的语言节奏。例如:电视纪实片《幼儿园》中真实的场景及不时穿插的对儿童的访谈,其作用就是一方面改善孩子们由于打闹、说笑、游戏产生过多的动作,另一方面通过童言无忌让观众意识到成人和儿童之间的区别早已消失或正在消失,他们的言行举止使幼儿园这个特殊的场域成了社会的一个缩影。

（2）音乐语言节奏形态

音乐语言节奏形态的主体是通过后期艺术加工塑造的适合于电视纪实片内容的音乐节奏效果。如背景性、戏剧性音乐语言状态，抒情性、描绘性语言状态，说明性语言状态，主题歌、主题音乐和插曲语言状态。

在电视纪实片中，音乐语言的运动节奏必须依托电视纪实片的内容和节目形式来进行。一般情况下，抒情性音乐、描绘性音乐、主题歌等音乐语言，主要应用于风情片、风光片等电视纪实片，它的运动节奏不太快，也不太慢，那么它的音乐运动节奏比较舒缓。而背景性音乐、主题歌、主题音乐和插曲，它的运动节奏必须依附于电视纪实片节目的内在运动节奏。在一些电视片中，可能主题音乐和插曲比较激昂，如波澜壮阔的劳动场面。而在另一些电视片中，主题音乐和插曲可能因电视专题表述的内容不同显得舒缓一些。

（3）音响语言节奏形态

这种语言节奏形态在某种程度上是电视纪实片得失的重要表现，很多时候，观众不看画面语言，仅听音响语言节奏，就能受到情绪感染。

4. 情绪节奏

情绪节奏主要是指情节发展的节奏或因人物内心情绪起伏，以及创作者的思绪波澜而产生的节奏，还包括观众欣赏的情感接受节奏。

情绪节奏是关系着电视纪实片能否受到欢迎和被接受的极为重要的组成部分，把握好电视纪实片的情绪节奏，才能相应地调整好电视纪实片的编辑节奏和其他语言节奏。同样，电视纪实片中的所有语言节奏，都依托情绪节奏而展开，依托情绪节奏而运动。因为它作为整个电视纪实片的节奏核心，主导着整个电视纪实片运动的快慢。

在电视纪实片中，情绪节奏因事物发展状态不同而不同，因人物内心状态的不同而产生起伏，因创作者节目需要的刻意表现而有不同的节奏效果。在创作过程中，电视纪实片的情绪节奏还与创作者的不同世界观、认识事物的不同方式以及因创作者的思想、文化、修养而产生的好恶有着直接的联系。电视纪实片的创作，虽然可以体现为多种节奏方式，但是这并不是说所有这些节奏状态都同时存在于某一专题之中。

在一个作品中，至少有两到三种运动节奏存在。这些运动节奏相互依存，相互作用，起到互为烘托和强化氛围的作用，形成张弛有度、效果明显、快慢相宜的运动节奏。如果在几种语言运动状态同时存在于某一节目的时候，有一个运动状态不协调，就会使电视纪实片失去和谐，让节目大失光彩。

因此，在电视纪实片的节奏处理上，必须处理好节奏太乱、节奏太平和随意性节奏的毛病。如果在画面编辑的过程中充分考虑到了节目的运动节奏,画面长短、快慢处理得当,讲求有序合理,章法有度,讲究起伏有高潮,有落点,高潮迭起,形成运动节奏曲线,就能激起观众的情绪和波澜,切忌一慢到底或一快到头的做法。

(四)纪实片节奏处理上存在的问题

1. 画面编辑"乱"

所谓乱,就是在画面编辑的过程中随意性太强,画面的长短、快慢、多少处理得不当,无章法。

2. 节奏处理"平"

平就是没有起伏,形不成节奏的曲线,要么一慢到底,要么一快到头,不能激起观众情绪的波澜。

电视纪实片已经被越来越多人的所喜爱,不光因为它凭借多样而细微的手法还原事实,更多的是因为它以自身的真实和创作者灵活运用的波澜让观众内心怦动。

所以,在构思及制作前,一定要细细揣摩题材的深度性,多捕捉些微妙细节,以生活的盲区作为着力点,创作者努力透过事物为人熟知的一面,去揭示事物不为人知的另一面,从熟视无睹中发现、挖掘典型,揭示出一些值得关注的有价值的东西。在剪辑时要极力体现出创作者的主导理念,把碎片有机地拼接成有观赏性且具深思性的作品。

四、细节表现

在影视作品构成的诸多元素中,细节是个非同寻常、最为活跃的元素。如果说结构是电视纪实片的骨骼,细节便是电视纪实片的血肉。失去了细节的电视纪实片只能是一堆僵死的"骷髅"。

电视纪实片可以无情节,但不能没细节。电视纪实片的第一生命就是真实,电视纪实片是非虚构的,客观真实是电视纪实片创作的基本原则。同时电视传播特性决定了它的画面第一性,画面从来就是具体、逼真、生动、感性的。然而细节却是这一切的最好体现,细节的具体性、逼真性,使它在表现主题、揭示人物性格和情感方面具有不可替代性,电视纪实片要达到感动人的境界,就要源于真实的生活,从真实的生活中取材,记录生活中感动人的故事和细节,来表现电视纪实片真实性的本质特征。

电视纪实片的真实性本质上是客观的、不容改变的。电视纪实片满足了人们观照自我、心灵沟通和文化交流的需求,具有传递信息,满足观众的求知欲的功能,节目信息的真实与否直接影响到观众对于节目的接受。因此,要使观众信服你记录下来的历史瞬间,影像是真实的,就必须通过编导意识在拍摄过程中的作用,记录细小的、符合生活逻辑和人们的思维逻辑的细节,以达到纪实片的真实性。

人们往往会因为一个细节热泪盈眶,或是捧腹大笑。细节对观众有极强的感染力。一部好的电视纪实片给人们印象深刻的大多是一些动人的细节,一部电视纪实片看过好多年后,猛然想起的一定不是内容,而是某一细节。所以说细节刻画的真实生动,会使观众感动至深,牢记不忘。

(一)细节的定义

所谓细节,是指在电视屏幕上构成人物性格、事件发展、社会情境、自然景观的最小组成单位,是对表现对象的局部或细微变化的展示。

利用细节是影视节目创作的特点之一。所不同的是影视剧中的故事细节包括人物的造型细节、故事的发展细节等都是编剧、导演在生活中提炼出来、设计出来的;而纪实作品则不同,它所运用的细节都是在真实的现实生活中捕捉的。纪实片不可能像其他影视作品那样用虚构出来的情节感动观众,它只能通过一个个细节来调动观众的情绪,因此在多数情况下,细节成了纪实作品情感启动的重要因素。多数成功感人的电视纪实作品,无不是通过细节来激发调动观众的情绪,使之达到情感的高潮——催人泪下,或促人开怀。因此说,只有会捕捉和运用细节的编导,才能真正抓住电视纪实片的灵魂。

(二)细节的分类

细节在纪实片中的表现是多种多样的,有时是一个细微的动作,有时是一句平淡的台词,有时是一个常见的场景,有时是一个小小的静物。细节大致可以分为动作细节、神态细节、物件细节、环境细节和解说或口述细节。

1. 动作细节

指用身体特别是四肢所表现出来的细节。例如:在电视纪实片《众志成城抗震救灾》中有许许多多的细节给人留下了深刻的印象,如一名救灾人员在废墟上伏下身子亲吻在废墟中的熊猫玩具。就是这一伏一亲之间让无数人感动落泪,同时也表达出他自己内心深处的伤痛。

2. 神态细节

指人物面部、眼睛表现出来的细节。神态细节大多用特写镜头,加之人的面部与眼睛是情感的最佳传递部位,所以,神态细节的冲击力特别强,喜、怒、哀、乐等在人物脸上一看便知。神态细节不是作用于我们的眼睛而是作用于我们的心灵,好的编导都极重视神态细节的表现。

例如电视纪实片《众志成城抗震救灾》中有个在废墟的夹缝中等待救援的孩子,当他看到解放军来时他的眼睛睁大了些,表情稍轻松了些,眼神中充满了希望,让人感到他重燃起了希望,他渴望活着。

3. 物件细节

物件与人的各种关系有着特殊的意义,就像"睹物思人",物件并不是单纯的一个客观事物,它是人们情感的依托,是人类共识的一个象征,也就是说物件细节中的物件是一种情感,一种象征,或是思想的符号。

例如纪录片《再说长江》中有一集是反映长江周边城市的物价变化,编导在上海市找到了一对七十多岁的老夫妇,通过他们老两口手绘记录下的一个买菜账本,反映出物价的变化,人们生活水平的变化。再如电视纪实片《众志成城抗震救灾》中,在北川小学的空地上,救援人员们把从废墟中挖出来的书包整齐地排成列放在空地上。这个细节表现出灾难的无情,表现出对孩子们的哀悼及救援者的遗憾,同时告慰活着的人们要坚强地活下去。

4. 环境细节

指用某环境所独有的特征来展现交代环境的细节。

例如电视纪实片《永远的胡杨》中男主人公"革命"为奶奶送水一段,混浊的水,茫茫无际的沙漠,生动地表现出游牧民族的生活环境,具体表现出主人公的生活状态及环境沙化的严重状况。

5. 解说或口述细节

解说或口述细节在纪实片中起着诠释画面细节的作用,使信息量加大,满足观众对信息的需求,弥补记者不在场以及弥补画面的遗憾。

为纪念改革开放三十年所拍的电视纪实片《破冰》中的第一集,记者口述了"美国友邦保险公司,诞生在上海外滩17号,新中国成立前离开外滩17号,改革开放后又重回外滩17号"。这一口述生动地表现出友邦保险公司的地理变化,弥补了画面的遗憾。

(三)细节在电视纪实片中的作用

细节可以刻画人物,也可以升华主题。细节就如同诗歌的"诗眼",最富于表情和最有表现力,它可以长久地作用于人们心灵,留下深刻的记忆。其作用如下:

1. 刻画人物性格

电视纪实片中人物的一句话、一个动作或是一个眼神,都能够反映出人物的特有个性、心态,同时也能揭示出人物与事件之间的微妙联系。在电视纪实片中对细微之处的挖掘和表现,会使人物更生动、形象更丰富、性格更鲜明。

例如,《献肾救母》中田世国在进行献肾手术前格外叮嘱妹妹和医护人员:我手术出来后用棉签给我抹一抹嘴唇,我做过一次手术。这个细节一方面说明在同一位置上再进行手术的危险性,同时表现出这个孝子的性格。

2. 揭示人物情感

观众通过节目中一个小小的细节,就能够洞察、理解、认识人物的内心,从而更加强了片子的真实性和生动性。同时,细节运用得好会使生活中原本所具有的情感力量更加集中、更加浓烈、更加震撼,就更能够凸显人物的情感和内心。

如在《营生》中有一细节就非常形象、真实地表现出谋生的艰辛,老郝站在壶口瀑布边上吹唢呐,寒冷的天气使他一曲没吹完就停下来,给人真实的感受。

3. 揭示主题

细节作为一种强调手段,它的价值通过主题的表现凸显出来,一切细节都必须为主题服务。如电视纪实片《水问》第一集中,基层水利人员讲打井抽水机使用上的问题,由挖一点就有水到用深潜水泵才能抽上水来的变化说明水问题日益严重,从而更加突出主题。

(四)细节的表现形式

1. 画面的表现形式

由于画面与细节共同的具体性、感性特征,画面是表现细节最具感染力的形式。它的一个极大的好处是,可以保持细节的多义性,让观众有充裕的想象空间。

如电视纪实片《故宫》开篇,故宫的大门打开,这时没有过多的语言,没有音乐。有的只是一幅幅展现在观众面前的雄伟故宫的画面,使我们不由自主地开始联想,过去的人们是怎样在故宫里生活的。

2. 解说的表现形式

电视纪实片对客观现实真实的严格要求,使得画面表现对过去式与将来式细节无能为力。无所不能的解说词却可以上追远古、下及未来,全无时空局限。同时,画面多义性既是优点,也可能造成含义模糊的缺点,难以准确表达编导意图,解说形式可以弥补这一不足。解说词细节主要用于历史文献片、人物传记片。

例如《故宫》第四集中解说词引用原慈禧太后贴身丫鬟的回忆,讲述太后每天早晨起床时的情景。通过解说词观众了解了慈禧太后真实生活的一个场景。

3. 叙述的表现形式

片中人物的述说、回忆也是一种表现细节的形式,也不受时空限制。通过与当事人相关的人或表现对象自己的声情并茂的述说,细节会更有亲切感、真实感。

如《水中分娩全记录》中负责水中分娩的医生讲孩子出生时的情况:刚出生时哭了几声,几秒钟后就停止了,我们拍了几下孩子又哭了……这段讲述揪住了观众的心,详细讲清了分娩过程。

4. 画面与解说相结合

这实际上是解说进一步解释和强化画面细节的形式,但不是简单的画面细节加解说细节,二者必须和谐、统一。这种复合细节具有两种功能:一种是延续画面细节的时间,将同一类细节集中编辑,给观众以更深的震撼。另一种是利用解说的手法,强化细节的理性和思想性,即升华思想。

如《献肾救母》中讲到了田世国为母亲献肾后第一次来看母亲的情形,一方面要掩饰术后身体的虚弱,另一方面还要装出才从外地赶回来的样子,他用胳膊在柜子上支撑着身体,解说词配合画面进行了详细说明,对主题升华起到了很好的作用。

(五)前期拍摄中细节的把握

一部让观众喜闻乐见的电视纪实片才是好的电视纪实片。而电视纪实片故事的发生发展,需要一系列生动感人的情节来架构,而情节的讲述则需要细腻、鲜活、突出主题思想的细节来支撑。因此,细节是电视纪实片的血肉,是灵魂,是构成电视纪实片的重要因素。

1. 画面景物构图的细节表现

即画面拍摄时在不违背电视纪实片原则的基础上,对被摄主体与周围环境进行改变或移动机位,使画面更富艺术性和感染力。

俗话说绘画是加法艺术,摄影是减法艺术。摄影是带着框框在纷繁复杂、五彩缤纷的世界里,寻找表现创作者思想灵魂的景物,以简明扼要、生动纯洁的画面语言来突出主题,阐述思想。如拍摄无垠的大海,夕阳西下,金黄色的余晖铺满水面,情景虽好,但单一如照片,不能充分展现电视画面连续性的艺术表现力。这时如果有一叶扁舟以及撑着长篙的渔夫,小船悠悠然划过水面,皱起阵阵涟漪,这样一幅云霞满天的落日图,加上渔船晃动的身影,整个画面就鲜活、丰富起来了。

2.画面活动主体的外在细节表现

即用拍摄主体直观的行为动作表现,来突出人物的个性细节,因此它是画面活动主体的外在细节表现。

真实有趣的细节,它可以使故事内容更加丰富,人物形象更加生动,还可以使主题得到深化,从而使情节更加吸引人。如《永远的胡杨》中革命相亲的情形,当大家有意离开,只有他和娜仁花时,革命手足无措的尴尬表现,说明了他纯朴憨厚的性格。

3.拍摄对象内心活动情感的细节表现

第一,主人公情感的主观表露。片中主人公的情感表露自然成为该片情感细节的直接显现,也是直接感染观众的情感力量。如:《英和白》里面的饲养员白,通过对她和英闪回式的介绍说明了他们之间的情感,加深了对现实中英与白之间故事的理解。

第二,与人物相对应的环境对人物情感细节的客观衬托。

第三,创作者在画面编辑时产生的情感表露。

(六)电视纪实片创作中细节的捕捉

生动感人的细节捕捉来自于对人物性格的准确把握和理解。在电视纪实片中,人物的情感和命运都是通过正在发生的事件表现出来的,是开放式的,是未知的,而不是像故事片一样是预知的,是导演出来的。因此,电视纪实片在跟踪拍摄的过程中就要随时抓拍与表现人物特点有关的突发事件和细节,这就要求拍摄者有丰富的生活积累和对人物命运走向的准确把握,以及较强的抓拍意识。

细节如果捕捉得好,会为电视纪实片增色添彩。那么细节又该如何捕捉呢?

生活是复杂的,而人们的需要又是多样的,要捕捉生活中的好细节,就需要我们有出众的眼力和较高的技巧。

首先要从复杂的生活现象中找出最有代表意义,最吸引人、打动人的细节。

其次,必须进入角色,感受人物的苦与乐,要"感情投入",捕捉生活中的精彩细节。

另外,要用特写镜头的冲击力对细节画面进行全面展现。特写镜头是观众在生活中不常见的视觉感受,它可以突出细节特征,清晰地展现细节,从而达到透视事物、揭示事物本质的目的。

因此成功的细节捕捉建立在三个基础之上:一是创作者的责任心,二是创作者的职业敏感性,三是过硬的业务能力。

长时间跟踪拍摄有利于捕捉感人的细节,塑造丰满的人物形象。当一个有价值的人物和线索确定之后,长时间的跟踪拍摄更有利于捕捉到丰富感人的细节,从而为塑造生动的人物形象服务。由于拍摄者和拍摄对象之间有了充分的感情交流和沟通,消除了与拍摄对象之间的隔阂,使拍摄对象不再对镜头产生陌生感和紧张感,减少了外来因素(拍摄者)对拍摄对象自然生活的干扰,使拍摄对象有了更接近自然的质朴,增强了作品的真实性。

长时间的跟踪拍摄,能够捕捉到大量丰富感人的细节和情境,后期剪辑起来才能取舍自如,游刃有余,表现的人物立体感更强,塑造的人物形象更鲜活。

总之,细节的捕捉是非常重要的,细节捕捉得好,纪实片就会精彩,就会吸引观众的眼球。

在学生们的电视纪实片作业中就有因为对细节捕捉不到位,使得电视纪实片没有达到原定目的,而是更像访谈片。在了解一个人物时,电视纪实片最大的亮点是纪实性,细节是电视纪实片最易生亮点的所在,也是电视纪实片创作及拍摄中的难点所在。

电视纪实片是以其特有的电视语言记录社会发展历程,反映人们内心世界真实情感的艺术形式,以其情感的自然流露、主人公命运的不确定性和故事结果的开放性越来越受到观众的关注,细节则是发挥其自身特点和优势的关键,是电视纪实片营造意境、抒发感情、吸引观众的有效手段,善于运用细节会使电视纪实片内容更丰满,特点更突出。

五、叙事手段

由于现在人们对真实性的渴望和要求,纪实风格已经成为了当今的主流。纪实风格主要表现在记录过程、记录真实时空、记录细节等叙事特征上。然而长镜头、同期声、人物述说则成为其主要叙事手段。

(一)记录过程

记录过程是电视纪实片的重要拍摄内容,是电视纪实片创作的核心环节,是电视纪实片创作过程中最重要的组成部分。

因为电视纪实片的生命是真实,即纪录真实环境、真实时间里发生的真人、真事。因此,纪实的本质,就在于迅速、真实、深刻地表现真实世界,展现生活中原质的美,回答人们提出的各种问题。也就是需要拍摄者用摄像机记录过程的发生。所以电视纪实片的拍摄过程也可以说是电视纪实片的记录过程。

记录过程的完善与否在很大程度上决定着电视纪实片的成败。成都理工大学广播影视学院编导与戏剧影视文学系改革毕业论文(设计),在2010届毕业生中,用作品与论文结合的方法检验毕业生的理论和实际创作能力,应当说大部分学生能很好地掌握电视纪实片,但还是有少部分同学他们的作品就是画面加解说词,完全用解说词叙事,使整部片子显得空洞、生硬,跟着解说词在走,看不到真实的记录过程。

同期声是时空真实、生活真实不可缺少的因素。如果一部电视纪实片没有了同期声,没有了长镜头,那它势必将成为一部失败的电视纪实片。这正是传统电视纪实片没有考虑到的问题,但也是对于一部电视纪实片来说最为重要的问题。没有记录过程的电视纪实片无法真实展现想要表达的东西,当然也就没有说服力。我们从传统电视纪实片中看到的、学到的最重要的一点就是电视纪实片一定要有过程。唯有有了过程才有看点,才能吸引观众,只有真实的东西才更有感染力。

(二)编辑提炼

电视纪实片并不等于将所有内容通通拍下,杂乱无章地呈现给观众。很多人认为,既然是电视纪实片就应该真实,拍到什么就呈现什么,其实这是对电视纪实片片面的、偏激的理解。电视纪实片也需要编辑,需要润色。

作为一种"非虚构"的影像形态,电视纪实片的拍摄是非强制性和开放性的。因为实事求是电视纪实片的最重要的品性,而事件的发展总是多向而充满不确定性的。但这绝不意味着我们的创作人员无所作为,相反地,正因为事件的不确定性和生活的多义性,在拍摄和编辑过程中主创人员的判断和介入才是一个十分体现纪录功力的工作。

在编辑过程中,创作人员的意志主要通过对主题的提炼和对素材的取舍、组接来实现。一部电视纪实片拍回来的素材可能是庞杂的、无所不包的。创作人员面临的首要任务就是从中找到一个最具价值的主题,也就是对素材内容进行意义上的提炼。在前期的策划中我们就已经做了许多的预期,此刻我们需要根据实际拍回的素材来对我们的预期进行修正甚至是颠覆。

(三)再现真实生活场面

要拍好电视纪实片,一定要熟练运用电视语言,遵循电视纪实片的创作方法和规律。拍摄电视纪实片与一般电视纪录片不同,它们有各自的表象系统。一般的电视纪录片多以横向结构表现生活,直接表达创作者对生活的看法和主张,往往是镜头短、节奏快;而电视纪实片则纵向表现社会生活,是对生活本身的客观记录,记录的是人物某一特定阶段的一段完整的生活经历,再现生活的具体场面。因此,它更适合运用长镜头表现。

长镜头的特点是可以连续地对一个场面进行拍摄,客观冷静地将真实的生活场面如实地记录下来,形成一个比较完整的镜头段落,不破坏事件的发展变化,以及空间和时间连贯,具有比较强的时空真实感,再现原汁原味的生活形态。

此外,一般的电视纪录片多用解说词解说,而电视纪实片则多运用同期声推动情节发展,产生形声一体的叙事结构,所以还应该运用好有声语言系统,创造出真实的生活空间,这是电视纪实片不可缺少的创作手段。

(四)长镜头

长镜头是纪事风格最重要的表现手段。过程的记录,时间的连续性,空间的整体性,只有长镜头能够完成。

长镜头作为叙事语言,其内涵比长镜头拍摄方法和技巧要广阔得多。它不仅体现于长镜头技巧的运用,更重要的,它是与蒙太奇相对立的一种创作理念,是人们对世界观察、思维的一种方式。它要求再现式地描摹现实生活的自然流程,用这种叙事方法来代替人为编造故事、情节,用纪录真实的生活来代替表演。它是对物质世界的客观还原。

安德烈·巴赞认为,长镜头和景深镜头的运用可以避免严格限定观众的知觉过程,它是潜在的表意形式,注重通过事物的常态和完整的动作来揭示动机,保持"透明"和"多义"的真实。长镜头可以保证事物的时间进程受到尊重,让观众看到现实空间的全貌和事物的实际联系。长镜头体现了现代电影的叙事原则,摒弃了戏剧的严格符合因果逻辑的省略手法,再现现实事物的自然流程,因而更有真实感。

在纪录生活自然流程、事物情况、生活细节等方面,长镜头具有无可比拟的魅力。

(五)同期声

同期声是指电子采录设备在纪录视频信号的同时,纪录并重放与视频信号保持同步的真实的现场声音。同期声包括画面上出现和未出现的人物语言、动作声响、环境音响。

1. 同期声的特点

第一,不能没有同期声。
第二,同期声恢复人们的本来面目。
第三,重视环境音响。
第四,要合理使用同期声。

2. 同期声在电视纪实片中的作用

同期声使得电视可以与世界同步,保留了现实生活的环境氛围。最重要的是,它恢复了人的本来面目。所谓言为心声,当我们从被摄对象嘴里听到他自己的话时,我们可以直接而真实地了解这个人。

除了人物的声音、动作,环境音响也是同期声的重要组成部分。马塞尔·马尔丹说:"音响增加了画面的逼真程度,画面的可信性几乎是大幅度地增长;观众事实上是重新找到了感觉的多面性,恢复了所有感觉印象的相互参透性,正是这一切使我们看到了世界不可割裂的实际表现。"

(六)人物述说

人物述说在表现历史、表现现实生活方面,是文字及其他手段无法替代的,它最直接,可信性最高,是电视纪实片里不可缺少的,也是当代电视纪实片区别于早期电视纪实片的显著标志。

(七)电视纪实片的叙事断点和处理方法

1. 关于"断点"的概念

"断点"是叙事学中的一个术语,通常理解为叙事中的一种省略或空缺。断点一般分成"暂时断点"和"永久断点"两种。"暂时断点"指叙述中设置悬念、倒叙、插叙等手法的运用;"永久断点"则指常理推断无法填充的空缺。

电视纪实片以画面语言为主,声音语言为辅,画面素材是否丰富、完整,很大程度上决定了能否将流畅的构思转化为生动的效果。但是,在实际拍摄中,由于各种不可抗拒的因素或者人为的原因,导致叙事过程中画面镜头的缺失,这种缺失通常具有非常明显的"永久断点",即无法填充的性质。

2. 电视纪实片出现叙事断点的原因

其一,由于叙述的事件、人物是历史中的事件和人物,历史事件和历史人物的无法"重复",直接导致叙事断点的产生。这种情况在历史文献电视纪实片中表现得最为明显。

其二,事件发生时由于节目创作人员不在第一现场,相关的画面无法记录下来,导致叙事断点的产生。这在各种无法预料的突发性新闻事件中很容易出现。

其三,事件当事人隐瞒情况,或者不愿意提供相关的资料,导致叙事断点的产生。比如一些隐秘发生的事件或者是法律、道德不容许的行为或事件。

3. 电视纪实片叙事断点的处理方法

(1)使用空镜头弥补叙事断点

空镜头,指影片中用作自然景物或场面描写而不出现人物(主要指与情节发展有关的人物)的镜头。常用以介绍环境背景、交代时间空间、抒发人物情绪、推进故事情节、表达作者态度,具有说明、暗示、象征、隐喻等功能。

在这里,空镜头的运用已不只是单纯描写景物,而是成为编导将抒情手法和叙事手法相结合,加强节目艺术表现力的重要手段。处理得当的空镜头,在营造典型环境、强化感情色彩、展示事物特征、揭示主题思想等方面极具潜力,某些特定的空镜头甚至会产生深刻的象征性和连贯的故事性。

用空镜头来填补电视纪实片的叙事断点,是既简练又实用的办法,在各类节目的电视纪实片中都有成功使用的例子。

(2) 补充采访解决断点问题

补充采访就是用当事人、知情人讲述的方法来弥补未拍到即时画面的遗憾。由于"说"几乎是无所不能的,所以补充采访自然成了弥补叙事断点的有力工具。

为了保证叙述的真实感,补充采访一般情况下应力求采访事件当事人或直接证人,因为其身份所具有的说服力是旁人无法替代的,而且他们的亲身感受也是他人所不具备的。

(3) 真实再现弥补叙事断点

真实再现也称"场景重现"或"情景再现",就是运用新闻性、纪实性、艺术性相结合的多元化的画面语言,利用主观镜头、道具、光影、声音、场景模拟、演员表演等多种表现手法,营造过去时空,再现历史真实,用一种意向性的表达方式,传递给观众一种看似难以捕捉,却又真实可信的强烈的历史气息,具有极强的观赏性和艺术感染力。

"真实再现"可以弥补创作过程中影像资料的不足,弥合叙事断点,同时也发挥了电视传播的优势,丰富了电视报道的形式,使叙述更加流畅、生动;可以营造出强烈的时间感和空间感,为尘封的历史、逝去的人物注入新鲜的血液。在《故宫》、《千年回望》、《世界遗产》等片中,我们看到"真实再现"已经成为这些电视纪实片中的一种重要手法。

目前,对于使用"真实再现"的争议和讨论比较激烈,主要是真实性原则把握的问题。我们一定要清醒地认识到,所有的手段都是为内容服务的,如果我们仅仅为了弥补电视纪实片中的叙事断点而去损害电视纪实片的主题和真实性,那就是舍本逐末了。"真实再现"手法可以表现生活中已经消隐的部分,揭示更为复杂的社会内容,创造更为深广的美的意境,但是,前提是要建立在符合历史的情境和尊重生活逻辑的基础上,不可任意对生活时空进行重构。节目中再现的"真实"必须是源自生活的,事物的流程和场景切合生活的原貌,叙事结构也必须严格遵循生活的客观规律,不能虚假地创造生活"真实"。

总之,叙事手段在电视纪实片里有着重要的作用。可以说,只有长镜头、同期声和人物述说,三位一体,才能真正将一个真实、完整的世界复原。

思考题

1. 电视纪实片的含义是什么?它当今有哪些新的发展状况?
2. 你如何理解电视纪实片被称为"时代的立体档案"、"历史的备忘录"?
3. 电视纪实片的选题标准是什么?容易出现哪些误区?
4. 怎样理解纪实作品的真实性原则?生活真实与艺术真实是什么关系?
5. 如何理解电视纪实片中声音与画面、内容美与形式美的辩证关系?
6. 试举例说明节奏与细节、情感与体验在电视纪实片中的重要作用?

第二章 电视短剧的创意、策划与制作

第一节 剧情短片的创意、策划与制作
第二节 电视情景剧的创意、策划与制作

电视短剧又称电视栏目剧,是最近几年逐渐风靡起来的一种电视艺术形态。和传统意义上的电视连续剧相比,它至少有几个基本特点:一是节目相对较短,片长控制在30分钟左右,快速反映现实生活,很可能是上星期发生的典型事件,下周就可能在电视短剧中演绎出来;二是电视短剧强调"身边人演身边事"——也就是本土的大众参与,演员是专业队伍与非专业队伍相结合,符合互联网时代大众乐于参与和互动的特点;三是每个短剧的故事既相互关联,又可以独立成篇,机动灵活,常变常新,可以满足现在观众求新、求变、求快的文化消费心理;四是短剧的制作成本低,传统的电视剧一集动辄投入几十万,而短剧的投入每集也就万元左右。所以,收回成本的速度要比传统电视剧快很多。[①]

到目前为止,电视短剧还没有像电影、电视剧那样形成一套自己成熟的理论体系,因此,无论是理论研究还是实际操作,大家一般都以影视剧制作的理念来进行指导。但就其个体而言,电视短剧最大的特点是其"短",尽管"短"但却"短小精悍",所谓"麻雀虽小五脏俱全",无论从剧本、导演、摄像、灯光、演员等各个方面都严格按照影视剧的制作理念来进行创作,因此一部优秀的电视短剧无论从可视性、艺术性还是思想性等方面,均有着可以无限发展的空间。

第一节 剧情短片的创意、策划与制作

虽然在理论方面,剧情短片还存在着相当大的可开发空间,但在实践的领域里,却早已有大量的专业人员进行了探索与尝试,同时也有许多具备代表性的作品留存了下来。从卓别林时代开始,让·雷诺、阿仑·雷乃、小津安二郎、戈达尔、特吕弗、马丁·西科塞斯、基耶斯洛夫斯基等欧美的大师级导演都曾经尝试或者一度坚持着对于剧情短片的探索。甚至许多国际电影节,都一直保留有短片评选单元,从奥斯卡最佳短片奖的设置,到戛纳、柏林、威尼斯、韩国釜山、日本东京、中国香港、中国台湾等电影节的舞台,短片奖项的竞争一向激烈,并且优秀作品层出不穷。形成以上现象的原因,一是短片成本相对于九十分钟以上的标准时长,可以节约相当可观的成本,二是短片由于其篇幅框架的限制,其实对于导演的控制能力和表达

---

① 参见百度百科,http://baike.baidu.com/view/3166982.htm。

能力来说，都是一种挑战。俗话说"一寸长一寸强，一寸短一寸险"，用来形容短片似乎有些合适。那么，就让我们从对一些具备代表性的短片作品回顾中，来谈一谈剧情短片的创意、策划与制作。

一、《人员》

《人员》是波兰导演基耶斯洛夫斯基1975年为电视台拍摄的一部短片。一如基耶斯洛夫斯基一贯的叙事风格，这部短片是从一个刚刚走上工作岗位的毕业生的角度进行构思，这位男青年在剧院这一工作环境中所遭遇到的人和事便成为支撑故事主要情节的线索。导演并没有在这个故事中设置大起大落的情节，而是通过一种纪录式的风格将人物形象、人物关系、人物命运、社会背景等诸多因素展现给观众，给观众足够的思考空间。在这样的影片风格下，导演充分地发挥了细节的关键作用，无论是人物性格、语言风格、内心刻画、内心冲突等等都描写得淋漓尽致。我们可以从画面构图、音乐运用、场面调度、光影处理、细节安排等方面来具体分析。

(一)画面构图

《人员》这部影片的场景比较集中，故事主要发生在剧院、办公室、火车等几个场景中，而比如办公室、火车等戏份较多的场景，由于本身空间的狭小，不利于大景别和移动机位的使用，导演采取了手持机位和中小景别构图的拍摄方式，这一点非常便于对演员表情的捕捉、内心变化的体验以及空间层次感的营造。

(二)剧本

这部短片采用了顺叙的叙述方式，故事线索比较集中，以男主人公的角度以及和其构成人物关系的人物和时间编织剧情。故事并没有刻意安排强烈的悬念和冲突，而是重点通过人物对话展示其内心的情感变化以及人与人之间的联系与矛盾，而故事的高潮也是故事的结尾，也就是男主人公面临是否出卖自己的好友兼师傅时所面临的尴尬境地。导演在这里安排一个类似开放式的结局，随着片尾字幕的缓缓打出，并没有交代男主人公是否真地写了那份陈述材料。这种意犹未尽的效果并非导演故弄玄虚，而是在于让观众在这之前所发生的所有剧情中寻找一种内在的必然和联系，是一种社会意识形态以及人的内心探索的深刻缩影，这种"水滴石穿"的功力，才是我们应该重点揣摩和学习的。

(三)演员调度

本片在演员调度方面有许多可圈可点之处,在导演和演员的磨合下,这部短片无论是主要人物还是配角都是相对严肃的表情,并没有明显的喜怒哀乐,尤其没有喜悦而笑的表演。这部短片中仅有的笑容只发生在男主角身上,一次是他刚进入剧院遇到正在打扫卫生的校友时,那种人在陌生环境下遇到相识人时的喜悦;另一次是他看到女演员们身穿紧身表演服试装时那种偷窥满足感的欢快;当然最重要的还是他与索瓦在一起真诚沟通时的会心笑容,但这种笑容在片中的压抑环境中很容易稍纵即逝;也正因为以上种种不同环境的不同体验,才有所展现当男主角遇到独自练琴的小提琴家时,两人敲击应和时内心喜悦的真诚流露,不得不说,导演所营造出的这种紧张氛围下人物内心情感的流露虽然给人一种片刻的宁静和温馨的感觉,但同时更能够强烈地表现出一种无奈,即人们精神被禁锢和压抑的无奈。

在这部短片中,每个人的眼神中都写满了提防和猜测,这些设计都非常符合这部短片所设计的情境,即在国营体制下惨淡经营的剧院环境中,每个人对于生活的思考以及种种淤积于胸的不满,更主要的是为了描写男主人公这位涉世未深的小伙子被推到了是否出卖灵魂换取既得利益的风口浪尖之上。"眼神表演"在表演界尤其是影视表演界被视为最高级、最有难度的表演手段,这部短片中的主要人物在这一方面都体现出了眼神表演的到位。正面人物如男主角和索瓦的眼神,在有交流的戏份中,一直是直视对方眼睛。男主角作为剧院的新职员,眼神中总是带着好奇、积极参与的光亮,而到了他面对火车上邂逅的少女时,又总是低着头且眼神左顾右盼,将少年面对心仪异性时的羞涩感刻画得淋漓尽致。而在偷偷吸烟和顺便偷听同事对话时,少年的眼神表现出的是一种狡黠和防备,这与他的人物形象和性格非常吻合,尤其被一口浓烟熏到、以手揉眼的动作,足见导演和演员对人物和生活观察所做的充分准备。在众年长同事面前发言时,少年的眼神中又充满了努力被别人理解的渴望。索瓦,这个重要的配角,其眼神自始至终都保持着一种真诚和对周围事物细致的观察,而到了被男歌唱演员和工会领导质疑时,他的眼神又充满了对不公平现象的奋力抗争。诸如这些细节之处,均刻画出了一个完整可信的正面人物形象。反面人物如裁缝、工会领导等人,其眼神最大的特点便是飘忽不定,时刻表现着内心心机的不断算计以及为自身利益不惜任何手段的心理准备。尤其是两位工会领导擦眼镜的动作设计,都恰如其分地突出了角色在规定情境下的内心活动以及心里发虚的尴尬。而中立人物如老裁缝、侏儒、服装设计师等,无论是闲聊还是工作性质的交谈,他们的眼神中都带有一种冷漠和若即若离的飘忽,与人交谈时他们的眼神总是一闪而过,从不在对方眼睛或者脸部停留超过两秒钟,这与其说是人们在礼貌层面的一种讲究,倒不如理解为在具体环境下人与人之间内心的隔膜与防备。

(四)镜头

我们前面已经提到导演所主要运用的小景别构图的技巧,细致来看,体现这一特点最多的场景都集中在裁缝工作间的戏份中。在女设计师与男主角聊天、索瓦为歌唱演员试服装、男主角被歌唱演员恶作剧、众裁缝边工作边聊天等场景中,镜头一般以手持机位拍摄人物的上半身以及面部表情。在这些室内空间、景物相对集中的环境中,摄像师都安排了人物在景深处,画面前方多设置了一些物体,如缝纫机、做衣服的纱质布料等,这些前景带物的构图方式不仅突出了画面的层次性和纵深感,纱质布料的频频出现,也在符合环境现实的前提下增加了人物关系编织、辅助表现人物内心与气氛的巧妙作用。另一方面,室内戏时人物的位置安排也相当考究,这些都很利于表现人物关系,同时又便于镜头跟随关系人物进行调度。说到这里,自然要涉及导演在这部短片中运用的长镜头手法。比如,当服装设计师来裁缝间检查服装时,男主角罗麦克负责帮忙,两人在前演区有一小段交流,在这个交流过程中,可以看到景深处还有演员在两个房间之间来回走动以串联起空间关系,随着肩扛镜头的移动,观众又可以看到在里面的房间里,还有几个裁缝做着各自的工作。以上这组长镜头是许多文艺影片的导演所喜欢的,手持或肩扛镜头所带来的不安定感、生活真实感等等,经常可以为影片增色。而比如男主角罗麦克在厕所中偷偷抽烟,担心被人发现,心虚地从厕所出来,扶着墙观望四周,最后穿过形体房离开的一长串动作,导演则采用了比较稳的,即以三脚架辅助的长镜头来完成,这一处理对于表现空间状态、描绘人与空间的关系,可以起到较好的作用。而影片结束并且字幕一一出现的最后一场,当罗麦克徘徊在坚持原则还是为利益出卖朋友的十字路口时,导演更是采用了全景固定镜头的拍摄,就像一个人在审视男主角一样,这种固定状态下的张力,是不容小视的。

众所周知,许多文艺片导演酷爱长镜头的拍摄手法,这种手法对各个工种尤其是演员、摄像、灯光、录音等部门都有很高的要求。我们的同学如果在拍片的实践中想要尝试长镜头的运用,就要考虑以上种种部门的协调,以免带来遗憾。

(五)音乐

在音乐运用方面,这部短片只选用了一首小提琴曲子作为贯穿始终的音乐,音乐的运用也是干净简洁,并且紧扣故事的主题及情节关键点,每次到了人物情绪爆发或者人物关系出现重大变化时,音乐便适时加入。这其中最为突出的是剧情发展到后半部分时,男主角在短短的时间内已经经历了许多人生的磨炼,也亲身感受到复杂的现实世界并没有自己原本憧憬的那样简单纯净,尤其是人与人之间在切身利益面前所表露出来的赤裸裸的争斗与拆台,都令男主角有了许多苦闷和压抑。因此,当剧情设计到他无意中遇见独自练琴的小提琴家时,本能地敲击金属门框与之应和,小提琴家也欣然配合,两个人之间都是真诚的微笑,这微笑源自对于纯洁的音乐世界的共鸣和向往,这时小提琴家所演奏的曲子正是该片的主题音乐。在这部短片中,男主角与索瓦进行了几次语重心长的心灵沟通,其中最重要的一次是两人坐在窗下的对话。索瓦示意让内心无法平静的男主角倾听窗子内外两个世界的不同声音,他的本意是想让男主角意识到应该用心感受世界、听从自己内心的呼唤,聪明的男主角也理会了索瓦的用意,两人会心而笑,此时舒缓的音乐再次加入,在一个安静的空间中再次映衬出了纯净而空旷的感觉。除了主题音乐,这部短片只有一次选用了一首进行曲来完成一段重要的蒙太奇,这就是故事发展中,歌剧演出,男主角拿着发到的员工票观看的一场。随着激昂的音乐响起,画面配合的是灯光、演奏席、工作人员、男主角与他的阿姨入座、海报售出、观众入场等剪辑,而随着音乐减弱至消失,画面中灯光亮起,是男主角毫无表情的面部和若有所思的眼神,这其中并没有大起大落的情绪变化。这样一组蒙太奇可谓是大师手笔,通过视听语言的处理,将一场盛大而"独特"的歌剧演出在观众的心里完成,其最大的作用是带领观众与片中的男主角一同完成了一次心灵的洗礼以及人生的反思。导演这种"此处无声胜有声"的处理方式颇似我国传统绘画艺术中的"写意"手法,将短片的意境适时地带出了画面之外,这种用心的尝试很值得我们的从业人员尤其是我们的学生思考借鉴。我们的学生甚至一些从业人员在设计一场戏或者一部剧作时,往往想到的是场面的调度,如何拍出气势、做出大场面,这常常带来成本盲目地加倍提高,而效果又往往不如人意,基耶斯洛夫斯基在这部短片中所运用到的视听语言处理就很好地解决了上面这个难题。当然,除了单纯的成本控制,要想达到如《人员》中那场蒙太奇的效果,其前提条件是整部片子的基调和节奏要安排得有机、合理,否则反而会收到故弄玄虚、风马牛不相及的尴尬效果。

(六)对白

这部短片设计了许多对话,根据不同的人物身份,对白又各有不同的风格。如男主角的对白风格是相对沉默寡言,但到了关键时刻他又积极地发表自己的观点,除了与索瓦的沟通交流,男主角在与同事们沟通时只有一次积极地发言。当侏儒裁缝讲完关于"黑魔法"的故事之后,男主角由于兴趣驱动也讲述了自己的故事,而就是他这一不适时的发言,才导致歌唱演员发现了他并且用藏有鞭炮的香烟对其恶作剧一番,这一遭遇也许令男主角意识到了在复杂的人际关系中"言多必失"的无奈,同时也初步理解到辈分和话语权的概念,从这以后他便很少在同事们面前加入聊天,而是常常用眼神观察着周围的每一个人。当索瓦在工会大会上受到众人指责时，男主角又仗义执言，虽然说话时呼吸中夹有强烈的气息变化，但他的发言富有逻辑。正是因为他站在索瓦一边的举动，让工会领导盯上了他，也才有了后面的两次被拉拢的场次处理。与男主角相似，索瓦在片中也是只在关键时刻才发言，当歌唱演员在舞台上当众撕破了他设计的衣服时，他选择的是用同样的方式将自己的衣服撕破，用这种无声的抗议来为自己辩护。然而，每当和男主角独处时，索瓦的对白又常常带有很多语重心长的人生道理，在被众人指责时，他又大胆说出了"剧院正在腐烂"这样大不韪的台词，这些对白的安排都充分地表现出了人物性格。与两位正面人物相对的，是片中一些配角的对白设计。侏儒裁缝是台词比较多的一个角色，但他所说的话都有许多自我意识在里面，无论听众是否有兴趣听，他都津津有味地发表完自己的谈话，这些都与他畸形的外貌特征相符合，一个外貌丑陋或者有缺陷的人往往在内心更渴望得到人们的尊重与重视。与侏儒相比，老裁缝却总是戴着厚厚的老花镜默默地工作或者写自己的剧本，这一设计又突出了老者看透人生的一种平静内心，他常说的一句话是"你们说的我不懂"。在这个角色身上，这不是一种老奸巨猾，而是一种人到老年与世无争的谦虚。短片中有一场戏是众裁缝边工作边聊天，其主题是欧洲邻国的一些生活现状和意识形态，这些看似与剧情无关的对白，却是对片中所反映的背景环境中，人们对生活与自由的一种向往和热衷的展现，对理解整部短片的人物形象和人物命运也起到了不可或缺的作用。而我们现在的部分短片，由于创作者并没有完全用心或者受急功近利的心理影响，设计的对白往往是为了说话而说话，先不提语言是否简练，语言是否符合人物身份、人物性格都是值得商榷的。因此，《人员》这种在讲故事的同时兼顾信息量的技巧，是很值得我们借鉴的。

另外值得一提的是，《人员》这部短片采用的是同期收声的方法，不管是人物的对白，还是剧院工作状态、火车上等等场景中的环境音，都原始地记录进来，这在很大程度上是对声音处理人员的考验，而其效果则是充分加强了故事的真实感与可信性。

二、《十分钟年华老去——水的故事》

《十分钟年华老去》是一部"集锦命题式"的电影短片集，由英国"十分钟年华老去"有限公司斥资上亿元人民币拍摄，邀请了15位世界大师级导演，旨在展示当代世界电影的最高艺术水准。15位导演各拍10分钟，串成一部150分钟的电影，每位导演在10分钟内所选择的主题和题材不拘一格。这15部短片分为"大提琴篇"和"小号篇"，这部系列集锦影片也被作为2002年戛纳电影节的开幕影片公映。①

---

① 参见百度百科，http://baike.baidu.com/view/403008.htm#sub8176614。

《水的故事》作为《十分钟年华老去》电影短片集的第一部，由意大利著名导演贝纳多·贝托鲁奇指导，贝托鲁奇也是奥斯卡最佳影片《末代皇帝》的导演，他的影片中往往有很多关于人生、哲学层面的思考。《水的故事》也以一个来自印度（或巴基斯坦）的偷渡客在意大利所遭遇到的数年经历为线索，向人们揭示了"命运多舛、光阴似箭"的道理。我们同样通过技术细节拆分的方式来进行研究。

(一) 导演

在"十分钟"这个规定命题中，导演贝托鲁奇选用了"水"这一元素作为关键点，无论是河边、洗澡、羊水等与水有关的元素，都在人物命运发生关键转折处起到了不可替代的作用。在四次以"水"作为过渡的大转场中，片子以首尾呼应的方式完成架构，故事结束时，男主角拜倒在老者的膝下。而我们可以注意到的是，虽然男主角在十分钟的片子长度中经历了人生的种种大起大落、苦乐年华，但当他回到树下老者身边时，老者用笛子所吹的那首曲子似乎并没有结束。导演以东方文化为背景所表现的这一意境，更容易让我们中国观众联想到"黄粱一梦"、"天上方一日，地上已三年"等成语和民间传说的独特意蕴。这种靠影像和声音所描绘出来的人生及思考，也正是影视艺术的最大魅力所在。

(二) 剧本

这部短片设置了比较多的悬念以及大的情节起伏，每一个主要人物的出场，基本都会埋伏下新的线索，无论是老者、女主角、女主角的女儿，还是在小男孩出生后，女主角为客人端去啤酒杯时画面中出现的那一只手，都为观众提供了大量的想象空间，这也就是我们编剧专业中常提到的"信息量"一词的体现。就整体而言，这部短片的节奏还是比较快的，四个段落的演进都是通过细节描写一笔带过，但其成功之处又在于在每个段落的故事安排中都很注重逻辑性和合理性。

(三) 表演

表演方面，由于主要人物的身份设定是来自两个不同国家，语言的先天障碍便决定了这部短片并不纯粹依赖对白去推进故事，而是通过大量的表情、眼神以及肢体动作来完成人物之间的交流。比如男女主人公在河边小路上的初次相遇，便主要依靠女主角的眼神来传达两人之间的关系演进，由最初的惶恐、防备，到解除防备之后的淡淡微笑，都奠定了初步的人物性格。短片中比较重要的是女儿这个角色，她自始至终没有一句台词，完全靠表情传达内心的情感变化，在整部短片中她一贯保持的是一副冷漠的表情，总是冷冷地看着男主角，这种防备的状态也符合该片内在的一些逻辑性以及哲学性。在婚礼现场，女儿进入画面的时候是她在本片中唯一的一次带有一丝微笑的表情,使观众误以为她与男主角之间的内心有了进一步的缓和和交流,而实际上这是导演安排的一个"障眼法",因为后面从新车开到门口,男主角一一将家人安排进车内就座,唯独对女儿是用了一个猛的拉拽动作,而女儿在镜头前闪过的刹那镜头也可以让观众读解出一种不满和反抗的内心情绪。

(四)对白

对白方面,除了几句人物在初识时的基本交流之外,简要而关键的对话都集中在了片头片尾,即老者与男主角的对话。开篇时,老者只说了一句"布鲁,这是我的名字,你会认识我的",为全片留下了第一个悬念。而当影片结尾时,男主角再次回到树下,老者又只说了一句"我就知道你会来的,人生路漫漫,终究会有些不如意"。简洁而富于思考的对白,在一开一收之间,将整部影片的主题再次升华。

(五)镜头运用

与《人员》那样惯用手持机位、长镜头和中小景别有所不同,《水的故事》大量地运用了轨道和摇臂等器材。总体来看,这部短片几乎每一场戏都是运用运动镜头进行拍摄,使每一个场面的调度更加丰富、满足观众的视觉审美要求,而且在一些大场面的调度方面也都下足了工夫,我们下面以其分镜头脚本来进行参照。该片的影调选择是黑白处理,充分显示了导演在这部短片中追求艺术性的诉求。

(六)分场

场:1

时间:日　　人物:男主角、老者、蛇头　　　　地点:高速公路　　景:外

众偷渡者被蛇头强行赶下车,众人离去。老者独自走到树下,男主角好奇跟上。

场:2

时间:日　　人物:男主角、老者　　　　　　　地点:树下　　　　景:外

老者与男主角对话,男主角独自离开。

场:3

时间:日　　人物:男主角、女主角　　　　　　地点:水边小路　　景:外

男主角偶遇摩托车出现故障的女主角,帮其修车,两人相识。

场:4

时间:日　　人物:男主角、女主角、女儿、群　　地点:酒吧　　　　景:外、内

女主角骑摩托车带男主角回家,两人沟通,语言障碍未果。

场:5

时间:日　　人物:男主角、女主角　　　　　　地点:卫生间　　　景:内

女主角照顾男主角洗澡。

场:6

时间:日　　人物:男主角、女主角、女儿、群　　地点:大厅　　　　景:内

婚宴,群舞。女主角奉子成婚,两人舞蹈后休息,男主角沉迷于本民族歌舞,女主角发现羊水破了。

场:7

时间:日　　人物:男主角、女儿、儿子、群　　　地点:盖楼处　　　景:外

盖房子处,男主角做祷告,儿子唱民族歌曲。女儿前卫打扮为卡车加油。

场:8

时间:日　　人物:女主角、男顾客　　　　　　　地点:酒吧　　　　景:内

女主角照顾顾客,被男顾客骚扰,以眼神拒绝。

场:9

时间:日　　人物:男主角、女主角、儿子、女儿　地点:酒吧门口　　景:外

男主角买来新车,欢快带家人上车。

场:10

时间:日　　人物:男主角、女主角、儿子、女儿、群　地点:大桥　　景:外

车失事落入水中,众人在桥上看打捞。

场:11

时间:日　　人物:男主角、老者　　　　　　　　地点:树下　　　　景:外

男主角再次遇到老者,被老者说中内心,拜倒膝下。

(七)分镜头

镜号	景别	机位	时间	场景	内　　容	时长
1	中	手持、摇	日	车厢内	众偷渡者被蛇头强行赶下车	12秒
2	特、近	手持、摇	日	高速路边	众人翻过高速路护栏	8秒
3	近	手持、摇	日	同2	同2	3秒
4	远	固定、俯	日	山路	众人在弯曲山路上鱼贯而行	6秒
5	全	移动	日	树林	众人在树林中穿行	6秒
6	中、特	摇、跟	日	树林	众人面向镜头方向前行	26秒
7	大全	跟	日	大树	老者走到树后,男主角跟到树下	14秒
8	全	固定	日	树下	老者坐树下,对男主角说话	4秒
9	特	固定	日	树下	老人面部	2秒
10	特	固定、仰	日	牛栏边	男主角环顾左右	2秒
11	中、全	摇	日	牛栏边	男主角独自走过牛栏边远去	9秒
12	特	推	日	牛栏	牛眼	3秒
13	中	固定	日	树下	老者吹笛子	2秒

续表

镜号	景别	机位	时间	场景	内 容	时长
14	全	摇	日	树林	男主角走过牛栏边、出画	8秒
15	特	摇	日	水边	男主角洗手、听到女主角声音	14秒
16	全	摇	日	水边	男主角起身钻过芦苇荡	8秒
17	中	跟	日	小路	女主角推摩托车过	2秒
18	近	跟	日	芦苇荡	男主角观察女主角	2秒
19	全	固定	日	小路	女主角发动摩托车未果,气愤将其推倒	9秒
20	特	摇	日	芦苇荡	男主角表情	2秒
21	全	跟、摇	日	小路	男主角走出芦苇荡,表示可以帮女主角修摩托车,女主角坐在酒桶上、反应	31秒
22	特	摇	日	小路	男主角修理摩托车,表情及眼神	9秒
23	特	摇	日	小路	男主主观视角打量女主角膝盖至面部	4秒
24	特	摇	日	小路	男主角修理摩托车	1秒
25	特	摇	日	小路	男女主角眼神交流、表情	6秒
26	全	摇	日	高速公路、酒吧外	女主角骑摩托车带男主角走下高速公路,至酒吧门前	16秒
27	中	跟	日	酒吧外、内	女主角将吧台上的面包拿给男主角吃	30秒
28	近	摇	日	酒吧外	女儿的表情	3秒
29	中	推	日	酒吧内	男女主角沟通,语言不通	12秒
30	特	固定	日	酒吧外	女儿透过窗帘观察的表情	2秒
31	近	推	日	酒吧内	男主角意识到身在意大利,转身观察屋内环境	8秒
32	特	摇	日	酒吧内	女主角自我介绍	1秒
33	特	摇	日	酒吧内	男主角反应	2秒
34	特	摇	日	酒吧内	女主甬自我介绍,女主角走近男主角	2秒
35	特	摇	日	酒吧内	男主角反应	1秒
36	特	摇	日	酒吧内	女主角表情	1秒
37	近	摇	日	酒吧内	男主角极力询问	1秒
38	特	摇	日	酒吧内	女主角无奈表情、出画	12秒
39	近	摇	日	酒吧内	男主角拿起包出画	4秒
40	特	下摇	日	酒吧内	男主角洗澡	12秒
41	全	摇	日	舞厅	婚礼,众人跳舞	29秒
42	特	摇	日	舞厅	女儿表情	2秒
43	全	摇	日	舞厅	众人舞后纷纷就座,男主角坐到演奏本民族音乐的乐队中	35秒

续表

镜号	景别	机位	时间	场景	内容	时长
44	特	摇	日	舞厅	女儿表情	3秒
45	特	摇	日	舞厅	男主角回头笑	3秒
46	特	摇	日	舞厅	女主角笑,疲劳表情	8秒
47	特	摇	日	舞厅	男主角转回头去	1秒
48	特	摇	日	舞厅	女儿低头看地上	1秒
49	近	摇	日	舞厅	民族乐手击鼓	3秒
50	中	固定	日	舞厅	男主角背对镜头,陶醉于音乐中	2秒
51	特	摇	日	舞厅	女儿表情,女主角发现自己羊水破了的意外,呼唤男主角	29秒
52	中	固定	日	舞厅	男主角转头,依然陶醉	1秒
53	近	下摇	日	舞厅	女主角椅子地下,羊水	5秒
54	特	固定	日	盖楼处外	儿子唱歌	3秒
55	中	摇	日	盖楼处外	男主角与儿子坐在一起,做祷告	16秒
56	长镜头	摇、推	日	酒吧外、公路旁	女儿由酒吧跑出,至路边卡车旁为卡车加油	35秒
57	全至特	推、摇	日	酒吧内	女主角为酒客倒啤酒,被对方摸手,女主角表情	21秒
58	全	摇	日	盖楼处外	男主角与儿子坐景深处	13秒
59	特	固定	日	外	加油站牌子翻下	1秒
60	长镜头	摇	日	外	女儿由路边加油站跑回酒吧外,与母亲将门关好,一家人等待男主角	24秒
61	特	摇	日	车内	男主角开车、调车载收音机	4秒
62	中	摇	日	酒吧外	发现车来,女主角兴奋跑上前迎接	3秒
63	全	推	日	酒吧外	男主角车内视角母子三人	2秒
64	中	摇	日	车外	男主角坐车内喜悦表情	2秒
65	全	摇	日	酒吧外	母子三人表情,母亲喜悦,儿女冷漠	2秒
66	中	摇	日	车外	男主角下车,兴奋走向母子三人	3秒
67	中	推	日	车外	男主角将母亲二人安排进车内	7秒
68	特	固定	日	车外	女儿麻木表情	3秒
69	中	推	日	车外	男主角粗暴将女儿拉进车内	4秒
70	中	摇	日	车外	透过车窗,一家人全部坐车内	2秒
71	远	固定	日	桥上	众人站桥上,看打捞男主角刚买的新车	3秒
72	近	摇、俯	日	河边	车被缓缓拖上	3秒
73	全	摇	日	桥上	众人站立	3秒

续表

镜号	景别	机位	时间	场景	内容	时长
74	特	摇	日	桥上	一家四口表情	7秒
75	全	固定	日	河边	车被拖上岸边	3秒
76	特	摇	日	桥上	母亲表情,男主角转身走开	14秒
77	特	摇	日	桥上	女主角转头看男主角方向	3秒
78	中	摇	日	河边	护栏及草丛前景,男主角右侧出画	4秒
79	特	拉	日	桥上	女主角表情	3秒
80	远	摇	日	野外	男主角背身走远	4秒
81	特	跟、仰	日	野外	男主角表情、眼神	3秒
82	中	摇、仰	日	野外	电线杆前景、天空空镜	3秒
83	全	摇、仰	日	树林	树林空镜	3秒
84	长镜头	摇	日	树林	男主角发现老者坐树下吹笛子,老者向男主角招呼	25秒
85	特	摇	日	树下	老者向男主角讲哲理	3秒
86	近	固定、仰	日	树下	男主角表情	4秒
87	全至中	推	日	树下	男主角拜倒在老者膝下	13秒
88	特	推	日	牛栏	牛眼	6秒
89	长镜头	摇	日	树下、树林	老者将手放在拜倒的男主角头上,摇至二人身后的树林	21秒

三、《十分钟年华老去——百花深处》

《百花深处》由我国导演陈凯歌指导,是《十分钟年华老去》中唯一一部由华人导演指导的作品。这部短片以北京大发展、大建设的社会背景下,一家搬家公司遇见一个"疯子"的离奇经历,透射出某种思考和悲凉感,这其中就包括在物质飞速发展尤其是社会现代化进程中人们反而开始渐渐忽视对内心世界的探求,都市高楼大厦的鳞次栉比的同时却又不可避免地带来了人们对于美好记忆的缺失,文明两个字不能只停留在物质表象上。从表面看来,这部短片场景集中,戏剧冲突也较明显,但仔细推敲下来,其中许多细节又表现出了导演的良苦用心。这部短片的背景虽然是发生在中国,但其一些深层的主题对于一般的观众来说却有一些晦涩之处,尤其对我们现在学习影视制作专业的大学生来说,由于他们在教育经历中对于传统文化熏陶的缺失,想要尽可能地理解从而借鉴《百花深处》这样类型的短片,就需要做一番功课了。

(一)剧本

本片采用了单线式的叙事结构,随着冯先生向搬家公司提出搬家的要求,故事便直入主题。在进入"百花深处胡同"这一重场戏之前,剧情安排了路上的一段铺垫,对自己家地址非常熟悉的冯先生却在北京的环路上迷了路,耿乐的一句"如今只有这老北京才在北京迷路呢",一句类似玩笑台词的轻描淡写,却带出了当时的一些时代信息,同时也为后面搬家公司所遇到的尴尬任务埋下了伏笔。

(二)表演

这部戏选用的都是"实力派"的演员来完成对角色的塑造,冯远征、耿乐以及其他几位饰演者,都是话剧舞台功底深厚的演员,这也在一定程度上保证了角色塑造的可信性,从而达到让观众"相信"剧情和人物的基本目的。尤其对冯先生这一精神受过刺激角色的塑造,冯远征从台词、形体、动作、眼神及表情等多方面下了不小的功夫。总体看来,冯先生的角色在整部短片中是有渐进层次的,"姓冯,都叫我冯先生"这句自我介绍,表面上异于常人的自我介绍逻辑,但其实后面所有的剧情之所以出现的内核就着眼于"冯先生"这三个字。当车快速行驶在环路上时,冯先生大幅度的动作探出去半个身子,在被耿乐制止之后,一句"我怎么糊涂了,这是哪啊……走错了吧!"与之前他描述自己家住址时的流利形成了强烈的对比,同时也开始带给观众一些思考,这样的一个有些古怪的人,他到底住在哪里呢?当车停在大槐树下,冯先生兴奋地跑到了土坡上去,此时冯远征表现的是一种类似戏曲舞台上的肢体语言,捯着碎步的动作再加上他之前双眼放光、手扶帽檐的兰花指,在滑稽的表象下,却潜藏着一个京戏戏迷的虔诚和痴迷,在这里,一个"京城遗少"的形象已经初露端倪。其后冯先生对耿乐等人阐述的"我们家没有大衣柜,我们家用的是紫檀的衣橱"、"花瓶怎么会在这呢,花瓶怎么能在这呢"、"您小心点,这是我们的爱物,别给碎(读 cèi)了"等等,众人在"娱悦"冯先生这个疯子的同时,冯先生却在自己的内心世界中陶醉于那些铭刻在自己生命中的美好事物。与冯先生的痴迷状态相对应的,是搬家工人们的角色。为了让对方结账,搬家公司的人员做出了一些闹剧的行为,无论是抬衣橱、抱鱼缸、搬花瓶等等,不仅让过路人吓一跳,也让他们自己觉得滑稽可笑。这些戏剧舞台上的"无实物表演"方式,很少被用于影视剧的写实艺术形式当中,但导演在这场戏中的安排,对于观众理解人物、感受情节,却起到了不可替代的作用。

(三)声音

在声音的处理上,导演非常注重同期声和音响、音乐以及配音的安排,如当搬家公司的车路过地安门大街一家饭店门口时,声音中收录了外面喇叭里传出的当时比较流行的《东北人都是活雷锋》的歌曲,这种流行文化在北京的出现,奠定了该片传统文化与现代文明之间冲突对比的基调。当耿乐和同事为配合冯先生的说法,做出小心翼翼抱起鱼缸下坡的动作时,声音使用了金鱼在水中跃起的清脆音效,这个简单又一闪而过的音响处理,却带给了观众一种温馨而具体的感受,从而使意境由画面延伸到了观众的想象中去。这部短片中使用最多的器乐配音是富有传统特色的鼓声,在片中多次出现。到了结尾部分,CG 手段做出的四合院形象出现在画面中时,音效加入了风铃声和老北京"磨剪子锵菜刀"的吆喝声,由这些安排可以看出,导演继续在为意境的升华而努力。这里用 CG 制作出来的四合院电脑特效,在现在的技术条件下,已经为业界熟知和常用,但在 21 世纪初时还颇为先进,而且其制作成本也颇为不菲。但最尴尬的是,在本片中以这样的一段特效放在最后来提升意境,也正是本片被诟病之处。在一部以追求意境为主要情感表达的文艺短片中,导演偏偏安排了这样一个非常"写实"的段落,反而容易让观众有一种从梦境被强拉回现实的尴尬,正如国内外一些评论所言,并不是大师级导演操刀的片子便都是精品。结合我们上面提到的基耶斯洛夫斯基的《人员》,在制作短片乃至将来的长片时,究竟如何掌握写实和写意之间的契合点,这个分寸的拿捏,确实是要下工夫琢磨的。

(四)分场设计

场:1

时间:日　　人物:冯先生、搬家公司小头目　　　地点:公寓外
搬家公司工作,冯先生出现,要求为其搬家,小头目答应。

场:2

时间:日　　人物:冯先生、搬家公司工人　　　地点:环路
在去"百花深处"胡同的路上,冯先生认为走错路,众人调侃,小头目觉得一丝蹊跷。

场:3

时间:日　　人物:冯先生、搬家公司工人　　　地点:"百花深处"
众人来到"百花深处"胡同,发现是一片待建的废墟,搬家公司愤然离去。

场:4

时间:日　　人物:搬家公司工人　　　地点:路上
众人回去路上,小头目接到老板电话,称冯先生是疯子,并要求众人回去找冯先生结账。

场:5

时间:日　　人物:冯先生、搬家公司工人、过路人　地点:"百花深处"
众人回来找冯先生,谈好条件之后,帮其"搬家",产生矛盾。

场:6

时间:日　　人物:冯先生、搬家公司工人　　　地点:废墟

众人驱车回去,车陷入土坑,小头目挖出铃铛,冯先生兴奋跑回大槐树下。

(五)分镜头

镜号	景别	机位	时间	场景	内容	时长
1	近、中	摇	日	外	搬家公司往高层公寓中为客户搬家	14秒
2	中	跟	日	外	耿乐走出公寓、上车,冯先生出现	11秒
3	近	固定	日	内	耿乐反应	1秒
4	近	固定	日	外	冯先生要求为其搬家	2秒
5	近	固定	日	内	耿乐接受冯先生要求	1秒
6	近	固定	日	外	冯先生反应,答应给钱	2秒
7	近	固定	日	内	耿乐反应,问地址	3秒
8	近	固定	日	外	冯先生反应,说地址	10秒
9	近	固定	日	内	耿乐问冯先生姓名	2秒
10	近	固定	日	外	冯先生报自己称呼	2秒
11	近	固定	日	内	耿乐表情	1秒
12	近	固定	日	外	冯先生表情	1秒
13	近	摇	日	内	耿乐招呼同事	2秒
14	中	固定	日	外	耿乐关车门,众同事从公寓走出	4秒
15	近	固定	日	外	耿乐招呼冯先生上车	2秒
16	中	固定	日	外	冯先生与搬家公司人员准备上车	2秒
17	全	固定	日	外	马路上车况主观镜头	4秒
18	中	固定	日	内	车上众人反应	5秒
19	全	固定	日	外	冯先生视角下马路上主观镜头	2秒
20	中	固定	日	内	车上众人反应,突出冯先生反应	1秒
21	全	固定、仰	日	外	车过立交桥,窗外主观镜头	3秒
22	全	跟	日	外	冯先生将上半身探出车窗	5秒
23	全	摇、仰	日	外	高楼空镜头	3秒
24	全	跟	日	外	同22	3秒
25	远	固定	日	外	同23	2秒
26	中	固定	日	内	耿乐制止冯先生往窗外探头	5秒
27	近	摇	日	内	冯先生将身子收回车内	3秒
28	中	摇	日	外	路边商店主观镜头	2秒
29	中	固定	日	内	冯先生迷路的反应	3秒
30	中	固定	日	内	耿乐反应	1秒
31	中	固定	日	内	冯先生认为走错了路	2秒

续表

镜号	景别	机位	时间	场景	内容	时长
32	中	固定	日	内	耿乐给冯先生指路	2秒
33	中	固定	日	内	冯先生反应表情,众人议论	4秒
34	中	固定	日	内	耿乐反应、调侃冯先生	3秒
35	中	摇	日	内	冯先生表情	2秒
36	全	固定	日	外	从废窗口拍车走入废墟	4秒
37	特	固定、仰	日	内	冯先生喜悦反应表情及动作	3秒
38	中	固定	日	内	耿乐表情	1秒
39	全	固定	日	外	废旧胡同空镜头	1秒
40	特	固定、仰	日	内	冯先生动作、表情	1秒
41	中	固定	日	内	耿乐表情	1秒
42	近	固定	日	内	冯先生表情	1秒
43	中	固定	日	内	以车内挂饰为前景,废旧胡同空镜头	4秒
44	近	固定	日	内	耿乐看车窗外反应、表情	2秒
45	中近	固定	日	外	耿乐视角车窗外废旧胡同空镜头	4秒
46	全	摇	日	外	车从镜头前通过、出画	4秒
47	中	固定、仰	日	内	冯先生兴奋状态,众人反应	4秒
48	全	摇	日	外	废墟上,车拐弯,向镜头方向前行	3秒
49	近至远	摇	日	外	车从镜头下方入画,行至大槐树下	5秒
50	全	摇	日	外	车停下,众人下车	5秒
51	全	微摇、仰	日	外	冯先生走向大槐树	2秒
52	全	摇、仰	日	外	众人反应,质问	3秒
53	全	推、仰	日	外	冯先生向众人描绘自己"家"的布局	13秒
54	近至中	摇、仰	日	外	众人生气,准备上车	6秒
55	中	摇	日	外	冯先生央求众人,众人倒车离去	7秒
56	远	固定、俯	日	外	冯先生失落地站在大树下	2秒
57	全	摇	日	外	搬家公司车飞快离去	4秒
58	中	固定、仰	日	内	众同事调侃耿乐,老板打来电话,提到冯先生是"疯子"	24秒
59	特	固定	日	内	汽车后视镜中冯先生站在大树下	3秒
60	中	固定、仰	日	内	众人反应,电话中老板要求众人回去找冯先生结账	1秒
61	全	摇、俯	日	外	搬家公司车飞速向废墟开来	3秒
62	全	固定、仰	日	外	冯先生有些害怕的反应	2秒

续表

镜号	景别	机位	时间	场景	内　容	时长
63	全	微摇、固定、俯	日	外	众人要求冯先生一同回去并结账	8秒
64	中	固定、仰	日	外	冯先生要求众人先帮其搬家	4秒
65	全	固定、俯	日	外	众人反应	2秒
66	中	固定、仰	日	外	冯先生坚持	2秒
67	中	固定、俯	日	外	众人敷衍冯先生，答应只要付钱，便搬家	7秒
68	中	固定、仰	日	外	冯先生愉悦表情	3秒
69	全	摇	日	外	耿乐与一同事假装搬衣柜	10秒
70	中	固定、仰	日	外	冯先生解释自己家没有大衣柜，只有紫檀衣橱	8秒
71	近	固定、仰	日	外	耿乐与同事反应	3秒
72	中	固定、仰	日	外	冯先生认为二人所搬是自己的金鱼缸	2秒
73	全	摇	日	外	耿乐与同事改为搬金鱼缸的动作，冯先生叮嘱二人小心；另外二同事觉得好笑，也参与其中	30秒
74	中	摇、固定	日	外	一同事做搬花瓶状，被冯先生制止	18秒
75	全	固定	日	外	同事出画，冯先生在地上意外发现物件	10秒
76	特、近	摇	日	外	冯先生在地上捡到铃铛的铛子，向众人展示	11秒
77	全至中	俯、摇	日	外	众人从冯先生身边走过，对冯先生的表现不感兴趣	10秒
78	全	摇、仰	日	外	耿乐与同事做抬大件状从土坡上走下，路人骑自行车经过	6秒
79	中	摇	日	外	路人惶恐反应、表情	2秒
80	全	摇	日	外	路人被耿乐及同事呵斥	2秒
81	近	摇	日	外	路人受到惊吓，转身逃跑	3秒
82	全	摇、仰	日	外	一同事做搬灯座状，冯先生一旁照应	4秒
83	中	微摇	日	外	耿乐与同事做将大件放在车上状	4秒
84	中	跟	日	外	一同事准备吸烟，向"搬灯座"的同事要火儿	4秒
85	中	微摇、仰	日	外	同事掏出火机扔出	2秒
86	特	固定、仰	日	外	冯先生惊恐表情	1秒
87	全	下摇	日	外	花瓶掉落地上摔碎	1秒
88	中	摇	日	外	同事再做搬灯座状，被冯先生推开、出画	7秒
89	中	固定、俯	日	外	耿乐与另外二同事反应	2秒
90	中至全	下摇	日	外	冯先生蹲下抓起一撮土	10秒
91	中	摇	日	外	同89，众人挪步	2秒

续表

镜号	景别	机位	时间	场景	内　容	时长
92	全	固定、俯	日	外	冯先生指责同事打碎其灯座	5秒
93	中	固定、俯	日	外	耿乐等人尴尬表情	2秒
94	全至中	推	日	外	冯先生痛惜表情，哭喊	11秒
95	中	固定、俯	日	外	同93	4秒
96	中	固定	日	外	冯先生痛哭	3秒
97	中	固定、仰	日	外	回去路上，冯先生付钱给耿乐，被耿乐拒绝。冯先生提醒车前面有沟，耿乐不相信	20秒
98	中至全	摇	日	外	车陷入坑中，众人下车，耿乐拿铁锹掘土	10秒
99	特	摇	日	外	耿乐从轮胎旁捡起铃铛	3秒
100	中	摇	日	外	耿乐将铃铛交给冯先生，冯先生兴奋跑开，众人反应、表情	14秒
101	近至全	拉	日		CG 房前铃铛、四合院及落花效果	20秒
102	中	微摇	日	外	耿乐及众同事表情	3秒
103	全	固定	日	外	CG 四合院及落花效果转至现实中大槐树	13秒
104	近	固定	日	外	同102	2秒
105	大全	固定	日	外	冯先生由画面左侧入画，欢快摇着铃铛跑向大槐树	7秒
106	全	固定	傍晚	外	冯先生跑向落日映照下的大槐树、黑屏	5秒

四、学生作品例析

　　大学生是其所学习行业今后从业的生力军，影视专业亦不例外。目前许多优秀作品和拔尖人才纷纷出现在人们的视线中，这些作品或者作者的成功，主要得益于以下几个方面，一是随着市场的渐趋良性发展，机遇的大量增加，许多大学生在在校学习期间就从事第一线的实践活动，与专业的剧组协调工作，从中积累了必要的实际动手经验。二是目前许多影视专业院校的师资力量是从创作第一线退下来专门从事教育工作或者一边从事教学一边进行专业创作的人才，这些人才为我们的学生提供了前沿的理论知识，在手把手的教学活动中，也给学生提供了许多专业角度的指导，同时也避免了由学生独立创作所面临的观念不透彻或技术不扎实等客观因素而造成的资源浪费。三是得益于现代社会发达的信息、传媒手段。由于互联网这一科技媒介在人们生活、学习中的大量介入，人们在文字及影像资料的获取方面，与十几年前相比已经有了天翻地覆的变化，轻松易得的网络资源，使得多数影视专业的学生可以广泛涉猎各种门类的影片，同时伴随着自身所拥有的制作硬件资源如 DV 等设备的普及化和日渐专业化，学生有了大量的实践动手机会，"实践出真知"是必要的。许多大学里影视专业学生的短片作品也具备了相当的水准，放眼我们手边所能参照的案例，其中亦有许多优秀作品值得我们参考分析和借鉴。

(一)《生命狂想曲》

《生命狂想曲》获得了第四届北京电影学院国际大学生电影节"中影集团"中国学生短片奖最佳短片的奖项，北京电影学院国际大学生电影节是亚洲最大的学生电影节，同时也是目前中国最高规格的大学生电影展。如果单纯从学生作品的角度来看，这部短片已经达到了相对专业的水准，这部短片同时获得了第 42 届（2005年）台湾金马奖最佳创作短片奖就是一个充分的例证。从专业角度来分析，这样一部短片能够在数百部竞争作品中脱颖而出是实至名归的。

《生命狂想曲》这部短片情节比较简单，只有两个人物，讲述了一个要自杀的男青年被一个意外出现的女推销员及时拯救的故事。除了两个人物的相遇出于偶然，整部短片的剧情都着力于细节的描写，同时它的制作也相当认真和精良，无论是演员调度、画面处理，还是后期效果等方面，都有一些或活泼或发人深省的小亮点出现。剧本方面，虽然剧中只设置了两个人物，空间也选取了公寓中的房间作为主场景，但编剧还是在悬念、突转、巧合等戏剧技巧上做了许多安排，如女推销员离开房间后回想起男青年夏天烧炭的怪异行为后去而复返、男青年为防止女推销员影响自己顺利自杀而将其绑起来等设置，都为人物命运遇到重大转折做足了铺垫，这也是一部剧情片能够吸引观众继续观看的前提。剧情中设置的如煤气工偶然关掉楼内总阀门延缓了男青年自杀的细节设置，尽管有些刻意，但就整体来看亦无伤大雅。

在《生命狂想曲》的表演方面，由于只有两个人物，并且在剧中两个人物之间的矛盾冲突比较强烈，加之这部短片所采用的构图方式多为中小景别，所以这些都对演员的表演功力提出了比较高的要求。而这部短片之所以能够成功也在于两位演员对于人物性格把握的准确到位。尤其是女推销员这一角色，演员赖雅妍作为职业演员，为角色设置了一些明显的性格特征，如其喋喋不休的嘴巴，经常灵光一闪的眼神等等，借助这些外在手段，成功地将一位活泼、善良，热爱生活同时又为生活辛苦奔波的女孩儿形象塑造得准确到位。

镜头处理也是《生命狂想曲》这部短片能够成功的重要技术保障。在这部短片中身兼导演、编剧、摄像、剪辑数职于一身的游智炜，并没有设置过多的高难度镜头，如我们目前许多学生所迷恋尝试的长镜头调度、多层次构图等拍摄方式。也许是出于"扬长避短"的考虑，更可能是出于剧情本身的需要，这部短片采用了比较常规的镜头语言以及剪辑方式,反而使整部短片的影像给人以顺畅、自然的感觉。

严格说来,《生命狂想曲》这部短片的立意比较常规,也没有刻意追求一些出人意料的效果,只是通过考究的视听组合来完成一对陌生男女在意外事件中的交流,但正是这样一部短片却带给我们许多思考。纵观目前大陆学生短片的现状,整体给人的感受是眼高手低、题材图新不图深,注重表面影像所带来的新鲜感,反而严重流失了对剧情、人物的挖掘和思考。选题往往着眼于凶杀、枪战、三角恋、同志情感等具有重大矛盾冲突或者非常规的领域,镜头刻意模仿好莱坞大片或者香港黑帮片的成功桥段,这些选择尽管可以带来影像的华丽及视听快感,但其剧情往往经不住推敲。"艺术源于生活而高于生活"。无论是任何大师级的导演和编剧,都不可能凭空臆想出一个剧情或者一个空间场景,他们所设计的故事以及故事中的人往往都是其自身经历过或者通过其他艺术形式间接感受到的人和事,经过自己的艺术提炼将其再现于镜头和剪辑当中。而正是这个朴素而真实的道理,才是最值得我们这个时代的影视专业大学生细细体味的。

(二)《生之前,死之后》

《生之前,死之后》是与《生命狂想曲》同时参加第四届北京电影学院国际大学生电影节的作品,由保加利亚国立戏剧与影视艺术学院学生创作,获得"世纪英雄"国际学生短片奖优秀作品奖、2005年索菲娅国际电影节詹姆森短片奖。这部短片剧情同样并不复杂,选用的背景是早已在影像中被观众熟知的第二次世界大战,战争终结之时,某战场。满身泥污和沮丧的军人们一字排开站在荒野之上,远处天空响起敌军战机的轰鸣声。一位法西斯军官焦躁地走来走去,并不急于撤退,似乎有什么重要的事尚未完成。战俘们被接二连三地拖到军官面前,他们活下去的希望只有一个,那就是用小提琴演奏贝多芬第七交响曲的第三乐章。许多人心如死灰地拉着刺耳的噪声,然后随着枪响倒地不起……与其说这是一部剧情短片,我们倒不如把它看作一次严格的视听语言或者蒙太奇理论的实践,这部短片从始至终没有一句对白,演员都是通过眼神和肢体动作将人在生死之间的复杂内心变化以及角色之间的内在矛盾表现出来。全片只采用了一段音乐贯穿。在镜头语言上也主要采用了中小景别构图的手法。

(三)《灰色空间》

《灰色空间》是一部典型的学生影视短片作品,时长半小时,人物不多,只有一男一女两个主要人物。该片导演着力于表现这对陌生男女在由陌生到偶然相遇的过程中,所遭遇的一些对自己价值观、世界观产生影响的事情,由此来表现一种对于当下一些社会现象的观察与思考。就学生作品来说,这部片子有这样几点可取之处,即故事相对完整,有明显、较合理的悬念与情节的设置,起伏感与段落感也比较到位;镜头运用比较合理,能够比较规范地运用构图、简单运动镜头;演员对角色的处理颇为到位,能够在尽可能的范围内完成对角色形象的塑造、内心外化的处理等等重要环节;团队凝聚力和执行力起到了应有的保障作用。

我们从以下方面进行具体分析:

剧本方面,该剧将大背景放在了成都这样一个城市里,男女主角生活在两个完全不同的时空里,本来是不会有什么认识机会的,但通过一次偶然的机会发生了联系,虽然这种毫无前因后果的纯粹巧合设置在常规剧作手法中是尽量避而不用的,但目前社会大环境就是人口流动性、自由度越来越大,发生此类巧合的几率也越来越高,我们姑且默认其成立,但就专业剧本创作而言,由于人物数量有限,还是尽量采取符合逻辑的关系设置比较好。片中男主角的中心任务就是在偶遇了女主角后,被其表面的言行所打动,在女孩留下的联系方式无效之后苦苦找寻她。

就策划和创意方面而言,这样一部短片立足于学生生活和思考的基础上,带有一定的对社会生活中人的多面性的观察与思考,尚属在能力掌控范围之内,这样的选题也在很大程度上避免了明显硬伤的存在。

就制作方面来看,该短片的制作者使用的是 DV 拍摄,此类摄像机的技术配置比 SONY190 摄像机要略低,因此在感光和影像记录的质量等方面会有一些先天的不足,所幸该片的主场景都发生在成都,常年的阴霾天气反而使创作者可以少了许多对于自然光的要求。由于当时并没有轨道、摇臂等常规专业剧组设备作辅助,因此该片创作者扬长避短,室内戏基本采用三脚架固定拍摄,室外戏则在必要的情况下采用手持拍摄,因此后期的画面尚属稳定和规矩。对于学生短片作品来说,由于此类作品的篇幅已属较大规模,所谓"麻雀虽小五脏俱全",即从前期策划、分场剧本、分镜头剧本这些文案筹备,直至建组之后导演、摄像、化妆、服装、道具、场记等具体工种都有要求,学生导演往往会在以上的某些方面出现遗憾或者漏洞,这是很值得探讨的一个现象。《灰色空间》这部戏中有几场重要的戏份发生在公交车上,创作团队共同出资租赁了一辆公共汽车作为道具,这一点在整个片子的效果上已不言而喻,无论是车站还是车内的镜头、演员在公交车内的调度都比较自然和顺畅。大的问题解决了,反而小的方面出现了一些不应该有的失误,如片中男主角的居住场所,明显是租用的一间小宾馆的房间(这也是相当一部分同学常常采用的营造"家"的方法),空间虽然有了,但是如果没有一些必要道具的辅助,宾馆这种特定空间的摆设往往是穿帮的最大所在。如男主角早上起床后洗漱的细节,牙刷竟然放在百事可乐的纸杯里,洗漱台上也没有任何清洁用品,这些都不符合常规的生活习惯。卫生间的梳妆镜污渍斑斑,生活中可能对这些地方不会注意,但是在镜头中这些地方则会大大地影响画面质感。如上这些比较低级的失误在片中不止一处,这些失误所折射出来的是创作团队中对于场记、道具、副导演等具体工种的忽略或者缺失,而这些具体工种的不到位归根结底是因为导演的工作不扎实、不到位,短片如此,影视剧更是如此。

后期效果上,这部短片采用了大量的音乐和内心独白,尤其男女主角在窄巷子中单独相处嬉戏的一场戏,导演将此处处理成了一种更像音乐电视的段落。以上这种大量借助音乐音响手段来丰富片子质感的手法,在表面上可以起到活跃气氛、丰富信息量的作用,但如果分寸掌握不当,又往往会使整个片子的格调降低,这也是学生作品在摸索实践中应该注意的问题之一。

(四)《晚冬》

《晚冬》是一部带有实验性质的学生短片,讲述一个农村女孩为了找寻青梅竹马的男友,独自来到成都,找寻男友未果,在城市中所遭遇的种种悲剧命运。这样的主题选定带有很强的现实性,属于对社会百态的一种缩影和反思,这对于整部片子的影调和节奏而言会形成某种先天局限,因此这部片子的风格在一定程度上参照了蔡明亮、贾樟柯等相对年轻导演的影像风格。体现在大量固定镜头、长镜头调度、静止空间处理等方面,这些摄影手法的选取利于角色内心的表达以及情绪的升华,是其可取之处。当然如果这类尝试分寸掌握不能到位,往往会使整个片子有冗长拖沓之感,那就适得其反了。

从拍摄手法上看,短片开篇采用了黑屏画外音的处理,通过女主角与其母的对话将故事的前史交代出来,这种安排也为女主角的倔强性格塑造做了伏笔,这种类似于纪录片式的手法用在此处是比较可取的。进入正片部分,导演选取了成都火车站出站口的空镜头,将机位固定在出站口正对面,女主角提着行李随人流由景深处走至镜头前,这一场镜头手法在以上提到的蔡明亮、侯孝贤甚至北野武等导演的影片中是比较常见的,作为学生作品敢于尝试模仿此类处理,勇气可嘉,当然这种手法除了在镜头运用上要有底气,其最大的难点是演员的演技考验,这也是该片的一大亮点所在。作为当时还是大学二年级表演系的学生,女主角着力通过服装、造型以及肢体语言完成对角色的塑造,可见其专业功底是比较扎实的,将舞台表演与镜头有机结合,这一尝试也可以为其他类似学生短片的创作提供一定的经验。

除了女主角蹲在街角吃方便面、女主角行李被偷、男主角在公共厕所的戏份等长镜头调度外,该片导演还在构图上下了功夫,如天府广场地下扶梯中男女主角由两个方向错过一场戏,镜头采用了固定镜头仰拍的方式,既丰富了画面的纵深感,又将两位主人公的行动轨迹在固定的画面中充分地交代出来,颇有一些味道。片子尾声时的春节一场戏,导演截取了一段中央电视台春节晚会的资料作为电视道具的素材,在狭小的空间中营造出了女主角和理发店女老板人在异乡的孤独感,这些细节的处理都表现出了创作者的用心之处，也是可取的。该片片尾曲选取了台湾女歌手蔡琴的《渡口》，与片子的整个基调基本吻合。整体看来，这类实验性质的短片对镜头运用和后期效果要求比较低，其难点在于演员对角色的理解与塑造，内心情感是否到位是影响整部片子成功与否的关键所在。另外，场与场之间的衔接是否合理，情绪点是否到位则是对导演功力的最大考验，就整个片子的格局来说，节奏的把握亦尤为重要。以上几点，是制作此类影片的同学需要着重注意的地方。

(五)《黑色曼陀罗》

学生作品《黑色曼陀罗》是一部尝试紧张气氛营造的短片，其重点在于训练对于悬念的运用，虽然在剧情上有些经不住推敲之处，但就技术手法而言，却有一些可取之处。这部短片讲述一个靠有钱有势的妻子家立足的男人，在功成名就之后由于内心的空虚而有了外遇，后被前女友的哥哥遥控威胁，到最后一无所有的故事。故事的选材并不新颖，甚至有些司空见惯，这就迫使创作者重点将精力放在塑造人物形象、突出人物性格，使整个故事尽量合理等技术层面上。这种类型的影片尤以香港的动作片、警匪片见长，因此该短片的作者做了一些借鉴与模仿。短片一开始便直入主题，男主角的噩梦暗示着其内心有不可告人的秘密，也为人物的命运走向安排了伏笔。到了写字楼外车旁的一场戏，通过一个匿名文件袋作为支撑，男主角的命运便被隐藏在暗处的仇家所掌握，这一明一暗的较量主要通过电话的配音来完成，这也参照了好莱坞影片《狙击电话亭》的创意，这种处理手法有利于对紧张氛围的营造，同时辅以合理音效的配合，可以说是讨巧的一种手法，因为这样在演员调度、空间处理等需要大量人力、物力、财力的方面都做到了有效节约。这种安排对于配音演员、台词处理则有很高要求，因此该短片选择了能够驾驭台词的专业配音演员来完成配音的处理，为整个片子提升质量起到了很好的辅助作用。

(六)《彷徨六部曲》

实验短片《彷徨六部曲》是比较难得的大学生原创实验短片作品。之所以这样评价，主要有以下几方面的因素：

首先，就导演手法而言，这部片子张弛有道，言之有物，可以看出导演在影像及后期处理的过程中强烈的创作欲望及对内心表达的诉求。《彷徨六部曲》的六个小章节，全部采用"实验"的处理手法，写意的主题思想，夸张的包装形式，在看似凌乱的影像切换中，我们还是可以看到作为影视专业大学三年级学生的一种内心世界和精神诉求。这种自由的、略带即兴的而又不乏技术支持的掌控手法，在这个一切以模仿、山寨为前提，一切以利益、功名为目标的时代背景下，实属难能可贵了。

其次，就导演掌控全局的能力来看，这部片子也是成功之作。毋庸置疑，演员及其表演是影视作品里最重要的功课，也是衡量一部作品最终是否成功或者出彩最为直观的体现环节。整个《彷徨六部曲》中，除了《男人、女人与狗》这一章节没有演员直接出现在镜头中，其他五个章节全部都由演员进行演绎。而令人眼前一亮的是，所有演员都是来自于编导专业的本班同学，作为非表演专业的同学来说，他们在面对镜头时的控制力可以说是令人惊讶的，无论表情的自然、肢体的舒展、内心活动的外化等等方面都不输于一般的演员。而在这个一切以"美"为终极目标的大时代中，很多影视专业的学生，饱受商业电影和娱乐节目的荼毒，盲目地认为"俊男靓女"的路线才是主流，而恰恰淡漠了考量俊男靓女们的表情是否自然、普通话是否标准，就更不要说"演技"、"台词"等等专业词汇了。而朱行同学作为该片导演，我们一方面看到了其寻找演员以及调度演员表演状态的能力，另一方面我们也看到了他作为导演的自信与预知能力，体现在操作上，即如何调动演员为角色和主题服务而又最大限度地保障演员的状态与体能。如《淫》这一章节的几个演员，男一号的形象非常普通，服装和造型也没有刻意处理，重点是通过其表情的变化来阐释主题。而另外的"站街女"、"看色情杂志的男子"、"数钱的暴发户"、"练拳击者"、"吃烤鸡的胖子"等背景人物，都是一种时代的缩影，朱行在其中出现的两次贯穿作用，既是向有些成熟导演的模仿，又是自己思考的一种表达方式。因为全片人物的表演节奏和打点，都在朱行的控制中，通过这一根本前提，我们可以看到其他演员的表演，更多时候是一种近乎本色的即兴表现，也正是因为如此，反而比很多刻意的表演来得更为真实、更有质感。

第三，从摄影的风格来看，这部实验短片所采用的镜头主要集中在晃动上，可以说这种晃动是伴随着一种内心状态的，更多的是源自于其"彷徨"的主题。由《唯物者最后都得死》这一章节来看，摄影主要选取的是手持跟拍的方式，意在突出自杀者的狂躁及动作的外化，但就整体效果来看，似乎变换广角镜头进行拍摄会更符合这一部分的主旨表达。

第四，从效率的掌控来看，《彷徨六部曲》的第一章是《大学中庸》，作为开篇的一部分，这一章节的处理也是最中规中矩的，重点在于对四个画框中人物状态的记录，这一记录与其说是追求摄影与演员的关系，倒不如将之看成是一种类似纪录片式原生态状态的描述。无论看"A片"手淫的学生，还是疯狂沉迷于网络游戏的学生，都是当下大学生中相当常见的一种近乎原生态的生活方式，而与之相对应的"煲电话粥"和沉迷于娱乐(言情剧)、表情已近乎痴呆的两个学生，在反映真实状态的同时又恰好与前面提到的两个学生呈现出一动一静的对比，这种四格分屏的处理形式，既能将信息传达量尽量地扩大，又能保持一种平衡和对峙的状态，不得不说是一种讨巧的处理。而我们细心观察，又能够在每一个画框的镜头中看到摄影机位之间刻意营造的关系镜头，这些细节一方面彰显了该片导演的掌控能力，同时也表现出其相当自信的一种现场状态。第二章《唯物者最后都得死》，总体来看是一部荒诞的作品，一个近乎癫狂的青年反复地做着各种自杀的行为，这些行为的重点其实都不在是否最终自杀成功上，而更加着墨于内心状态如何外化，肢体动作与环境及内心是否一致上，所以我们可以看到刺向心脏的刀子并没有过多用力，把脸埋到水池中时甚至出现了一双扼其脖颈的手，这些都是对以上处理的具体诠释。在这里我们可以肯定导演和剧组人员已经尽力做到细节的认真处理，比如说开枪瞬间玻璃被穿孔击碎的特效等等，这一类处理在第六章节中频频出现，在这个应付、投机取巧的时代，对于作业能够有这种态度实属难能可贵了。虽然整体看来，年轻演员处理自杀的几个步骤显得有点"程式化"，镜头一直跟拍的晃动也更加加剧了狂躁气氛的外延，但就整体来说，这个放在第二章节的情节，还是起到了承上启下的作用。

在对以上几个典型案例进行分析之后，我们可以看出剧情类短片对于制作者的要求也是全方位的，导演、演员、摄像、剪辑等主要工种的分工协作缺一不可。我们当下的学生作品，由于受到创作理念的左右，往往在大张旗鼓的努力之后却得到事倍功半的效果，原因就在于其在理论学习阶段没有完全体会到影视制作行业中各个部门的任务与要求，往往将眼光只停留在刻意追求视听语言这一潜在层面上。每每要做一部片子，便大量借鉴相类似的影片，甚至刻意模仿其镜头、灯光、构图的设计，如若画面效果尚可，那还能收到一些成效，如若功夫下得不够，只能是导致片子最终的遗憾大于收获。在现在快餐文化、速成文化的风气影响下，我们许多学生认为片子只要"好看"才是最主要的追求，至于故事结构、情节设置、人物内心任务与内心独白等剧本前期的技术要求是无关紧要的，严格地说，这一想法是害人匪浅的。殊不知，如果只讲求画面的好看、声音的动听，而没有一个合乎逻辑性的剧本作为内在的支撑，我们只要去拍一组山水风光片或者是找俊男靓女拍摄写真影集就足够了，忽略了影视艺术反映"人"的核心功效，花哨的影像外表又何用之有呢？

第二节　电视情景剧的创意、策划与制作

电视情景剧，最早产生于美国，先期是以情景喜剧的形式出现，其特点是场景集中而固定，主要演员阵容固定，故事脉络采取每集单独成单元，在一定的篇幅或集数范围内又有一个相对大的纲领作为内在线索。从《成长的烦恼》开始，美国就确立了相当完善的电视情景剧运作模式，直至后来的《老友记》。

美国的电视剧分类中，情景喜剧（sitcom）、肥皂剧（soap opera）和情节系列剧（drama）三者都属于"电视连续剧"的范畴；虽然后两者之间常互相渗透，但情景喜

剧和后两者之间的区别很大。除情景喜剧外，其他一些搞笑成分居多的剧集，虽然在内容、表现形式、时间长短上（45分钟左右）和情节系列剧一样，但在参加电视奖项角逐时，通常也会归入喜剧类。

中国的电视情景系列剧是伴随着改革开放发展起来的一种新型电视产品，由于其制作成本较小、可驾驭性强而成为电视制作人首选的项目之一，同时又因其喜闻乐见的独特魅力，深受中国观众的喜爱。近三十年的时间里，从中央电视台的《我爱我家》《编辑部的故事》《炊事班的故事》《闲人马大姐》《候车大厅》，到地方台的《四川好人》（四川）、《东北一家人》（东北）、《杨光的快乐生活》（天津）、《老娘舅》《开心公寓》《红茶坊》（上海）、《白话聊斋》（山东）等等，直到近几年《武林外传》《家有儿女》的大获成功，无不反映着电视情景系列剧的生命力和市场需求。

一、《炊事班的故事》

《炊事班的故事》是一部典型的军旅题材电视情景剧，2002年至2007年共拍摄三部。该剧以一个空军场站中基层连队的炊事班作为大背景，通过发生在六位年轻炊事兵身上的一件件鲜活生动的日常小事，展现出军营生活的丰富多彩。以该剧第一部为例，基本为单集故事构成一个独立小单元，每集时长不超过25分钟。

我们一般说"万事开头难"，情景剧的开篇是统领整部剧集的风向标，无论主要演员的亮相，还是整部剧集的大致故事脉络，都将在第一集的脉络下循序渐进发展。《炊事班的故事》第一集剧名为《一班之长》，顾名思义，必然会围绕"班长"这一关键词为线索展开，如影视剧常见的第一集的重点任务，主要人物如何亮相，是颇费思量的。《一班之长》采取了分组亮相的形式，通过大矛盾作为总领，小矛盾环环相扣的编剧手法完成剧情安排，以下我们来详细分析。

副班长老高与小胡围绕照相机这一道具，将日常生活和工作中的各种"恩怨"在台词中交代出来，随着将前史的抖出，两个鲜明的角色形象便逐渐明朗化，同时又通过两人的对白揭示出班长出差学习、班里"群龙无首"的客观环境。这些任务完成，剧情以老高弄坏小胡的照相机为第一大场的结点，为后面的剧情发展做好了几条线的铺垫，即老高是否可以成为班长职位的接班人？老高是否赔偿小胡的相机？班长会不会回来继续工作？随着老高与小胡围绕相机问题不断升级的"斗嘴"，将两个主要人物的性格特点淋漓尽致地表现出来后，连长和大周两个角色又相继亮相，随着连长对炊事班及众人的批评，众人分别谈了各自的感想，这种群口相声式的手法，既能够充分展示每个角色的特点，同时又是充实剧情内容的常见手法之一。当众人的感想谈完，主题也逐渐升华，即众人都支持和尊重班长，期待班长再次回来领导大家，铺垫工作做足，班长这一角色的亮相便是水到渠成了。班长胖洪出场之后，第一集的主要人物悉数亮相，前面的线索铺垫已经做好，也就进入了整个剧情的第二大场。班长带领炊事班众人检查厨房，由于众人工作态度不认真，炊事班厨房一片狼藉，班长表现出失望，未等众人表态，班长适时交代出退伍的打算，这也给接下来的剧情提出了一个核心的悬念，同时也为老高极力想接替班长职位的行动线安排了足够的动机。在班长下场之后，剧情及时地设置了连里发班长考核表及小胡胶卷被大周失手曝光的辅助情节，这种活跃气氛、舒缓观众情绪的手法在情景剧这类短片中是必不可少的。此类情景剧由于照顾播出平台和题材敏感性，基本上都会以大团圆式结局作为结尾，《一班之长》也不例外。随着情节发展到高潮，副班长老高对洪班长心悦诚服，彻底放弃了对班长职位的竞争，表示要全力支持和配合洪班长工作。这里值得一提的是该剧的编导人员巧妙地将班长职位的竞争矛盾与老高与小胡之间的矛盾合到了一起解决，正所谓一石二鸟之妙。而在这一集的尾声，剧情交代了两点铺垫，一是洪班长提出接下来会重点处理老高与小胡之间不甚融洽的关系，另一点是提出新兵要来，让大家调整好状态做好接待工作，这些都为后面的剧情做了充分的铺垫，也为全剧起到了风向标的作用。

二、《东北一家人》

《东北一家人》也是一部一度取得各地市电视台很高收视率的电视情景剧。该剧将主场景放在了东北某市一个普通的工人家庭，语言风格也以东北方言为主，融合了诸多情景剧的元素，而其每集的选题风格与当年风靡一时的《我爱我家》如出一辙，也是以家长里短、生活琐事、热点时事等为首选的主题。这种选材方式不仅可选范围广泛，数量庞大，而且很容易引起广大观众共鸣。尤其情景剧这类独特的短剧形式，其主要收视群体是以广大普通民众为主体，因此对于角色塑造和每集故事的情节设置都应尽量与收视群体的审美趋向相靠近，而这一点也正是《东北一家人》这类情景剧取得成功的最大保障所在。

《东北一家人》的单机篇幅与前面提到的《炊事班的故事》相近，也是23分钟左右，尽量在单集篇幅内交代一个完整的矛盾及其解决过程。但与《炊事班的故事》在整体框架上有所不同的是，《东北一家人》的编剧手法更加明显地偏向于舞台喜剧小品的技巧，即尽可能地设置一个主要的矛盾冲突，各角色围绕这一核心矛盾展开心理和行为行动，最终通过某种具体的手段将矛盾冲突解决。以下我们以该剧第一集为例进行较为详细的分析。

我们之前已经提到过情景剧中第一集主要角色如何亮相这一任务的重要性和必要性，《东北一家人》的第一集也不例外，因此编剧安排了一个小的家庭会议作为引子，在这个基础上由母亲这一角色的表演作为开场，大女儿、外孙、儿子、小女儿相继亮相,围绕如何为作为一家之主的父亲过六十大寿这一中心任务展开讨论,各角色的背景状况、性格特征、语言风格也基本初露端倪。而另一方面,在家庭会议中众人共同约定在父亲生日当天前不向父亲透露为其准备生日,这也正式确立了这一集的核心矛盾,这种做法有利于观众欣赏注意力的集中,也便于创作者集中精力表现主要情节而避免瞻前顾后,影响整体质量。如何为老父亲过六十大寿的"家庭会议"讨论大约进行了六分钟,可以将这一部分看作整集的第一大场,这一大场的结点放在了老父亲从工厂领工资回家后发现客厅内空无一人的尴尬上。

  第二大场戏主要集中在老父亲为儿孙们发零花钱。这场戏在充分刻画了老父亲形象及性格特点的同时,也交代出一个为工厂服务了几十年的老车间主任在正式退休后所产生的不适应,这些情绪便紧扣当集的核心矛盾。老父亲为每个人发的零花钱都是平时的两倍,而每个人如何使用零花钱以及老父亲迫切希望众人明白自己良苦用心的矛盾必然成为接下来的重头戏。因此,在第十至十五分钟这一重场时间段落里,编剧设置了一系列的人为误会,即老父亲渴望众人能够记得自己的六十岁生日而众人又如约所为纷纷"装傻",使得老父亲渐渐处于强烈的尴尬和愤懑当中,从而将这一集的悬念性与戏剧性推到了高潮。而这类剧作手法的使用,我们在《炊事班的故事》第一集中也有过分析,可见这种手法在情景短剧这种影视艺术门类中是颇受欢迎的,其效果也往往能够事半功倍。同样是电视情景剧常采用的情节节奏,在老父亲向家庭所有成员暗示自己生日将至所遇到尴尬的同时,设置了一场母亲与大女儿的对话,揭示出大女儿与丈夫已离婚两年,家人希望其二人复婚的信息。这里不仅是一个情绪的缓和场,同时又带有很大的信息量,为后面的剧情做了必要的铺垫。当故事发展到尾声,近乎绝望的老父亲捧着小生日蛋糕独自回家,整个故事也发展到了最高潮,自然而然的,众人与老父亲的恶作剧也在这一刻完全化解,整个家庭气氛一下子温暖、热闹起来。由这一集可以看出,与《炊事班的故事》中各个角色的戏份比较平均,几个重要演员都有明显的风格特点所不同,《东北一家人》主要是依靠老父亲这一个角色作为中心点,其他角色则是围绕老父亲做走马灯似的表演,这种相对集中的安排也更加类似于舞台喜剧小品,同时又对主要演员的要求非常高,当然也就在一定程度上限制了次要角色的发挥空间。

三、《家有儿女》

  电视情景剧《家有儿女》是进入 21 世纪以来我国成功的原创电视情景剧中的代表作品,这部号称以打造"中国式《成长的烦恼》"为目标的作品,立足国情实际,将视角放在当下国内生活中的诸多引人关注的方面,尤其是以三个少年儿童为主角的形式,也是一个很有代表性的大胆尝试。片中的人物关系也一反常规。没有采用一般电视情景剧以一大家子为主要人物关系的结构（如《闲人马大姐》、《东北一家人》等），而是设计为带着儿子的离异妈妈与带着一对儿女的离异爸爸重新组建的一个新家庭。这个新家庭的成员在朝夕相处的生活中所面临的生活习惯、思维逻辑、教育、情感沟通等等诸多问题，都为这部情景剧的故事情节设置提供了得天独厚的条件，当然，这种突破也是需要相当勇气的。在这部将背景放在首都北京的电视情景剧中，无论是离异双方的原配偶间或不断地出现"搅局"，还是街坊邻居们日常生活中的冷暖相知，抑或是乡下亲戚、不速之客的意外来访，都很贴近我们日常生活的真实现状，这也是该剧能够在短时间内迅速走红的原因之一。我们同样以具有风向标作用的第一集来进行分析。

《家有儿女》的开篇在形式上是比较新颖的，与我国一直以来的电视情景剧有明显不同，即先以一小段表演引领整个大的情节，这种开篇自成一个小段落，又带有明显信息量的架构，非常类似于好莱坞影视剧的常见风格。《家有儿女》第一集剧名为《下马威》（上），由于是整部剧集（100集为一大单元）的总开篇，编导选用了以简单动漫为背景，即俗称"抠像"的手法将该剧的五个主要人物一一展示。父亲与母亲都是离异再婚，双方共有三个孩子，不到两分钟的开篇部分在宋丹丹饰演的母亲的台词"我们是重组家庭"、"幸福生活马上开始"等关键词中结束，自然而然地就为接下来的故事内容提供了线索，即家庭重组是否顺利？幸福生活能不能得偿人愿？与我们上面谈到的《炊事班的故事》、《东北一家人》相比，《家有儿女》的结构形式更加灵活，这体现在其段落组接、镜头运用等方面。如《下马威》的开篇，父母两个人物在小区内出现，台词交代出时间为两人婚后两个月，父亲提议将女儿小雪从其爷爷家接来同住，母亲顿觉压力增大，短短一场便铺垫好这一集将会以小雪和新家庭的磨合作为故事主线。小区的空镜头过渡之后，父母商议准备去接小雪，刘星和小雨两个儿子出场，对其调皮活泼的性格做了简单刻画。再次空镜头过渡，母子三人做好饭菜久等父女二人不到，两个儿子再次"抗议"，这里是一个明显的悬念设置，即小雪和父亲为什么迟迟不回，回来之后又将会出现什么局面？其后的情节自然而然地发生在小雪回到新家庭之后处处刁难。这个主要的章节以小雪为中心人物，当然这也是情景剧最常见的手法。饭后爸妈单独沟通，母亲表示很委屈，两个儿子又来告知小雪独自离家，这是又一个悬念设置。当小雪回家后，通过开大音响、将枕巾当擦脚布等细节安排，完成了人物内心外化、矛盾升级的任务，直至小雪采用了让同学冒充男友刺激父母的手段，将这一集的矛盾推到了顶点。

由以上的分析可以总结出《家有儿女》的几大特点：一是注意细节的运用和考量；二是选用一个中心人物作为中心，但又不是简单的"独角戏"，其他人物的戏份也较平均；三是镜头多以中小景别为主，推拉摇移也比较灵活自然，这取决于该剧人物设置的复杂化(离异家庭重组、少儿顽皮活泼的天性等)。有了第一集的充分铺垫,第二集《下马威》(下)的剧情就水到渠成了,即将全家如何解决小雪与其"男友"的问题作为主要矛盾,但同时又在适当时候加入了内心情感的处理,如父女单独沟通一场中女儿对父亲婚姻历程的指责,男同学劝小雪适可而止一场。尤其到了邻居带着女儿上门指责小雨"骚扰"一场,更是将小雪任性赌气的行为所引起的家庭各成员之间的重重矛盾关联到一起,这是足见编导功力之处。

由上面分析的《炊事班的故事》、《东北一家人》、《家有儿女》这三部不同题材、风格各异的典型作品,我们可以大致总结出电视情景剧在创意策划与制作方面的一些共同特点:第一,题材贴近现实,力图通过小人物、小事件来构建矛盾冲突,从而完成电视情景剧以小见大的主旨。第二,人物设置、人物关系相对集中和典型化,多以家庭、单位、街坊之间等空间紧凑、容易产生人与人之间具体化冲突的环境为主要环境。第三,场景集中,以摄影棚内搭建的家庭或单位环境为主要场景,演员在"打破第四堵墙"(话剧提法)的舞台空间内进行戏剧小品式的表演。第四,镜头较活泼,推拉摇移等常规技术手法的运用的前提是配合演员的舞台调度,力求简约。第五,台词贴近口语化,且经常夹带当时社会生活中群众所喜闻乐见的口头语或热点词汇。同时台词量比较大,甚至经常运用群口相声式的对白安排。第六,背景音乐、音效是必备的营造气氛、烘托情感的手段,尤其是观众笑声的音效适时地加入(从早期的《成长的烦恼》、《老友记》、《我爱我家》等可见端倪),虽然其效果有时有画蛇添足的尴尬,但已成为电视情景剧必不可少的辅助手段之一。第七,场与场之间的衔接多采用固定空镜头的手法,或城市街道(《家有儿女》等)、或小区环境(《家有儿女》、《东北一家人》等),既起到了舒缓节奏情绪的作用,又达到了节约成本的目的。第八,对主要演员的表演功力要求甚高。

近年来收视火爆的《武林外传》这部大型古装电视情景剧,可以说是一部另类的作品,这样说的原因在于其背景放在了一个说不清什么时期的古代客栈里,而人物设置也是三教九流、天马行空。该剧以佟掌柜为中心人物,而几个因生计所迫为其打工的江湖人物为配角,每一集根据不同的人物关系组合而设置剧情。就剧本形式而言,这部情景剧采用章回体,即每一集为一回,时长45分钟左右,就专业角度而言,这只是形式上的一种改变,其容量实为电视单本剧,且每集故事发展至中间部分时插入一段类似花絮的小段落,上下两部分亦有明确段落,这与传统电视情景剧的架构特点并无本质区别。台词方面,编剧为剧中人物设置了现代语言,这不仅便于观众理解,同时还方便以插科打诨的态度带出剧中间或出现的当下社会现象和热点词汇的"恶搞"。制作方面,该剧虽然为古装情景剧,但同样采取了搭棚固定场景的形式。

思考题

1. 影视短剧创作与标准时长(九十分钟及以上)影片创作在导演、编剧、摄影等方面存在哪些异同?你如何理解这些异同?
2. 在微电影时代,很多未受过专业影视制作训练的人也能创作出一定水准的影视作品,作为学习影视专业的学生,如何看待这一现象,又该做些什么?
3. 大娱乐时代,影视剧中的明星效应举足轻重,但随着《老男孩》等一批优秀短片的接连出现,平民化制作开始探索出一条新路,你如何看待其得失利弊?

第三章 电视文艺节目的创意、策划与制作

第一节　诗情画意艺术片
第二节　电视文艺节目特别制作
第三节　电视综艺娱乐节目制作

开天辟地，自打这个地球上有了人类，便有了区别于其他动物的人的思维，人的喜怒哀乐的自然流露，人的七情六欲的情感表达。于是，几乎与人类史的进程同步，凡是有人类足迹的地方，就会有文艺最初的萌芽。从最原始的石壁图案、木雕竹刻；嬉戏玩耍时的拍打闹腾、顶礼膜拜；庆贺围猎所获、农耕采摘收成时的兴之所至、载歌载舞；一直到两性相悦，追逐缠绕时极以表现的声韵、华姿。言之不足则手之舞之，足之蹈之。人类草莽时期的娱乐，伴和着人类初始懵懂、文化与情感的"开化"、"开元"、"开启"、"开窍"，无论是史前的图腾还是史后的记载、留存，都明明白白地印证了这一点。

在西方，花样繁多、林林总总的电视节目，就其本质属性可分为资讯与娱乐两大类；在中国，将无所不包、无所不在的广播电视节目分解为新闻、文艺、专题三大板块。可见，无论古今中外，文艺和电视文艺，都是它所在那个年代，尤其是这个号称"电视时代"的"主干将"和"老大哥"。

在我们中国，电视文艺的重要性也是有过之而无不及。中国电视的诞生日——1958年5月1日，中央电视台的前身北京电视台的试播节目即为小歌剧《姑嫂河边》，9月2日正式开播后，诗朗诵、歌舞表演等文艺节目又是播出的主干，占据着主要时段；延续到今天，无论一年一度的饕餮盛宴——"春晚"，还是平时的日常播出，每家电视台播放的节目主体也总离不开电视剧、综艺晚会以及各种艺术门类、各种风格样式的电视文艺节目。

1962年美国第一颗通信卫星"电星一号"发射成功，很多国家开始使用便携式电子摄像机，电视与电视文艺的大发展时期实实在在地来到了。

1963年，正在履职的"电视总统"肯尼迪遇刺身亡。5分钟之内，总统遇刺并受重伤的消息通过合众社的电讯传出。10分钟之内，美国三大电视网全部中止了下午正在播出的游戏和肥皂剧节目。当时的《新闻周刊》评说："在那不可思议的、令人震惊的日夜里，电视成为全美国人生活的中心，如同吃饭、睡觉一样重要……"电视以最快的速度完成自我加冕，它见证小石城的民权运动、越南战争、阿姆斯特朗登月、水门事件、美伊角力、印度洋海啸、中国成功举办奥运世博，直至全球金融危机、叙利亚动荡、钓鱼岛纷争……

电视在第一时刻报道全球新闻资讯的同时，也为观众提供奉送到客厅的花样繁多的免费娱乐，它已成为千家万户最亲近热络的一位编外家庭成员。

同样，就在中国电视诞生15年以后，1973年5月1日中国彩色电视试播成功。

20世纪70年代末,中国的电视台开始装备便携式摄录设备,为精彩纷呈的电视文艺节目有效占领荧屏、丰富人民群众的精神文化生活提供了强有力的保障。1987年5月,中国国家级的电视文艺最高奖——"星光奖"横空出世,柳眼梅腮,长袖当舞,伴随着改革开放的进程,中国电视文艺百花盛开的"春天"来到了。

由于电视文艺的涵盖面极宽,借助于电子技术的发展和人们思维观念的更新,产生了越来越多的新锐样式和交叉边缘品种,我们这里仅根据影视专业学生的实际情况,精选诗情画意艺术片、电视文艺节目特别制作、电视综艺娱乐三种形态,做相关介绍。

第一节　诗情画意艺术片

在所有电视文艺节目的品类中,电视艺术片以其精巧的构思、精美的画面、音乐音响、精致的特技特效,合成制作出一档又一档既有知识的传播、思想的启迪,又极具审美愉悦和观赏价值的优秀电视节目。这种倾注着创作者的才华、情感和技能,融会贯通现代科技发展的成果和综合运用文学、戏剧、音乐、舞蹈、绘画、摄影等姐妹艺术的表现手法,撷众家之长,成独家之势,通过斑斓多姿的声画语言、动作、光影、色彩、韵律、节奏等复合元素,创作出的视听俱佳、赏心悦目的艺术作品,广受观众的青睐。尤其是诗情画意艺术片所贯穿的符合人们审美习惯、符合视听艺术收视规律、注重鲜活灵性的形象塑造、讲究氛围意境的刻画营造、推崇独到视角的艺术发现等基本精神,几乎影响和涵盖了整个影视节目的创作领域。比如与艺术片属性差异极大的以真人、真事、真实性为最高原则的纪录片创作,也不乏吸纳颇多艺术片写意与哲理的因子,哪怕是领先国际潮流的国家地理频道的《人类星球》、《探索·发现》,许多最壮观、最震撼、最奇美、最不可思议的场景画面和故事诠释,包括它的精彩绝伦的片头片花,无一例外引入了艺术片创作和剪辑的元素。央视的《动物世界》、《人与自然》诸多老节目百看不厌,也与其纪录栏目深蕴的艺术构思和哲理内涵密不可分。所以,能酣畅淋漓地凸显电视编导的专业特长,充分验证和发挥其想象力、创造力、掌控力的电视艺术片创作,对于影视专业的学生而言是不可或缺的。

一、电视艺术片

广义地讲,电视节目的属性不是单一、单向、线性的产物,而是多重、多向、多元结合的品种,从它呱呱坠地的第一天起,便是继文学、绘画、雕塑、建筑、音乐、舞蹈、戏剧、电影八大艺术后的第九大综合艺术的"定命",因而,其他节目样式中不同程度地带有电视艺术片的元素和"影子",实属正常。我们这里所说的电视艺术片,更多的是"狭义"和特指,即必须是整体上遵循艺术创作的规律,以电视技术和电视艺术为基本手段,运用电视艺术片的构成要素,所进行的严格意义上的电视艺术片创作。它以某种艺术样式贯通(如音乐艺术片、舞蹈艺术片、文献艺术片、专题艺术片等),视听语言新颖生动、光影效果彪炳显赫,具有浓郁的情感特征和艺术魅力,既是电视综合艺术的精萃,又是具有艺术美风范的特殊电视屏幕形态。

(一)舞蹈艺术片《追梦》

1. 创意点

一所名不见经传的山西职业艺术学院,经过短短几年的超常努力,打造成山西一流、全国知名的职业艺术学院,能"梦想成真",关键在于心中有"梦",脚下实"追"、苦"追"、巧"追"、穷"追"。

2. 策划点

拍一个团队,拍一个大的群体,这是全院上下齐心协力共同奋斗的结果,尽可能多地兼顾各系各层面各要素,但绝对要突出精神、突出要点,贯穿环境和酸枣树形态,以具象被拍摄者的"酸枣"精神。

3. 制作点

内外景务必高度契合,学院及地域特色的黄土高坡、王家大院、壶口瀑布、悬空寺;人与环境务必相映成趣,师生在上述现场的活动、体验、练功、短语;"酸枣"的高度人格化,包括形态与诉求。

(二)艺术片《下棋记》

根据国外一则小故事改编拍摄的短艺术片《下棋记》,将故事背景移植到了当下的现代都市环境,描述社会老龄化情景下都市人的孤独、寂寞,以及自娱自乐寻求的精神满足。

一个生活里可爱的"小老头",身孤影单,别出心裁且煞有介事地在公园里自己和自己下棋,看似近乎荒诞,却处理得形神毕肖、虎虎有声。一个人与自个儿斗智斗勇,并且还厮杀得风生水起、难解难分。时而,一方春风得意、咄咄逼人;时而,危急前的另一方施展雕虫小技偷换对方棋盘;一人同时演两人角色,外表差别仅仅在于是否戴老花眼镜,性格差别则在于一个老迈沉稳,一个轻佻张扬。导演的镜头分切和演员的细腻表演甚为出色。最后,胜者获得了口琴,快意荡漾地吹起了悠扬旋律。正如题意所示:"有时候孤单和寂寞也是一种乐趣,使自己独享美好的回忆"。

本片手法简洁,富有情趣,其中的自我博弈,也给人颇多的联想。

(三)微电影精粹——《失恋3.3天》

由网易酷爽"倩女幽魂"出品的这部微电影,一周不到的时间,百度搜索产生了411万条搜索结果,土豆网被网友点播41万次,优酷网被点播33万次,"倩女幽魂"自身官方微博、微电影被转发数万次,更有口传、评述、热议无数。一组组数据和热烈社会反响表明,后发于《失恋33天》的6分钟袖珍版微电影《失恋3.3天》,以其精致凝练、活泛明快和丝毫不亚于大投入、大制作的精品风范,当之无愧地成为中国青春题材最火爆的微电影。

1. 剧本

本片剧本经反复修改、打磨了十多次,严谨程度堪比拍摄投资上亿的大片。《失恋3.3天》就如发生在我们身边的故事,依稀有着自己或者熟识朋友的影子:一对相爱四年的恋人,同趣同乐同住同玩,但随着时间的流逝慢慢地相形见绌;稀释和钝化了感情,疑惑对方还是自己深爱的人吗?由此两个"血气方刚"的年轻人选择了分开……然而,潜意识里割舍不断的情感,抹不去的对彼此的眷顾依恋,时时萦绕在他们的心头。同伴拍女孩的肩膀,她本能地以为是男友;一次突然的游戏掉线,也让男孩误以为女方遭遇不测而舍身冲去……看似敢作敢为、无比孤傲的自己,其实心里始终放不下牵挂和惦念,这种微妙的情感纠葛,是我们每个人都能理解或曾经体验过的,"有些刻骨铭心的过去,那是永远也过不去、忘不掉的"。因为那是心灵深处最敏感最柔软的地方。

2. 导演

情感和故事宏观把控扎实而精准,用光、构图、画面内涵、镜头运动非常讲究,蒙太奇的运用恰到好处,镜头语言活泼生动,画面感觉温馨唯美而不乏情真意切,片子的风格明快、流畅又很生活化。尤其可贵的是,这部微电影将当下网络时代青年人的特性和网络游戏有机地融为一体。虽然片子只是个小成本制作,但片中的人物形象丰满,故事的脉络清晰、合理,给人感觉真实、亲切而又感人至深,导演的

功力和严格要求可见一斑。比如男主角心急如焚骑车冲向女主角家的镜头,前前后后拍了三十多次才得到导演的"放行",重场戏往往多机位多景别拍摄、切换、连接。后期剪辑,更是耗费了5个月的时间,精雕细刻,精心制作,终于赶在情人节前,给大众奉献出一部高精度、高品质的纯爱微电影佳作。

3. 演员

两位演员青春靓丽,形象特征非常适合青春爱情片的角色要求。而且他们的表演分寸感良好,演技出众,对人物性格的演绎和情感起伏的把握,有充实的内在依据和情感体验,无论是淡淡的看似"没心没肺"的分离,还是情到浓时不可遏制的"火山喷发",皆诠释得严丝合缝,入情入理。其中,男主角撞开房门见到抱着猫咪受惊吓的女友时,一刹那间的惊呆、恍悟转而哑然失笑;先前主动提出分手而此时情不自禁大声喊出"我们结婚吧!",女主角的长镜头、大特写,精准入微地刻画出她从惊吓、明了、羞涩到甜蜜的细腻变化过程,一双会说话的特别美丽的大眼睛,溢放出内心深处灿烂的幸福感,具有极强的感染力。

4. 结构

微电影"麻雀虽小五脏全",结构布局非常重要。《失恋3.3天》,采取的是合、分、合(即总、分、总)加女孩内心独白、首尾相顾的结构形式。第一部分讲述两人在一起,日久生烦闹分离;第二部分各自为政分轨道,时不时潜意识闪现;第三部分突发事网游掉线,峰回路转现高潮。首尾相顾的内心独白,朴实而真率,开首:"有时候,两个人在一起,会因为熟悉而变得陌生。曾经,我们住在同一个公寓,坐在同一个地方看书,喜欢同一种宠物,经过同一段公路,用同一个账号,登陆同一款游戏,而今,他带走了一切属于他的东西,除了我们的回忆,我们就这样平淡地分手了,分手的原因是因为平淡……"结尾:"你该不会是舍不得你的账号吧?那天晚上他一直都没有说话,我想,无论你多喜欢一个人,都需要一个借口把他留在身边,让爱不再断线。"谁能说分手是因为不爱?谁能说爱情经不起时间检验?看似平淡的背后,深藏的是难以用语言表达的挚爱。

5. 细节

微电影的细节处理,某种意义上比常规的电影更为重要,因为它太短了,而要给人留下深刻印象,细节被赋予了双倍的使命。《失恋3.3天》中网络游戏《倩女幽魂》贯穿始终,并时时映衬着主人翁的心绪纠葛,助推着剧情的发展,也是他们情侣生活"用同一个账号、玩同一款游戏"的真实写照。另外,片子中的自行车(载着爱侣出外游玩,经过同一段公路,臆想突发事件后的狂骑奔救)、宠物猫咪(平时生活中的共同爱好,也是最后误以为出事的起因)、合影照片(女孩放在皮夹,分手时剪开,男孩印制在水杯上)、切苹果(隐喻分手)、领带(男孩系错,男同事提醒,暗恋女孩乘机"进攻",帮系领带时心照不宣偷吻男孩,一组快速分切的5个镜头,极为细腻),甚至精细到片中字幕的出现方式,位置选在画面的左边(非一般中规中矩的中央),而且字幕的排列有时两排三排,并且独具匠心地把句中关键词放大,处处显现创作者的精心、细心、用心。

综上所述,有如此之创意、创新、创造,再加上众多倩女玩家们的倾情相传,微电影《失恋3.3天》的蹿红火爆,人气飙升,确也在情理之中、预料之中。

(四)微电影精粹——《我愿意》

相对于报刊、广播、电视、户外四大传统媒体,数字报刊、数字广播、数字影视,手机短信、移动、网络、桌面视窗、触摸屏等新兴媒体方兴未艾。2011年9月由腾讯视频和湖南卫视联合出品的《我愿意》成为新媒体微电影的代表作之一。该片由田蒙担任编剧、导演,女主演杨洋系湖南卫视"2011快乐女声"全国五强选手,这部短片也是"快女微电影"系列中的一部,分别获得2011年度北京文博会主办的"新媒体节首届微视频大赛"第二名,广告门网站和新浪网站联办的"首届微电影节"金瞳奖。

临近大学毕业,原先校园里的一对对情侣大多劳燕分飞,有人奔钱奔权,有人奔"叔"奔"奶"……反正是一边倒的拆灶"散伙",人人变得无比"明白"与现实。而在一连串的"洗牌"甚至"重组"后,留下了声名狼藉的一地鸡毛和一大片问号。

滚滚洪流中,一个简单、淳朴乃至于"一根筋"的真实女孩苏小糖,百思不得其解:"为什么每个人都变得那么现实? 为什么大学毕业后就要分手?"

本片讲述了一对80后恋人面对毕业这道坎,以自己独有的方式,勇敢而大胆地作出"裸婚"决定,尤其是片中的女主人公苏小糖,单纯、活泼、坚执、自信,眼里容不得一丝一毫对心中圣洁之爱的亵渎与背叛。当丘比特之箭降临,她撒娇、甜蜜、温情,无比的淑女;当"风云突变",苦心经营的爱情之舟面临摧折与挑衅,她大无畏地站出来,非常地果敢、泼辣、强势,软硬兼修、麻辣上阵,上演出一幕幕可圈可点"野蛮女友"的"逼宫"戏!

如此大胆新锐的人物个性,将当代年轻人敢作敢为的秉性尽显无遗:徐大宇为了梦想默默付出,哪怕受尽辛酸委屈和冷漠,不卑不亢一如既往;苏小糖纯真"杂草",为了与心上人在一起,再多的贫困、艰辛、酸楚,不离不弃放胆前行!这种爱注定比常规的更轰轰烈烈、更让人惊叹。那毕业典礼上浪漫的创意"裸婚",一手结婚证一手毕业证,烧烤店里恣肆狂欢,学校操场上尽情奔跑,乃至教堂前发自肺腑的"我愿意!"和车厢内外的彩虹,都是他们共同奋斗、守护爱情的见证!再华丽的语言也比不上那一刻他们脸上洋溢的幸福,有爱有梦想的青春真好!这是新一代大学生毕业季里可以让无数学人泪湿衣襟的荡气回肠的故事……

剧情短片《我愿意》片长21分7秒,主题歌《等爱》(音乐安静了,等下首歌的空白,话题转开了,还有谁舍不得换台,那首歌唱的人还不来,风里面吹落一地等待,期盼依旧是最美丽的姿态,才发现原来你也在徘徊,如果遇见了,请默许这美好的安排),由女主演杨洋兼任演唱。

本片由十个小段落构成,具体可分解为:

第一段:商场邂逅、故事缘起。1分30秒。繁华鲜亮的商场内,苏小糖恋恋不舍一双漂亮的样品高跟鞋。学生情侣徐大宇苏小糖巧遇另一对分手女孩又觅新欢、男友跟踪的同学,剧情由此迭起波澜。

第二段:狭路相逢、首度交锋。2分37秒。徐大宇宿舍内,苏小糖不解"为何同学变得那么现实?"偶遇穿漂亮裙子的暧昧女孩找大宇,看在眼里的小糖忽闪着会说话的大眼睛,旋即发起了一轮强烈攻势,先是动怒扔书,继而叩肩吊颈亲昵软攻,反正是温情表白加"恫吓要挟"小情人的十八般武艺全用上了;分镜头处理也是男虚女实、步步推进,"你是我的第一个男人,也必须是最后一个男人!"将女主人公的纯真和"小野蛮"准确地表现了出来。

第三段:主动进攻、逼宫宣言。2分35秒。逆光的窗口,配以辅助光,将人物拍得很美。"我们结婚吧!"正喝豆奶的大宇不由地呛住了,男稳重女浪漫一览无余。苏小糖在这里吐露她的心语也是本片精髓的爱情宣言:"我们是杂草,干吗要用别人的方式生活,错过了就再也回不来了……"女孩的直率、纯情令人感佩。

第四段:真情流露、感人至深。4分08秒。宿舍走廊,大宇去面试,小糖回寝室拿手机时无意中看到男友日记,这是剧情的核心部分,声画同步,交替展现日记的相关情景及小糖的情态:"2011年1月8日,我和小糖认识一周年了,终于找到我最爱的人,她把一切都给了我。我做了一个决定,5年后的今天,我要娶她。我在咖啡馆打工的日子是我一生中最幸福的时光,你每天一有空就会来等我下班。如果有一天我们有一家自己的小店该多好! 2月13日,明天就是情人节了。我精心给你挑选的礼物,希望有一天,它是一枚戒指,我要亲手给你戴上。2011年2月14日,已经将近一年了,我们也快毕业了。这一年,我做了什么?我做成了什么?时间越来越近我开始怀疑,我们还能不能在一起?小糖,我不知能不能娶到你?有时我很想坦白我们裸婚吧,可我连工作都没有,我看不到未来,我能让她跟我一起承担吗?我一定要坚持住,我会好的!小糖,每当我面临再大的难题,当我一想到你一脸阳光、一脸单纯的样子,我就无所畏惧! 2011年11月13日,我打了三份工,都是晚班,没什么技术含量,从下午开始到夜里,都是杂工。但除了交学费、吃饭,也就勉强生活。12月25日,今天是圣诞节,雪好大,我们在雪中,什么车也搭不到,步行了两个小时才回到学校。风真冷,脚都冻木了,看着你雪中的笑脸,我发誓一定要买辆车天天接你,不让你受冻,可这,还要多久才能实现呢。12月30日,本来攒了1万块钱,突然接到电话,奶奶心脏病发,要动手术。小糖,原谅我把这钱先打回家吧。1月2日,深圳一家公司让我去,如果做得好,月薪六千。六千啊小糖,可是我知道,你不会离开这个城市的,如果我去了深圳,你坚信我们还能在一起吗?1月8日,我有一个五年计划,想在五年后娶你,我想把我省下的钱去做任何你想做的事,想给你我们自己的小家。依偎着,宅着,幸福地活着。可这要一步一步地走啊,尽管我特别努力,尽管我比别人要晚走很多,但还是没有通过试用期,我还是被直接扫地出门! 4月16日,今天面试了三家公司。对不起,我们不能录用你!"

第五段:从天而降、殊途同归。2分40秒。一连串的碰壁,大宇在天桥上愤怒宣泄:"什么另行通知,什么经验不足,什么其实你很优秀,只是不太适合这个职位,他们为什么就不能给我一个发展空间呢?谁不是慢慢走过来的。小糖,我一定要在这个城市站稳脚跟,我才有勇气跟你说:嫁给我吧!"天桥独白,命运咏叹,虽屡战屡败,大宇仍不泄气应聘,就在又一次面试会上,小糖不期而至:"我喜欢你的计划,但是不要五年后,跟我走!"大宇与考官疑惑不解。"比我还重要吗?""不面啦,今天他是我的!"堪比石破天惊。如果说前一段是话分两头、各自表述,那么这一段是回归合拢、合二为一。

第六段:峰回路转、典礼新解。1分52秒。狂奔出应聘的考场,小糖给杰希打电话。参加毕业典礼,面对惯常的校长致辞,大宇黑色幽默了一把:"校长,您说这么多年了,让我们也说两句",想不到两位"浑小子"头颈一缩,扒掉学士服,露出了新郎新娘的婚礼服!台下同学一片欢呼,"大学四年,不知有多少人分手,今天我们作为最后一对决定结婚!"这真是:我的青春我做主,我的毕业我主持!

第七段:见证青春、欢乐开怀。43秒。仿佛华彩乐段,新郎新娘着婚庆礼服,同学友人着学士服,还有那凑热闹的小狗,一起在青葱的学院操场上恣意奔跑,奔放之至,狂喜之至,无疑是青春的张扬,生命的奏凯。那烤肉店的庆贺畅饮,满天飞的学士帽与欢呼声、喝彩声,勾勒出一幅幅精彩动人的春天画卷。

第八段:另类婚礼、别有洞天。1分20秒。一对年轻人的双脚入画,兴高采烈往前走,出现一座威严森然的教堂,虽然大门紧闭,却怎能束缚年轻人飞扬的心绪。就在教堂门外露天广场,别致的另类婚礼隆重举行。同学杰希权作证婚人:"今天你们特别棒,做了我们做不到的事情……徐大宇,你愿意娶苏小糖为妻吗?""我愿意"(大声点,听不到),"我愿意!""苏小糖,你愿意嫁给徐大宇吗?""我愿意!"伴随着新郎新娘发自肺腑的心声,本片的主题词呈现,新郎抱起新娘相拥旋转……

第九段:巅峰时刻、风雨彩虹。1分05秒。婚礼最舒心最亢奋之际,也即是本片高潮最要紧最难忘之时,导演特意在这个情绪点、逻辑点、爆发点的节骨眼上,精心安排了一组两人艰辛走过最具标志性的镜头:大宇应聘屡屡受挫、怒而宣泄、对天长啸,小糖看信方明真心、甘苦自知不禁泪崩;教堂前的别样婚礼,彩纸花瓣飞舞,中巴车上狂欢,杰希晃动高压水龙,上帝也疯狂——幻化成喜气洋洋的七彩霓虹!

第十段:首尾相顾、余音袅袅。2分37秒。回复常态、回归平静,在彩色泡泡球布置的简易新房内,沉稳踏实的徐大宇制定了一个两年计划,第二天又要去应聘;天真浪漫的苏小糖,陶醉在遥远的马尔代夫梦幻里;请特别注意编导在片子即将收官之时设置的"惊鸿一瞥",这个粗看有点儿异想天开不着边际,却偏偏是强劲有力的豹尾——在看似天真之极荒诞之极的剧情中植入了该片的灵魂警句:(才八千多块钱也就是买两双高档品牌鞋的财力,妄谈马尔代夫天堂之旅?苏小糖亲昵地用双手抱住大宇的脖颈,顽皮地把他的头转过来,深情款款地说)"老公,我们是杂草,要用杂草的方式去生活,(杂草?)趁年轻,嗯"在苏小糖甜甜的暖暖的媚眼和酒窝中,黑屏上两行字幕显现:"错过了就再也回不来了,只要有你——我愿意!"主题歌起,在杨洋柔婉亲昵的歌声相伴下的一组马尔代夫游照片中,极富魅力的新生代爱情短片《我愿意》完美落幕。

该片处理颇为严谨,前有交代后有结果,如开头一位面临学业结束另觅新欢的女生,在看了大宇小糖婚礼后羞愧难当;小糖之前说"我是有计划的,包场、教堂、玫瑰花瓣雨、许多的礼花、豪华车队",最终,也以变通的方式一一实现。

二、电视诗歌散文

中国乃历史悠久的"诗歌"的国度,散文又是诗化的延伸,因而诗歌散文可说是我们的"国粹",但当下无论诗歌散文本身还是创作者,日子都不好过。与之对应的电视诗歌散文,同样也只是浩浩荡荡电视文艺大军中一支边缘化的小部队,与动辄调动集团军,使用高亮度、背投式大屏幕"面包墙",动用最好的舞美、最炫的灯光、最庞大的人力物力财力的大型综艺晚会、真人秀节目和音乐 MV 相比,实在是"小儿科",其制作费甚至连上述被称为"大制作"的零头都不到。但还是有那么一群志士仁人,凭借着一腔忠诚,坚守着作为严肃电视文化人对高雅艺术情趣的挚爱,卧薪尝胆、坚持不懈,打造出属于自己特色的风骨品性和艺术风范。

作为一个硬币的两个侧面:其一,央视《电视诗歌散文》在以电视文艺方式传播文学作品领域作出了良多探索和独特贡献,连续多届获得中国电视文艺"星光奖"大奖暨优秀栏目奖;其二,终以节目收视群相对的小众和与时俱进的弱化,不得已在砥砺支撑 12 年之后悄然谢幕(栏目班底已于 2011 年 5 月转入 CCTV 音乐频道全国首个音乐文化专题栏目《乐游天下》)。

考虑到电视诗歌散文费钱不多,但对电视艺术和电视技术本体功能的开发作用较大,尤其适合物质条件尚不太宽裕的传媒院校大学生,何况,蛰伏数年也许还会东山再起,所以我们还是不能小觑这种有潜质的电视艺术样式。

央视《电视诗歌散文》的宗旨为:运用魔幻化的电视艺术和电视技术手段,打造诗意化的视听空间,弘扬生活源流中的真、善、美,让这个躁动世界里的天、地、人,心灵有所净化,精神有所启迪,并得到审美的愉悦。制片人高立民和执行主编高洁对节目创作的宗旨尤有见地:"回首,蓦然。12 年,就像两道车辙,有无数的风景在身后掠过。那风景仄仄平平,文章自成。既有稍纵即逝的叹惋,又有惊鸿一瞥的铭心;既有水墨式的缥缈,又有锦绣般的绚丽。山重水复,柳暗花明,过往皆成大美。"

通常来说,电视诗歌散文包含两方面的属性:一为诗歌散文的电视化表现,二为电视表现的诗歌散文化。前者充分运用视听艺术细腻、灵动、造型等综合优势的特长,让富于文学想象的诗歌散文添加合适恰当的翅膀;后一种形式则是倒过来,电视从诗歌散文中汲取营养,将文学的想象、诗歌的练达、散文形散神不散的挥洒,自如地借鉴到电视节目中来,成为一种创新型样式的电视诗歌散文。而后者具有更大的包容性和潜力。掌握了以上两种创作方法,电视拍摄的题材就会相当宽广。自然景观:风光山色,天象奇观,流年四季;人文景观:市井生活,内心刻画,人间百态;诗词歌赋、散文游记、纪实、抒情、叙事、写景、状物、描摹、访谈、论理,乃至虚拟、三维、动画无所不能。但其中最要紧的还是:抒情、写意、传神。

抒情,乃电视诗歌散文的第一要义,这个情不虚浮、不夸饰,发自内里、入木三分,是先感动自己再感动别人的真性情。写意,电视诗歌散文最擅长的"杀手锏",轻轻一点,满盘皆活,它可以说是衡量一位业者水准高下、能力大小、天分多少的试金石。传神,无论构思立意还是细节处置,外在架构要合理,内在联系要紧密,特别在视觉语言和文学语言的转换连接上要找到最佳契合点。

电视诗歌散文对遮幅式画面、对音乐音响的要求极为严格。画面拍摄不仅仅是一般意义上的精美、唯美，某种程度上就是一张张精致的形象名片，尤其在上下幅画面之间的衔接，元素之间的过渡、渗透、替代等细枝末节方面，都有着严谨的章法和特定的要求，这也是它在视觉上明显区别于其他节目的重要原因。对剧中人说白和后期配音解说的要求也非常苛刻，正是靠着在拍摄与制作上咬住不放的"双保险"，才确保了文学意蕴与视觉影像相辅相成的高质量。

处在都市化的年代，密集如水泥森林的高楼、拥堵若蜗牛爬行的车流，接踵而至飘散不去的雾霾、尘霾，让不胜烦扰的人们越加茫然、失语。心灵的声音在哪里？灵魂的关怀在何处？兴许，作为人类最古老艺术形态的诗歌、散文与最现代的电视传播媒体的奇妙结合，可让有着唯美画面、隽永文字、深邃思索、动人细节、清新意蕴的音诗画"一展宏图"。

（一）《上海印象》

作为《印象中国》的一个大型电视"系统工程"，电视诗歌散文《上海印象》是继《丽江印象》、《哈尔滨印象》、《西湖印象》、《吐鲁番印象》、《成都印象》之后的又一次重磅出击。

《上海印象》系列，因上海世博会如火如荼举行而分外引人注目。观赏第一集《东方明珠》，伴随着夺人眼目、海派气息的时尚斑斓画面，德沃夏克《致新大陆》的动人旋律与之巧夺天工地构成了声画组合的美妙交响诗。不是吗，百年上海变化最大，莫过于浦东的拔地而起，先前隔着一条江如同隔着一个世界，浦东全方位的发展变化，即是新时期沧海变桑田、成就"新大陆"最具说服力的标志和象征，创作者的匠心可见一斑。

诗意浪漫的款款叙述，间或穿插代表性的人文采访，海派地域文化的细节呈现，将这座"海纳百川、有容乃大"的中国最早开放的东方大都市，与世界的同步对接栩栩如生地展现出来。不啻说，这是一曲最鲜活的"城市让生活更美好"的新世界浪漫曲。

江河交汇，说不尽百年沧海桑田；日月更替，看不尽海上花落花开。十里洋场，石库门前寻踪迹；东方明珠，浦东空中写传奇。清晨的外滩，刚刚苏醒；黄浦江畔，汽笛鸣响，破开平静的水面，将日出江花写成一幕幕撩人心扉的风景，所有的记忆在顷刻间被打开……

上海印象之一——东方明珠

百年来，这座城一直是中国现代变迁的缩影。自 1843 年开埠以来，上海仅用数十年时间，就从一个滨海县城发展成为"中国第一繁盛商埠"，一个"气象繁荣"的国际化大都市。2010 年，上海举办世界博览会，它把上海的城市面貌和发展推向一个新的高度,让这颗东方明珠变得更加璀璨夺目……

上海印象之二——惊鸿照影

爱上上海,其实是一件很容易的事情。在外国人眼里,上海就是一幅画。而且,不是普通的画,应该像"清明上河图"那样精致而经典的画。走在这座城市,就好像是这幅画卷徐徐展开,那脑海中的中国影像,便陆陆续续呈现在眼前。

上海印象之三——风骚独领

漫步在上海,就像漫步在迷宫,令人眼花缭乱、目不暇接。强烈的超前意识与浓浓的怀旧情结弥漫在大街小巷,崭新的宽阔街道与蜿蜒的林荫小路纵横交错,最现代的摩天大楼与最古朴的里弄洋房交相辉映。这座城市吸引着全中国甚至全世界的目光……

上海印象之四——流年似水

上海,是一块肥沃而独特的土壤。她深厚的文化渊源,她开放的文化理念,她包容的文化气息,孕育了独特的都市文化。流年似水,而上海是一朵玫瑰。她在时光之海里绽放,留下无数美丽的花瓣,延续着她独特的芬芳……

(二)《毕业了》

2010年盛夏,一档诗歌散文暑期特别节目《毕业了》在电视上播出,开场一段质朴之至同时又文采飞扬的真情告白令人印象深刻:"毕业,是一个沉重的动词;毕业,是一个让人一生难忘的名词;毕业,是感动时流泪的形容词;毕业,是当我们孤独时,带着微笑和遗憾去回想的副词;若干年后,假如我们还能够想起那段时光,也许,它不属于难忘,也不属于永远,而仅仅是一段记录成长经历的回忆。"

这个节目配合着一组组毕业生离校镜头的精准表述,拌和着丝丝缕缕的感伤音乐,真真切切地把未来可能是时代骄子也可能是市场弃儿,可能初战告捷有个好开始也可能屡战屡败总遭不顺的毕业生命运,严肃而冷峻、客观而公允地反映了出来。节目诗意、伤感、炽烈,令人回味,虽不乏年轻人青涩的生猛与张扬,却无比的亲切和真实,这只是人生赛场过渡期的一段准备,期待的是下一轮精彩的开始。

该节目的创意,看似漫不经心,却是真正的酝酿已久,一朝喷发;节目的策划看似多点散射、随心所欲,却是精心设计、有机安排;节目制作的过程就是随机纪录、自我发现和宣泄享受的过程。这种题材内容、体裁样式,对于编导专业的学生尤其具有借鉴意义。

一、流金岁月

未来就像天空中一朵飘忽不定的云彩,而我们,从毕业这一天起,便开始了漫长的追逐云彩的旅程。明天是美好的,路途却可能是崎岖的,但无论如何,我们都有一份弥足珍贵的回忆,一种割舍不掉的友情,一段终生难忘的经历……

二、梦开始的地方

盛夏的这一天,我们真的,真的,要毕业了……同学们一个一个地离开了宿舍,离别的话简单而又真诚,只有在校园里肆无忌惮地高声喊拜拜的时候,心底才会一阵莫名地悸动。他们是四年的朋友,也许也是你最后一次能见到的人……

三、朋友别哭

对着空无一人的宿舍说了一声:"拜拜,我走了",我轻轻掩上门,在夜色降临以前,告别了我四年的大学生活,离开了这一片留下我青春与热血的土地。青春散场,我们等待下一场开幕。等待我们在前面的旅途里,迎着阳光,勇敢地飞向心里的梦想……

四、别了,大学

也许,毕业那天,我还会像这四年里的每一天一样,沿着再也熟悉不过的路线走出这个公寓的大门,不过这一次,我不是去买盒饭,去附近的网吧上网,去校外的小店闲逛,或者是睡眼惺忪地跑去上课。这一次,我想,我会很郑重地对这个留下我四年青春的地方说一声——再见……

(三)《守望壶口》

这是一种怎样的情景,数公里之外,便闻轰轰然如沉雷般的低鸣声,越近壶口,其声越隆,其势越烈。待得及至眼前,只见翻江倒海,地晃山抖,奔腾不息的黄涛激浪展开中华民族母亲河的慷慨长卷。

乍一看,仿佛是竞技场上的"拔河"比赛,细观察,方知是冰天雪地里的"特殊战斗"。

犬牙交错,沟壑纵横;惊涛裂岸,冰山腾空。拍摄《守望壶口》让我们有机会走进西部,叩问先祖的心音,抚摸华夏的灵魂。

这一天,细雨霏霏,近景处的两把朝天伞和对岸远景处冒雨观景的打伞游客,将此时此地——壶口冬景的气候特征尽显无遗。冰冻严寒,满眼是狰狞可怖的冰凌、冰层垒成的沟壑山丘,把彼时彼地——壶口生态环境的险象、皲裂,勾勒得淋漓尽致。

一群从天而降的"发了狂"的电视人,居然把竞技场上的"行生"搬到了波滚浪涌的壶口现场,一个个凝神屏气,足蹬手拉,宛若古罗马的角斗士。两根绷紧的保险绳索,像是大地母亲两组多情脆亮的琴弦,协奏出"中华魂"与"大风歌"的天籁之韵。

这可不是"摆谱"、"作秀"闹着玩的,不久前,一位北京姑娘脚下打颤坠落壶口,瞬息间了无踪影。此回,冰层塌落,冰山一角开始融化,前方同伴的命运叵测,安危系于掌心,功败在此一举,千万千万大意不得呀……

请看:在惊涛裂岸、浪沫飞溅的迷蒙雾气中,一位手执相机,腰系缆绳,身穿红背心,似一团火种般跳动在褐岩浊浪间的黄河骄子——摄影家王悦,仿佛受命于不可抗拒的天地祖宗的重托,义无反顾地出没在贫瘠的乡间小路,沧桑的码头石墩,隆冬的黄河故道和险象环生的悬崖峭壁,他拍天边袭来的浪涌,他拍万死不辞的惊涛,他拍冰封凝重的缄然,他拍岸岩砥柱的坚韧……

相传,大禹治水的第一个大工程便是从冀州开凿龙门开始,他吸取父辈的教训,变消极防守为主动出击,变被动掩堵为顺势疏导,苦战八年开凿龙门的上唇,使之露出壶口;再掘开大大小小的龙门洞,终于让桀骜不驯的滚滚黄河水,按着人们设置疏浚好的河道,安然有序地注入大海。由此,人们将化祸为福、引灾为善、造福百姓的德行称为"禹迹"。

王悦正是踏着禹迹,把自己生命最重要的一部分融入了壶口。他要把一泻千里、跌落于断裂土地的精灵收入镜内,他要把力拔千钧、渗透于浪尖谷底的震撼定格镜中,他也要把对壶口环保、生态长期的观察思考与积郁于胸的深长忧患禀告后人,而这不就是中华民族气吞山河的一腔雄气吗?

博大、雄浑,不停顿、不知足,不言败、不屈服,这,便是披坚执锐的华夏雷电所在!便是千古不朽的中华精魂所在!

央视播出版文本《守望壶口》

任何生命的孕育都离不开水源,更何况是人;任何民族的昌盛都离不开河流,更何况是一个国家。作为黄河流域省区的山西日报社的一名摄影记者,我试图用我的相机与黄河对话,但越是走近它,黄河巨大的背影越让我喘不过气来。我知道,我这辈子的事业、追求、快乐、痛苦,怕是注定与这条河流捆绑在一起了。

今年二月下旬,壶口出现冰冻奇观,跟踪拍摄壶口14年的我,照例第28次踏上了行程。车窗外冰天雪地,吉普车在千山万壑间的吕梁山脉斗折蛇行,经过堪称九曲十八弯的艰难行进,终于来到了壶口。

抬眼望,黄河故道莽苍苍的一片,满目皆是翻江倒海涌来的状如石桌、磨盘般铺天盖地的巨大冰块,叠合撞击成天地洪荒景象。此时,主瀑布已经贯通,岩上堆积的冰块垒成两侧高耸的冰台,龙槽方向则大部分仍然为冰层覆盖,形成壶口冬春之交百年一遇的奇特景观。

循着涛声,我一脚高一脚浅地向壶口主瀑布缓缓接近,透过险象环生的高耸的冰台,但见梦里见它千百回的世界第一黄色大瀑布,由五百米的河面迅速收拢为二百米的河道,再追打挤压进五十米的瀑布"喉咙口",你推我搡,若千军恶战、万马嘶鸣,跌、打、翻、飞、冲、撞、奔、突,咆哮着,呼喊着,狂怒着,搏杀着,骤然拧为一束,舍身向三十米落差、距涧底一百米的壶口深潭"扑去"……

看着这惊心动魄的"湍澜惊波",看着这黄色巨龙的"卧镇狂流",我的灵魂被震颤了,我本能的第一个反应即是双手合成喇叭,发出了久蓄心底的呼喊。

我着实被那粗犷无遮拦的野性美的魅力深深打动了。壶口以其吞吐万象之气,挟持奔雷之威,将中华民族精神的不屈不挠、前仆后继、勇往直前、舍身奉献演绎得如此壮烈。

八月盛夏,我又一次来到了壶口,如果说,年初的壶口冰雪覆盖,观貌尚只能撩起"冰山一角",那么,这一次异常贴近地拍摄壶口,大自然慷慨地把它的全部形态一览无余地呈现在世人面前,令我震惊!令我动容!

才过去短短几年,壶口的景观地貌今非昔比。当初我拍摄壶口瀑布时,前后左右涌动的大大小小的瀑布群已急剧衰落,河床两侧岩石的崩塌和主瀑布顶部岩层的剥落,使"黄河之水天上来,千里波涛一壶收"的壮景大为逊色!作为壶口的目击者、纪录者和守望者,我心里好痛好痛!

黄河啊,我的母亲河,我为你长歌当哭,我为你生息相随。尽管,你的水很浑很浑,甚至浑得让人望而生畏;尽管,你脉动中的含沙量很沉很沉,甚至沉得让人"心动过速",但你就是彰显生命力飞扬的安塞腰鼓,就是黄河窑洞雄放刚劲的布老虎、酸枣刺,就是黄土高坡威风八面的唢呐、锣鼓,就是可亲可敬的我们的父亲、母亲,张老汉、李婆姨……

多少次,我在黄河故道边徒步、徘徊,看着萧飒秋风中裸露在旷野中日趋苍老的母亲河,眼泪忍不住夺眶而出。我心里难受啊,我要用摄影作品来大声疾呼:救救我们的黄河之珠——壶口,救救曾经养育了我们五千年的母亲河!

这,就是一个壶口守望者的箴言。

三、电视风光风情片

电视风光风情片,是指以充满生活情趣和民族风韵的音乐、歌舞、习俗、传奇与巧夺天工的自然风光交相辉映,以富于创造性的电视艺术与魔幻般的电视技术完美结合,抒发创作者鲜活浓烈的情感体验和哲理思索,一种洋溢着诗情画意、盎然有趣、蕴含着丰厚文化底蕴的电视艺术片样式。

之所以把电视风光片和电视风情片归于一类,原因在于两者有很多共同点:都是在风景胜地,外景拍摄;都需要潜心光影,以美取胜。但两者又有显著的差异:风光片通常以外观的山水云海、林木鸟兽等景物的美感为主,风情片则往往以内蕴的风俗民情、奇闻逸趣等人物的美感为主。也就是说,前者以景观见长,后者以情趣取胜。风光片侧重写景状物静态描写,风情片专注人物情状动态刻画。其中最根本的不同在于是以"自然景观"还是以"人文景观"为轴心,所以发展到今天,很多聪明的电视编导早已把二者融为一体,各取其长,使自己的片子景物和人物"打通",外观和内蕴叠合,描写与刻画同步,风光与风情兼容。如此做法,就会发现视野豁然开阔,风光风情片的容量变得更大,信息更密集,审美的观赏点、思索点、情趣点更多,必然的结果就是片子也会更丰硕、更扎实、更耐看。

拍摄风光风情片的要旨在于以下三点:

第一,爱美之心人皆有之,大好河山、壮丽风光、旖旎风情,怎能阻挡电视人探美寻美的步履,怎能抑制创作者发掘、发现的目光?请记住,千山万水总关情,要透过直观的景物,拍摄出自然世界固有的悠悠神韵。

第二,季节与时辰的选择,光影与色彩的构成,要吃得起大苦才能品尝其中特有的甘甜;尽情捕捉和拓展每一个"潜伏"着哲理内涵的诗意镜头,让即使不在现场游览的观众,也能在审美的同时感受教益和启迪。

第三,"横看成岭侧成峰,远近高低各不同",用你禅悟灵动的第三只眼睛,解读和享受世间的万种风情,用心给予被拍摄的客体以灵魂和浪漫情怀的"观照"。也就是说,风光风情片必须融入创作者的领悟和深挚情怀。

(一)音乐风情片《椰风海韵》记趣

五月,花红叶绿、蜂飞蝶舞,上海电视台摄制组一行,千里跋涉,赴海南岛拍摄由美籍台湾歌星费翔主演的电视音乐风情片。

1. 椰乡爬树

文昌县东郊乡的万亩海滩椰林,可说是椰岛最壮观、迷人的一景了。海鸥、帆影、沙滩、椰林……这一切构成了独特的热带风光。费翔赞不绝口地称这里的环境比夏威夷还美。就在清澜港湾灯塔旁的椰林边,我们拍摄了费翔演唱的一首新歌《夏日的浪花》和一组充满生活情趣的镜头。

一个七八岁的孩童别有一功的上树法使观者目瞪口呆。只见这娃子手抱树身,双脚合并,像小猢狲,又像敏捷跳跃的小青蛙似的,一蹦一跳、瞬间工夫便爬上了椰树顶;更令人惊讶不止的是,两位上了年纪的老人(其中一位还是女的)弓着身子,也稳稳当当地爬了上去。浑身充满活力的费翔,见此心里痒痒的,也想显一显身手,原以为凭着他的聪明和"现炒现卖"学来的技巧,估计不会有太大的问题,谁知刚爬了几下,费翔便颤颤巍巍地败下阵来。他捧着脚丫,连呼"这树可不好爬,不好爬!"而那边,早有孩童将青里泛黄、鼓鼓囊囊的椰子果采下,三下两下,砍去果壳,露出洞眼,费翔端起来一喝:"嗨!爬树不易,这椰子水倒是真甜!"

2. 潜海比武

摄制组来到琼海县沙老港——这里是生产麒麟菜和企鹅珠母贝的我国最大的海水养殖场。很巧,适逢姑娘们出海采撷,只见她们头戴潜水镜,身着橘红运动衣和白色平脚裤,在大海的怀抱里自由自在地沉浮。也是一位游泳好手的费翔突然萌生出一个奇怪的念头:要与姑娘潜海比武,看谁在海里憋气的时间长,看谁的水下功夫好。"挑战"一提出,与大海一样豪爽坦荡的姑娘们群起响应。只见三个红色的和一个蓝色的身影在清澈见底的海水下浮动。大约半分钟光景,上气不接下气的费翔终于憋不住冒了出来,过了好一会,姑娘们才笑着露出海面。据场长介绍,这批中国第二代的潜水姑娘是从当地的渔家女中挑选出来的,水下作业最长的能呆一分多钟。费翔"班门弄斧",自然"命定"败局;但他的收获也不小,之后采访姑娘们的工作、生活情况,那融洽和谐的气氛真是没说的。

3. 八哥道再见

音乐风情片《椰风海韵》已近尾声。屈指算来,从看景、写脚本到拍摄完毕,前后共花了二十天时间,行程达七千公里,可以说是日夜兼程,马不停蹄。那么,电视片最后部分该落脚在何处呢?俗话说"凤头、猪肚、豹尾",这煞尾尤须清新别致、果敢有力才行。为此,我们将片尾押在可称是"海南一绝"的八哥鸟上。

八哥鸟又称"能言鸟",天生一副好歌喉,能与主人自如地对话,那天真的姿态和宛若孩童般的声调,不觉使人哑然失笑。于是乎,在八哥之乡——会文乡家屯村的椰树林中,费翔与八哥鸟的主人——一位腼腆秀气的海南姑娘,一起与八哥逗玩嬉戏、喂食"酬劳",经初交建立感情之后,费翔对着摄影机款款说起了道别的话语:"朋友,看了这一集《椰风海韵》,您是否和我一样对海南岛的风情有了更多的了解呢?我希望这个节目能为您的夏日增添一份情趣。最后呢,我与岛上结识的新朋友——八哥鸟一起祝您幸福,一起说声再见!"真是默契配合:费翔道白时,八哥鸟以其脆亮的音色鸣喉"伴奏";费翔最后说再见时,颇有灵性的八哥连连鸣叫"再见,再见!"学得惟妙惟肖,喜得大伙如风摆椰枝——一个个乐弯了腰。

(二)《舌尖上的中国》:一部另类制作的风光风情片

《舌尖上的中国》(7集),由央视纪录频道二三十人的团队走南闯北,包括港澳台在内,历时13个月,使用全高清设备拍摄而成。2012年5月首播,引起各界强烈反响,网络点击率一度超过众多热播大片。此系列片制作精良,风靡大陆荧屏,并于2012年7月在台湾公视、9月在新加坡星和都会台、10月在香港翡翠台播出。第65届戛纳电影节组委会主席南尼·莫莱蒂曾特意观看了片花。及至2013年1月,该片已被译成6种语言,销售至美国、欧洲等75个国家和地区,海外销售额226万美元,单价甚至超过一些热播电视剧。

一般来说该片被定义为大型美食纪录片,但我们更愿意视它为一部另类制作的风光风情片。何以见得?因为风光片的地域宽广、景色秀美、韵味独特,风情片的风土人情、哲理内涵、浪漫情怀它都占全了,甚至还广泛引入了悬念、故事、大时空、快节奏、大写意、主题歌等剧情片和文艺片的元素,只是一切的手段都在为"舌尖"服务。这叫"艺多不压身",高水准的电视编导自会根据片子属性的需要,融会贯通,广纳博取,让片子更加味感独特、活色生香。

顾名思义,《舌尖上的中国》离不开筷子与肉,离不开美食所处远山近水的土壤、环境,更离不开创造和享受美食背后散发着浓浓中国情调的人物故事,以及暖暖的沸腾着气泡和香味的人文关怀。

《舌尖上的中国》,每集一个主题,采用地域大跨度的跳跃式剪辑,但片中主人公都是天南海北寻常人家的普通老百姓。如云南大理的老黄父子一起腌制火腿;湖北嘉鱼县职业挖藕的两兄弟;摄影师白波只有在过年的时候才能与家人吃上饺子;定居北京的金顺姬回家跟妈妈学做泡菜;浙江慈城一对空巢老人,最开心时刻莫过于为宁波回来的儿孙制作可口的年糕,一家人边吃边聊家常,短暂相聚后家里又剩下这对老人……这便是生于斯长于斯普通中国人的人生况味。"一方水土养一方人",每一种美食背后都牵连着一个个家庭、一个个故事、一段段荡气回肠化不开的民族情感。

对于都市人而言,《舌尖上的中国》打开了一扇窗,展现出多民族迥然不同的饮食文化、风土人情、民族仪式等一个个陌生而新奇的世界。如第一集中,卓玛母女在凌晨三点步行到原始森林采摘松茸。当松茸出土,卓玛不忘用松枝把菌坑盖好,使之不被破坏,这是藏民的规矩,既是对大自然的敬重,又是与之长久地和谐共生。而观众从这些最民生、最贴近生活的美食中体会到的不仅是味蕾的快感,更是难以忘怀的普通劳动者质朴的笑容、所求不多的安居快乐,领受自我劳作后的安然与慰藉。

其实,被《舌尖上的中国》勾起的,不光是美味佳肴,更有一种流泪的冲动。"味道是骨子里绕不开的乡愁"。看到和家乡有关的部分,很多人真地想哭。《舌尖上的中国》涵盖全国美食,让不少观众想起了"小时候的味道"、"家乡的味道"和"妈妈做饭的味道"。

"看着竹笋挖出来,火腿吊起来,渔网里闪闪发亮,揭开蒸笼,冒着白花花的蒸气的馒头,拉面摔打在案板上的脆响,驮着黄馍馍的大伯朴素的笑,都让人激动得落泪,多可爱的中国!"看过《舌尖上的中国》,不少网友发出这样的感叹。

陕北的饽饽商贩、查干湖的捕鱼老者、云南的火腿匠人、兰州的拉面师傅……在《舌尖上的中国》里,每一个鲜活的个体背后都洋溢着朴实的气息。"片子里那些辛勤劳动、有着质朴笑容的人们,才是组成这个国家最重要最真实的存在。"网友云隐归舟说。

《舌尖上的中国》用一个个具体的人物故事串联起祖国各地的美食生态,这其中,有制作的技巧,有艰辛的劳作,有相濡以沫的真情。有端上桌的美食,也有食物的演变过程;有方寸间的方桌厨房,也有广袤的祖国山河……"因为爱中国饮食,所以更爱中国。"媒体人陈女士在微博上写道。

"其实它讲的不只是美食,而是深入美食背后讲文化传承,探讨当今社会中人类该如何善待食物、如何与大自然和谐相处。"文化学者胡野秋这样评价。

2012年,面对各种添加剂泛滥、食品安全遭受空前的威胁,《舌尖上的中国》唤醒了人们对传统食物的美好记忆,引发情感食疗的强烈共鸣。实际上,片中真正聚焦烹饪的时间不多,更多展现的是劳动者如何捕猎、加工、制作这些自然馈赠的食材,飘散着劳动者辛勤的汗水和美食诱人的香气;同时,也勾起了身处异地人们的美丽乡愁。该片不以菜系划分,每集都有自己的主人公,比如70多岁的黑龙江鱼把头、卖黄馍馍的陕北老汉、陪外婆制作年糕的浙江慈城小姑娘等等……《舌尖上的中国》通过对食材、人物朴素细腻的描述所蕴含的浓郁情愫,使它远远超越了一部常规意义上的美食纪录片。

(三)微电影《希望树》——一部特别意义上的风光风情公益片

感恩公益短片《希望树》,根据《中国达人秀》人气选手刘寅的亲身经历改编拍摄。节目于2011年11月27日播出。刘寅坦言参赛唱歌既不为台下观众,也不为几位评审,而是为了云南大山里的76个贫困生。他说做义务教师一年多,不仅没工资,仅存的一千多块钱也拿出来给孩子们买肉了,他之所以上《达人秀》舞台,是为了让更多的人知道和帮助这些孩子。创作型歌手刘寅录唱卖碟为学生买肉的故事,感动了现场所有的人。三位观察员异口同声喊"Yes",周立波表态,海派清口公益基金赞助孩子们两年的肉;黄舒骏称一定掏钱买一首刘寅创作歌曲的版权;倪萍则表示,要为已经30岁还落单的刘寅找一位女朋友。

同样被感动的,还有国内知名"快时尚"服装品牌——诺奇时装总裁、《希望树》出品人丁辉先生,在企业十周年庆典之际,以"感恩"和"助学支教"为基点,携手皇品微电影共同将刘寅和孩子们的故事搬上荧幕。由于是真人真事改编,故事的场景选择到刘寅真实支教的偏远地——云南省丽江市宁蒗县烂泥菁乡大拉坝小学拍摄,因而生活情景朴拙天然,刘寅和孩子们非刻意表演的"原生态"表现,极其纯朴。刘寅给孩子们带来了生活的新机,他自己也被孩子们一双双纯净的眼睛感动;刘寅给孩子们带来了希冀,而他们也给刘寅反哺以满腔热忱;孩子们天使般的面容和感恩情愫催人泪下,师生情谊感人肺腑。短短10分钟不到的视频,将贫困山区恶劣的环境、艰苦的生活,以及刘寅和大山里孩子们共同的坚持和梦想,细腻直观而又富于说服力地展现在屏幕上。

其实,品牌企业资助微电影已早有先例,台湾大众银行的《梦骑士》、雪佛兰的

《老男孩》、凯迪拉克的《一触即发》,以其亮丽的传播绩效宣告视频营销时代的到来。近年来,匹克体育《灌篮高手三分扭转杯具》、金鸡体育《田埂上的梦》、诺奇时装《希望树》等一批高品质微电影,依凭便捷、高效、低成本的微博、视频网站传播火爆走红,也是品牌选择的大势所趋。

当然,这部优秀微电影的拍摄还离不开执掌导筒的林珍钊,这位被称为中国十大新锐导演的年轻人的执著与功力,80后出生的他已成功创作《别惹丑女》、《田埂上的梦》、《为了荣誉开枪》等数十部优秀独立电影、微电影,被福建媒体誉为福建省最具潜质和影响力的青年导演,代表着中国新生代电影的未来。这部以"大爱"见长的慈善题材微电影《希望树》,上线后几天时间,点击量便突破百万,赢得各大论坛网友们的广泛支持与称赞。

我们不妨细细解剖这只"麻雀",看看它鲜活灵动的"五脏"。

全片片长9分30秒,采用第一人称自述和相关故事情节穿插交融。本片采用的是最典型的纪录片拍摄和故事片拍摄两结合的做法。纪录片的元素如场景、人物、服装、造型,极注重一个"真"字,取纪实片的风格。故事片的元素如故事剧情、戏剧结构、矛盾冲突、音乐音响,极讲究艺术氛围的铺排和情景的设定,是一部张弛有度、有起伏有高潮、完整版的袖珍故事片。

为了追求出"真"出"情"的综合效果,人物塑造方面,其中最主要的支教老师刘寅和父亲去世后爷爷领着他用土豆代替学费来上学的李江华,可谓片中浓墨重彩刻画的两个代表人物。刘寅,一个长相平平有点儿愣的平头眼镜哥,他的台词独白、配音语调,乃至于举手投足,平和率真,就像隔壁的邻家男孩;李江华,一个出身贫寒、性格有点儿倔,眉宇间透射着反叛和不屈服劲,然而又是极淳朴,血液里滚动着感恩情结的可爱男孩;两人的出色演绎,将本片的真情实感和灵魂震撼指数,无可置疑地推到了高点。

《希望树》由片头、片尾和七个小单元(自述、托孤、吃饭、上街、备课、新校、离别)有机组成,它的谋篇布局合理顺畅,艺术结构严谨紧凑,核心元素贯穿表达,画面蒙太奇和声音蒙太奇的运用驾轻就熟,创意、策划、制作,都堪称微电影的典范。

按序细列,我们先说音乐。由于刘寅本身是个音乐人,弹吉他唱歌是他的专长,所以音乐的作用在此片中非同寻常。某种意义上说,《希望树》也是一个微电影的音乐故事片,里头贯穿运用的两首歌,一首《送别》,音乐旋律前后出现了6次;一首刘寅演唱的主题歌《一盏灯火温暖了寒冷》,先后出现了2次,并且都是处于影片高潮和次高潮的部位。之所以选择这么处理,自然有着创作者的深意。

选取李叔同优美凄清的《送别》作"底色"铺垫,显然有作者精细的考量。刘寅要离开朝夕相处三年的孩子们了,贫舍古道,芳草萋萋,那一份不舍的离情别绪,岂是其他音乐所能代替。所不同的是,编导将此歌作了特别处理:前一半"长亭外,古道边,芳草碧连天;晚风拂柳笛声残,夕阳山外山。"配置以大山深处刘寅和孩子们弹唱行走在上学路上的4个大远景、大全景、小全景、中远景,直至出现夕阳晚照中的片名《希望树》;后一半"天之涯,地之角,知交半零落,一壶浊酒尽余欢……"则让刘寅带孩子们作朗读处理。

　　紧接着一段自述:"我叫刘寅,一名普通的义务支教老师,三年多前,我来到这个地方,感受着山区的原始魅力和孩子们的质朴纯真"。(1分15秒)今宵(声音蒙太奇)……窗口探视的大爷,进入"托孤"第二单元(李江华的翻眼皮)。1分58秒"吃饭啰!"刘寅为孩子们打饭菜,筷子扒碗的实况声,孩子们往刘寅碗里拣土豆,音乐声中"或许我再也尝不到那天土豆的味道,孩子们就像天使一样,让我忘记了自己身处如此贫瘠的土地"……(2分58秒)第三单元"我想我是不是能努力让孩子们每个月吃上一次土豆以外的东西,唱歌卖CD是除了上课以外我能为孩子们所做的,我不知道这样是在为了孩子,还是为了满足我内心的不平,学校离最近的乡镇也有四个小时的车程,通常到夜里才能回到学校",实况,手扶拖拉机声,李江华喊一二三,孩子们发亮的眼神与刘寅一起推车,主题歌响起:"给我一盏灯火温暖了寒冷,给我一点勇敢穿过了黑暗,给我一些坚强走完这条路(欢呼,篝火,琴弦,光斑,孩子喜滋滋吃饭嘴角的米粒),给我一丝希望挣脱这现实,一片落叶滑落会惊扰了整个夏天,一片雪花落下提醒冬的寒冷"。(4分38秒)深夜备课第五单元,万籁俱寂,吱呀开门声,李江华兜里掏出希望果,放于桌上声。刘寅凝视,打开,甜甜吃上一口:"后来我才知道,村里人叫这种果子为希望果,它寄托了村里人很多美好的期盼。"刘寅为孩子们拍照,定格黑漆漆的手,乱发,写字,土豆锅。(5分28秒)第六单元,与外界联系,援建新校,"越来越多的人开始关注这里的孩子,第二年大山里就盖起了新学校,孩子们也住进了新宿舍,看到这些小天使们的笑容,让我觉得所有的付出都是值得的"。(6分24秒)第七单元"我考虑了很久,现在这里改善得差不多了,可能还有更多像大拉坝这样的地方需要老师,(这怎么给孩子们交代呢?)这个我来讲……"再次响起"送别"的旋律,孩子们无声的泪滴,低泣,用袖管擦拭着止不住的眼泪,刘寅背着大背包告别,一个个稚嫩的声音:老师不要走,老师不要走!"孩子们的眼泪让我开始怀疑自己的决定,我甚至不敢多看一眼,这些陪伴了我三年的孩子们"(纠结的孩子们的泪眼)。"再见了大拉坝,再见了孩子们!"齐刷刷自发敬礼,晃动的镜头,远去的身影……车轮滚动,一"骑"绝尘,李江华手里紧捏着布袋从木篱笆后泥巴路上奔跑而出:"老师","师傅停车,停车!"在李江华奔跑的脚步和高高举起的拿着布袋的手这一画面出现时,高潮迭起,熟悉的吉他伴奏的带着些许苍凉粗犷的歌声响起:"给我一盏灯火温暖了寒冷,给我一点勇敢穿过了黑暗,一片雪花落下(黑白闪回李江华当初的翻眼、刘寅带他进课堂、吃饭时往老师碗里拣土豆、与拍照的刘寅一起嬉闹、深夜给备课改作业的老师送希望果),提醒冬的寒冷,太阳每日东升照耀大地无限曙光,只要有梦就能看见希望(车上前倾的刘寅、奔跑的江华、伸出的大手、希望果终于传到了刘寅手中)。"望着老师远去的身影,李江华呼喊着:"老师,把希望带上!"……大静场,刘寅小心翼翼打开布袋,几个亮晶晶的青果犹如鲜活的生命跃入眼帘,(8分58秒)尾声,首尾相顾,天籁之音的"送别"第六度响起,"长亭外,古道边,芳草碧连天(黑屏字幕:我国有300多万名儿童因贫困处于失学状态……)晚风拂柳笛声残,夕阳山外山(片尾字幕)。"

第二节 电视文艺节目特别制作

电视文艺节目的样式很多,这里择要特指脱口秀类、访谈类和专题类三种。

一、脱口秀类文艺节目

1992年,上海东方电视台首播《东方直播室》节目,采用现场直播的方式,邀请嘉宾和观众就某个话题展开讨论,这是中国电视谈话节目的滥觞。谈话节目真正引起观众和理论研究者的关注,并在电视节目中形成规模效应,是从央视《实话实说》的热播开始的。状如邻家小子的主持人崔永元的脱颖而出以及央视的强势地位,使中国脱口秀踏上快车道。

被中文译为"脱口秀"的这种国外流行的谈话类节目,名叫"talkshow"。"秀"是英语语词"show"的汉语音译,基本含义是"显示,给别人看",一般指的是将自己的优势或特点表现出来。"脱口秀"是一个非常形象的译法,所谓脱口成章、即兴发挥。在美国,众多形形色色的成功脱口秀节目,绝对体现主持人的个人魅力。很多著名的脱口秀主持人,甚至当面调侃总统,将高官名人耍得团团转,当然他们也有胆量自我解嘲,把节目做得趣味横生、游刃有余。但国家体制不一样,探索中国特色的"脱口秀"节目需要一个过程。

真正好看的"脱口秀",一定有夸张的成分,将各种谈话要素夸张到幽默,夸张到不可思议,但本质却是真实的,即所谓"真实地作秀"。

"脱口秀"强调"双向交流"与自然流露,它需要幽默、睿智、俯仰天地、悲天悯人的情怀、心灵点亮、大彻大悟的境界。美国主持人奥普拉·温弗瑞的脱口秀,是美国电视史上创最高收视率纪录的谈话节目,她被称为谈话节目的"王者",她的节目特别吸引女性观众,获得了极大的影响力。

(一)奥普拉·温弗瑞

1. 奥普拉·温弗瑞其人

奥普拉·温弗瑞(Oprah Winfrey),生于1954年1月29日,美国电视脱口秀节目主持人、演员及制片人。她出生于密西西比州科西阿斯克,在贫穷的单亲家庭中成长。1971年,温弗瑞获田纳西州立大学全额奖学金学习演讲及表演。19岁时成为电视新闻节目的主持人。她是第一位主持新闻节目的非洲裔美国女性。第二年她到巴尔的摩主持WJZ电视台的晚间新闻及当地的脱口秀节目。1984年搬到芝加哥主持《芝加哥早晨》获得极大成功,该档节目在尼尔森收视率调查中独占鳌头。翌年更名为《奥普拉·

温弗瑞秀》(The Oprah Winfrey Show)。1983年,奥普拉成立了自己的制作公司,该节目成为全美脱口秀王牌节目。她还出演了电影《紫色》(1985年),获奥斯卡最佳女配角奖提名,并成为该影片音乐剧版本在百老汇上演的戏剧制片人。

2. 奥普拉·温弗瑞的节目特色

奥普拉脱口秀一般以话题为主,关注女性、虐待儿童、减肥困难、缺乏自信等与普通百姓生活息息相关的现实问题,通过对典型事例的探讨和分析,给人们提供一种指导性的建议。此外,为家庭生活中理财、安全、装修等提供帮助和参考。奥普拉脱口秀节目常常会邀请一位心理专家,帮助嘉宾解决自己的困惑,并提供建设性的意见。奥普拉在节目中专访过很多世界顶级明星,如流行音乐之王迈克尔·杰克逊、著名歌手惠特尼·休斯顿,美国阿拉斯加州前州长、副总统候选人萨拉·佩林等。她的节目前半部分探讨社会问题,后半部分邀请一位明星访谈。奥普拉脱口秀长期占据美国电视谈话节目的头把交椅,每周观众两千多万,并在海外一百多个国家和地区播出,被称为电视史上收视率最高的脱口秀节目。奥普拉不仅能设身处地体会他人的苦乐,还敞开自己的心扉,与观众真诚交流。在一次讨论有关乱伦问题的节目现场,一位嘉宾含泪诉说,奥普拉听完后泪流满面,紧紧相拥。并在毫无事先准备的情况下向观众讲述了自己幼年被表哥强暴的痛苦遭遇。奥普拉敢于向观众坦陈她生活中的细节,赢得了观众对她的好感和信任,将其视为可信赖和倾诉的对象。这种个性特质也是奥普拉的谈话节目经久不衰的原因之一。中国观众熟悉的选秀明星、被称为有着海豚般音色的张靓颖,香港凤凰卫视《鲁豫有约》当家主持、被英国 BBC 和美国 CNN 称为"东方奥普拉"的青年主持人陈鲁豫,也曾参加过奥普拉的脱口秀节目。

(二)周立波

1. 周立波其人

在中国,可被称为严格意义上的脱口秀表演者还不多,周立波是无争议的一个。

周立波,上海海派文化代表人物,1981 年进入上海滑稽剧团,师从上海曲艺界元老周柏春。成名于 20 世纪 80 年代末,其表演风格独树一帜,融冷面滑稽于一体,又不失人文才情的调侃和嘲讽。周立波曾下过海、经过商、坐过牢、出过国,但始终牵挂着表演艺术。机遇使然,在经过了长时间的考察、酝酿、准备后,他于 2008 年年底重返舞台,自创自演的海派清口《笑侃三十年》、《笑侃大上海》、《我为财狂》等引起轰动,其一人一夹一椅子连演 2 小时的"海派清口"脱口秀得以成功创立。之后他进军电视,时长 45 分钟、集中盘点当年度重大事件,为春节播出度身定做的《一周立波秀》问世,《南方周末》冠以"这个民族幽默了,就有希望了",引起广泛关注。再以后,《小崔说·立波秀》、《中国达人秀》、《中国梦想秀》"梦想大使"等角色,奠定了他在中国真人秀节目中的地位。

2. 周立波的表演特色

穿得体西装梳小分头,说一口流利的上海话和普通话,周立波一个人、一张嘴、一个提示夹,撑起一台海派清口演出。他的单口,综合运用传统噱头、时尚笑料,融合国内评书、小品、独角戏和西方脱口秀、好莱坞喜剧等诸多元素,加之才艺表演短信互动,将自己的人生感悟融入到爱情、婚姻、知识、财富,家事国事天下事大变革的情景之中,其行云流水的表述和匪夷所思的连环噱头,引起现场观众的热烈追捧,整场演出笑声超 500 次,掌声近 200 次。表演风格亦庄亦谐,充满了海派智慧和丰沛想象,如"去年股市是脑充血,充发充发,就半身不遂了";"这 30 年,2 只轮子少了,4 只轮子多了,原来坐出租的是大户,现在至多算散户"……在他脱口秀的演绎中,流行时尚、趣闻轶事、百姓甘苦、情感宣泄,以一种正话反说、曲意别解的形态,将新上海人的达观和幽默、滑稽与可爱富于哲理化地呈现出来。

周立波笑侃民生的海派清口,还具有积极豁然、淡却忧愁、应景随时、笑向未来的效应。社会热点和百姓心声是内涵,广吸博纳、睿智思维是外功,每天四小时的读报、上网、看新闻是必修课,"脱口秀"无疑也是即兴的人生考场。

▶▶【资料链接】《一周立波秀》经典话语

鞠躬鞠这么长时间,不是想讨掌声,实际上我主要想让大家检查一下我头势(头路)清楚伐。

费玉清是我非常喜欢的一个演员,唱歌多好,气质多好,你们去想,一个男人站在台上,娘娘腔,但是人家不触气(讨厌),绝对有难度哦!

蒋大为唱《在那桃花盛开的地方》,这枝花开了30年还没谢脱。

你们一定要像容忍你们领导一样容忍我的无知。我的意思并不代表领导就一定无知,但无知的基本就是领导,这句话是不对的!领导怎么可能无知呢?领导这叫大智若蠢!

文化艺术界的人,我得出一个结论,凡是脸难看的人一般实力都很强。张艺谋的脸难看哇?绝对!侬讲伊漂亮属于侬有问题!这个脸就像被菜刀劈过一样而且是没开封的菜刀!

股市怎么可能有专家呢?股市只有输家和赢家。现在是one day the world(一天世界,指乱七八糟)!中国股市基本上属于老板进去,瘪三出来;人才进去,棺材出来;博士进去,白痴出来;杨百万进去,杨白劳出来;进去的时候想发财,出来的时候想发疯;握着双枪进去,举着双手出来,全部缴枪不杀了。想学巴菲特进去,被扒层皮出来;小康家庭进去,五保特困出来;拍着胸脯进去,抽着耳光出来;男人进去,太监出来;周立波冲进去,周扒皮逃出来;大小非解禁进去,大小便失禁出来。

要做到涨跌不惊,闲看庭前花开花落,盈亏随意,任由天外云卷云舒,如果你做股票能做到这种境界,你基本上已经不是人了。

如果把中国男足比做一个男人的话,那么除了妇科病外,他什么病都得了。向仍然战斗在足球育才一线的壮士们致敬!希望你们的坚持能改变中国足球的未来,如果中国足球还有未来的话。

什么是和谐?和,禾木旁代表粮食,口就是嘴巴,代表人人有饭吃;谐,言字旁就是说话,皆就是大家,代表人人都可以说话。和谐就是人人有饭吃、人人能说话。白领是什么意思?就是领来工资全部用掉,全部"白领"。

当你失败了,就把它作为人生财富;成功了,就是财富人生……

二、访谈类文艺节目

访谈类文艺节目因访谈对象众所周知、知名度高(通常为大名流、大艺术家、大热点人物),成就卓著、人生跌宕特别有故事(哪怕间杂飞短流长、"花边"绯闻),节目观赏性强(离不开艺术家的经典之作、新品新作),而大受各电视台和广大观众的喜爱。加之制作此类节目机动、灵活,拍摄成本不高,制作周期不长,且对完成收视指标、扩大栏目在观众中的影响,奠定在同业媒体中的地位,均有确凿实在的好处,所以无论哪家卫视、哪个频道,都会有这样的栏目,并且趋势看涨,哪怕自己做不了,愿意花钱购买的也不在少数。

随意举几个例子。央视三套《艺术人生》做得很大气,有规模效应,但时不时会有一点煽情的味道;阳光卫视一个挺阳光的品牌栏目,是知性、睿智的《杨澜访谈录》;状如邻家女,特别注重情景交流,甜甜咸咸的是凤凰卫视的《鲁豫有约》;情同姐弟,主持起来挺活泼顺溜的,是李静、戴军的《超级访问》,之后李静从《情感方程式》、《娱乐麻辣烫》、《美丽俏佳人》到《非常静距离》,成为业界一个最具商业嗅觉和方位感、为投资方青睐的主持人;另一档"聆听智者的声音",以传播精英文化为主旨的东方卫视《可凡倾听》,主持人是位"福嗒嗒、胖笃笃"的医科大学硕士生,擅长运筹帷幄掌控全局,这个善听能言、"腹有诗书气自华"的栏目,与观众分享的是巅峰处的磨砺与快乐。

(一)《艺术人生:士兵突击本色》

1. 创意点——励志片

一部记载普通士兵心路历程、讲述中国军人传奇故事的电视剧《士兵突击》荧屏热播,这部没有大牌明星、没有美女调料,甚至也没有炒作宣传的电视剧,以战场上质朴无华的做人准则和感人肺腑的亲情友情,打动了无数年轻人。节目邀请剧组当事人以探究竟,寻找"源头"。

2. 策划点——原班人马

运用国家台的优势,邀集主创主演原班人马来到《艺术人生》拍摄现场,结合影剧回溯往事,揭秘士兵突击背后的故事,分享人生蕴藏的机遇与困惑。尤其是剧中王宝强、陈思成饰演两位截然不同价值取向人物的坎坷之路(曾经北漂、曾被开除),对当今的青年人特有启示借鉴作用。

3. 制作点——两段体架构

第一,群体嘉宾上场,一人一句经典台词,观众自发设立最佳吃苦耐劳奖、迷途知返奖、纯老爷们儿奖等,现场气氛火爆热烈。第二,静场娓娓道来,导演康洪雷创作激情何以被该剧点燃,士兵们又有怎样不得不说的幕后故事;重点剖析许三多、李成才鲜为人知的曲折经历与人生感悟。

2000年,14岁的王宝强怀揣着500元钱和他的电影演员梦,生平第一次到了北京。一路打听,终于摸到北京电影制片厂门口,一屁股坐在马路牙子上,开始了自己的"北漂"生活。

充当群众演员和武打替身,王宝强一闭眼,就能想起自己摔在水泥地上的砰砰声,一天的收入有时几十块钱,有时两顿盒饭,更多的时候一个工地接一个工地找活儿干。

在导演康红雷看来,这"土"小子演戏敬业得近乎拼命。《士兵突击》中有场戏,许三多为了不给大伙拖后腿,苦练"腹部绕杠",实拍时,王宝强竟然一口气做了几十个漂亮的"腹部绕杠"动作,为此磨破了手,扭伤了腰;而王宝强憨憨地说:"不能忘本,咱做人要有根儿",这或许是草根影星王宝强"做人成功一切成功"的秘诀。

陈思成则从小就有明确的人生目标,多才多艺的他18岁艺校毕业考入上海戏剧学院表演系,专业课成绩遥遥领先,但一次打架事件,被院方开除;两年后考北京电影学院,又被拒绝;是中央戏剧学院的老师收下了这名绝望的学生,陈思成说他把老师叫"妈",因为老师给了他第二次生命。陈思成说没有艺术不会死,但没有真诚的生活态度,会失去发自心底最热情的渴望,会不知所措没有坐标。感谢《士兵突击》带给自己的心灵震撼,关键时刻"不抛弃,不放弃!"

(二)《著名歌唱家系列:谭晶》

创意点:改革开放三十年,他们与全国人民肝胆相照,共同走过;回眸三十年,放歌三十年,他们是最具代表性的见证者、讴歌者。采用双线双向或平行或交叉进行。

策划点:回溯三十年辉煌脚印,袒露歌唱家心路历程,中国歌坛最具标志性的三代歌唱家,回眸往事,畅叙人生,共述歌坛传奇。不能面面俱到,务必紧紧抓住要点。

制作点:与常规访谈节目不同,采用分而治之,统一中心场景的方法录制。外景单机拍摄和多机位中心场景、第一人称自述和第三人称旁述、音乐表演和人生感悟相结合。

一个与中国改革开放同龄的小女孩,在她三十而立的时候,居然获得了这么多丰硕的成果,她是被歌迷称为"晶晶亮"的谭晶。

谭晶出生在山西新绛县,如今是总政歌舞团的独唱台柱演员。2008年北京奥运会,她既当志愿者又当火炬手,并且一人连续承担奥运会开幕式、闭幕式和残奥会开幕式的三场重大演出,代表作《天空》、《我爱北京》、《让我拥有你》(与范竞马合作)影响深广。奥组委依据她的出色表现,特意将她演唱的十多首优秀奥运歌曲,出专辑碟片予以褒奖(此"待遇"只有她和成龙两人)。

过去的年头里谭晶创造了诸多的第一,在豪华经典的维也纳金色大厅,与奥地利民族交响乐团和合唱团合作,成功举行了她硕士毕业后的第一场高规格独唱音乐会,用多国语言演唱16首不同风格的民歌、艺术歌曲、创作歌曲和歌剧选段,受到业界和各国观众的高度评价。

在时下还比较落后的谭晶的家乡,她尽其所能捐助30万兴建"春蕾"希望小学;积极参加各类慈善公益活动,以其清新健康的形象成为中国红十字会、江西省青少年健康基金爱心大使,江苏省扶贫形象大使等社会公众角色。汶川地震,谭晶在第一时刻出现在抗震救灾慰问群众和指战员的现场,满含热泪演唱《你是我的父母我是你的兵》,并主动与救灾战士热情拥抱,让人倍感新一代青年歌唱家善良美丽而又滚烫的心灵。

这样一位难能可贵的军旅歌手,自觉地肩负起时代与民族的责任,第九届"亚洲之声"国际流行音乐比赛,响起了她高亢激越的《唐古拉》(获大赛银奖);央视春节联欢晚会,她为军人演唱情意绵绵的《妻子》;南方雪灾,她在广播里清唱《我的心为你跳动永远》。

谭晶永无止境的努力让人敬佩,她是目前国内声乐学位最高(在读博士),同时在美声、民族、通俗三种唱法的领域卓有建树,中国歌坛最具潜力的跨界青年歌唱家。就如她的心灵独白:我愿化作一滴春雨,甘愿无声无息,只想融进欢乐的小溪,要为大地母亲添一丝笑意……

(三)不出访谈者画面的电视专访:《我是郎朗》

三十而立的郎朗获得了举世赞叹的佳绩,继查尔斯王子颁发英国皇家音乐学院荣誉博士,拥有近百年历史的美国曼哈顿音乐学院又将该校史上首位亚裔荣誉博士的称号授予了郎朗,以表彰他在艺术、慈善、教育等领域的杰出贡献。

与此同时,国内最高规格的文化盛事:由文化部、国务院新闻办、侨办、广电总局和央视联办的《中华之光——传播中华文化年度人物评选》颁奖典礼,喜获十佳殊荣。评委会的颁奖词写道:"指尖在黑与白上跳跃,心灵在东西方穿梭。他的传奇为世人广泛传扬。他用年轻的心,为古典音乐注入活力。用激昂澎湃的旋律,在世界刮起中国的旋风。这是一位有梦的青年,他的音乐惊动了世界,也让世界学会了倾听中国。"著名歌唱家宋祖英为郎朗颁奖并宣读了推介词:"他是今天全世界钢琴学童的偶像。他不仅钢琴弹得好,更重要的是他的身上有一种活力和创造力,他没有重复经典,而是让古典音乐焕发了新的力量。他把自己的生命和音乐结合在一起,在全球各地演出的时候,展现了中国年轻一代的精神风貌。他让世界看到了华人的音乐才华,也让中国音乐登上了世界舞台。"

郎朗,世界的骄子,中国的骄傲! 美国《纽约时报》称他是"古典音乐界最闪亮的明星",德国《世界报》评论"当今世界最成功的钢琴家",更多的将他看作是"中国腾飞的符号","最具魅力的男士",一位"将改变世界的年轻人"……

2011年1月19日,郎朗受邀前往白宫,在美国总统奥巴马为中国国家主席胡锦涛举办的国宴中进行演奏。2012年,郎朗被选定为2012伦敦奥运会的火炬手,并成为英国伊丽莎白女王钻石经典唯一邀请的亚洲艺术家……

2013年,郎朗在央视自编自弹、边说边弹的钢琴普及讲座《指尖上的青春》隆重开讲!

2013年,他在芜湖、南京、天津的新春音乐会拉开序幕! 他尤其要与当地的百位琴童热络交流,与现场的朋友分享人生的理解:一定因热爱音乐而学琴,而不仅仅是想当钢琴家;要使自己享受其中的乐趣,并让观众感受;用自己的手指轻轻地触摸人们的心灵,让音乐成为一种令人激动的和富有变幻的亲身体验,这才是观众所不能忘记的。

与眼下司空见惯称郎朗是一位"国际钢琴巨星"、"世界著名钢琴大师",窃以为称其"一个可爱的充满活力的大男孩"也许更生活。数年前笔者做的这个不出访谈者图像的访谈节目《我是郎朗》,相信不会让观众失望。

(四)谈话类节目的异数:《东方直播室之"极限养生"》

为匹配上海国际化大都市的地位与特色,以"梦想的力量,你我同在"为标志的东方卫视,做节目特别强调"与时俱进、贴近现实、引领时尚、关注当下",努力为最广义的大众提供"创造和实现美好梦想的机会与舞台"。

获得广电总局"2010年创新创优栏目"奖,并连续两年(2011、2012)获得《新周刊》"中国电视榜"年度最佳谈话节目的《东方直播室》,有它独到的办节目理念与思路。

请看《极限养生》这一档片长90分钟的节目,栏目组竭尽全力,调动一切可以运用的手段,在创意、策划与制作领域苦心孤诣、精益求精,将本来是比较单向的、相对安静的、专家科普型的,稍不留意就会变得拖沓、沉闷、落俗的访谈节目,反其道而行之,做成了综合多维、异常热烈、群口论辩型的,神采飞扬、生气勃勃的谈话节目。并且根据这一节目的特定属性,将原本通常是单方面就事论事磨嘴皮子"谈"的方式,改造成全方位"拳打脚踢全武行",背景分析、街头采访、网络参与、现场互动、示范表演,内中无不贯通行动、举动、运动的"动感"韵律,成为张弛起伏、错落有致、活力四射、亮点频频、灵动而多彩、好听又好看的特别节目。

诚如主持人在导语里所说的:现代社会衣食足而重养生,男的琢磨怎么延年益寿,女的考虑怎么青春常驻;年轻时拿命换钱,老年后拿钱买命;养生是个学问,与其说是健康问题,不如说是心灵关怀。今天中国这么多中老年人的养生,不能简单看成是吃喝玩乐的小事,应该是一件国家大事,所谓的养生,其实是养心。

研判这个节目,不妨先看看它的着眼处:

1. 创意点

"养生"这个命题,有极强的针对性和现实性。根据全国老龄委统计,截至2011年,中国60岁以上老年人已超过1.9亿,预计到2050年,全国每3个人中就有一个是老年人,随着老龄化程度的加剧,如何健康养生,自然成为全社会热切关注的话题。然而,怎么切入?如何切入?《东方直播室》不落窠臼,选择"极限",也就是说,不以常态而是选择极端状态下事物展露最充分、最新发生的具体个案为抓手,顺藤摸瓜、举一反三,展开多方面看得见摸得着、有形有例的论辩,势必产生一石三鸟、豁然开朗的效应。

2. 策划点

2012年9月23日下午2点25分,广东东莞一位名叫何葵明的养生奇人,在5小时内乘坐"跳楼机"从60米高空骤然落下,连续"跳楼"108次,打破吉尼斯世界纪录!而在一旁观看的女儿女婿早已吓得心惊胆战。以此新闻事件为由头,该节目设法拍摄或转录到当时的实况资料,并将事件主要当事人邀请到演播现场。除此之外,在人员和内容含量上还需扩充加强,配以第二条副线,使节目更丰富饱满。据此,再配置健康养生各流派的代表人物,以及大医院医生、社会学家、青年评论员,以形成合理、强势的语境布局。

3. 制作点

演播现场是一个全开放性的架构,主持人、嘉宾、女儿女婿、观察员、现场观众,乃至于九宫格网络、手机用户,均可与电视论辩"三屏合一",同时参与。节目遵循东方直播室"理不辩不明,话不说不清"的原则,注重不同观点的交锋与平等表达。本节目以演播室为中心点,展开场内事件主体人物的奇特极限养生之旅的观点阐述,也兼听来自女儿女婿、主持人、观察员等的质疑和不同意见;更为与众不同的是,该节目不以唯一论英雄,阳光有七彩,养生妙招知多少,各种因人而异的动感锻炼,都是健康养生好途径。

由于该节目的开放性特征和复合化处理,窥一斑而知全豹:街头采访知当下健康养生现状;以往疾病缠身的何葵明坐"跳楼机"养生,也是他毅力与能力相叠的创造;还有千奇百怪的老顽童联袂登场,64岁体育教师的跳绳达人高壁,60岁的跳跳达人王平,70岁的养生吃蚂蚁达人徐世祥,63岁的健美达人杨新民,64岁的抖空竹达人侯金良,83岁"年龄会增大心态要保鲜"的博客爷爷达人陈岚,都让人领略和惊叹老爷子们健康养生的别样风采!

三、专题类文艺节目

电视文艺节目题材内容的多样化与体裁样式的多元交融,使专题类文艺节目的风格形态呈现绚丽多姿的局面。各种艺术拍摄、纪录拍摄和二者兼而有之的制作手法,使音乐艺术片、舞蹈艺术片、风光风情艺术片、民俗艺术片、专题文献艺术片、电视文学艺术片以及多种栏目属性的综合文艺片样式新意迭出,斑斓多彩。

作为一种受众广泛的文艺审美形式,电视文艺专题的选材范围侧重于文艺和文化,制作手段有艺术方面的特殊要求,其基本特征是写意强于写实,抒情强于叙事,感性强于理性,审美欣赏强于宣传教化。

电视文艺专题艺术片的时空概念更为自由灵活,艺术、技术手法的综合运用更为精致讲究,它以人物、作品、事件、风采等为基本范畴,拍摄与制作的风格则有无穷尽的变化、无限多的可能。

(一)北师大艺术与传媒学院《我们的歌》

2012年,由京师大学堂师范馆起步的北师大刚度过110岁的华诞,而她的小孙孙——"北师大艺术与传媒学院",也刚好10周岁。尽管履历还是个小小少年,但作为后起之秀的蓬勃和飞扬已让圈内人刮目相看。那作为教授、博导、副院长、著名文化学者和电视策划人的于丹,那集教学、研究、创作于一体,产学研结合,三功能互补,以创作带动教学,探索出一套"项目教学"影视人才培养模式的张同道团队,取得了不俗的佳绩。他们在继《小人国》、《窗边的小公主》、《加油!童友杯》获国内外大奖之后,又凭借新作《我们的歌》,获四川电视节国际大学生影视作品金熊猫奖和香港全球华语短片大赛奖,该片的学生编导也因此成功入职央视。

获奖片《我们的歌》,讲述北师大附小一位观念新锐、专业出众的音乐教师,如何带领三年级同学创作写歌的故事。该片基本功扎实,结构合理,叙事流畅,孩子们真切的人物特性与细节捕捉,透过校园白玉兰花和雨滴所进行的巧妙时空转换等等,给人留下深深印象。

(二)央视《最美乡村教师颁奖活动》

2012年9月10日,一个特别让人含泪和血沸的日子——第二十八届教师节。由CCTV、《光明日报》举办的大型公益活动"寻找最美乡村教师"如期落幕,包括"马背上的校长"徐德光,绽放高原的美丽之花邓丽,为藏族学生打开心窗的宋玉刚,深山里的红烛刘效忠等十位老师和一个志愿者团队获此殊荣。

本次大型公益活动,前后历时3个多月,面向全国扎根边远乡村的846万普通教师，推举出 2000 名候选人，主办方出动记者、编导百人，足迹遍布 22 个省、市、自治区，行程十多万公里，拍摄素材五万多分钟……

看完这个特别专题公益活动的全片，笔者不禁向春蚕吐丝、燃烧自己照亮娃娃们的乡村教师致敬，为他们的艰辛从容、大爱大美折服！也为在该活动中作出了非凡努力和贡献的媒体人骄傲，这才是高尚的义务、公众的良心！

"爱听你的课，爱看你的笑，爱闻你身上田野的味道；爱牵你的手，爱唱你的歌，爱跟你每天向国旗问好。我们眼里你最美，我们心中你最好……"当天真无邪的孩子——诚如奖杯上那个系红领巾、背小书包，踮起脚尖挺着小胸脯的乡村小男孩，唱出他们稚气的歌，颁奖会现场和屏幕前的千家万户，瞬间澎湃起抑制不住的激情和滚滚暖流。

这档节目，创意、策划、制作堪称一流。每个案例评语贯穿的由稚嫩脆亮童声齐诵的"老师好！"，极质朴又极具穿透力；颁奖嘉宾设置为获奖者最朝思暮想或者最感愧疚的亲人友人（宋玉刚 5 年不见的白发父母，带给邓丽冬瓜笑脸的孩子们等），让节目迭起波澜，台上台下唏嘘一片，惊喜遂愿；"最美乡村教师"推荐人中，出现女航天员刘洋和羽毛球冠军林丹的身影，可谓编导组匠心独运；另有 VCR 中吴金城的卖豆腐、孩子们毕业照里的白马、失去双手的马复兴老师画的向日葵、新疆阿力甫夏·依那亚提汗老师的花名册、一个全家出了 13 名乡村教师的"刘家军"等等，都是节目的重要亮点，是编导组全情投入采撷、奉献的结晶。

如此高水平、正能量的专题类特别节目，让观众无数次地擦掉眼角滑落的泪水，却又因满怀希望而会心地绽开笑靥，"最美"的力量，那是唱着歌儿的清澈山泉，给予有形无形、或多或少蒙上了"雾霾、尘霾"的千千万万民众灵魂的洗礼……

(三)微电影精粹——《还有多少天》

获得《山东商报》和齐鲁网举办的微电影比赛大奖的影片《还有多少天》，用紧张计算的严谨的数学公式，迅速翻转的精确的时间表，轻盈快捷的跳跃的节奏，清晰干练的真切的画面，撩拨着生活在这个躁动、功利社会的每一个平常人的心。在看似忙碌和遗忘中，不知挥霍了多少宝贵时间，最后，甚至连陪伴爹妈的时光也只剩九牛一毛，影片风格冷峻凝练，不经意中令人振聋发聩。

《还有多少天》也是一部用数字展示温情的作品。它用客观明了的手法,计算出一个成年人真正陪伴父母的精确时间其实很短很短,以此唤起人们对失去亲情的麻痹的警醒与嗟叹。片中的取景非常平民化,通过儿子放假匆忙的回家路、少不了的出门应酬和父母苦等的强烈对比,凸显儿辈的粗疏、父母的孤寂。本片深蕴浓郁的草根精神和真情挚爱,也让生活中的温暖沁人心脾。人人都可以成为生活真实的记录者和感悟者,当普通人的普通情感通过镜头传递出来,我们不仅仅是感同身受,更是触动了自己内心最柔软之处。

导演姜辉表示,创作来源于自己的反思:作为"80后"比较"愤青"的一代,会对社会有很多的不满和意见,但真正到了一定年龄,会反过来重新审视,并将这种反思用影像表达出来,希望人们不要在亲情交往中留有遗憾。拍摄这部孝亲温馨的作品,姜辉召集起了以往一起就读于山东艺术学院的校友们,虽然大家都已走向社会各个行业,但为着共同的梦想,重新燃起了创作的激情。主演亚东说,导演姜辉是他的师弟,包括摄影李伦,都是校友,一拍即合,没想过拍微电影获得怎样的利益,只是圆一个电影梦而已。

【资料链接】《还有多少天》故事梗概

远在他乡的28岁青年亚东,每年春节长假从工作的城市回到爸妈身边的时间是3天,也就是72小时,回家路上需要10小时,往返20小时,回家还要和同学朋友应酬,大约需要10个小时,和朋友煲电话粥需要1个小时,上网又需要1个小时,3天里24个小时用来睡觉,每年就只剩下16个小时。如果还有30年的时间和爸妈相处,一年有16个小时,30年是480个小时,正好20天。原来我们能陪父母的时间只剩下很少很少。

下面我们从专业的角度剖析微电影《还有多少天》的场景、结构、细节和精妙之处。

1.场景

微电影,顾名思义场景不多不复杂,通览全片,累计4个场景加4个过场。4个主场景分别为:(1)父母家(2)自己家(3)教室(4)饭店聚会。4个过场分别是:(1)街道人流处(2)乘公交(3)铁路(4)父母购物回家,注目路边小孩。概言之主次分明,选点既合理又集中。

2.结构

总片长6分19秒。一头一尾加4个段落,分别为序:40秒。(1)由头:1分20秒。在教室。(2)自述:48秒。出门回家路上。(3)两代人平行蒙太奇:1分44秒。

父母在家苦等——"凉了黄花菜",儿子同学聚会——欲罢不能回家难。(4)动力性二度平行蒙太奇:53秒。儿子归心似箭提着拉杆箱奔跑,父母路见旁人小孩触景生情频回首。尾声:47秒。到家,与父亲问候、与母亲相拥,叠儿子幼时全家福合影,片尾字幕结束。

3. 细节

数字运用简洁精准,整个片子就是用一连串的数字贯穿,是对剧中人、屏幕前的芸芸大众对亲情忽视或无意中漠视的重磅拷问,极平和又极富人情味。其中的一些特定数字如16、30、20给人印象深刻,尤其是说到"每年从工作的城市回到爸妈身边的时间是三天,也就是72小时",镜头特意摇到了72路公交车号特写,足见创作的严密和精心。另外,数字字幕的出现方式更为独到,并作为本片的重要风格元素贯穿全片。比如片名字幕在一组快速变幻数字后的出现;教室黑板画面上的数字闪现;同步解说时数字公式的对应配置;直至片尾滚动演职员字幕,画面左边依然有数字信息的传达和警示;可以说,该手法的运用达到了出神入化的程度。

4. 妙处

此片短小精悍,含金量高。头尾加四个部分,块块藏有"珍宝",处处皆有"闪光"。比如"序",黑屏上铃声、咳嗽声先起,空镜头电话机,一只颤抖的母亲的手伸进画面:"儿子,我挺好,你忙啊工作要紧,你去忙吧,有时间再回来噢"。放下话筒,又是母亲憋不住的咳嗽声。这先声夺人的咳嗽声处理就显得相当高明,将父母的病弱苍老和对子女的宽容支持,作了点睛体现,也为紧接着的片名出现做了恰当的铺垫。第一部分"由头",教室里摇出主人翁背对镜头,突出黑板,茫然神态画面上的日子字幕闪现将亚东带入思绪状态;白闪过后,侧、高、背三个机位和黑板上数字公式的快速对切,将主人翁的忽然顿悟尽显无遗,伴随着轻灵的音乐亚东打点行装踏上回家路。第二部分"自述","我叫亚东,28岁,每年我从工作的城市回到爸妈身边的时间是三天,也就是72小时,回家路上需要10小时,往返20小时,回家的时间里还要和朋友同学应酬,一个聚会连着一个聚会大约需要10个小时。"画面处理是严格的声画对位。第三部分"两代人平行蒙太奇"是本片的核心之处,所占的篇幅也最大,随着时针的快速移动,父母从满心期待、望眼欲穿、独斟其酒、锅寒饺冷,一直到摇头叹息、昏昏欲睡,将父母焦急等待的心绪刻画得入木三分!其中,以织毛线打发时间苦等儿子归来的母亲,用竹针轻点丈夫手穴促其惊醒,堪称极富家庭气息的神来之笔;而儿子同学聚会唱卡拉OK,唱词的一语双关,也颇值得玩味。第四部分"动力性二度平行蒙太奇",交互递进,节奏趋快,亚东归程的脚步也从常规转入小跑,父母思儿心切也演化成看到别人家的小孩目不转睛……情感的高潮点自然安排在儿奔千里(父母望断秋水)来相逢的一刹那,随着剧情解说与音乐的步步推进:"一年有 16 个小时,30 年就是 480 个小时,也就是 20 天,爸妈,我们在一起的时间还有 20 天!"

这个经过严密计算然而又是极为"残酷"结论的关键语(声音:在一起的时间还有 20 天!画面:到家团聚),成了划断节目板块与尾声的分界线,编导的超凡拔俗之处:开门、惊喜、与父亲问候、与慈母相拥,镜头画面处理得非常饱满;声音处理则突然大开大阖:一个整整 8 秒钟的大静场(音乐音响戛然而止,绝对的"此时无声胜有声!"),倏然,峰回路转,契合着母子相拥摇篮般的自然摆动,清新宽慰宛若天籁的音乐潺潺流淌,叠化成儿子幼时三人其乐融融的全家福合影,让人顿感情意绵绵、温暖心窝、百味杂陈、百感交集……

(四)微电影精粹——《黑洞》

微博、微信、微小说、微电影,掌上传媒"微时代"轻盈活泼,一个"微电影"新时代正向我们健步走来。戛纳获奖短片《黑洞》,寓意深刻,催人思索,2 分 51 秒片长,无疑是一个超短微电影范本。

一部三分钟不到的袖珍短片,通过绝妙的编、导、演声画视听语言组合,淋漓尽致地展现出人性黑洞的机缘巧合,以及由此引发的欲望的无限膨胀,直至"聪明反被聪明误"而走进人生和命运"黑洞"消亡的全过程。该片短小精练,可深含的意蕴非常博大;该片微乎其"微",可创意、策划、制作环环相扣,内容提炼与形式表达均为典范。它从人性的角度,剖析人们内心深处隐匿着的那个不可遏制、永无止境的贪婪欲,就是不折不扣摆在人们面前的一个深不可测的大"黑洞",而任何寻常人细微的侥幸心理、贪得心理、放纵心理,都是导致最后走向堕落、走向深渊、走向末路的直接诱因。

放眼天下,环视周遭,我们发现身处物欲世界的每一个人,有意无意、或早或晚、此地彼地,此时那时,都会幸遇"上帝"安排的类似这样突发的"晤面",都会收讫"魔鬼"赠送的如同这般惊悚的"礼品",而剧中人一不小心陷进去,那便是甜蜜的陷阱、迷幻的洞窟;偶然中的一次意外欲望升起,必然招致"灭顶之灾"的惩罚接踵而至!生活中的你我他,大到方略指向、国计民生,小到待人处事、"鸡毛蒜皮",无一不是如此。该片由拍摄音乐录影带和商业广告出身的加拿大人 Philip Sansom 和 Olly Williams 合作编导,Napoleon Ryan 主演,2008 年 9 月英国出品,曾在戛纳短片电影节(Cannes Short Film Corner)上广受好评,是一个不可多得的寓言式微电影。

超短微电影《黑洞》看似荒诞不经,却以力透纸背的洞察和警示,给形形色色善良与欠善良人们以劝诫和棒喝,有人将它称为一贴难能可贵的清醒剂、预防药,更有人称它为特殊意义的反腐教材。或许因人而异,从不同角度给予不同理解和诠释,但不管多大差异,有一点却是惊人的相同,那就是:通过一位小职员的荒诞际遇,揭示人性中根深蒂固的占有与贪婪,这不仅是个人的罪恶,更是群体"人"与生俱有的本能!因此,在一个缺乏制约、监督的环境体制中,谁都可能成为不经意贪欲鼓胀而栽在黑洞里的小职员、中官僚乃至大贪腐……

看罢这个短片,我们会真切感到,制止对财富的占有与贪婪不能光靠"人之初性本善",必须强化制度建设和监督制约!这也是本片给观众最重要的启示。

其实,在每个人的内心深处都有各种各样的"黑洞",只是大小不同而已,微电影《黑洞》富于艺术性地告诉人们,自私和贪婪无情地"吞噬"了普通小白领查理所有的良知和尊严,这与其说是他个人的过失,毋宁说是整个人性的悲剧。

这部微电影,虽然只是一个人的"独角戏",却风风火火演绎了一幕惊悚且耐人寻味的哲理剧,人性贪婪的缘起、绵延、膨胀随故事的展开一览无余。如果说宇宙中的黑洞是通过自然引力将一切吸入其中,那么人性的"黑洞"则借助欲望和贪婪,硬生生地将查理拖进了无底的深渊。短片中的他在无尽贪欲的诱惑下爬进了黑洞,也将自己的年华和前程无悬念地埋葬在了黑洞里。本片前15秒为戛纳短片电影节的动画标识,正片2分36秒,从圆洞拉开空旷寂寥的办公室现场展开,伴随男主人的一声叹息,一个困顿倦态、无奈周末加班的小白领形象出现在观众面前……

本片系一个场景(分外场和内场)贯通到底,分切成65个镜头,不让人感到乏味单调。尤其是激动处的快速多机位短镜头处理非常多变灵活。声音的总谱更是别具匠心,除了贯穿始终的复印机声,与之对应的操作按键声、脚踢声、纸折声、兴奋激动的喘息声、咀嚼声、走进内室的脚步声、扎捆钱币的落地声、惊喜若狂声、拼命拉门声等等一应俱全。更为独到的是,凡伸手穿越黑洞,便会发出一阵刺耳的嗡嗡声,伸入的位置越深则响声越大,而当龇牙咧嘴的查理,整个儿爬进保险柜消失在欲望的黑洞里,则原先的声响消失,纸片跌落,只剩下复印机惯性的低鸣和绝望的无可救药的拉门声。这是一个极有深意的隐喻,一切的一切均已成铁板钉钉的事实,被欲望消解了的白领,再悔恨的挣扎也无济于事……

结尾处连续三个保险柜中景、小全景、大全景镜头,不仅是对那扇特定诱惑之门的强化,更是呼应片首、回归命题主旨、意味深长的审视和总结。

【资料链接】《黑洞》剧情介绍

空荡荡的周末写字楼内,所有的人都已经下班,享受属于他们自己的快乐时光,唯有身心疲惫的小职员查理(Napoleon Ryan 饰)不得已在复印机前加班,了无兴趣地重复着影印材料的"机械运动"。在这疲倦之极几近崩溃的哀怨时刻,也许咖啡是唯一能帮他解闷和提神的东西。突然间,一件奇怪的事情毫无征兆地发生:

一张 A4 纸出来,上面没有任何所需的资料,只是一个黑漆漆的圆球体;查理不以为然,信手将废纸放置一边,但当他无意间将喝空了的咖啡杯随手放下时,冷不丁"奇迹"发生,杯子竟不可思议地掉进了 A4 纸的黑洞里! 这蹊跷离奇的怪象引起了查理的注意,他尝试着将这张印有黑洞的纸挂在自动售货机上,自己的手居然能一越而过,不费吹灰之力拿到了里面的巧克力;初尝美味,"乐此不疲",一个更加大胆狂野的"念想"在他的脑海升起……

精神为之一振的查理把黑洞纸对准了办公室内间和里头装满钱币的保险柜,看看四下无人,小文员露出了狰狞面目:一只无节制的欲望大手,伸进了平时不能越雷池一步的保险柜,随着一厚叠一厚叠、大把大把钱币的窃出,鬼迷心窍的他把整个身子钻了进去;然而,就在他得意忘形、"功德圆满"之时,黑洞的纸却鬼使神差地滑落了下来……这唾手可得百万英镑的"顺手牵羊",对于查理这么一个靠付出凡常劳动获得卑微薪酬的普通小白领,真的是一件"乌鸡变凤凰"的大好事么? 只听得几声绝望沉闷的声响,瓮中之鳖的查理等待的只能是黄粱美梦的彻底破灭。

第三节 电视综艺娱乐节目制作

随着全球化浪潮的近在咫尺和地球村概念的风行普及,以喜闻乐见的大众化、信息化传播见长的电视,回复到它最本原的功能:娱乐和资讯。受此影响,从中央台到地方台,昔日风光无限、风头强劲的综艺频道和收视"双保险"的黄金时段综艺栏目,纷纷改弦易辙,"城头变幻大王旗",摇身一变为娱乐频道和娱乐节目。但千改万改,它根本上的印记还是"大综艺",它的结构形态、主要内容和"烹饪"手段还脱不开大综艺的干系,只是放低"身段"强化互动,游戏心态快乐至上;舞台布景、灯光设计、人物造型——更炫更彩,节目表演、现场交流、环境气氛——更火更酷,更加不遗余力地造"星"追"星",更加全力以赴闹腾腾地向"俗"入"俗"。同时,综艺娱乐节目特别注重大兵团作战,人力、物力、财力的大投入,设备、器材、各种资源的大比拼,使综艺娱乐节目的社会影响力越来越大。

好声音要唱,好戏台要开,江河不拒细流,大洋海纳百川。精彩纷呈的荧屏大舞台,各路英豪你方唱罢我登场,各领风骚数百天。地方卫视的"快乐中国"、"情感中国"、"奇迹中国"、"梦想中国"、"剧行天下"等口号,可谓各路诸侯争奇斗妍,"风景这边独好"。但越是如此,电视工作者的头脑越要冷静,一定得认识自己,任何时候万不可把自己的第一要旨给"迷失"了、"搞丢"了。

目前,国内电视综艺娱乐起步最早并率先打出品牌效应的是电视湘军——湖南卫视,而紧追不舍,且势头汹涌,大有后来居上向"老猴王"发出强力挑战的是长三角——江苏、上海、浙江的三家卫视。

一、湖南卫视——争做"天下快乐电视"

150多年前,由晚清重臣曾国藩统领湖南籍子弟兵组建的一支坚韧不拔、特别能打硬仗胜仗的部队,因来自湘江两岸而被冠以"湘军"之称;一个半世纪以后,锐意创新的湖南电视在不被人注目的内陆山野异军突起,"电视湘军"由此一语成真。

湖南电视台1996年创办了一家全新机制的地面频道——湖南经视,1997年上星覆盖全国,2004年成功打造"快乐中国"品牌标志。17年来,湖南电视众多节目和事件载入中国电视史册。《快乐大本营》已成中国经久不衰的电视娱乐品牌;《还珠格格》创中国商业电视剧收视率、重播率之最;《超级女声》、《快乐男声》为中国电视50多年中影响最大、社会关注度最高的音乐选秀节目;《奥运向前冲》——一档大型户外全民参与的趣味竞技节目,连续13次获得全国同时段收视第一。《丑女无敌》则是一部刷新纪录的自制偶像喜剧。与此同时,还造就了一大批名主持和本土演艺明星。催生"超女"、"快男"、"粉丝"、"PK"、"海选"、"雷人"等流行语,并拥有全国最多的年轻观众和女性观众群。

敢为人先的湖南电视,乘改革开放春风,最早颠覆说教传统和陈旧模式,让电视成为释放压力、表达情绪、快乐生活的大众娱乐平台。"锁定娱乐、锁定年轻、锁定全国",打造"快乐中国"成为湖南电视的强势品牌目标。"玉米、凉粉、盒饭、花生"等粉丝称谓,一发不可收地成为时代流行语,彰显出平民文化和人文精神。由此丰富了老百姓的精神生活,也提升了人们的"娱乐幸福感"。2007年年底,《瞭望》周刊评选中国十大幸福城市,湖南长沙被评为中国最具娱乐幸福感的城市。湖南卫视就像一条鲶鱼,激活了中国电视创新竞争的格局,改变了受众的生活和中国电视的行业生态。

"超强的创新精神"、"超强的倔强品格"、"超强的决策能力和执行能力",是湖南电视的宝贵财富。当"快乐旋风"被人争先仿效,湖南卫视很快推出自制娱乐电视剧《还珠格格》,当"超级女声"刮起"选秀风暴"再度被人仿效,湖南卫视又及时推出《奥运向前冲》和《丑女无敌》。特立独行的湖南卫视,不断制造热点、制造流行,"一步领先,步步领先"。湖南人天生倔强坚韧,充满激情活力。湖南电视是在争议中不断成长,在困难中顽强坚守,在竞争中持续领先。不仅造就了领军人物魏文彬、欧阳常林等将才帅才,也培养出一大批团队精英、"职业超女";湖南广电的女制片人占70%以上,她们热情洋溢、南北征战,几乎没有打退堂鼓,也没有办不成事情的时候。

让创意更精彩,让大众更快乐,未来的湖南电视坚持国际化视野和市场化发展方向,不懈地创造快乐。湖南电视将进一步借助对外开放合作的经验与成果,借助市场的力量,不断提高国内最优秀的内容创意和一流制作水准的团队能力,为传统媒体与新媒体受众提供更多更好的快乐产品。中国有丰富的电视创意资源和创意人才,有巨大的市场空间,与欧美国家有良好的合作前景。2012年在创意之都伦敦举行的奥运会,前所未有地展示出她的精彩和希冀。湖南卫视成为中英开放合作的桥梁和纽带。近年来湖南卫视先后和BBC、ITV、安德摩(Endomel)、弗瑞蒙托(Fremantle)等制作公司合作了《名声大震》《舞动奇迹》《以一敌百》《足球小子》等节目。湖南卫视和ITV制作人已经开始互换交流学习,这些都预示着"创意无国界,快乐无极限"的美好前景。

>> 【资料链接】湖南卫视品牌栏目《快乐大本营》

《快乐大本营》是湖南电视台于1997年7月11日开办的一档综艺娱乐栏目,每周六晚20:10播出,主持人何炅、李维嘉、谢娜、杜海涛、吴昕。栏目采用全民娱乐类型,经常邀请当红明星和有特殊才能的可爱人物来表演,以后转为选秀节目,选主持人;现大多以嘉宾访谈游戏型的综艺娱乐节目为主,经常邀请大陆、港、台知名艺人访谈、游戏。

《快乐大本营》开办以来始终推崇新鲜题材、清新风格、新奇内容,注重知识性、趣味性和参与性,新创意的主题性综艺节目,突出了"全民娱乐"的新概念,为普通观众或草根团体组合打造展现个性的"全民娱乐"平台,极力为电视机前的观众推介时尚新奇的文艺表演形式,传递和分享"快乐至上"的娱乐精神,突出以观众为主体"娱乐天下"的节目宗旨。从开办之初的"快乐旋风"到目前综艺娱乐节目的全面开花,得中国电视综艺娱乐节目风气之先的《快乐大本营》,已成为中国观众娱乐生活不可或缺的组成部分。

二、江苏卫视——从"情感世界"到"幸福中国"

2007年3月,依据转型期的人们面对各种生存压力挑战,普遍有着强烈情感需求的愿望,江苏卫视顺势而为,将原先一周七档分散的栏目群《情感地带》统一改版成国内首个情感事件类栏目《人间》,并以集束的优势周一至周五晚连续播出。

"正在发生的事件,共同经历的情感",故事新颖、现场感强烈的《人间》一炮而红,收视跃居同时段省级卫视第一,江苏卫视初尝"情感"品牌带来的收获与惊喜。

2010年,江苏卫视适时将品牌战略从"情感世界"升级到"幸福中国",无论是内涵的提升还是空间的拓展,都着力打造更具全国传播力和影响力的优势平台。

与此同时,《非诚勿扰》横空出世,惊艳成为省级卫视第一品牌。将这一成功母版创意"发酵",举一反三,又延展出一系列"子母弹"产品。如果说《非诚勿扰》锁定的受众是未婚青年及家长那个层面的话,那么新婚夫妻层面有《欢喜冤家》,35岁以下的中青年夫妻层面有《老公看你的》,40岁左右层面有《非常了得》,针对正在寻求就业的年轻大学生层面则又有功效鲜明、娱乐精神不差分毫的《职来职往》。甚至将这一精神扩展到"兵家必争之地"的高质量情感影视剧播出,江苏卫视投入亿元率先推出"大剧独播策略",也获得了良好的口碑和收视效果。

▶▶【资料链接】江苏卫视品牌栏目《非诚勿扰》

《非诚勿扰》是江苏卫视一档适应现代生活节奏的大型婚恋交友节目,为广大单身男女提供公开的婚恋交友平台,精良的节目制作和全新的婚恋交友模式得到观众和网友广泛关注。新节目的互动形式完全突破过去传统的交友方式,展现新时代丰富多样的男女婚恋观。

非诚勿扰定义为相亲节目,但让我们看到了现今社会各式各态,人们对婚恋、对物质金钱、对未来,有着各种不同的向往。主持人孟非严谨而不失风趣,分寸拿捏得当,乐嘉的角色扮演契合台下观众的心态,实现了良好互动。

三、浙江卫视——打造中国第一梦想频道

宇宙星河太空蓝的背景上,爆出一个旋转的地球,几道炫目的光束闪过,现代楼群林立的底板上,快速闪现"中国"、"梦想秀"的特写字样,紧随着,兔耳朵一般的"香飘飘中国梦想秀"标识定格(计10秒);淡出,飞进两个利索的箭头,主演区红黄线条相间勾勒出的十字形T台区(意寓繁华城市的十字街头),蓝字白底的"梦想"照进"现实"赫然注目;尔后,镜头急拉成超大规模的演播厅全景,集群电脑灯启动,十字舞台中央,呼啸而起一团灿烂焰火,霎时,电脑灯光影摇曳闪烁,演播厅各分区的观众相继击节欢呼而起(共30秒)。《中国梦想秀》营造的片头气氛,摩拳擦掌、旌旗猎猎、电闪雷鸣、喝彩声不绝,可以说是相当红火、热烈。

作为一档知名娱乐节目,《中国梦想秀》前两季主要是帮助普通人实现与自己

喜爱的明星同台演艺、求婚求爱等浪漫惊喜的梦想。第三季则更加关注现实，以"让梦想照进现实"为主题，突破以往"才艺"、"明星"圆梦的局限，丰富了圆梦人群，拓展了圆梦类型。

"不关注现实的节目不会有持久的生命力"。在这样的理念指引下，《中国梦想秀》的节目内容和节目面貌有了根本性的改变。每期节目邀请的7—8名追梦人，基本都是普通百姓层面，反映的也是实实在在的现实生活。他们当中有梦想开养老院的卖猪肉个体户"杀猪姐"，有梦想拥有练歌设备的服务员"绵羊妹妹"，有为换肾表哥配曲配唱的"哈佛女孩"，还有舞狮兄弟、盲人按摩师、地震孤儿、女子鼓乐队、刑满释放人员、广场舞团、支教志愿者、芭蕾情侣、身患癌症的作词人等。

他们的梦想也是多种多样，有的想得到十几万元的赞助去美国参加大学生舞蹈比赛，有的想拥有一个用于练歌的电脑，有的是为了寻找失散几十年的亲人，有的要为患病的家人实现他们的愿望。节目选取的大大小小梦想，真实反映出朴实、平常的百姓生活，追梦人的表演和带来的故事，反映了淳朴、善良、勇敢、坚持、仁爱、乐观等平民百姓的精神诉求，打动了现场和电视机前的观众。

在展示普通百姓多彩梦想的过程中，《中国梦想秀》注重选择阳光励志的"梦想"典型，注重开掘"梦想"背后的生活经历、生动故事，注重展示真情实感和乐观精神，传达励志向上、充满关爱的气氛和理念。

在对"最美司机"吴斌事迹的介绍中，《中国梦想秀》一改既定的节目内容，特别制作和加进"向吴斌致敬"板块。节目邀请4位事发大巴的乘客和30位吴斌同事登上舞台，从"梦想"的视角诠释了这位平凡司机的壮举。吴斌的同事说，"他原本打算带着妻子去云南旅游，庆祝结婚纪念"，这个简单的梦想却没能实现，但吴斌以自己的牺牲，让24个人的梦想得以延续；获救的乘客、怀孕6个月的单姗姗说，"没有他，也许我的宝宝就不会来到这个世上"；大巴乘客韩唯春提议"说出我们的梦想，共同延续我们的梦想"……最后，杭州长运公司数十名客车司机和现场全体嘉宾、观众，以一曲《驼铃》来为吴斌深情送别。

这样的安排立意深、感染力强，让人在感动之余，鼓起奋进向善的勇气和动力。

《中国梦想秀》鼓励脚踏实地、勇敢前行的追梦人，对不切实际的"梦想"者也进行不无中肯的说服和引导。对追梦人而言："每一个梦想都值得尊重，但每一个要求不是都能满足。"比如，面对一位放弃学业、梦想成为一名歌手的女生，节目组人员推心置腹地努力打消其不切实际的想法，让她回到学校读书，节目主持人还当场决定资助她完成学业。

为了帮助观众实现梦想，浙江卫视设立了"圆梦基金"和"圆梦助力热线"，接受爱心企业家和各界群众的慈善报名，为追梦人和帮助人双方牵线搭桥。同时，在现场增设了"梦想助力团"席位，让慈善者和圆梦者在现场真诚携手，共同圆梦。他们还专门抽调20多人成立"圆梦办公室",整合各种社会资源,寻求社会公益支持。

一位来自黑龙江的孩子患有严重自闭症,他的父亲"八斤"一直有个梦想,希望能拥有一家凉皮小店,给儿子一个稳定的收入保障。节目播出后,社会各界纷纷伸出援助之手,帮助这位可敬的父亲实现了梦想。弱视女孩李婉如梦想成为一名盲人音乐家,希望拥有一架钢琴,主持人周立波现场表态与他太太一起送她一架钢琴,节目录制后第二天钢琴就送到了李婉如家中。5岁女孩熊嘉琪患有肝硬化,她最大的梦想是登上梦想秀的舞台。节目播出后,观众在节目热线中给嘉琪提供了300多条治疗肝病的信息,甚至有十多人表示愿意无偿捐献自己的肝脏。聋哑姑娘刘霜霜梦想当一名手语主持人,浙江卫视当场与她签约,让她来做手语新闻主持的实习生。

《中国梦想秀》的节目创新获得了广大观众和专家学者的好评。据统计,《中国梦想秀》节目平均收视率和收视份额一度位居省级卫视同时段排名第一;网络点击量达2.4亿次,平均每期4000多万次。节目播出以来,网络微博、评论、跟帖等上亿条,热线电话两万多个,观众来信3200多封。《中国梦想秀》追求社会效益和经济效益的有机统一,实现主流价值和传播效果的完美结合,是新闻媒体"走转改"在综艺节目领域中的成功实践,对全国省级卫视综艺节目的创新发展和品质提升,有良好的示范意义。

▶▶【资料链接】浙江卫视品牌栏目《中国梦想秀》

生活里有这样一些百姓人物,平凡的人生中始终怀揣着不平凡的梦想,他们对某一个明星、某一首歌、某一门艺术怀有百分之百的真诚热爱和美妙憧憬。也许现实生活中他们常经历小小灰心、淡淡沮丧,有时甚至遭遇疾风骤雨、坎坷崎岖,但那份不变的挚爱和憧憬,激励着他们相信总有一天生活会出现惊喜……于是,梦想着哪一天云开雾散,自己能信心满满地登上舞台,成为新时代的闪亮主角。

《中国梦想秀》,其实也是一档为普通人实现梦想愿景的大型公益圆梦惊喜秀节目,旨在鼓励那些尽管困难重重仍不言放弃、坚持到底的梦想践行者,鼓舞更多的人建立积极向上、不畏艰险和乐于奉献的价值观。同时,倡导社会各界爱心人士加入梦想助力团,帮助更多的人实现梦想,让社会更加美好和谐,让公益更多造福社会。

快乐蓝天下——中国梦想秀,其实就是给草根选手提供一个最炫丽的舞台,与明星们一道,帮助平凡的他们圆一个五彩的梦想!

四、东方卫视——创造荧屏新奇迹

2011年2月10日,人民网第一时刻刊登2400字篇幅的全国电视春节联欢晚会即时评点。此文由于其眼光的独到性、刊发的时效性和媒体本身的权威性,立刻产生了很大的社会影响。

这篇文化评论的标题:《央视春晚不再一枝独秀—— 盘点地方台春晚"七宗最"》。文章的导语是这样写的:央视兔年春晚大幕收起,"平淡"、"无趣"等评价看出观众已然审美疲劳。不过,纵观今年的春晚盛宴,并非像以往那样由央视一家独大,而是呈现出"味味俱全"的繁荣景象。各地方卫视春晚、网络春晚、百城春晚等纷纷兴起,好不热闹。由于打破了央视春晚的套路与常规化,很多地方春晚节目反而更加精彩。

作者着意将全国地方台举办的特别有创意的春晚一一列举,并冠以最颠覆、最怀旧、最创新、最大牌、最搞笑、最雷人、最热辣春晚之称;而东方卫视的《达人春晚》,在与清一色明星、大腕云集的央视春晚和地方卫视春晚大PK中,又以其最具"草根"和"贴近群众"一路蹿红,被公认是2011年全国所有春节联欢晚会中欢乐温馨、赏心悦目度最高,同时又是最生活化、最名副其实的"平民春晚"。

获此殊荣,连获老百姓和媒体舆论良好的口碑,实属不易。作为综艺娱乐的首善之作,《达人春晚》有几个极为难得的不寻常之处,尤以创意设计、主持风格、评审属性、结构布局、细节捕捉、温馨亮点为甚。

创意设计:敢于将中国达人秀第二季的启动晚会作为中国人传统佳节最重头戏的《达人春晚》特别打造,敢于对中国人既定不变的"年夜饭"——举国举家观看的"央视春晚"宠辱不惊地公然叫板;善于将天南海北、五洲四洋的中华达人借华夏传统节日大团圆之际欢聚一堂,善于对《达人春晚》的节目内容作最精彩的呈现和对民生、民本内涵作最亲和的诠释与解读。

主持风格:民本、大器。状如邻家孩子的主持人程雷,一颗日趋成熟的民生类主持新星。他的主持收放自如,内外景兼顾;既能与参赛者很生活地交流,又能在像八万人体育馆这样的大场面现场把控。《达人春晚》还为他精心设计了两位副手——用另类方式报幕和诙谐评点节目的张冯喜和寿君超,他俩都是上届达人秀的十佳选手,一个冷面滑稽伶牙俐齿,一个自编自演海派说唱,构成了不拘一格的主持风格的"金三角"。

评审属性:达人秀的评审不是传统意义上正襟危坐的嘉宾评委,面对来自各行各业草根平民中的"稀有金属",必须在犀利专业眼光的前提下怀有最大限度的人际包容和关怀,同时,他们本人的一言一行、一举一动又都是活动方全程拍摄的主体内容要素,他们的特殊身份兼具评委、观众、家人、朋友、主持等多重角色,是节目的重要支柱和脊梁。本次评审"两男一女",周立波、高晓松如期发挥,新邀评审倪萍最为出彩。

结构布局:《达人春晚》首尾相顾,一个是凤头非常出彩,一个是豹尾强劲有力,两者用的都是精编 MV。开首由达人选手演唱、亮相的《你快乐吗?》和《达人加油歌》,镜头精短活泼,气氛热烈红火。押尾《平凡的精彩》再现中国达人秀一个个标志性的人物和瞬间,经久难忘余味无穷。而中间大块节目的"猪肚"丰腴厚实,分别由内外景、台上下节目主持的"金三角"与周立波(搞笑诙谐)、高晓松(严格有拘)和倪萍(亲和幽默)组成的评审"金三角"共同完成,其间,由周立波和相关达人分段穿插 20 克、50 克老庙金条的有奖问答。

细节捕捉:大晚会最易造成场面铺排闹哄哄而细节不足,沉淀不下特别有价值的东西和刻骨铭心的精神诉求,《达人春晚》可以说在这方面做得相当出色。例如倪萍出场伊始的"送一元钱红包"(意蕴一元复始、万象更新);许娜、周彦峰家的电话连线和皱皱巴巴塑料袋里准备送女儿的压岁钱(贫贱夫妇对孩子的深情);62 岁的余蓉平奶奶亲手编织的一副送倪萍的手套(一针一线蕴含着特别的情谊);高逸峰夫妇的两张照片;菜花甜妈的小辫子等堪称经典。

温馨亮点:这个节目最大的亮点,莫过于真率的人物环境,饱满的中华气场,活脱脱的黎民百姓,响当当的温馨氛围! 比如代送压岁钱、代做包子铺广告。大多数的时候让人眼前一亮,会心一笑,感谢生活的赐予;有时又让人为之一振,感慨世事无常、前路艰辛。然而,洋溢在"达人"身上那种不屈服、不放弃的炽热的薪火,始终暖暖地抚慰着千万颗华夏儿女的心灵。

▶▶【资料链接】东方卫视品牌栏目《中国达人秀》

"没有任何门槛,不限任何才艺。"这是"全球最大规模选秀节目"的核心标志。《中国达人秀》自 2010 年 7 月 25 日开始每周日晚在东方卫视播出,该节目旨在为实现身怀绝技的普通人圆梦提供有效的平台,致力于打造"零门槛"的选秀节目,让真正有才艺、有故事、有抱负的各个年龄段的平常人,参与其中并展示自己的天赋和潜能。

《中国达人秀》在中国多个城市举办海选活动。通常海选安排在商厦或者其他中小型的室内或室外舞台举行。部分海选的花絮在电视和网上播放。通过海选的选手能进入到下一轮的初赛。正式比赛在欧洲古典建筑风格的上海音乐厅举行。在选手表演自选节目期间评委可按亮舞台上方的红叉,当三个叉全部亮起的时候选手应停止表演。有时候评委按叉并不是表示选手表现不好,而是评委已经了解选手的实力和特色而让选手停下。如果三位评审中的两位给予"YES",则表示该选手晋级。

"见证生命奇迹,绽放梦想力量",2011年小年夜总决赛,《中国达人秀》年度盛典以全国30城市高达3.36的收视率刷新中国电视小年夜收视纪录,连续三季打破中国电视综艺节目收视纪录。这是"海纳百川,追求卓越",高扬"新鲜、新锐、都市、国际"品牌旗帜的上海东方卫视,为平凡人成就大梦想创造的荧屏新奇迹。

(五)央视《感动中国》

发轫于新世纪之初、到2013年已成功举行了十一届的央视年度人物评选活动《感动中国》,获得了海内外观众和舆论界的交口称赞,节目超过10亿的受众覆盖,超越国界的媒体联动,使其具有了振聋发聩的独特品格、人格与国格。

看这个节目,感觉真理真的是好朴素、好简洁、好"有型"。"朴素"在于,每位入选者那么平易,头顶屋檐脚踏泥土,那么质朴那么草根;"简洁"在于,对他们任何多余的粉饰、夸张、繁复,一丝一毫都是不必要的;"有型"在于,无论身处何等的困境、窘境、逆境,他们的拼搏与担当足以惊天地泣鬼神。《感动中国》已经走过了十多个年头,推选出了一百多位各行各业的杰出人物,多少感动与惊喜,多少温暖与震撼,当之无愧地成了"中国人的年度精神史诗",实实在在的"华夏民族脊梁"。

与之相对应,2013年2月19日央视一套综合频道播出的《感动中国》颁奖典礼,也是一如既往的朴素、简洁、有型。白岩松、敬一丹主持,庄重睿智。评选出的十个人物和一个集体依次登场,糖葫芦式的串联结构。每个人物10分钟到12分钟左右,分解成三个小板块,一为极精炼的人物纪录短片,主持人介绍过渡到VCR,强化其真;二为极精诚中肯的现场人物访谈,自然呈现人物内在的所思所悟;三为极精准的评价、颁奖词和孩子献花、敬礼,奖杯造型的多媒体屏幕彩绸滑落,年度人物名字及关键词相继显现。兰花、葵花、无名草等轮流作屏幕背景,导演切割的风格也是极简练而有章法,让人深感这档节目太扎实太有"料",而无需任何的花哨和添足。

让我们认识一下2012年度从13亿中国人里推选出的草根英雄。他们是:工作到最后一刻的核试验专家——林俊德院士;用布带背着母亲上班的孝子——中学教师陈斌强;花样年华临终主动捐献器官——小学生何玥;为乡亲"卧底"为百姓打工——陈家顺副局长;为残疾儿办学守护"炕头课堂"14载——农家妇女高淑珍;危急时刻舍身救人——"最美女教师"张丽莉;二十年科学考察守护南沙——南海卫士李文波;用颤抖的双手把无数老兵遗骨护送归乡——台湾老兵高秉涵;"爬"遍青山送医上门——乡村医生周月华、艾起夫妇;用生命托举"歼—15"起降辽宁舰——以身殉职者罗阳；成功侦破湄公河"105惨案"、抓获特大武装贩毒集团首犯糯康——公安部专案组。

这一个个闪亮而朴素的名字，深深镌刻在人们的脑海，一件件平凡而又充满精神高度的事迹，无不令人动容、洒泪。《感动中国》以炽热的道德光辉，照亮了当下国人的心灵，无论是彪炳史册的贡献，还是平凡默默的壮举，他们身上具有的丰沛而持久的道德力量，猝然击中市场经济背景下道德的滑坡、人心的沦落，在强烈的对比和映照中建树起真正属于人民大众的向善向美的精神力量。

中华民族是崇德向善的民族，《感动中国》所弘扬的大国民情怀，温暖着我们这个民族的心灵家园，筑建着国家长远发展的道德基石，这——就是中国人魂魄所系的精神源头。

思考题

1. 电视艺术片的主要特征和运用手法有哪些？
2. 微电影何以方兴未艾？在创作时应如何扬长避短？
3. 电视诗歌散文对声画艺术的细化与推进作用有哪些？
4. 风光风情片何以引人入胜？它的三大要素是指什么？
5. 何谓"脱口秀"节目？它的主要形态特征有哪些？
6. 如何根据不同的对象与内容寻找恰当的访谈方式？
7. 做专题类节目必须做好哪方面的精心准备？
8. 试分析湖南、江苏、浙江、东方四家卫视综艺娱乐节目的模式特征。
9. 央视《感动中国》运用的手法和标杆意义有哪些？

第四章 电视广告的创意、策划及制作

第一节 电视广告概述
第二节 电视广告创意
第三节 电视广告策划
第四节 电视广告制作

第一节　电视广告概述

电视上、广播里每天滚动播出的良莠不齐的广告；报纸杂志上难以躲避的广告；路上随处可见的公共交通、路牌、灯箱广告……这些生活中常常看到的画面，就构成了大众对广告的理解。实际上，对于在广告业内工作的人士而言，这些完全不是"广告"的全部。在这些每天可见的"广告"背后，藏着更多的内涵。

我们先来简单认识一下广告运作中的各种主体。

1. 广告主

也称客户，是广告运作的发起者，付出资金购买广告公司的服务，是广告公司的盈利来源。职能是向广告公司提供产品及市场的资料，监督其运作，是营销计划、广告或促销计划的最终受益者。

2. 广告公司

服务于客户，致力于广告主的广告策略和计划的规划、执行、服务的组织。

3. 广告媒介

广告的传播载体，广告主产品信息传递的渠道，广告活动有形部分的主要承载者。

4. 广告受众

广告活动的终极对象，广告主的利益来源。

广告是一场营销传播活动，是由广告主发起，广告公司执行，广告媒介传播的针对广告受众的营销与传播的活动。广告是复杂的信息传播活动，同时又是多变的商业行为。

一、各种广告媒体的优点与局限

广告媒体主要有报纸媒体、杂志媒体、广播媒体、电视媒体、网络新媒体、邮寄广告媒体、户外广告媒体等。这些主要媒体在送达率、频率和影响价值方面互有差异。例如,电视的送达率比杂志高,户外广告的频率比杂志高,而杂志的影响比报纸大。

每一类媒体都有一定的优点和局限性,认识每一类媒体的特性,是合理选择广告媒体的前提。

(一)报纸

从职业和教育程度来看,阅读报纸的阶层可以说是媒体中范围最广泛的。以不同阶层读者的资料为基础,报纸广告要实施地域性的计划就变得容易了。而且报纸配送地域明确,以定期订阅者为主要对象,可以说报纸是最有计划性的稳定的媒体。

报纸广告的优点主要体现在弹性大、灵活、及时,对当地市场的覆盖率高,易被接受和信任。而其缺点则主要在于传递率低、保存性差、传真度差、广告版面太小易被忽视。

(二)杂志

作为广告媒体,杂志的长处在于它是被读者特意选购的。杂志读者的可靠性是使用杂志媒体的优势,阅读杂志的读者已经处在该杂志的影响之下,可以说登载在杂志上的报道和读者之间的关系,比起其他的媒体处在更自然的关系上。阅读自己喜爱的杂志时,读者处于充分接受的状态,因而,情绪气氛的广告不在话下,理性劝导的广告也能起到较好的作用。

从广告的持续性来看,杂志有完好的保存性,广告生命长,有被读者相当长时间阅读的机会,另外也可以期待有超过杂志发行册数几倍的传阅率。

与报纸广告相比,杂志广告可以以比较低的费用覆盖全国市场,这也是其突出的特性之一。从杂志销售状况来看,有集中于大都市的倾向,杂志广告与报纸一样,对特定地域的广告不适宜。当然,杂志中也有能够向特定地域刊发广告的兼具通融性的媒体。

总的来说,杂志的优点在于针对性强,选择性好,可信度高,并有一定的权威性,反复阅读率高,传读率高,保存期长。其缺点是广告购买前置时间长,有些发行量是无效的。

(三)广播

作为四大媒体之一的广播的特性首推时效性。报纸由于广播的出现受到了很大的打击就是时效性被夺走。这以后广播一直以时效性为第一武器。广播具有的这个特性,在广告方面通过适时的广播广告被有效地利用了。广播是适合个人喜好的媒体。由于电视的出现,广播把娱乐的首席地位让给了电视。但是,作为个性化的媒体,广播仍然占有重要的地位。对于个性化的媒体,当然有采取个性化诉求方法的必要,给予听众以其他媒体不能得到的亲近感是尤为重要的。听众对于自己感兴趣的节目希望不受别人的妨碍,可以一个人欣赏。所以,广播广告应该强调对特殊阶层的诉求。

广播可以向全国,也可以向特定的地域做广告。发布全国性的广告,可以利用全国性的广播网。地方性广告则可利用地方性的广播电台。

总体来看,广播的优点在于信息传播迅速、及时,传播范围广泛,选择性较强,成本低。其缺点是只有声音传播,信息展露转瞬即逝,表现手法不如电视吸引人。

(四)电视

电视是现代广告的主角,它是现代所有媒体中最家庭化的娱乐媒体。因此,对视听者的亲近感也很强烈,是感动视觉和听觉两方面的媒体。通过画面吸引视听者,移入感情,视听者对商品的理解也就很快。电视广告有其他媒体不可比拟的示范效果,一些创意作品常常成为话题。而且,通过电视的彩色影像,商品的视觉效果与店里摆置一样,销售效率也会飞速地提高。

电视媒体的主要优点是诉诸人的听觉和视觉,富有感染力,能引起高度注意,触及面广,送达率高。而主要缺点在于成本高、干扰多,信息转瞬即逝,选择性、针对性较差。

(五)网络新媒体

网络广告,是广告业中新兴的一种广告媒体形式。店铺可通过两种主要方式做广告:一是建立公司自己的网址;二是向某个网上的出版商购买一个广告空间。

1. 网络广告的优势

随着时代的发展,网络广告的优势越来越明显,主要表现在以下几个方面:

(1)网络广告可以根据更细微的个人差别将顾客进行分类,分别传递不同的广告信息。(2)网络广告是互动的。网上的消费者有反馈的能力,广大消费者渴望及时得到信息,一旦某一消费者对此失去兴趣,略施小计,便会使这些对别人非常有用的信息消失得无影无踪。因此,互动式广告要求广告把要说的信息作为与受众"对话"的一部分层层传递,一旦个人开始对起初的信息感兴趣,广告商就转向下一步骤,传递专门针对此人的信息。(3)网络广告利用最先进的虚拟现实界面设计来达到身临其境的感觉。网络广告所提供的虚拟现实世界,会给受众带来全新的体验。(4)网络广告的用户构成是广告商们愿意投资的因素。这些用户多是学生和受过良好教育的人,平均收入较高。最成功的网址有办法留住回头客,同时又不显得过于商业化,为了使自己的网址更具有吸引力,一些公司自己成了网上出版商。

2. 网络广告的局限

网络广告的局限主要体现在以下两个方面:(1)网络广告的范围还比较狭窄。(2)价格问题。

(六)其他媒体

除了报纸、杂志、广播、电视四大媒体之外,还有一些其他的广告媒体,如户外广告媒体和直接邮寄广告媒体。

户外广告媒体的优点是反复诉求效果好,对地区和消费者选择性强、传真度高,费用较低,具有一定的强迫诉求性质。其缺点是传播区域小,创造力受到限制。直接邮寄广告的优点是针对性、选择性强,注意率、传读率、反复阅读率高,灵活性强,无同一媒体广告的竞争,人情味较重。其缺点在于成本较高、传播面积小、容易造成滥寄的现象。

二、电视广告的特点

电视作为大众媒体之一,具有巨大的宣传效果和广泛的影响力,而广告与电视的结合则把电视广告推向了主力地位。电视广告在我国广告行业中一直占据重要地位,凭借信息高度集中、高度浓缩,兼有报纸、广播和电影的视听特色,声、像、色兼备,听、视、读并举以及生动活泼的特点,电视广告已成为当今社会最主要和影响最广的广告形式之一。正如奥格威所言:"当我在1949年于麦迪逊大道创业时,我认为在我退休之前,广告会有巨幅变化,然而,时至今日,唯一的大变化是电视的出现,成为推销各种产品最有力的媒体。"

(一)电视广告的传播特点

1. 视听结合

影像具有独特的魅力,它能让它面前的人们能够亲眼见到并亲耳听到同自己身边一样的各种活生生的事物,这就是电视视听合一传播的结果。单凭视觉或单靠听觉,都不会使受众产生如此真实、信服的感受。可以说,电视广告是目前所有媒介中覆盖范围最广、传播力最强、影响力最大的广告媒介。

电视广告媒介的这种直观性最大限度地适应了人在获取信息时的生理特点,充分运用了人类获取信息的主要渠道——眼和耳。迄今为止,电视广告的这一直观性,乃是其他任何媒介不能比拟的。它超越了读写障碍,成为了最大众化的宣传媒介。

2. 瞬间传达

全世界的电视广告长度都差不多,都是以 5 秒、10 秒、15 秒、20 秒、30 秒、45 秒、60 秒、90 秒、120 秒为基本单位,超过三四分钟的比较少,而最常见的电视广告是 15 秒和 30 秒。这就是说一则电视广告只能在瞬间之内完成信息传达的任务,这是极其苛刻的先决条件。而且广大受众都是在完全被动的情况下接受电视广告信息的。这也是电视广告媒介区别于其他广告媒介的特点。

(二)电视广告的优势

1. 冲击力强

由于影视媒介是用记录的手段再现信息的形态,用声波和广播信号直接刺激人们的感官和心理,以取得受众感知经验上的认同,令受众感觉特别真实,因此电视广告对受众的冲击力是其他任何媒体的广告难以达到的。

2. 极强的诉求力

电视广告能充分运用电视技术和艺术以及计算机动画技术丰富的表现手段,将视觉、声音(包括音乐音响)、文字、图表、动作与情感结合在一起,有着极为强烈的广告诉求力,可以清楚明白地说明商品的外表、内部构造、工艺、性能、用途及科学原理等,十分易于突出商品的诉求重点,一针见血,给人留下深刻的印象。

3. 深刻的感染力

电视广告还能通过感人的形象、优美的音乐、独特的技巧,不仅使广告讯息做到具象化、实在化,更使广告表现具有丰富的运动性、生动性和艺术性,扣人心弦,这无疑增强了广告的可看性、可听性,使观众受到真切的情绪感染。

4. 强烈的穿透力

电视广告可以迅速穿越空间的限制到达电波覆盖的任何区域,尤其是能够直接进入亿万家庭。电视广告信息传达快、影响范围广,只要观众打开电视机,广告也就会随之而来。它像一个不速之客,总是在不经意间进入人们的大脑,增强了广告对人们日常生活穿透性的影响力。

(三)电视广告的局限

1. 信息含量低

虽然电视广告有着丰富的表现手段,但电视广告的长度一般均以15秒和30秒为主,要在这么短的时间内自如地完成传达讯息的任务并非易事。而且电视广告的出现不是按照接受者的愿望来安排的,它经常匆匆而来,匆匆而去。当人们的注意力被吸引过来时,或许已有四五秒过去了。因而,电视广告的信息量极为有限,难以详述产品信息,而且众多广告常常是集中播出,观众又是被迫收看的,这些情形都大大影响了广告的记忆效果。

2. 干扰因素多

观众收看电视主要是在家庭成员共同收看的自由、开放环境中进行的,而且观众收看电视时,他们换台的频率远比广播来得更频繁,因此电视广告的传播容易受到外界因素的干扰。此外,电视机不可能像印刷品一样随身携带,它需要一个适当的收视环境,离开了这个环境,也就根本阻断了电视广告的传播。即使在这个环境内,观众的多少、距离电视机屏幕的远近、观看的角度及电视音量的大小、器材质量以至电视机接收信号的质量,都直接影响着电视广告的收视效果。

3. 费用高昂

就制作成本而言,电视广告片的制作周期长,工艺过程复杂,不可控制因素较多(如地域、季节、天气、人员等),同时媒介播放的收费也很高。而且,电视广告片比一般的电影电视节目的要求更高。国际上电视广告影片拍摄的耗片比一般是100∶1,还得为电视广告片专门作曲、演奏、配音、选景、搭景、剪辑、合成,这都需要巨大的资金投入。

就播出费用而言,电视台的收费标准很高。而且,为了达到好的播出效果,就要选择覆盖面广的目标媒体,尤其要在黄金时间播出,另外还需要大量重复播出。这都使得播出的费用更为高昂。

4. 灵活性弱

在电视广告的制作与播出带来高成本的广告预算的同时,它较长的拍摄、制作周期使其远不如广播广告和报刊广告那样有较强的灵活性和可调控性。

这些年来,电视广告充斥着电视节目的各个部分,电视广告时段紧俏,常常需要预订,但是电视广告不容易像其他形式的广告一样,可根据市场信息变化灵活地改变内容。因此,它无法满足时间性较强的广告。

(四)优秀电视广告作品的标准

广告作品水平的高低关系着整个广告活动的成败。那么究竟什么是优秀的广告作品呢？如何来评价一条具体的电视广告呢？其标准是什么？这个问题既简单又复杂，我们一时还难以对其下一个比较确切的定义。

首先让我们看一下现在的广告环境：

1. 缤纷复杂的广告让人目不暇接

众所周知，在我们的生活中，随时随地都能见到广告。随着各种媒体的不断出现，广告是无孔不入，可以说有的广告已经干扰了人们的正常生活，因此人们开始不愿意看到广告，对广告有了抵制情绪，试问这样传播信息如何能够起到效果。我们以电视广告为例：一集四十五分钟的电视剧，中间插播的广告甚至达到二三十分钟，这在市县级电视台更是司空见惯。所以有人说"广告的时间就是换台的时间"，调侃味道很浓，从而也让我们感受到了观众对广告的无奈，甚至是厌恶。

2. 黄金时段已经不是黄金时段

对众多媒体来讲，广告已经成为了他们经济来源的重要支柱，这已经不是什么秘密。我们可以这样说，如果没有企业投放广告，媒体也将无法继续生存下去。

但是，面对如今激烈的市场竞争，企业又不得不投入广告，"酒香也怕巷子深"的观念已经深入企业。笔者这样说并不是反对做广告，只是想说企业应该有策略地去做广告，不能总花冤枉钱。

激烈的市场竞争对于媒体来讲是一个创收的绝佳环境，越多企业投放广告，媒体的广告位置越值钱。媒体乐得看到这种情况。

我们还是以电视媒体为例：以前的一分钟广告时间段，电视台现在把它分割成五秒、十秒、十五秒、三十秒等不同的广告位置，如果以前只能有一家企业投放广告，现在则可以有数十家一起投放广告，为什么说现在的黄金时段已经不是黄金时段了，关键就在这里。这么多广告一起投放在这么拥挤的时间段里，受众怎么能接收到这么多的信息，何况现在的观众已经对广告产生了反感。所以，企业如果还是一味地对黄金时段情有独钟的话，倒不如在自己企业和产品的广告创意上多花点心思。

3. 受众在被动地接受广告

从传播学的角度来讲，什么是最好的信息交流方式呢？笔者认为，应该是主动地接受，互动地交流，只有达到这样的效果，我们传递的信息才能被受众有效接纳。

现在我们再看如今的信息环境。每天大量的广告信息和其他信息涌入，人的大脑就像一个容器,总有装满的一天。

信息从发出,经过传播,再到受众,在受众这一块需要一个解码过程,然而受众接受的信息量太多,已经是超负荷了,怎么还能正确地对信息解码,又怎么会愿意去主动地解码呢?因此,我们的广告在受众的头脑中被记住的很少,导致了广告效果不明显,甚至是竹篮子打水一场空。

面对复杂的广告环境,广告的未来也令人担忧。广告其实就是一种信息传播的过程,想让受众能够在众多的广告中被自己的广告吸引,我们更多地要关注受众的喜好、承受能力。如何使广告更具有传播力和影响力是广告策划人目前必须思考的问题。

如何让受众更好地接受广告传递的信息呢?笔者认为首先要让广告好看。好看的标准有以下几个方面:

(1)要具有幽默感和娱乐性。人们永远对快乐的事情不会厌烦,人们永远对八卦的事情感到好奇,正所谓好奇之心人皆有之。广告的幽默感和娱乐性能扫除人们一天工作的疲劳,如果广告能使人身心愉快,而不是让人感到厌烦,那受众怎么不会接受广告呢?在接受广告的同时,我们产品的信息也就同时潜移默化地传递给了目标消费者,这样的广告才是我们广告人努力的方向,更是企业所需要的。

(2)要具有故事性。广告的故事性可以更加吸引人观看广告,只要受众主动地去观看广告,我们的广告就成功啦。

(3)情感要打动人心。人都是有感情的,在广告中,我们在适当的时候植入适合的情感,更能引起消费者的共鸣,从而让消费者在情感的共鸣中接受广告所传递的信息,没有一点强迫性的输入,这也是广告的一个至高境界。

其实广告作品的目的就是要引起大众注意,提高受众的兴趣,创造欲望,在消费者心目中建立信誉,刺激决心,最终产生购买行为。为此,以下五条标准可以帮助我们衡量一条电视广告作品的优劣。

1.冲击力

所谓冲击力,就是引起注意的能力。一条电视广告最首要的就是要具备视觉、听觉以至心理上的冲击力,非此不能引起观众的注意。广告最直接的目的就是要取得目标对象的注意和参与,否则绝无机会达到目标。

能否引起受众的注意,对于电视广告至关重要,因为电视广告的受众都是在被动状态下接受广告的,而电视广告又是极为短暂的,不能抓住观众的目光,一切都是白费。有关调查表明,消费者每天通过大众媒介接触到的大量广告信息中仅有5%是有意注意的,而大量的则是无意注意的。消费者有可能专门收看娱乐节目、体育比赛,而很少会专门等着看广告。因此,如何能吸引观众的目光,就显得特别重要。一条电视广告如果对观众没有冲击力,不在三五秒钟内牵住观众的视线,那么无论后面多么精彩也不会再把观众的注意力拉回来。

一条 30 秒的广告,开头 5 秒"特别重要",因为此时观众的注意力最为集中。如果观众的注意力没有在这段时间内被集中起来,那么以后的时间则更加不可能了。

2. 创意

创意即主意、构思、立意。它是一条电视广告的灵魂。如果一开始只是靠画面和声音把观众的视线拉了去,但是接下来却没有什么新鲜的点子,没有好的想法,总是老一套,那么单凭简单的生理刺激暂时把受众吸引过来是不能持久的,还是要靠巧妙的构思和创意,让人内心折服。

3. 兴趣

兴趣就是指趣味,即是否有意思,观众是否愿意继续看下去。这个标准是很高的,也是很重要的。电视广告只有让人记住才能发挥作用,而要让人记住,重要的条件除了必要的重复外,就是要在情节上、画面上、音乐上、语言上、色彩上给观众留下点琢磨的意味,引起观众的兴趣。如果不能让人喜欢,让人爱看,不能让观众保持兴趣,观众还是要转台的。

4. 信息

广告信息是否准确到位,是衡量电视广告最重要的标准。因为广告的根本功能除了传达信息,别无其他。我们常见的一些广告或威武雄壮,或柔情蜜意,或俊男靓女,或大腕明星,但却常常在云飞雾散后,不知所云。

值得注意的是,广告为引人注意而采取的种种手段和技巧绝不是目的,广告中的各种艺术形式都是为突出主信息服务的,不能干扰主信息的传达,更不能喧宾夺主。

广告有一个共性,就是在开始先声夺人,抓住观众的注意力,引起观众的兴趣,最后清楚地传达广告信息。

5. 感染力

所谓感染力,就是唤起行动的能力,这也是一则广告综合能力的体现。这条标准看似抽象,但实际上是完全可以感受到的,它也是一种持久的张力、内在的力量。我们决不能满足于外在的形式,而应该着重挖掘与创造广告的推动力量。

第二节 电视广告创意

一、电视广告创意的原则

创意是电视广告有效与否的前提条件,也是电视广告策划与制作中的核心问题。创意是创造性思维的一种,既具有创造性思维的一般特征,又具有它自身的独特之处。广告创意原则的积累和提炼,是人类广告活动发展的体现。广告创意的原则深刻地影响着广告人的创意思路和具体实践。在进行广告创意时,我们通常会遵循以下几个基本原则。

(一)关联性

关联性是指广告创意必须与广告主、广告商品相关联,还必须和目标消费者需求相关联,以取得树立品牌、促进销售的功效。美国广告大师詹姆斯说:"在每一种产品与某些消费者之间都是有各自相关的特性,这种相关的特性就可能导致创意。"

(二)广泛性

广泛性是指广告创意存在于广告活动的各个环节。从小的方面来说,广告创意体现在语言的妙用、画面的设计等方面;从大的方面来说,广告创意可以体现在战略战术的制定、媒体的选择搭配、广告的推出方式等广告活动的各个要素上。

(三)独特性

独特性就是要发前人所未发、言前人所未言,要超凡脱俗、标新立异。平常所说的独辟蹊径、打破常规、独具匠心等,都是指广告创意具有的独特性,即新观念、新设想、新理论。那么,如何才能做到独特与吸引人呢?这就得靠人们去思索、去探求、去比较。其根本的一条就是在突出主题的基础上,配以巧妙的衬托(画面、音效),去实现创新。

(四)形象性

我们所讲的广告创意是针对广告作品的创意,那么广告的创意就必须能使受众感知到形象化的点子,而不是抽象化的、概念化的点子。这一点特别重要,因为广告策划的意图、广告的主题最终是要靠广告作品来传播的，尤其是对于电视广告来讲，如果不能把广告的主题转化为视觉化与听觉化的符号，转化为活生生的形象化的语言，观众就无法理解与接受。这时候，任何抽象、美丽的概念都无济于事。广告艺术化作业阶段的难点，就在于广告创作者是否能利用自己的知识和才智，把广告主题的诉求转化为具体的视听形象。

(五) 求异性

创意是关于创造的艺术，创造就要求新，但凡新奇的事物，总能毫无例外地吸引众人的目光；人们受好奇心的驱使，也往往会对新奇稀有的事物多加关注。创意需要不断地创造，不断地推陈出新。创意的生命时效很短，是不断变化的，并且是迅速变化的。要想不断地出奇出新，需要创意者具有多元的知识积累和果敢的创新魄力。创意不仅来源于产品或服务的专业背景、功能信息、市场资料等基础信息，同时，生活的经验与感悟永远是好创意不断的源泉。

(六) 创新性

电视广告创意是一种创造性思维，一个完整的广告运作包含着许多环节，每个环节都有创造性的课题，即使是执行某一个计划，也需要有创造精神。但这与我们所谈的广告创意有着极大的不同。我们知道任何一项广告活动都是由科学化和艺术化作业的两大块内容构成，这两大块内容分属于两个不同的阶段，也是艺术化作业的前提阶段。虽然这两大阶段的奋斗目标相同，但各阶段的具体任务则各不相同。在广告科学化作业阶段，主要是运用科学化的手段，对有关市场进行调查研究，以量化及定性分析为基础，进行广告整体策划，确定广告目标，找出广告的目标对象，确定广告策略并最终确定广告主题，而广告目标和主题确定之后，工作重点才转移到广告艺术作业阶段。如果说科学化作业阶段主要解决的任务是"对谁说"和"说什么"，以及"怎么说"的总体表现方针，那么艺术化作业阶段的主要任务就是如何运用艺术手段解决将广告主题转化为受众易于接受、乐于接受的活生生的广告作品的问题。

(七) 灵活性

电视广告创意的外在形式及生产均没有固定的模式，这就是说电视广告创意的点子千变万化，没有固定的样式，其魅力也正在于此。好的创意都是不同的，其形成的方法也没有固定的方程式，不能用复制的方法获得，而且往往不能通过冥思苦想来获得。

二、国际广告大师的创意理论

本节介绍了国际数十位广告大师的创意理论、观点和方法。这些创意大师根据自己的经历和创意实践,从不同角度、不同侧面提出了各自的创意观点,有的重视创意的心理过程和步骤(詹姆斯·韦伯·扬);有的注重实际,着重从产品内涵挖掘闪光点(李奥·贝纳);有的强调创意者个人的观察和调查(奥格威);有的关注受众对广告的理解和感觉,反对所谓的灵感(伯恩巴克)等。尽管角度不同,但他们都各自取得了巨大的成功。这充分说明广告创意并没有普遍的规律和方法,只要抓住产品的一个或两个关键亮点,并充分表达,你就能获得大的效益。

(一)詹姆斯·韦伯·扬的创意五步骤

广告大师詹姆斯·韦伯·扬把创意过程分为五个阶段:
(1)收集原始资料;
(2)用心智去仔细检查这些资料;
(3)深思熟虑,让许多重要的事物在有意识的心智之外去做综合;
(4)实际产生创意;
(5)发展、评估创意,使之能够实际应用。

詹姆斯·韦伯·扬认为生产创意,正如同生产福特汽车那样,人的心智也遵照一个作业方面的技术。这个作业技术是能够学得并受控制的。他的方法是:博闻强记,努力地收集、积累资料;分析、重组各种相互关系;深入地观察体验人们的欲求、希望、品味、癖好、渴望及其风俗与禁忌,从哲学、人类学、社会学、心理学以及经济学的高度去理解人生;通过研究实际的案例来领会创意的要旨。

詹姆斯·韦伯·扬(James Webb Young)于1886年出生于美国肯塔基州卡温顿,父亲是保险经纪人。他小学六年级时即辍学当店员,22岁时成为一家书店的广告经理,26岁开始在广告公司做文案人员,5年后(1917年)任智威汤逊广告公司纽约总公司副总经理,1928年后在芝加哥大学商学院任教5年之久,是该学院"广告"和"商业史"课程的唯一教授。直到1973年3月5日逝世,他一直兼任智威汤逊广告公司的董事及高级顾问。美国新墨西哥大学曾授予他法律博士头衔。1974年,即他去世一年后,荣获"广告荣誉大奖"(Advertising Hall Fame)这一广告界的最高荣誉。

广告大师伯恩巴克将詹姆斯·韦伯·扬视为自己的广告偶像,他为詹姆斯·韦伯·扬的著作《产生创意的技巧》作序,序中高度评价了詹姆斯·韦伯·扬对广告业及创意研究的贡献,称他是一位思想通透的思想家、一位点到即止的沟通大师,文章"简而精",每每以三言两语就说出了事物的脉络和精髓。另一位广告大师奥格威在其著作《奥格威论广告》中,也盛赞詹姆斯·韦伯·扬的广告文案功力到家,是当年智威汤逊广告公司创作部的"镇山之宝",是广告历史上一位不可多得的文案大师。

与其他几位广告大师相比较,詹姆斯·韦伯·扬对广告的贡献不但在于"做"(广告人),而且在于"写"(著书立说)和"说"(广告教育)。

詹姆斯·韦伯·扬将创意的产生或孕育比喻为"魔岛浮现":在古代航海时代,水手传说中的灵光乍现、令人捉摸不定的魔岛,恰似广告人的创意一般。魔岛其实是海中长年累积,悄然浮出海面的珊瑚形成的。

詹姆斯·韦伯·扬强调,创意并非一刹那的灵光乍现,而是如同魔岛的形成,靠广告人脑中的各种知识和阅历累积而成,是通过眼睛看不见的一连串自我的心理过程所制造出来的。魔岛看似突然出现,创意似乎偶然跳出,却绝非从天而降、一日之功。

詹姆斯·韦伯·扬的创意哲学的特点在于把创意看成心理过程,而不是片面的心理状态。

詹姆斯·韦伯·扬认为:"广告的构成,是我们生活的万花筒世界中所构成的新花样。"万花筒中的玻璃片越多,构成新花样的或然率就越高。我们在广泛地分享人生——创意的第一步过程中,既然为心智的万花筒积聚起丰富多彩的"玻璃片",第二步当然就是毫不犹豫地旋转万花筒——让多彩的"玻璃片"碰撞出绚丽的思想火花。

詹姆斯·韦伯·扬强调,"在心智上养成寻求各事实之间关系的习惯,成为产生创意中最为重要之事"。他提醒人们要注意事物的相关性:

第一步,所得的创意无论如何荒诞不经或残缺不全,都要把它们记下来,形成文字,有助于推进创意。

第二步,不要过早地产生厌倦,至少要追求内心活力的第二波,继续努力去得到更多的想法,把它们都记在小卡片上。当你感到绝望,心中一片混沌,让人看起来魂不守舍时,就意味着创意的第二步已经完成,可以进入第三步了。

第三步要做的,就是完全放松,放弃问题,转向任何能刺激你想象力及情绪的事情,去听音乐、看电影、打球、读诗或看侦探小说等。

这第四步,詹姆斯·韦伯·扬把它称作"寒冷清晨过后的曙光"。它的特征是突发性——绞尽脑汁,心力交瘁,只好把问题放入潜意识之后的顿悟、灵感、直觉。因为来得突然,第四步的过程难以具体地描绘。这正如一位哲学家所描述的,它"就像一颗高居山顶的橡树,每个人都可以看到,又很难摸得着"。

詹姆斯·韦伯·扬说,当你把创意这个新生儿拿到现实世界中的时候,常常会发现它并不像初生时那样奇妙,还要做许多耐心的工作,以使大多数的创意能够适合实际情况。

第五步要做的,就是把新生的创意交给深思远虑的批评者审阅。这样,好的创意就会有自我扩大的本质。

(二)芝加哥学派的始祖——李奥·贝纳

李奥·贝纳(Leo Burnett)是享誉全球的广告大师之一,是广告界"芝加哥学派"的创始人及领袖。1935年李奥·贝纳创办了李奥·贝纳广告公司,当时的广告营业额只有20万美元,但如今李奥·贝纳广告公司早已经成为全世界赫赫有名的十大广告公司之一了。李奥·贝纳从事广告行业长达半个世纪,被誉为美国20世纪60年代广告创意的代表人物之一。他不仅在广告经营管理上取得了巨大成就,同时还是一位创意巨匠,在理论上颇具建树。李奥·贝纳认为成功的广告创意的秘诀在于能否寻找出商品本身"固有的刺激",也称之为"与生俱来的戏剧性",并巧妙地加以利用。

李奥·贝纳运用固有刺激法最典型也是最成功的案例之一是他为"绿巨人"豌豆所做的广告。为了表达"绿巨人"豌豆的新鲜,李奥·贝纳特别强调"绿巨人"是"在月光下收割"、"风味绝佳"、"从产地到装罐不超过三小时",整个广告文笔简洁、飘逸,读过之后令人倍感温馨自然。其实,这一切均是从产品本身的特性精心采集而来,没有夸大其词,没有舞文弄墨。他的另一享誉世界的广告作品是香烟广告——"万宝路世界",也与"绿巨人"的创作思路如出一辙,都是全力挖掘和开发广告商品的内涵。

他对创作过程的态度,可以用他曾经说过的三件事来说明:

第一,每一种产品都有其天赋的戏剧故事,我们的主要任务是发掘它并加以利用。

第二,当你伸手去摘星,你不一定能如愿,但至少你不会弄得满手是污泥。

第三,埋首于你的主题,拼命地工作,并对你的预感加以爱护、以它为荣。

他为撰文员及创意指导制定了标准,并将这个标准通过创作评判委员会来执行。他曾比喻在评判委员会之前的考验就像被鸭子一口口咬死一样。在他临终前,他写道:"回顾我们最大的成就,很少是在甜美、轻松及热诚的气氛中创造出来的,倒是从动态的紧张中夹着不为人知的怨言下所创造的来得多。"

他并不因为是独创而推崇,他常常引述以前老板的话:"假如你为了坚持与众不同而标新立异,你可以在早上来时,嘴里含只袜子。"

他并不将工作只指定一组创意群去完成,他常常指定好几组让他们彼此竞争。

毫无疑问,李奥·贝纳最不朽的作品,就是万宝路(Marlboro)香烟广告,他把一个默默无闻的牌子变成了世界上最畅销的香烟品牌。在他创作后的50多年里，这个广告仍然在使用。

他最感兴趣的一直是印刷媒体，他向来不做直接反应的广告，他也不愿意有长的文案，他的广告，很多看起来像迷你海报一样。

他喜爱实实在在的、带有地方性的词汇，在他桌上放着一个卷宗夹，上面写着"乡土语言"。"我不是指格言、绝句或俚语等普通意义的文字，而是指那些能透彻地表达憨厚、点到为止的单字、词汇及类似的文字。当我在报上或在谈话中碰到这些词汇时，我将之收存在卷宗内，作为日后广告之用"。

当他看到同仁在使用竞争者的产品时，他曾发出如下的警告："你们都很明白，你的及我的薪水是百分之百从销售给客户的产品中来的。"假如我们广告人自己极力推荐的产品，自己不用，却要别人去买，那是件违背良心的事。

(三) ROI理论

威廉·伯恩巴克(William Bernbach)是美国恒美广告公司(简称DDB)的创始人，曾被誉为20世纪60年代美国广告"创意革命时期"的三大旗手之一(另外两位是大卫·奥格威和李奥·贝纳)。面对20世纪60年代广告界过分追求科学调查而出现的广告千篇一律的状况，他提出"广告不是科学，而是艺术"的创意观点，认为广告中"怎么说"比"说什么"更重要。

威廉·伯恩巴克创作的被全世界广告业奉为经典之作的是有关大众汽车的一系列作品，以及AVIS出租公司的"我们是老二"。威廉·伯恩巴克主张：在广告创作中光是求新求变、与众不同并不够。杰出的广告既不是夸大，也不是虚饰，而是竭尽创作者的智慧使广告信息单纯化、清晰化、戏剧化，使它在消费者心目中留下难以磨灭的记忆，广告最难的就是排除众多纷杂的事物，让广告信息被消费者认知和感受。只有你的广告能够制造出足够的"噪音"才能被注意，但这些"噪音"绝非无的放矢，毫无意义。

ROI理论，是威廉·伯恩巴克为使恒美广告公司更好地进行广告创意而制定的一套独特概念主张。其内容是：好的广告应该具备三个基本特质——关联性(Relevance)、原创性(Originality)、震撼性(Impact)。关联性要求广告创意表现与广告主旨相吻合，有的放矢的广告更具有意义；原创性要求广告创意突破陈规，避免因袭雷同，永葆吸引力和生命力；震撼性要求广告创意要使消费者的心理产生深刻印象。这三个基本特征简称"ROI"。

ROI的实施难点是，分别实现"关联"、"原创"、"震撼"并不难，而同时实现"关联"、"原创"和"震撼"则是个高标准。威廉·伯恩巴克认为，要实现ROI必须明确解决以下五个问题：

(1)广告的目的是什么？

(2)广告做给谁看？

(3)有什么竞争利益点可以做广告承诺？有什么支持点？

(4)品牌有什么独特的个性？

(5)选择什么媒体是合适的？受众的突破口或切入点在哪里？

(四)罗瑟·瑞夫斯的 USP 理论

USP 理论的全称是 Unique Selling Proposition，一般译为独特的销售主张，是由美国"科学派"代表人物罗瑟·瑞夫斯在 20 世纪 50 年代提出的一种有广泛影响力的广告理论。他们认为广告创意必须遵循 USP 理论，广告成功的关键在于能否找出产品的独特销售主张。

USP 理论的基本内容主要有三点：

第一，每一则广告都必须向消费者提出一个主张(proposition)，即让消费者明白，购买广告中的产品可以获得什么样的具体利益。

第二，所强调的主张必须是竞争对手做不到或者是无法提供的，必须说出其独特之处，在品牌和诉求方面是独一无二的。

第三，所强调的主张必须是强有力的，必须聚集在一个点上，集中打动、感动和引导消费者来购买相应的产品。

USP 理论指出，在消费者的心目中，一旦将这种特有的主张或许诺同特定的品牌联系在一起，USP 就会给该产品持久受益的地位。例如，可口可乐的主色调是红色而百事可乐是蓝色，但是，由于它们先占有了这些特性，因而其他品牌就难以再以此在消费者心中留下印象。实践经验表明，成功的品牌在许多年内是不会有实质上的变化的。

(五)品牌形象理论

品牌形象理论即"Brand Image"，也称为 BI 理论。品牌形象理论是大卫·奥格威在 20 世纪 60 年代提出的，是广告创意理论中的一个重要流派。在此理论影响下，出现了大量优秀的、成功的广告。大卫·奥格威(David Ogilvy)为英国出生的美国人，毕业于费堤大学先修学校(Fêtes College)，获艾德菲大学(Adelphi University)文学博士。早年在法国曾做过厨师，当过灶具推销员，在盖洛普博士手下从事过调查研究，做过农夫，第二次世界大战期间在英国情报局任职。大卫·奥格威 1948 年以 6000 美元在纽约创建奥美广告公司(O&M)，随后以卓越的创意广告,赢得盛誉。他著名的广告产品有:海瑟威衬衫(Hathaway Shirts)、劳斯莱斯(Rolls—Royce)汽车等。奥美广告公司在他的领导下早已成为世界前五名的国际大广告公司,他和李奥·贝纳都是世界广告史上最受尊敬的广告大师。

品牌形象理论的内容包括:

第一,品牌形象即品牌个性。奥格威认为品牌形象指的是品牌的个性特征,最终决定品牌市场地位的是品牌总体上的价格,而不是产品间微不足道的差异,而广告要力图表现出品牌的个性色彩。

第二,每一则广告都是对品牌的长期投资。奥格威说:"每一则广告都应该被看成是为品牌形象这种复杂现象做贡献。"他认为,品牌形象的树立是一个长期的过程,从长远的观点看,广告必须尽力去维护一个好的品牌形象,而不应追求短期效益。奥格威告诫广告客户,目光短浅地一味搞促销、降价以及其他类似的短期行为的做法,都无助于维护一个好的品牌形象。而对品牌形象的长期投资,可使形象不断地成长丰满。

第三,品牌形象比产品功能更重要。奥格威把品牌形象作为创作具有销售力广告的一个必要手段。随着产品的日益丰富,产品的同质性增大,品牌之间的差异性减小,消费者选择品牌时的理性考虑减少,此时描绘品牌的形象就要比强调产品的具体功能特征更为重要。通过为品牌树立一种突出良好的形象,可为厂商在市场上获得较大的占有率和利润。

第四,品牌形象能够满足消费者的精神需求。消费者购买商品所追求的不仅是商品收益,同时也是"实质利益+心理利益"的双重满足,广告中所塑造的品牌形象可以一定程度地满足消费者的精神需求。

第五,影响品牌形象的因素。奥格威认为影响品牌的因素是多样的,包括广告、定价、产品的名称、包装、赞助过什么电视演出、投放市场的时间长短等等。

与 USP 理论相比,品牌形象理论更加强调对品牌的确认:USP 较偏重于理性的诉求,而品牌形象理论更强调情感因素,通过创造产品独特的品牌形象,从精神层面上满足消费者的心理需求。

(六)定位理论

定位理论是 20 世纪 70 年代由美国营销专家艾尔里斯和杰屈特在他们合作撰写的《广告攻心战略——品牌定位》一书中提出的。他们对"定位"所下的定义是:"定位并不是要你对产品做些什么,定位是指你对未来潜在顾客的心智所下的功夫,也就是把产品定位在未来潜在顾客的心中。"定位理论主张在广告策略中运用一种新的沟通方法,创造更有效的传播效果。

定位理论主要包括以下内容:

第一，做广告的目标是使某一品牌、公司或产品在消费者心目中获得一个据点，一个认定的区域位置，或者占有一席之地。

第二，广告应该将火力集中在一个狭窄的目标上，在消费者的心智上下功夫，创造出一个心理的位置。

第三，广告需要创造出独有的位置，如"第一说法、第一事件、第一位置"。因为特殊的位置容易在消费者心中形成难以忘怀的、不易混淆的优势效果。

第四，广告所表现的差异性，并不是仅仅指出产品具体的功能利益，重要的是突出这家公司或产品的品牌，达到先入为主的效果。

(七) CI 理论

CI 理论发源于美国，20 世纪 30 年代初期，美国著名的设计家雷蒙特·罗维和保罗·兰德等人提出了 CIS 这一用语，即 Corporation Identity System，译为企业识别系统，简称 CI。

在 CI 理论中，CI 作为一个整体机制，是由三大要素构成的。这三大要素是：视觉识别(Visual Identity)，简称 VI；行为识别(Behavior Identity)，简称 BI；理念识别(Mind Identity)，简称 MI，也可以将其理解为表层子系统、基层子系统、深层子系统三个部分，表层子系统由企业的外部视觉形象要素构成，如企业的标志、标准字、标准色、名称、图案等视觉符号，以及企业的广告、口号和企业的各种活动、员工的行为等能为外界感知的行为要素，即 VI。基层子系统是由企业的各种制度、关系、结构、素质、竞争力、组织等要素构成，即 BI。深层子系统指企业理念、企业文化、企业价值观等精神要素，即 MI。

从这三个子系统的内在联系来看，深层子系统是最根本的决定因素。因为从企业个体行为来考察，企业的一切外部表现和行为都是由企业理念和价值观发动的，都是企业文化的外部形象。而基层子系统和表层子系统则是深层子系统的外化，即企业的观念层次支配着企业的行为，由此形成企业的外部形象。因此，一般通过企业的行为和外部视觉形象来判断一个企业深层次的经营理念与价值观念，以及企业文化底蕴。

(八) 品牌个性理论

品牌个性理论的英文全称是"Brand Character"，简称 BC 理论。BC 理论产生的基础是美国格雷广告公司提出的品牌性格哲学论、日本小林太三郎教授提出的企业性格论，从而形成了广告策划创意策略中一个后起的、充满生命力的新策略流派。

品牌个性理论是对品牌形象理论的延伸，BC 理论认为广告不仅仅是"说利益"、"说形象",更要"说个性"。随着市场竞争的日趋激烈和产品的高度同质化,品牌成为商家重要的竞争手段。品牌是消费商品识别的标志,而个性属于社会范畴,心理学家大多认为,个性是由各种属性整合而成的相对稳定的独特的心理模式。品牌个性是通过品牌传播赋予品牌的一种心理特征,是品牌形象的内核,它是特定品牌使用个性的类化,是其利益人心中的情感度价值和特定的生活价值观。品牌个性具有独特性和整体性,它创造了品牌的形象识别,使我们可以把一种品牌当作人看待,是品牌的人格化、活性化。

品牌个性理论的基本观点包括:

第一,品牌个性是特定品牌使用者个性的类化。

品牌已经脱离物化的范畴,向更有人性化的精神层面过渡。品牌个性使品牌如同人一样具有性别、年龄、阶层等社会属性。品牌个性使特定品牌使用者也具有了这些属性。

第二,品牌个性是其关系利益人心中的情感附加值。

品牌个性具有强烈的情感感染力,能够抓住消费者及潜在消费者的兴趣,不断地保持感情转换。品牌个性蕴含着关系利益人心中对品牌的情感附加值,而购买或消费某些品牌的行为会产生与其品牌情感相联系的感受。如穿"红豆"衬衣产生相思的情怀;"DeBeers"钻石代表着爱情,代表着坚贞,正如广告语表达的"钻石恒久远,一颗永流传"。

第三,品牌个性是特定生活价值观的体现。价值观可以表现为生活追求、自尊追求、对自我表现的要求等,价值观决定了人们的生活中心和行为方式。具有独特个性的品牌,可以与某一特定价值观建立强有力的联系,并以此吸引认同该价值观的消费者。例如,"金利来——男人的世界",是成功男人的象征,就容易被成功或者渴望成功的人所认同。爱立信品牌一直沿用广告语"一切尽在掌握",经常唤起消费者接受生活挑战,把握机遇,开拓进取等联想,这些联想正好迎合了消费者渴望成功的心愿,足以引起购买动机。

(九)ESP 理论

ESP 的英文全称是"Emotion Selling Promotion",译为"情感销售主张"。现代市场丰富的商品和严重的同质化现象,使得人们对商品的功能性需求不断减少,情感需求不断上升。ESP 理论的诉求重点是不局限于具体的产品功能,而是把商品带给人们的情感体验作为诉求重点,在情感层面上建立与消费者的深度沟通。

ESP 理论的基本观点包括:

第一,软化广告,以一种更富有亲和力的方式接近消费者,打动消费者,从而产生情感上的共鸣,使消费者在不经意间产生购买的行为。

第二，ESP 理论便于形成和强化品牌个性。品牌个性是品牌体系的一个延伸识别，ESP 理论可以成为建构品牌个性的有效工具。

第三，由 ESP 理论发展成为品牌故事，深入人心。ESP 能够被消费者牢牢记住，成为品牌建构的重要记忆点。

运用 ESP 理论需要注意的是，产品的特性要与品牌的个性相符合，适应目标受众的心理，创意要经得起时间的考验。

（十）共鸣论

共鸣论的英文为"Resonance"，它是由跨国广告公司盛世长城提出来的创意理论。具体是指利用情感跨越地域、文化的障碍，取得情感共鸣的创意方式。共鸣论主张在广告中述说目标对象珍贵的、难以忘怀的生活经历、人生体验和感受，以唤起并激发内心深处的回忆，同时赋予品牌特定的内涵和象征意义，建立目标对象的移情联想，通过广告与生活经历的共鸣作用而达到震撼效果。

共鸣论的基本观点包括：

第一，在拟定广告主题内容前，必须深入理解和掌握目标消费者，通常选择目标对象所盛行的生活方式加以模仿。

第二，共鸣论侧重的主题内容包括爱情、童年回忆和亲情等情感。共鸣论取得成功的关键是要构造一种能与目标对象所珍藏的经历相匹配的氛围或环境，使之能与目标对象真实的或想象的经历连接起来。

建立在共鸣论基础上的优秀广告并不鲜见。例如，影响和传播效果非常出色的"铁时达"手表广告是一个典型的案例。"不在乎天长地久，只在乎曾经拥有"的广告词配以兵荒马乱战争年代的动人爱情场面，使消费者对该品牌产生强烈的共鸣。2001 年在全国各大电视媒体热播的雕牌洗衣粉广告，运用下岗女工找工作和懂事的小女儿理解妈妈，帮妈妈干活的动人场景，配以"妈妈，我能为您干活"的极富煽情的话语，引起了目标消费者强烈的情感共鸣。

（十一）IMC 理论

IMC 的英文全称是"Integrated Marketing Communication"，即整合营销传播，其观点起源于 20 世纪 80 年代的"传播合作效应"概念，但直到 90 年代才得到更多的关注。美国广告公司协会是这样给 IMC 理论进行定义的："整合营销传播是一个营销的传播计划概念，要求充分认识用来制定的综合计划时所使用的各种带来附加值的传播手段，如广告、直接反应广告、销售促进和公共关系，并将其整合，提供具有良好清晰度、连贯性的信息，使传播影响力最大化。"

整合营销传播理论的先驱、全球第一本整合营销传播著作的第一作者唐·舒尔茨教授，根据对组织应当如何展开整合营销传播的研究并考虑到营销传播不断变动的管理环境，给整合营销传播了下一个新的定义："整合营销传播是一个业务战略过程，它是制定、优化、执行并评价协调的、可测度的、有说服力的品牌传播计划，这些活动的受众包括消费者、顾客、潜在顾客，内部和外部以及其他目标。"这一定义与其他定义的不同之处在于，它将重点放在商业过程上，这最终形成了一个封闭的回路系统。它分析消费者的感知状态及品牌传播情况，更重要的是它隐含地提供了一种可以评价所有广告投资活动的机制，因为它强调消费者和顾客对组织的当前潜在的价值。

整合营销传播是一个概念，也是一个过程，它意味着完整，实现传播活动的完整性便可以产生协同效应。唐·舒尔茨总结了在进行整合营销传播时必经的四个阶段：

第一阶段：战术协调。公司开始协调其营销传播活动，通常制定一些品牌计划或者品牌管理计划。这是"一种声音和一个声音"的概念或定义。这意味着公司在各方面整合广告信息。同时，公司希望在多媒介、多维度的传播过程中形成协同效应。

第二阶段：重新界定营销的范围。在这一阶段，公司开始定义新的或者广义的传播概念，试图考虑得更加广泛而不是局限于传统的功能性广告活动、销售促进、直接营销等。通常，公司首先通过品牌传播评估来决定在哪里和在哪种情况下品牌或公司与其顾客和潜在顾客建立联系。这意味着公司要在进行传统的外部传播之前就采取行动。一般包括内部营销或公司雇员和销售队伍有关的活动。在某些情况下，公司开始尝试在营销渠道和业务伙伴中制定整合营销传播计划，希望有一个清晰、简明的信息和公司对顾客的激励与顾客反馈的信息，通常公司的这些行为包括建立多功能小组，这些小组关注的是顾客和最终使用者而不是公司的产品和服务。

第三个阶段：信息技术的应用。在这一阶段，公司开始利用信息技术整合过去使用过的各种营销传播形式。例如，通过使用包括数据库技术在内的各种研究方法，开始研究顾客态度和行为数据上的差异，以及如何使这两者相一致。利用更多的外部顾客信息，传播计划小组开始区分顾客的标准。也就是说，从大量营销方法转换到通过辨别顾客的独特需要和欲望来确认顾客，通过这种方法，公司可以进行定制化传播。通过定制化传播，公司开始在他们的传播计划中使用不同的评估工具和技巧。换句话说，公司开始关注顾客群以及他们的需求和潜在需求，而不是简单地关注市场份额，这也包括从经济状况来区分顾客和潜在顾客。

第四个阶段：财务和战略的整合。在这一阶段，公司开始制订计划说明书，该说明书是基于对顾客和其市场或财物价值及潜在价值的评估，而不是简单地基于公司所想要达到的目标。通过关注顾客，公司通常能够制订出使用更好的计划和测量方法的营销传播"封闭回路系统"，也就是说这种顾客价值知识使得公司能以可评估的"投资回报率"为基础进行营销传播投资。通常，公司希望利用这些方法测量他们的市场投资回报率，因为高层管理者想知道整合营销传播能给公司带来的价值。

科罗拉多大学整合研究传播研究生项目主任汤姆·邓肯从传播涉及的领域出发，揭示了整合营销传播活动的领域：从狭隘封闭的企业独白到开放互动的对话，最后从内到外产生了一种渗透到整个组织并驱动一切的组织文化。

三、电视广告创意的表现手法

在进行电视广告创意的时候，除了寻求独特的创意之外，还要思考适合展示创意的表现形式和手法。表现手法的创新也是电视广告创意能否传递的重要方面，适合的表现手法能够增加创意表达的效果。

当前电视广告创意的表现手法主要有以下几个类型。

(一) 故事型

故事情节能吸引观众的注意力，就会在一定程度上使观众与广告交流。故事结构可巧妙设置情节的高潮，高潮不要过分，否则会产生逆反效果，失去销售机会。使用这种结构应注意：(1) 剧情要简单明了。(2) 根据可信的事实。(3) 创造特殊效果，激发观众的好奇心，并设法引起兴趣。(4) 产品优点择要列出。(5) 一定要有一个引子、中间和结尾，不要忘记这是在讲故事。(6) 向谁承诺，承诺什么要明确，不要乱开空头支票。

百事可乐的广告是一个关于梦想的故事，用主人公自述的方式来讲述。时间追溯到 1985 年的巴西，主人公从没想过成为足球运动员，他想成为裁判员。主人公认真地练习，不管被人怎么嘲笑。看到这里，在观众的脑海里应该认为到后来他能成为一名出色的裁判员。可是画面一转，主人公跟妈妈去买东西，正是因为百事可乐要掉下来砸到妈妈的头上，主人公用脚快速地踢开了它，镜头一切，主人公长大了，在足球队踢足球，他说，要不是因为百事可乐也许我现在已成为一名出色的裁判员了。

名称 百事可乐

　　这则广告用怀旧的方式来表达此刻的感情,更能体现出百事可乐对主人公一生的重要影响,突出了广告的特点,影响深远。

　　(二)解决问题型

　　解决问题型的广告是使用得最广泛的一种,也是影视广告结构中较容易被观众接受的一种。例如:阿美有头皮屑多的难题,她的伙伴告诉她某种洗发水可解决她的烦恼,阿美用了,事实证明如同伴所言,消息不胫而走。

据奥格威的研究结果,先提出问题然后再解决问题的广告比其他广告有效四倍。该结构看似平凡通俗,若在富有创作力的人员手中,把问题戏剧化,更加有利于促进销售。这种结构一定要把能解决困难的产品的质量明白提出来,并使观众心服口服。

(三)生活形态型

这种形式的表现切入点不是商品,而是商品的使用者。这层关系,让人觉得商品是生活的一部分,无意中暗示它与消费者的关系是密不可分的。这种表现形式最注重场景的搭配与商品出现的时机,不要让观众觉得这是设计而缺乏真实性。

在采用这类广告手法时,运用太多和商品无关的画面,可能导致传达的商品信息模糊。为了避免这一缺陷,整个广告片的结构应尽可能简单明了,每一个画面保持连贯,一步一步让观众产生兴趣,最后产生意想不到的结果。而这个意想不到的结果必须和商品的外表、特性有关,直到最后才戏剧化地出现商品,因此观众必须从头到尾看完才能知其用意。

名称 剃须刀广告

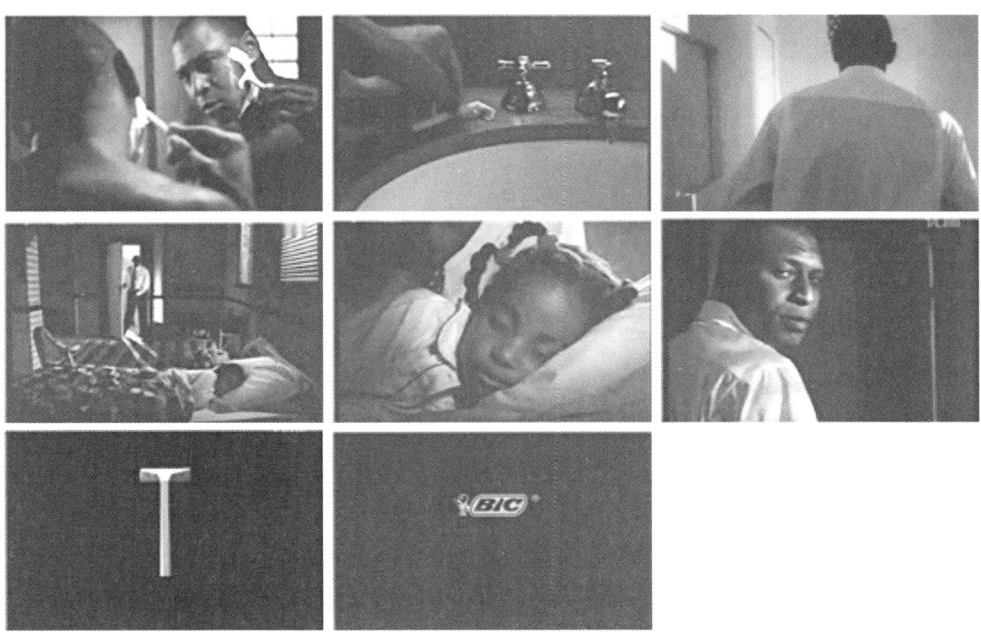

阳光美好的早上,男子正在对着镜子刮胡子,镜头一转,男子轻轻放下刮胡刀,整理好着装,走进女儿的卧室,轻轻地用脸贴近女儿的脸颊,温暖细腻,而且男子离开的时候,女儿嘴里还说着妈妈,足以看出这个产品的特点,刮得干净,无残留。从生活的细节入手,把剃须刀能使皮肤光滑的功能表现得淋漓尽致。

广告没有直接地表现父亲对女儿的关爱,而是从生活的小事入手,贴近了生活,也符合了目标消费群体。

(四)讲述型

由一个人对着镜头主讲,首先主讲人说的内容很有创意,在讲的过程中加入相关或不太相关的画面镜头,使之与所讲的内容形成有机的联系,让广告增加变化而更富客观性,动静结合,趣味横生,有效地将理性的广告信息感性化地传达出来。

名称 英国航空

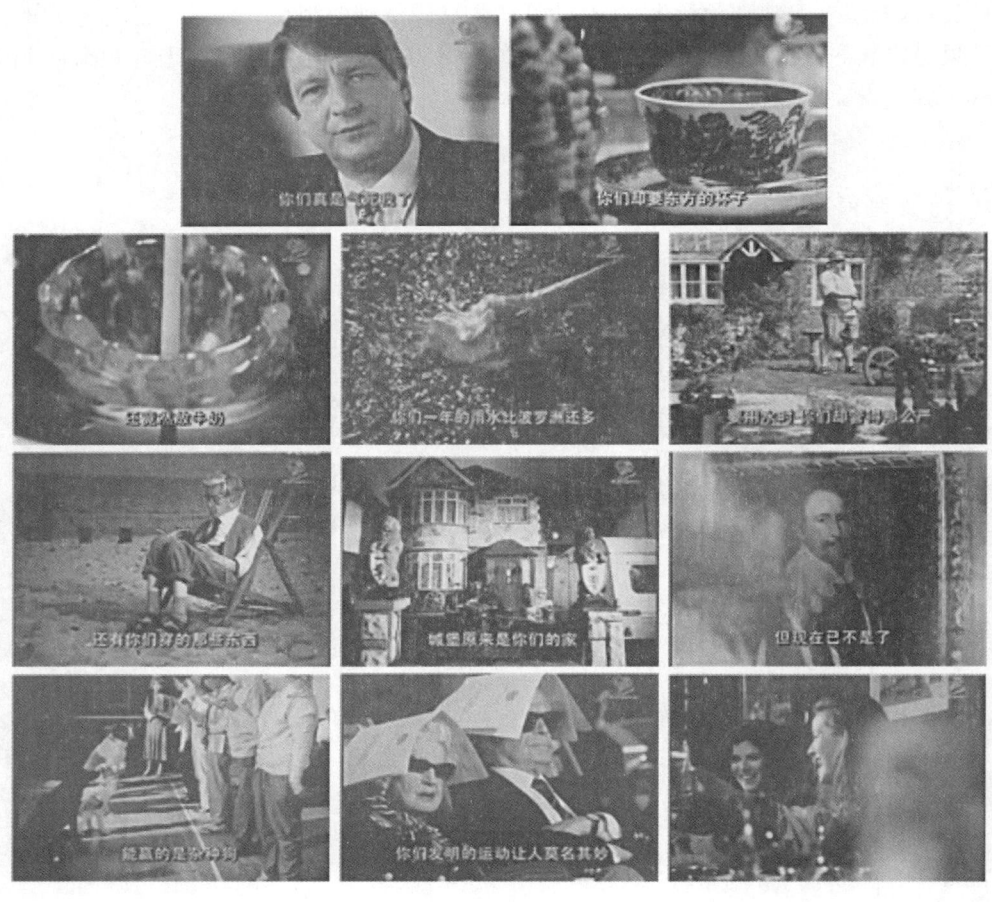

这则广告以一个人的视角来讲述对英国的各种不满,例如,我只要一杯茶,你们却用东方的杯子还加牛奶;能赢的只有杂种狗。这种不满把观众也拉入其中,到广告结尾的时候这人却在赞扬英国的航空,此广告运用先扬后抑的手法来表现英国航空公司的好,让人有种出乎意料的感觉。这种手法更容易让观众记住这个广告,使其达到预期的效果。

(五)实证型

在理性诉求的方式中,实证型的表现方式是最容易被接受的方法之一。它主要是通过画面清楚地让观众了解商品的优点。实证型广告的先决条件是让观众对商品的验证方式产生兴趣,也就是要有话题性,如此才能加深对商品的印象。另一点值得注意的是,在短短的十几秒的电视广告里,实在很难将整个过程验证给观众看,如果广告主迫不得已,删减其中的过程,只将结果呈现给观众,这样一来观众常常会产生疑问:"这是真的吗?是不是在蒙骗消费者?"在仓促之中,往往适得其反,广告无法达到预期的效果。

名称 奥迪 A6

奥迪 A6 广告主要介绍在阴雨天气里,奥迪 A6 的速度依然不受影响。前面有车相向行驶时,奥迪 A6 快速地调整了前视灯,还有奥迪自身携带的有红外线感光的"导航仪"在随时测定周边环境;当前面有交警时,奥迪车反应非常迅速,能及时刹车;车一直没有停歇,第二天早上依然行驶着而且超过了路上的其他车。片中多次给了车轮的特写,强调车自身的性能。该广告用自身的示范展现了奥迪 A6 车具有的反应迅速等功能。

(六)广告歌舞型

广告歌舞型出现的形式有多种,或是歌唱,或是演奏,或是歌舞。虽然每样商品都能配合上适当的广告音乐,但并不是所有商品都适合广告歌舞型的表现形式。如果商品的目标消费群年龄层很广,这种表现形式也许是恰当的选择。例如,饮料可口可乐和百事可乐,其广告音乐的形态可说是独树一帜。此外,片尾音乐也是许多广告主乐于使用的表现方式之一,片尾音乐在企业识别的辨识功能上有很大的作用。特别是产品众多的企业,为了让品牌与企业相互联系,常常在广告的结束段设计片尾音乐,如"娃哈哈"广告就是较典型的一例。

名称 绿箭口香糖(五月天)

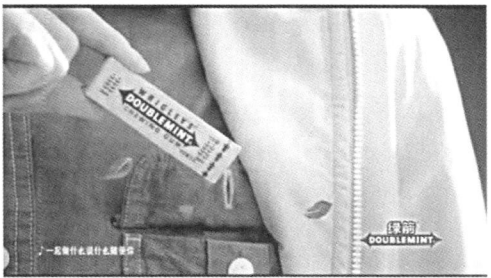

广告中五月天五个人向一位果农问路，果农告诉他们比较远，但是可以搭坐他的顺风车，他们看向"顺风车"时，画面中出现的是一头牛和一辆木制的车，里面的配乐是乌鸦的叫声，他们坐上后有些拥挤，这时候一个人从口袋里拿出绿箭口香糖，然后放入嘴里，后来他又给身边的女孩子一片说："交个朋友吧"，后来车上的其他男生都递一片口香糖给女孩并说上一句："交个朋友吧"，最后出现广告语："绿箭口香糖，清新口气，你我更亲近"。

广告中的故事情节很简单，最大的亮点在于加入了一首音乐，还请了名人代言，其中有些小细节处理得很诙谐，如片中五月天看向果农老伯口中的"顺风车"时，看到的是一头牛和一辆木制的车，五月天脸上的表情闪过一丝惊讶，异口同声道："啊"！接着配乐是一群乌鸦的叫声，小小的细节处理，瞬间给了观众一个笑点，接着上车后，广告中的音乐《洁癖》响起："让我们一起一起做什么说什么随便你。比亲密更亲密，给我呼吸，给我想象力，你的乖乖你的坏坏所向无敌，解决所有难题"。歌词中的内容完全与代言的产品相一致，在一群人拥挤的空间里很顺其自然地拿出净化周边空气的法宝"绿箭口香糖"，将产品很自然地推出来。

名称 OPPO 音乐手机

该广告请了人气偶像 BOBO 组合,在一个房间里,两人弹着钢琴和吉他,一边唱着歌曲,周围有穿着学士服的同学,简单地给出了背景,即大学即将毕业的时候。音乐中,一个清秀的女孩子抱着书奔跑着,女孩快速地跑到音乐教室门前,慢下脚步,脸上带着娇羞的表情,推开门的那一刹那音乐停止了,屋子里面一个人也没有,女孩轻轻走进屋子里,此时只有她的脚步声,突然身后有音乐响起,女孩惊讶的回眸中看到钢琴上有一个手机,里面播放着她和 BOBO 一起唱歌的画面,此时她脸上露出了甜美的笑容,拿起手机,沉醉在音乐当中,画面转到他们曾经一起唱歌的画面,突然两个身影进入画面,女孩露出会心一笑,然后三人坐在钢琴前,欢快地弹着琴,最后出现很多同学,广告语是:"留住最真的,OPPO real 音乐手机"。

该广告从开头就将观众带入到优美、活泼欢快的音乐当中去,让观众有种身临其境之感,去感受其中的故事。广告中通过毕业前夕的事情,用音乐手机播放《恋爱新手》音乐,将女主人公带到以前的日子中,丝毫没有毕业时候的落寞感,音乐手机很好地记录了三人曾经一起弹琴唱歌的画面,广告语最后出现:"留住最真的"一句话,含蓄地表达出 OPPO 音乐手机的音质很好。音乐与产品的完美结合,让观众不觉得丝毫的牵强,反而很喜欢这样的广告,同时,深深地记住了这个品牌——OPPO real 音乐手机。

(七)比较型

这种类型的演示过程类似实证型的构架,最大的差别在于,实证型的广告只表现本身的优点,而比较型的广告则在于证明本身优于或类似于同类竞争商品。长久以来,可口可乐和百事可乐的广告便经常以比较的形式出现。百事可乐在饮料市场上一直居第二的位置,因此,它想尽办法用广告打击第一品牌可口可乐,以争取更多销售额。它拍有这样一部广告片:时空背景在下个世纪,一位教授带领一群学生进行考古,正好有一个学生挖到可口可乐的玻璃瓶子,学生便问教授这个瓶子为何物,教授看了半天不知其然,而此时人人手上都拿着易拉罐的百事可乐。多年来百事可乐一直强调"新生代的选择"。在这部广告片中,它故意贬低可口可乐的地位,强烈暗示百事可乐将取而代之,而可口可乐将会从地球上消失。

名称 碧浪

碧浪洗衣粉主要通过一位女士的讲述来宣传产品。她老公爱贪小便宜,经常因为这些小便宜把身上搞得很脏,例如:被墨水弄脏衣服,骑自行车摔倒,后来她老公买了便宜的洗衣粉想洗掉污渍,这时候她拿出碧浪洗衣粉。

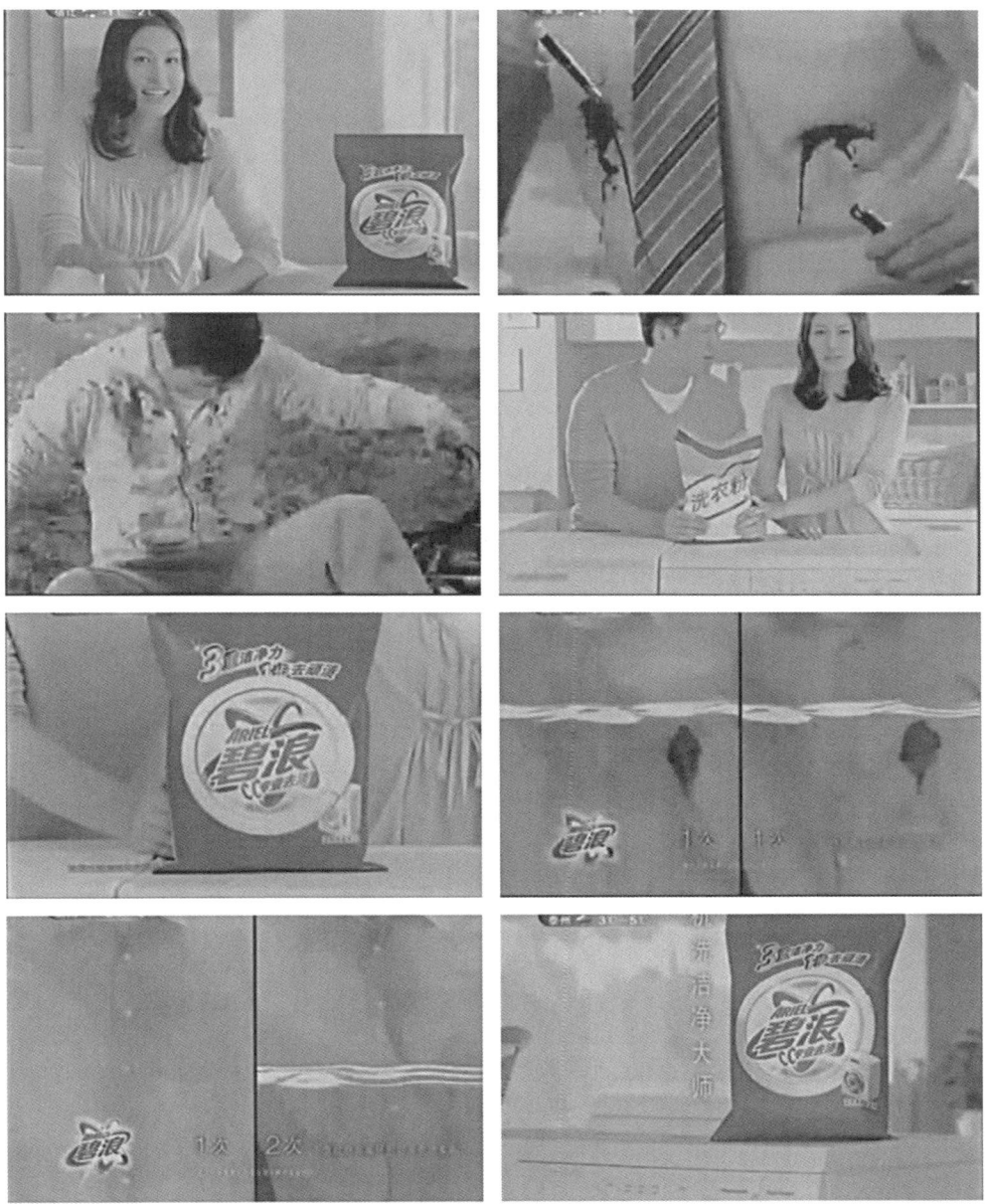

　　碧浪洗衣粉广告就是用这种比较方法。"碧浪配方专为清洗而设,强效除顽渍,只洗一次比洗三次更洁净",广告中用了双画面,一边是碧浪洗衣粉,一边是普通洗衣粉,洗完后两件衣服作了比较,发现碧浪洗一次比普通洗衣粉洗三次还要干净,广告很快给消费者留下很深的印象。

　　在广告的结尾,突然沙发塌下去了,这一个小小的细节很好地和前面丈夫的爱贪小便宜相呼应,让人忍俊不禁,更加深了对广告的印象。

(八)动画与电脑绘画型

最早出现的动画影片,是美国迪斯尼所出,它因为具有娱乐性,让观众无排斥心理,特别适合年龄层较低的观众,所以长盛不衰。后来动画的手法为广告所借鉴。20世纪70年代末期,电脑技术日新月异,使广告创作有了更大的施展空间。电脑绘画的创意可提升广告的趣味性与可视性,容易表现出抽象的概念和复杂的影像变化,其表现力常常令观众惊讶不已。

名称 日清系列广告

第四章　电视广告的创意、策划与制作

日清是一家日本食品公司，以推出各种即食食品著名，是总部位于大阪府大阪市淀川区的日本食品加工公司。日清始终坚持"只要口味好，众口也能调"的独特经营理念去制造自己的产品，为各个地方的人设计并制造出适合他们口味的方便食品，最为人所知的就是方便面。

该系列广告获得了1993年戛纳国际电视广告奖，是一套描写原始人在各种巨大生物独霸的自然界觅食的艰辛的动画。第一则广告设计展现的是个子矮小的原始人捕猎一头长毛象，虽然历经千辛万苦，但最终还是无获而返。当原始人最后还是找不到食物的时候，电视屏幕就出现了这样的广告文案"Hungry"，接着就出现日清杯面的包装和品牌标志。在制作时，广告策划人故意塑造了个头矮小又十分笨拙的原始人，还让他常常遭到所捕猎物的捉弄，目的就是为了追求滑稽的效果。在后来的广告中，原始人不断转换捕猎对象，从大乌贼到翼龙，但每次都会失败。日清杯面广告故事和广告文本的结合，唤起了观众对觅食艰难的慨叹，进而体会到日清杯面给他们生活带来的便利，顺利达到了鼓励人们多吃方便面的广告目的。

(九)幽默型

此类型广告通常受一般观众欢迎。笑声是全世界共同的语言，广告主利用广告片的幽默，拉近了消费者与商品的距离，无形中使消费者对商品产生了好感。幽默的诉求可用不同的方式达到目的，常见的有戏剧演员的表演方式、比喻方式等，它由广告片的架构和商品的特性来决定。以广告的效果来说，通常一部好的幽默广告片势必带动市场的销售增长。然而幽默并非低俗，幽默广告不可滥用，否则适得其反。

名称 MELIKE 巧克力

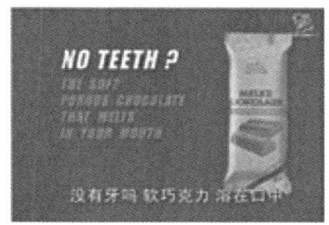

该广告的情节特别简单,伴随着强有力的音乐两人在翩翩起舞,两人正跳得起劲,男子突然踢到了女子的脸,这时广告运用戏剧的夸张手法表现女子捂着自己的脸部,特别的痛苦,旁边观看的人也特别的费解,画面一转,推出一行字幕和产品:没有牙吗,软巧克力,溶于口中。这才使观众恍然大悟,刚才夸张的戏剧情节表现了男子把女子的牙齿给踢掉了,也更好地表现了产品特点:软,易融化。

(十)虚构型

此类型用一种超现实的表现方式,将日常生活中不可能发生的事,通过丰富的想象力表达出来,其中强烈暗示商品信息,用刺激与夸张的画面吸引观众的注意力,让观众对商品产生印象。

名称 Guinness 黑啤

这则广告以一个冲浪者的自白贯穿始终,他所等待的不仅仅是冲浪给他带来的刺激和感受,还有 Guinness 黑啤带给他的一切。

他所等的就是他要做的,时间随着摆钟的那种声音渐渐消失,冲浪者终于等到了完美的巨浪,正如一个海员所说,我不管你是谁,现在为你的梦想而干杯,冲浪者在万马奔腾的巨浪中尽情地享受大海带给他们的美好,尽情地享受冲浪的愉悦。虽然老的海员已经回到了酒吧,但是现在为他而干杯,伴随着冲浪者的冲浪,巨浪打在身上,紧接着是享受啤酒的声音,冲浪者精神愉悦的欢呼,不仅为了自己,也为了这黑啤。

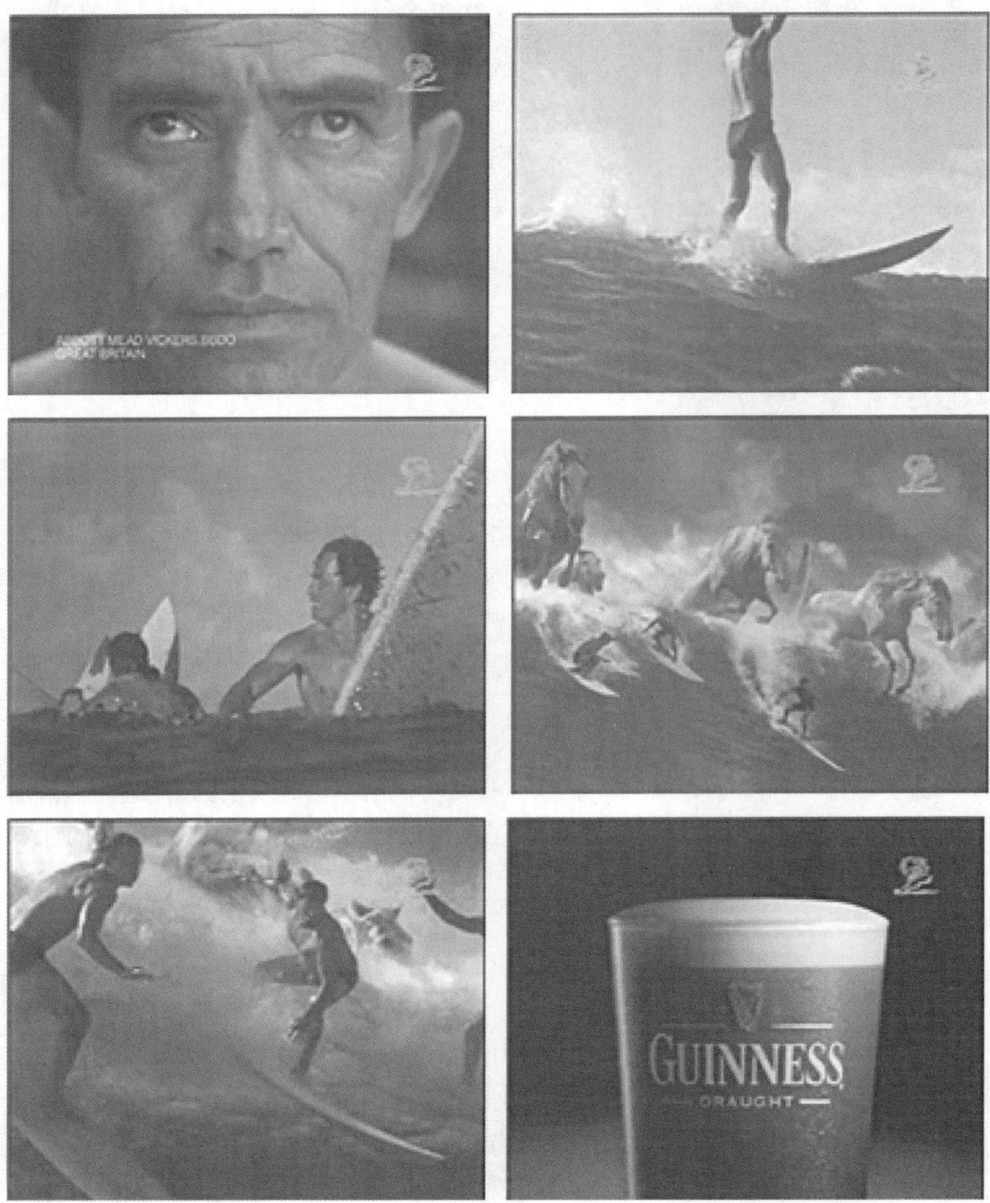

　　这个广告最后一句独白：为等待而干杯，一语双关。不仅表明了广告的主题，更使广告富有深意。

四、电视广告创意解析

探寻电视广告的创意表现形式,除了从创意流程入手之外,还应该考虑行业特点。不同的行业具有不同的行业属性。行业属性不同,企业和商品的广告特点也有所不同。分析不同行业的行业属性,总结不同行业电视广告的创意特点,有利于提高电视广告的创意水平。

(一)家用产品类电视广告创意

家用产品类主要指家居用品,比如家电、家具及其相关清洁护理用品、床上用品、卫浴设备、家庭清洁洗涤用品。

家用产品以家庭环境用品为主体,这个品类涵盖的范围广,大到家具装潢,小到洗衣粉,都属于这个产品范畴。

在家用产品中,既有耐用消费品又有部分快速消费品。虽然这一品类仍然属于大众消费品的范围,但受众类型较为多样:有追求高品质生活的消费群体,也有居家型的家庭主妇,显然广告对不同诉求群体的诉求是不同的。

对于高科技的家电用品、时尚现代化家居产品而言,消费者更为重视产品的高品质;而对于一些清洁护理用品、家用洗涤用品,消费者则更重视产品的使用效果和性价比,价格似乎更能打动这部分人群,因此,对这些人进行生活理念的渗透和精神价值的宣扬则不合适。

名称 TOTO 卫浴

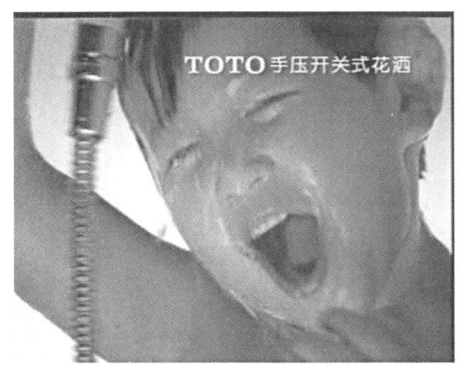
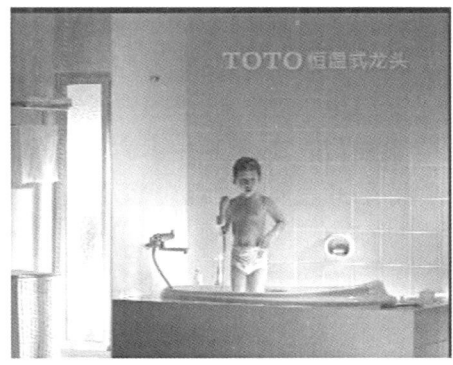

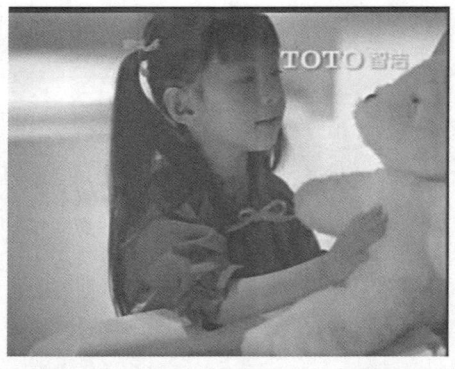
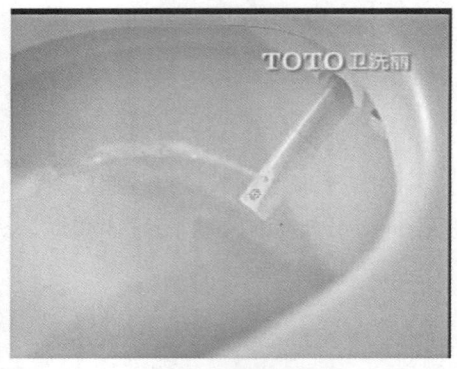

评析：

　　小男孩拿着花洒很享受地扭动着身体在洗澡，画面的右上方出现："TOTO 手压开关式花洒"，很好地将 TOTO 的这款产品介绍给了观众，紧接着画外音的进入："小裤裤脱了吗？"，让小男孩顿显有些尴尬，看看外面又低头看看自己的小裤裤，此时的画面右上角出现"TOTO 恒温式龙头"几个字样，从画面中不难看出，小男孩的右手边有个小龙头，很巧妙地将其产品推出来。

　　小女孩有模有样地在卫生间打扫，肩上背着一个白色的小熊，把小熊放在坐便器上，用老成的口吻说道："像你一样白白的"，画面的右上角又出现"TOTO 智洁"。

　　小男孩坐在坐便器上，摸索旁边的按钮，很享受地坐着，配上孩子的口吻，介绍这款产品的功能，以及使用后的感受。

　　孩子们的表演在让观众觉得很幽默的同时，以孩子天真纯洁的一面来打动观众。方便使用、外形美观、设计人性，脱离了传统美女和明星效应，广告的音乐无疑也为这则广告加了不少分，活泼、愉快，具有伦巴节奏的特点。

名称 立邦漆

评析：

广告为我们展现了一幅具有新疆民族特色的画卷，宁静和谐的小村庄、快乐的课堂、主妇晾衣服的情景以及朴素的屋子，一辆马车上载着立邦漆进入了这个村庄，村民们忙碌着递油桶，有人在屋顶上刷漆，当一切工作结束后，呈现在眼前的是另一番景象：鲜红的屋顶与蓝天白云、湖蓝色的窗与白色的山羊。紧接着，画面进入维吾尔青年结婚的场景，这时会发现装饰屋子的目的是为了结婚的新房做准备，画面又回到最初的教室，此时的教室桌椅被涂上了蓝色，与之前原色的桌椅相比，显得很有活力。最后，又出现婚礼现场人们载歌载舞的景象。最后画面出现广告语："处处放光彩"。

这则广告相较于其他广告来说比较长，可见广告主良苦用心。通过相似景物的对比,会发现之前的学校比较破旧,屋子比较单调。在立邦漆到来后,屋子里增添了色彩,显得不再单调,使立邦漆的作用更是凸显。在平淡的生活中介绍产品,真实而富有韵味,主要通过色彩表现产品的性质。

名称 IKEA(宜家)

评析:

广告主要讲述了一个单身男子在某天早上的遭遇,一个单身男人的生活环境,通过这则广告便可知晓。

杂乱无章的公寓里,一男子围着浴巾在壁橱里面找东西,破旧的壁橱门一遍一遍自己打开,男子一遍一遍地关上,坐下刚拿起饼干,不小心掉进烟缸里,煮着的牛奶冒出锅来,赶过去的过程中,不小心踢到了桌子,眼看着桌上的东西即将坠地,他只能用手托着,无奈中用头抵着壁橱,壁橱的门再一次打开了,无奈之下,他用力地将壁橱的门合上,突然,壁橱也掉下来了,情急中,只能一手托着壁橱一手托着桌子。慌乱中,遗忘在炉灶上的浴巾又起火了,腾不出手的他只能用嘴刁起牛奶去灭火,一抬头更可怕的一幕出现了,他的车正被警车拖走,他不知所措地看着眼前的一切,光着身子追着警车,身后是冒着烟的公寓。

以一个生活中的人物,加上处理过的情节,把所有巧合凑到一起,来体现这个男子的生活一团糟,这时候在片尾出现:"Need something new?"(需要一些新的东西了吧?)

名称 **Hitachi 电视**

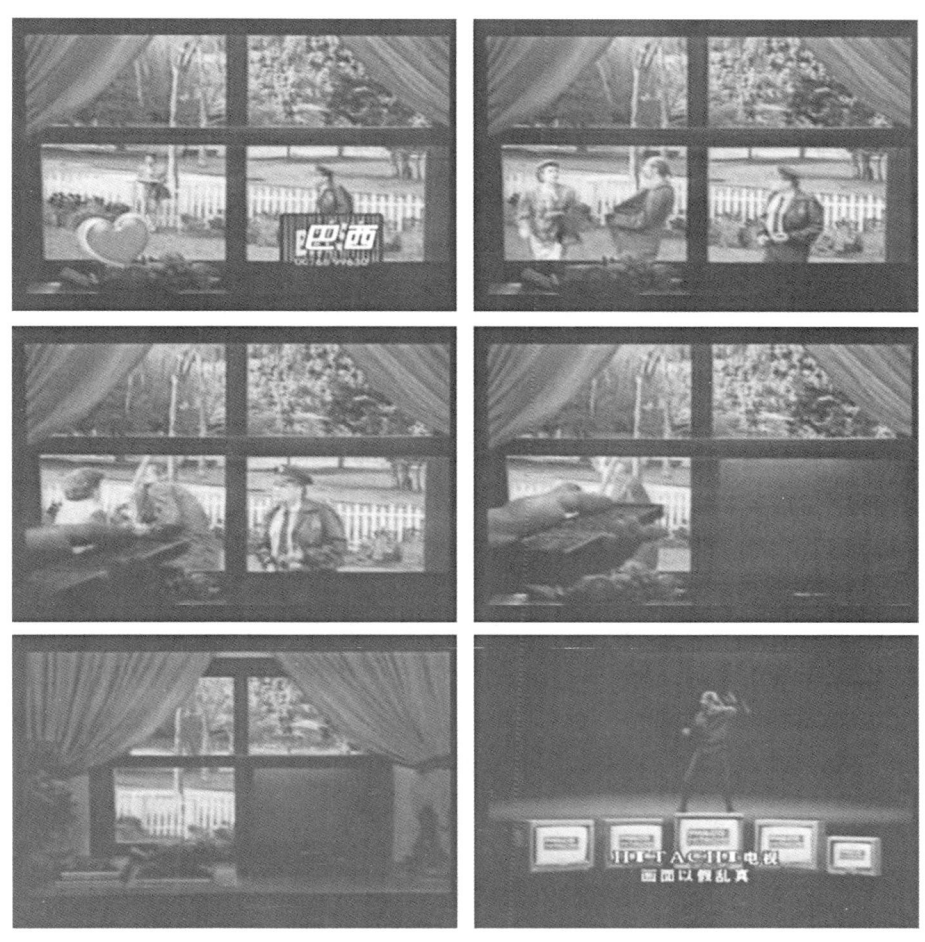

评析：

透过窗户，一个拿着警棍的警察和一个中年妇女同时出现在画面上，突然冲出一个邋遢的暴露狂骚扰那个女士，中年妇女大声呼叫警察，可是旁边的警察却跟没看到似地，很悠闲似地四处张望，这时电视里出现拿遥控器的手，警察一下子消失了，随着镜头的慢慢拉出，我们发现，原来警察是 Hitachi 电视机里面的画面。

广告中很好地运用了窗户上面的四个框，电视机位置的巧妙摆放，通过摄影技术的处理，使观众产生错觉，以为警察、妇女和暴露狂是在一个时空里面的场景，而警察对妇女的遭遇不闻不问这一点又让观众产生疑惑："这是什么情况？"下一个镜头就告诉了观众答案，让观众的心理得到补偿。

同时，画面中的人物让观众产生好奇：为什么画面中的人物会被当成生活中的人物呢？因为 Hitachi 电视拥有高精度的画面，表现图像非常逼真，能让人信以为真。整个广告以自由轻松的背景音乐与观众开了一个视觉玩笑，让观众真真切切地体验了 Hitachi 电视带来的真实感受，将 Hitachi 电视逼真的视觉效果展现了出来。

名称 Philco 音响

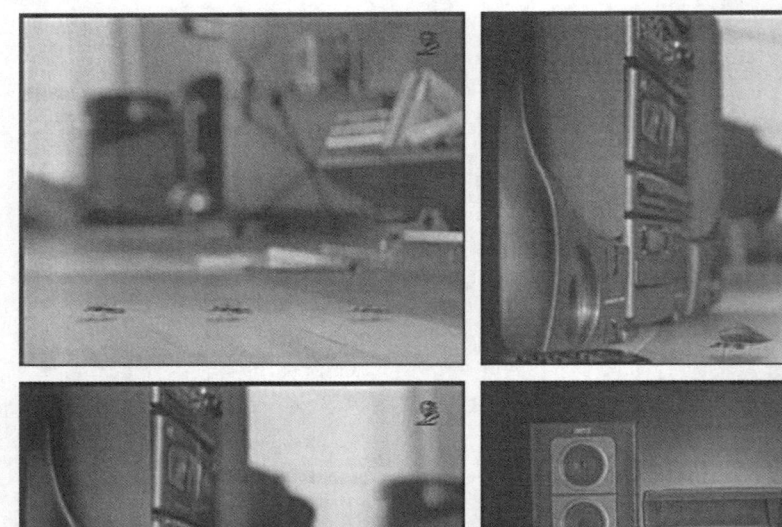

评析：

广告中的主角是三只可爱的小蚂蚁，它们排队奔向 Philco 音响，似乎很喜欢音乐带来的震撼享受，一次次地奔向音响却又一次次被弹出去，在最后一次被弹出去之前，画面镜头解释了为什么蚂蚁会飞出去的原因，原来是因为 Philco 每发出一次强有力的响声，音箱都会发出强劲且富有节奏感的音响声，在第三次中，一只机灵的蚂蚁给自己装上了一个小树叶降落伞，体验了一下跳伞的感觉。在此过程中，三只小蚂蚁一直叽叽喳喳地叫着"go"、"come on"等，表现出他们的顽强精神；对于 Philco 音响的执著。而从另一个层面上传达出了这样一层意思：既然蚂蚁都那么酷爱 Philco 音响，那么你呢？

广告主要针对的是 Philco 音响，所以片子中的音乐配得很恰当，尤其是当小蚂蚁被弹出去的时候配的音效，配合画面很有滑稽感。整个片中的音乐节奏感很强，富有跃动感，能够让人感到 Philco 音响的不一样的音质效果。

（二）汽车及其附属品创意

随着经济的发展，人们的生活水平也逐步提高，消费者的生活观念和生活方式不断受到冲击。汽车作为高档消费品已慢慢走入了人们的生活中，汽车广告也越来越引起人们的关注。

影视类汽车广告可分为两种，传统的"车本位"汽车广告和当今流行的"人本位"汽车广告。当然，这两种广告宣传方式没有谁压倒谁的趋势，而是在汽车广告的历史上交替行进，为汽车的销售默默地作着贡献。传统的汽车广告往往更倾向于"车本位"的诉求方式。相对于其他产品，汽车本身可以介绍的东西实在太多了，从外观到内饰，从发动机到保险杠，从速度到防震……于是在传统的汽车广告中，无论是强调品牌还是诠释产品，镜头总是围绕产品展开，在描述内饰的镜头中体现车的华美，在描绘外形的镜头中凸显车的尊贵，在展现速度的镜头中强调车的性能。这样的广告方式无形中给汽车广告带来巨大的竞争压力，产品的功能不仅是在工业化流水线上生产出来的,而且是要靠广告商在广告上"吆喝"出来的。在发动机上、在安全气囊上、在车的动力转向上,汽车广告通过镜头宣称自己的东西有独创性,具有高效率和最大程度的安全性,努力让自己的产品在市场上畅销。本章中选择的汽车广告有两则就是这样的诉求方式:在高速行驶的奔驰汽车中,汽车内毫无噪音,车内的老人都以为自己的助听器出了问题。整则广告简洁有力,奔驰的优良品质表现得自然舒展。奥迪车用猎豹和骆驼的结合,形象地体现了奥迪车融合了速度及省油的特点,表达巧妙而不露痕迹,实际上也是在"吆喝"发动机而已。在百年的汽车广告历史上,这样的广告表达方式产生了很多不朽的广告,为广告更广泛地到达受众发挥了很大的作用。

相对于"车本位"的广告,另外一种则是"人本位"的广告。品牌的发展,市场的竞争压力的俱增,使汽车广告厂商意识到:产品永远只是一个有形的事物,而品牌才是它的精髓,在物与物没有太大差异的市场,最终所依靠的就是品牌和文化,这种前提下的共识让汽车广告呈现出一种新的面貌,广告变得更"耐看",会让你觉得溶入这一汽车品牌是一种本质的回归,更会在诉求中加入一些情感的因素以及文化的因素。在漫长的广告里程中,至少有以下一些品牌的特性你能清晰辨别:奔驰,身份与地位的象征;奥迪,贵族精神的代表,用环保的人文关怀诠释自己的存在价值;大众,博大的胸怀与优良的品质;宝马,品质、效率和专业化;丰田,可在世界上不同国家和地区制造的车。中国的影视类汽车广告相对于国际广告呈现出这样的特点:生存比漂亮重要,效率比过程重要。它更加注重结果即销售量,所有的统计数据都为一个目的服务:那就是销售。然而随着汽车在中国市场的供大于求,厂家开始谋求一些新的方式,一些人文与品牌的意识慢慢注入影视类广告之中,让我们翘首期待中国本土经典汽车广告的出现。

名称 宝马

评析：

BMW 的前身是一家飞机制造厂，起初以制造流线型的双翼侦察机闻名于世，其创始人是鼎鼎大名的四冲程内燃机的发明家——吉斯坦·奥拓，他想要制造属于自己的汽车，但他不想挑战那时大型的戴姆勒奔驰汽车，所以决定尝试一些小型车，他这一决定在汽车史上留下了重重的一笔，这就是受万千车迷喜爱的德国 BMW 车。

影片主要是为新型宝马 3 系列作的广告，在影片的开头是一辆宝马车的侧特写，镜头慢慢转向正面，通过电影的形式，以宝马车的车型转变，生动地展现了宝马车的改变历程：车前灯、发动机散热罩以及车头盖的演变，我们会发现不管宝马车如何地变换，它的画面上部黄金分割点的宝马标志却一直没有改变过，配上画面解说："半个多世纪以来，我们豪华的宝马一直在发展变化，但无论其如何变化，你的感觉始终如初。"这句话配合以上画面，很好地将宝马深深地镌刻在宝马车迷们的心里。接着，镜头慢慢拉远，一辆宝马 3 型汽车占据观众的视线，影片中展现历史悠久的宝马背景和气质，为新车宝马 3 做了很好的保证，宝马 3 型汽车稳重成熟又不失大气，最后再加上"点睛"之笔："宝马给你纯粹的驾驶乐趣"。

名称 奥迪

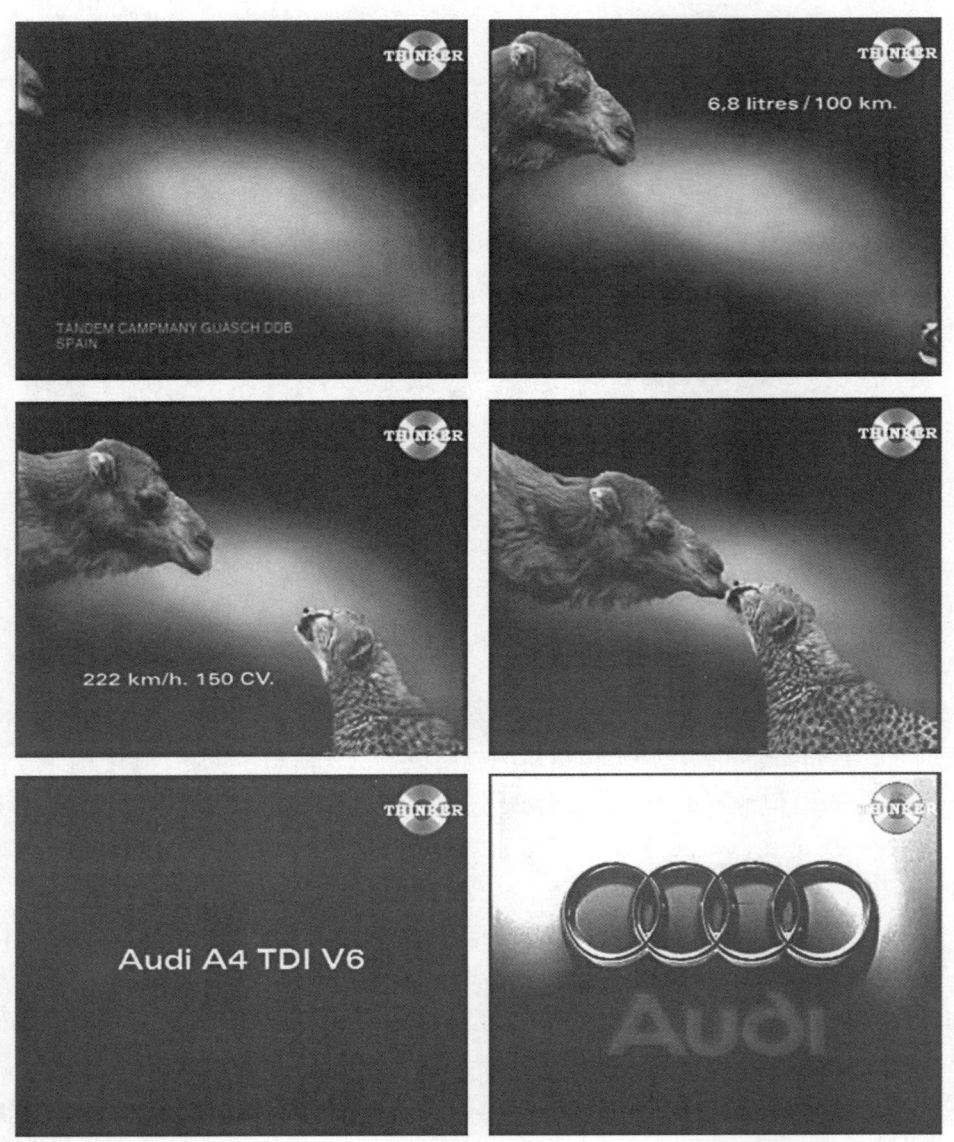

评析：

影片中，随着音乐响起，一束背景光渐渐亮起，广告主角骆驼和豹子登场了。渐渐的，画面左边出现骆驼，它象征着耐力；右下角出现代表着速度的豹子，两者距离慢慢拉近，构成了接吻的姿势，随着接吻时发出的声音响起，画面慢慢淡出，"Audi A4 TDI V6"的字样淡入，画面突然一转，接入奥迪的标志。

该广告很好地把动物的象征形象运用到产品中，骆驼在沙漠中行走靠的是耐力，豹子给人的印象是凶猛且速度极快，两个不相干的动物，在广告中却"友好"相处，这一点首先在视觉上给人耳目一新的感觉，会让观众萌生一种好奇和探究。在"Audi A4 TDI V6"字样出现后，观众的好奇会随着这句广告语的出现而得到满足，继而想到广告中的骆驼和豹子亲吻寓意的是耐力和速度的结合，这一点充分地将 Audi A4 TDI V6 的性能完美地演绎出来了。

名称 奔驰

评析：

老人在镜子前整理衣服准备上班，戴好助听器，这时佣人牵着两条黑色的狗出来，老人和狗狗们亲昵一番后，走出大门，和司机打声招呼，上了汽车，车子在无人的路上飞速行驶，蜿蜒的道路显出了车的速度，这时，车子里特别安静，老人有些不安，调试着助听器，司机以为老人不舒服，凑到耳边说："Are you ok, sir？"这时助听器发出刺耳的声音，老人瞪着司机，司机显得有些尴尬，最后，出来一句：The CDI－diesel. You can't hear a thing（即奔驰无噪音发动机）。

影片主要通过对声音的控制来展现这条广告。在影片的开始，老人站在镜子前整理衣服，佣人牵出狗狗们说了一句话，那时候的声音是模糊的，很怪的，当老人戴上助听器后，声音一下子变得清晰了，这一点表明了老人听力有问题。接着在蜿蜒的道路上行驶，车内的老人表现得不安，不停地调试着助听器，车内是没有任何声音的，当画面拍汽车在路上行驶时，可以听到声音，两者间短暂的对比，表现了车内的安静，也间接地解释了老人不停调试助听器的原因，当司机问"Are you ok, sir ?"发出刺耳的声音，表明老人的助听器没有坏。

当片尾出现"The CDI－diesel. You can't hear a thing"时，使人恍然大悟，原来影片在说明奔驰安静驾驶的卓越性。

名称 丰田汽车

评析：

当舒缓的音乐渐渐响起的时候，一双修长的美腿出现在画面当中，路边俩小孩目不转睛地看着，一位时尚的女子走进画面，优雅迷人，店里的伙计和街上的路人都纷纷看着她，甚至有开车的人因为看她而撞到玻璃墙上，她的嘴角挂着一抹迷人的微笑，得意且陶醉其中。

突然，街角拐进一辆丰田车，女子的目光被其吸引，目光随着车移动而移动，不小心撞到电线杆上，夸张地倒下，以至于鞋子都飞了出去。

广告主要采用一种夸张的烘托手法。众人瞩目于美女，美女却瞩目于那辆丰田汽车，结果还撞到了电线杆上，这一点与之前路人看她的结果相似，更夸张的是鞋子都飞出去了，非常的幽默。在某一方面来说，出乎意料，同时，又有种"心理补偿"，强烈地突出了 TOYOTA 汽车，给人很深的记忆。

名称 大众 POLO

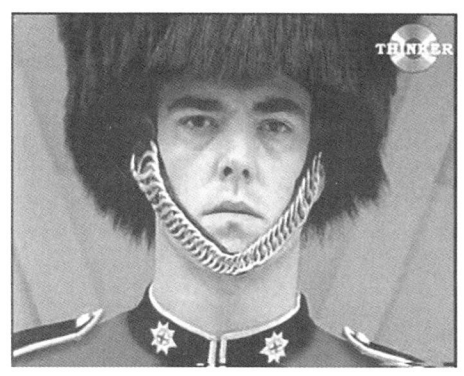 

评析：

一位老太太问士兵是否可以和他合影,士兵面无表情,接着老太太的先生又问了一句,依然没有反应,画面黑屏再次展开的时候,士兵的身后站了好多游客,有游客用手在他面前比划,想引起他的反应,但士兵依然无动于衷,一动不动。

画面突然给了士兵特写,他的注意力似乎被什么吸引,眼珠随着一个物体移动,但很快又恢复原样,原来是一辆巴士上面贴着：大众 POLO,ONLY ￡8265。

影片整体感觉很平静,士兵从面无表情到瞬间的眼神变化。一个小小的点睛之笔,在生动和谐中传达了 POLO 的魅力所在。

(三)通讯及电子类产品的电视广告创意

通讯及电子类产品包括电信产品及其相关业务、手机、电脑及其关联品、游戏主机等。通讯及电子类产品通常技术含量比较高,属于高科技产品。

通讯及电子类产品的电视广告的创意特点：

一方面,通讯类品牌都要讲求时尚,追求与时代的同步性。一些时尚的元素,诸如酒吧、迪斯科、闪烁的灯光、前卫的音乐等,都需要充分调动画面和音效来表现,电视媒介就是创造一个最好的表现平台,让受众在视觉和听觉上都受到最大的冲击。

另一方面,通讯类广告通常采用的感性策略往往会抓住生活中一些具体可感的细节加以表现,以此来说服和打动消费者。而电视作为最能还生活以原来面目的媒体,自然是众多通讯类品牌的首选。惠普、IBM、微软、苹果、诺基亚、摩托罗拉、爱立信等都是电视广告投放的大户。例如爱立信广告《沟通篇》长达3分钟,用极其唯美动情的方式演绎了人与人之间"用心沟通"的情景。虽然在这则广告中,爱立信手机只是作为一种工具,似乎形象被淡化,但是它在沟通中所起的至关重要的作用却是有目共睹的。喜欢这个广告的受众在不经意中自然会爱屋及乌。通讯类广告就是这样通过很多或趣味或温馨或性感或恐怖或荒诞的情景来吸引受众的注意力,让品牌在受众口中津津乐道,品牌的认知度、美誉度和忠诚度都源于此。

名称 爱立信

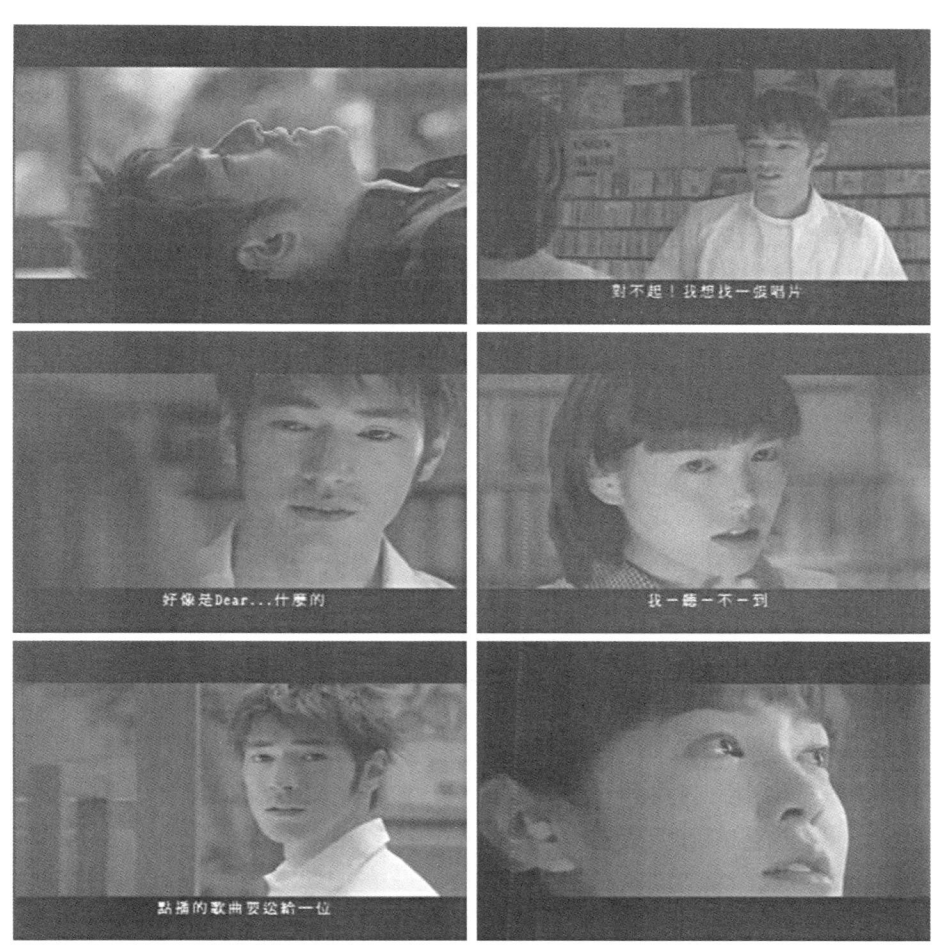

评析：

在手机短信诞生之前，手机对于聋哑人来说是没有什么意义的，广告中的女主角被设定成聋哑人，广告用倒叙的手法演绎了一个人与人之间用心沟通的感人故事。

男主角的独白："我每次一听到这首曲子，房间的空气就突然回到夏天的那家店……"男孩在一家音像店找一张CD，却不记得那首歌的名字，他轻轻哼唱那首歌的开头，女孩一直没说话，看着他笑着，男主角以为自己唱得不好，又放慢速度深情地演唱一遍，女孩用手比划着，一边吃力地发出："抱……歉……我－听－－不－－到，但－－我－－－感－－－受－－－到－－－你－－－的－－－音－－－乐"，回到家男孩用手机拨了电台的电话，为女孩点播了一首歌，就是他寻找的 *Dear heart*，他知道女孩的心可以听到。在不同的地方，他们共同聆听着这首歌，女孩感动地流下泪水。结尾是男孩的独白："夏天过后我在想，如果声音自己想表达什么，它大概最想别人的心听到吧。我知道你听见。"最后出现广告语"Make yourself heard"和爱立信的标志。

该广告是典型的微电影，以男女主角深情的演绎，把观众带入到那种特定的情景中，设置一个合理的情节，把产品恰到好处地植入到影片中，淡化了商业价值，不会让观众产生排斥，而是顺其自然地接受了这样的广告，广告中的温情表演，给本无生命力的科技产品赋予了人情味。

名称 惠普

评析：

画面展现凝重的世界，没有任何色彩，目光呆滞的绅士，忧伤的女子，古老的英国街景，一个身着彩色衣服的小男孩的到来，吸引了众人的眼球，男孩推开门映入眼帘的是一幅名画，依然是黑白色，"谁能妙手回春，让美丽如初？"话音刚落，画面出现了代表着惠普公司的小十字标志，在标志的游移中，屋子里黑白的景物慢慢被赋予了色彩，镜头转到英国的画廊，由惠普技术恢复的彩色名画映入眼帘。

惠普广告以真实的背景作为前提，带领观众追忆了历史片段，一睹名画的风采，音乐也被赋予了故事情节的厚重感，让人折服于惠普高超的修补技术，潜移默化中传递了惠普"充满创造力"的品牌形象。

名称 IBM

评析：

"我认为随需应变与我们无关。"

"为什么？"

"是给那些大公司的。"

"什么叫大公司？"

"就是在六个国家都有员工，全国十二个州都有供应商，就连尼泊尔也有办公室的。"

"那才叫大啊!"

"但是我们也有大公司的难题:整合外包,随需应变!"

"所以你说随需应变也适合我们?"

"其实我们也没那么大。"

"也快了。"

影片中,三个男人在咖啡厅里闲聊着。结尾处"IBM 易捷解决方案专为随需应变的世界准备",说明 IBM 公司对各公司的帮助。

影片中三个大男人你一句我一句地闲聊着,话题始终围绕"随需应变"展开,一问一答的形式符合受众的思维逻辑,大众易于接受。影像呈现的场景是生活中常见的,把生活中的细节搬到荧幕上,给人以亲切感。静静地在一旁看着,也许会让观众一头雾水,最后的"IBM 易捷解决方案专为随需应变的世界准备"这句广告语,简明扼要地阐明了影片到底在讲什么,有画龙点睛的作用。

名称 Telenordia 网

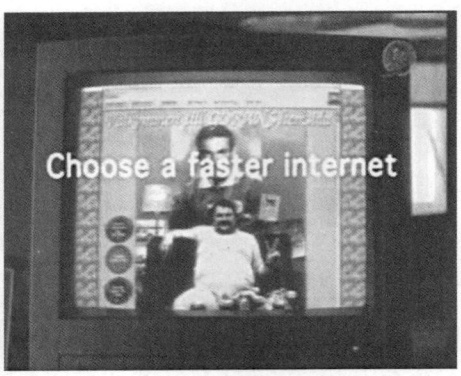

评析：

影片中两个闺蜜在聊天，女主角说："我恋爱了，这次与以往不同，我们是在网上认识的。我们对各自的想象非常相像。"好友问他男朋友长什么样子，她说正在下载他的照片，可是网速非常的慢，好不容易出现俊男的图片，这时她很兴奋，和好友一边聊第一次见面穿什么，一边打扮，还没等照片下载完毕，她就急忙出去赴约了，等她走后电脑下载完毕，出现的俊男是肥胖男友身后的明星图片。

影片以诙谐的方式讲述了关于"窄带慢速"的现象，上过网的人都有同感，浪费时间，让很多人苦恼不已。广告中通过女主角的遭遇把网速慢的后果呈现在观众面前，观众会被下载完的图片逗乐，笑过之后，会引发观众对于造成这样"结果"的思考，罪魁祸首即网速。

广告用感性的情节来诉求极为理性的产品利益，把"速度"这一诉求展现得淋漓尽致，加上影片结尾下载完的照片中出现的广告语："Choose a faster internet——Telenordia"（选择一家速度快的因特网——Telenordia 吧），很好地宣传了 Telenordia 网。

名称 西门子 XELIBRI

评析：

影片的开头，墙上醒目地贴着"禁止跳舞"几个字，一男子却在街上随着音乐跳起舞来，周围的人吓得四处逃窜，一妇女慌忙中拿起电话报了警，警察很快通过监控找到了那名男子，于是拉响警报开始通缉他。在机场检查站，警笛响起，所有等候的人都被关卡卡住了，等候小孩的辨认，小孩认定一个矮个子的男子，尽管他极力否认，依旧被警察带走了，而真正跳舞的那个人却抱着小狗顺利登机，来到另一个地方与那里的人尽情地狂舞。

影片荒诞的故事情节，加上荒诞的人物，与现实拉开了很大的差距，吸引了观众的好奇心，仔细一看，会发现片中所有人物都是由一个人扮演的，镜头的快速切换和画面的组接，给人以很强的视觉冲击力。

影片中所有的人物都是一个人扮演的，所以极为相似。它揭示出同质化的社会造成了人与人之间的相似，而西门子 XELIBRI 从外形设计到内涵都强调了个性张扬，很符合当今社会的潮流趋势，准确抓住了当今消费者的心理。

影片的结尾出现 4 款西门子 XELIBRI 手机，分别按顺序标上：1、2、3、4，展现了这款手机的转变历程。

(四)保险类产品电视广告创意

保险类产品主要包括保险公司及其相关保险业务等,通过对当前电视媒介上发布的各种保险类产品的电视广告的分析,我们总结其创意特点如下。

金融保险业务产品类广告,由于其产品是无形的,需要借助广告让消费群体知晓银行及保险的具体业务和功能,或是知道业务可以给消费者带来的具体利益。但由于影视广告本身时间以及制作费用的限制,因而功能性的说明文字不会太多,此类影视广告大部分是设定一个场景,以简洁的语句,让消费群体知晓具体的业务主体是什么。而金融保险企业形象广告主要运用情感性的诉求方式,起到提升企业精神,联络受众情感的作用。

银行业往往传递着这样两组信息:诚信与便利。前者意味着"把钱交给我可以放心",而后者则表达"把钱交给我可以省心"的观念;保险业更侧重所谓的"保障"与"承担",即"把钱交给我们可以获利"与"我为你承担一切"。传递真诚的广告是使消费者把这种诚信和信任与具体的银行、保险公司联系起来,而一些广告往往只是让人记住了广告内容,而把公司的名称弃置一边,更别说能想起这家银行或保险公司与众不同之处在哪里了。因而企业形象广告除了一种情感的诉求外,更要强调企业的个性。例如VISA在其系列的广告创意策划中,始终贯彻着"拥有了VISA,可以梦想成真"的信息,向受众传递着"沉着自信"的企业性格。另外,企业形象广告还要与其相关的一些业务或形象活动相一致,从而保持公司整体形象的一致性来增强受众的记忆度,在这点上"平安保险"就很好地把创意和品牌巧妙地结合在一起,让受众自然而然地产生由此及彼的联想。

名称 Centraal Beheer 保险

评析：

一个男子手臂里夹着一本书,悠闲地走进博物馆,在博物馆里徜徉于原始部落的雕塑展品间,目光被一个小木偶吸引,突然,他发现木偶正对面是美国前任总统克林顿,他的目光在木偶和总统间游移着,惊讶地看着总统的图片,往后退的过程中不小心碰到了那个木偶,随之克林顿总统在台上讲话时的动作也不自觉地变成了和木偶一样的,直到最后,被迫无奈的年轻人为了将木偶固定,把他狠狠扎入钢签中。此时的画面出现:"只需拨打电话……"

这则广告画面很诡异,且采用真实的现场音效,用总统与木偶间奇妙的对应,给观众留下很多遐想的空间。它巧妙地运用了名人效应,同时也在说明:总统都会发生不测,何况是平常人呢?怎么能不购买保险呢?

名称 Visa 卡

评析：
广告中我们看到一个小女孩和大象"相濡以沫"地相处，散步、嬉戏、喝茶、倒立……他们之间有着深厚的感情，小女孩上学校去了，大象"挣脱"栅栏，也跟着车走了；小女孩坐在家门前的场景中，大象突然消失了。片子的开头，小女孩说她有个梦想：希望能够拥有一头大象，画面中展现的小女孩和大象温馨相处的画面是小女孩想象中的场景，当美好的画面消失时，会让观众产生"怎样才能让那些梦想成

真呢?"的疑问。

广告中接下来的画面告诉了我们答案:使用 VISA,能够给你任何想要的。在结尾的时候,小女孩牵着斑马从画面中走过,似乎在说:你瞧,有了 VISA,想要什么易如反掌。

(五)公益类电视广告创意

公益类电视广告是指在电视媒体上投放的公益广告。公益类电视广告形象生动,在广告概念的表现上具有传播优势,因此要充分利用电视的媒介优势,创作出有效的公益广告。

公益广告的制作动机源于一个愿望或者是一个理想,理想通常是对完美的一种追求,即便无法达到,它也引领着人们的精神向高处攀登。公益广告的内容里包含着人类的内省和反思,它与社会认定的道德观念相契合。

公益广告的受众面很广,有时它的目标受众是大众,如对环境的保护,对老人的爱护,对生命的呵护;有时它的目标受众是分众,如对吸烟人士的劝告,对吸毒者的救助,对驾车人的提醒等等。针对不同的受众,广告的强度和表现方式各异。

目标的高远、内容的丰富、受众面的宽广,使公益广告与那些以单一产品宣传为主的商业广告在效果的评估上极不相同。商业广告效果的评估很大程度上是以商业回报和利润作为衡量标准的,所以商业电视广告在投放的时候会非常注重电视节目的收视率、观众组合和投放时段等因素。公益类的电视广告考虑的因素比较简单和单纯,最重要的一点是它不受利益的驱使。公益广告的目的在于对人们进行教育和鞭挞,这是无法用金钱回报来评估的。同时,电视广告丰富的创意手段也为公益所用,在色彩、音效、动态画面和生动情节的共同构筑下,广告能获得更多的注意力。

在很多情形下,人们把接受公益广告的过程当作欣赏一种艺术作品的过程,人们除了思想意识得到熏陶之外,还是一个享受美的过程。艺术性越强就越具有感染力,它能提高人的审美情趣,陶冶人的情操,激发人们对真善美的渴望和追求。许多有远见的企业会通过赞助社会公益事业的活动来营造良好的企业品牌形象,将对社会的责任感充分地吸收到自身的品牌文化建设上来,在提高自身的品牌价值的同时,也为社会的公益事业作出自己的贡献。因此公益广告作为公益事业的重要表现手段,直接感化和影响受众,有不可估量的作用和深远的意义。

名称 关爱白血病人

评析：

片子的开头出现"A true story"，就告诉观众这个广告不是虚构的而是真实存在的。

片子主要讲述了一个叫 sam 的小男孩患有白血病，刚化疗结束，他在重返校园的路上，心里很沉重，踏入校园后，很多学生都用异样的眼光看他，连老师路过时都会回头看他一眼。当他走过橱窗的时候，看到橱窗里的同学们有着健康的头发；当他推开教室门的那一刻,教室里顿时安静下来,同学们一个个带着黑色的帽子,静静地看着他。接着,孩子们一个个地取下头上的帽子,一个个光头显露出来,大家都露出了笑容,此时班里响起了持久的掌声,在教室的后面还有"Welcome back, sam"(欢迎回来,山姆)的条幅。

片子以叙述的方式讲述了这么一个感人的故事,孩子们的纯真让刚刚出院的 sam 消除了沮丧和孤独,陪伴 sam 度过这段过渡期,同时也在呼吁社会对白血病儿童的关爱。

名称 禁止滥捕滥杀动物

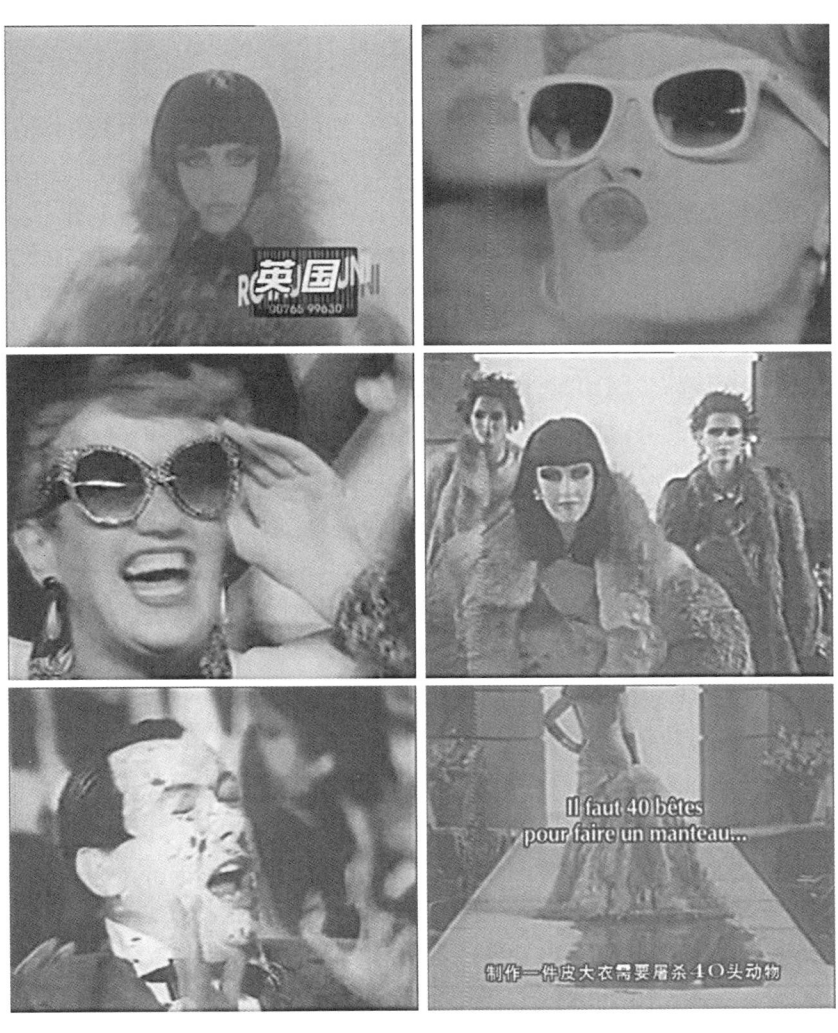

评析：

在英国的时尚T台上，模特们穿着貂皮大衣在台上轮流走秀，台下的贵妇们个个露出羡慕的表情，突然台下的人们脸上被溅到鲜血，个个惊慌失措，台上的走秀依然继续，从貂皮大衣里流出一股股鲜血，模特拖着大衣依旧在走着，最后出现一行字幕："制作一件皮大衣要屠杀40头动物"。

台下贪婪的眼神和血腥形成强烈的对照，在用镜头语言告诉观众：对动物的滥杀，终将会遭到报应的。

片中将时尚和血腥的场面完美结合，前后出现大的反差，改变以往说教的方式，将时尚背后的血腥场面通过镜头语言展现出来，强烈的视觉冲击力和血腥刺激的场面给观众带来巨大的震撼。

(六)时尚类商品广告创意

"时尚"，就其名称而言，意味着始终走在生活的前沿，引领时代的潮流，演绎这个时代的多彩多姿。时尚是一个很宽泛的词，它包括一切经典高雅的东西。为了分类的方便，本章所说的时尚类商品主要指高级服装、珠宝首饰、箱包皮具、化妆品及美容服务等，这类商品为生活装点、为生活添彩，属于生活的奢侈品，它们往往拥有经典的品牌及优质的内涵。其追随者和拥有者往往是充满朝气的年轻人、影视、体坛、乐坛明星，高级白领以及一切崇尚时尚的人士。毕竟，对大多数人来说，时尚类商品依然是奢侈品。因此，时尚类商品广告在其中起到了引导的作用，它告诉消费者什么是时尚类商品，什么是时尚类商品带来的生活。因此，时尚类商品的广告竭力演绎着这些词汇：华丽、高雅、精致、前卫、唯美、张扬，甚至是荒诞……当然商品的本质为的是要让人使用，所以，时尚类商品广告在表达原有内涵的基础上，增加了对商品的舒适、耐用以及高品质生活享受的宣传，让越来越多的人不仅喜爱它们的外表，更青睐它们的品质，由此扩大时尚类商品的受众面，使时尚类商品广告具有大众化倾向。

时尚表现了"时"字，因此广告更新速度非常之快。对消费者而言，购买时尚类商品需要经济的支撑，同样也需要广告的指引，或许消费者并无购买的能力，但仍希望从广告中探得时代的脉搏，取得视觉的美感。由于电视在人们生活中的特殊地位，时尚类商品往往借助电视媒介进行宣传，消费者从电视广告上认识了LV、香奈儿、雅诗兰黛等世界著名品牌。与平面类广告相比，时尚类商品的电视广告往往以直接的方式进行宣传，诉求方式更加立体和全面，通过剧情的陈述，以及人物的表情和言行、背景音乐的烘托以及变幻的画面，折射出影视故事的某一个主题，从而传达出商品的文化内涵。这类广告较多邀请各类影视、体坛、乐坛明星作为广告影视故事的主角，俊男靓女满场飞，借助明星效应，开创出某一时尚类商品的潮流，具有"领头羊"作用。场景也较为华丽恢宏,如历史变迁的战争岁月、广阔无垠的高山大海、现代时尚的机场商店……背景音乐配合默契,或精湛典雅,或幽默诙谐,或温情脉脉……

时尚类商品电视广告的故事情节,往往会有出人意料的变换。时而吟唱出珠宝的温情和高贵,时而喧嚣出服装的张狂和不羁,时而又表现化妆品演绎出的纯真美丽……剧情的夸张俏皮,乃至怪诞荒唐,让人啼笑皆非。如 LEVI'S 牛仔裤的广告,正在急救的病人居然能领导一群急救他的医生欢快吟唱,就因为他穿着 LEVI'S 牛仔裤;又如一群足球明星在拥挤的机场,竟能进行一场精湛的足球表演,从候机室到停机坪,最后以一个出人意料的失误作为结局,演化出"耐克"的运动精神和不羁的"JUST DO IT"。

名称 NIKE

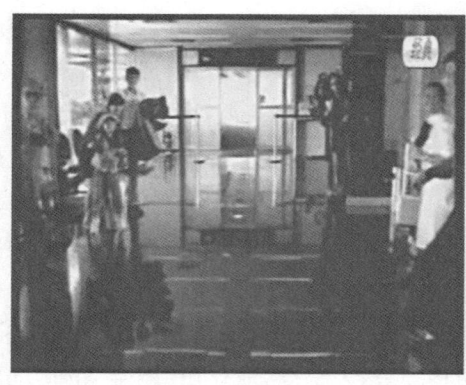 

评析：

该广告的场景选在了飞机场，巴西国家足球队队员在机场百无聊赖地等飞机，有的在那儿发呆，有的拿起电话，这一切的寂静被罗纳尔多的一个动作打破了，他从包里拿出球，随意地在一旁玩着，突然，周围百无聊赖的人被他的动作吸引，其他球员纷纷加入到这个行列中，尽管有保安人员制止，可是在球员们的协调下，足球通过人行电梯、安全通道，直至飞机的底部，尽管有很多球员被迫中止比赛，而罗纳尔多把球带到门前，当所有人都以为他将球射入球门时，足球却意外地没有进去，此时 NIKE 的品牌名出现，下面是罗纳尔多懊恼的表情。

这则广告请了名人加入，该品牌是运动品牌，所以选择的代言人是热衷于体育的人。足球在体育行业中占有重要的分量，广告中将这个品牌永不言败、追求完美的精神全然展现在荧幕当中。在有些队员被制止后，罗纳尔多依然坚持到了最后。片中最后一个懊恼的表情表明他没有因为坚持到最后而满足，而是因为最后的"失利"表现出了懊恼，含蓄地诠释了 NIKE 品牌追求完美的理念。

名称 戴比尔斯钻石

评析：

"爱美之心人皆有之"，一女子走到一个不透明的玻璃面前，自我陶醉地欣赏着，不停地摆弄脖子上的戴比尔斯钻石项链，却不知道不透明的玻璃后面坐着一对正在约会的情侣。女子愈加投入地展示着胸前的那颗钻石，男子的视线渐渐地转移到镜子的外面，身边的女友一遍遍示意却全然没有在意，直到最后，男子回过神时，发现身边的女友早已离开了，出现一句字幕："都是钻石惹的祸"，是对这件事情的总结，同时在另一个层面上也表现了产品——戴比尔斯钻石的魅力所在。

片子非常巧妙地设置了这样一个故事情节，核心放在商品的展示上面，其中，巧妙地设置一对情侣和镜子外面的女子，会让观众产生疑惑：男子是在看镜子外面漂亮的女子还是在看她脖子上的项链？疑惑的同时，出现"都是钻石惹的祸"一句字幕，告诉观众，男子看的其实是女子脖子上的钻石项链，这样的"误会"给观众留下深刻印象，同时，让观众有足够的时间和注意力集中在戴比尔斯钻石上面。

（七）饮料类商品电视广告创意

饮料类商品主要包括酒精类和非酒精类两种，其中酒精类饮料包括白酒、红酒、啤酒、黄酒等；非酒精类饮料包括纯净水、矿泉水、蒸馏水、果汁、茶饮料、碳酸饮料、牛奶等。饮料类商品的品种较多，每种商品的特点有所不同，其广告特点也有所不同，但从总体上来看，饮料类商品也有其共性：属于生活类消费品，体现生活化风格；商品价格相对较低，广告效果更多地依赖创意质量等。

饮料类商品电视广告的创意特点：

非酒精类饮料中的牛奶、咖啡、果汁、瓶装水、茶等因其品质、口感的不同，广告呈现缤纷的态势。例如在牛奶的影视广告中，突出的是牛奶作为非酒精饮料的健康作用；在咖啡的影视广告中，咖啡不仅是一种提神的功能性饮料，它更是一种让人享受生活，体会朋友、爱人、陌生人之间微妙而细腻的情绪的情感性饮料；在果汁的影视广告中，不仅强调果汁饮料中富含的营养成分，更向特色化、个性化发展；茶饮料作为一种新出现的非酒精饮料，凭着其强大的文化底蕴以及迎合健康时尚的潮流，成为非酒精饮料中的一匹迅速崛起的"黑马"，因而它的影视广告都高调地强调其茶文化的悠久历史，以及现在它作为一种健康时尚饮料的强势地位。

非酒精饮料的影视广告因其目标群的庞大而选用人们熟悉的共同元素来进行宣传。音乐、体育、快乐、友情等跨越国界的共同元素成为非酒精类饮料影视广告中不可或缺的一部分。同时对于全球化的发展，非酒精类饮料的影视广告一方面坚持思维是全球化的，而另一方面影视广告中的具体事物和行动又都是本土化的。"非新无以进，非旧无以守"。非酒精类饮料的影视广告通过自己特有的形式为非酒精类饮料品牌化的发展道路"添砖加瓦"。

名称 牛奶

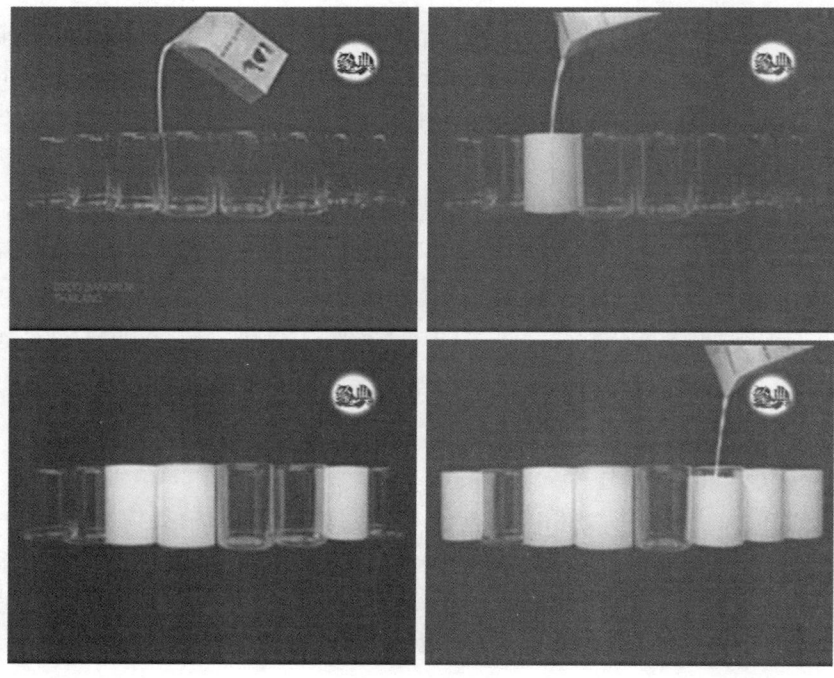

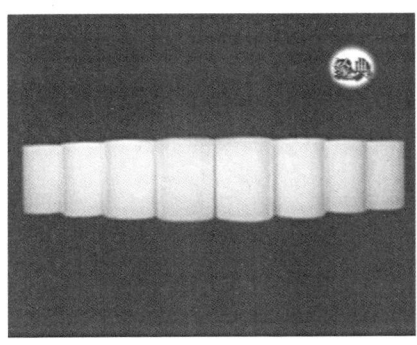 

评析：

一个个空的杯子在黑色的背景下，加上牛奶后就变成了一颗颗"牙齿"。注入牛奶的，是健康的牙齿，否则，牙齿就是不健康的。

广告实则在说："如果你的孩子没有得到足够的牛奶的话，他们的牙齿就会这样，更多的牛奶，和更坚固的牙齿。"

这是一个有代表性的小制作大创意的广告，广告中抓住了"牛奶有利于骨骼的健康"这一主题，让广告的受众意识到：小孩的牙齿健康很重要。广告中很巧妙地将牛奶的颜色——白色，比喻成了牙齿，抓住家长对孩子的关爱，将这一广告的受众转向了小孩子，进而引发很多消费者购买这种牛奶产品，最终达到广告所想要的效果。

名称 巴黎水（perrier）

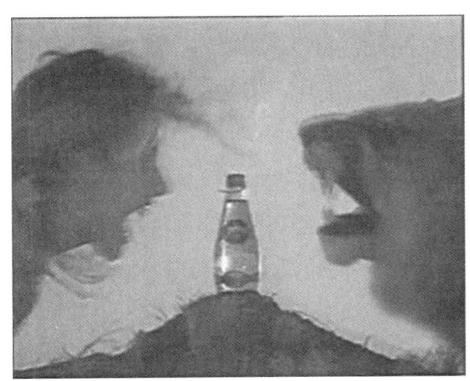 

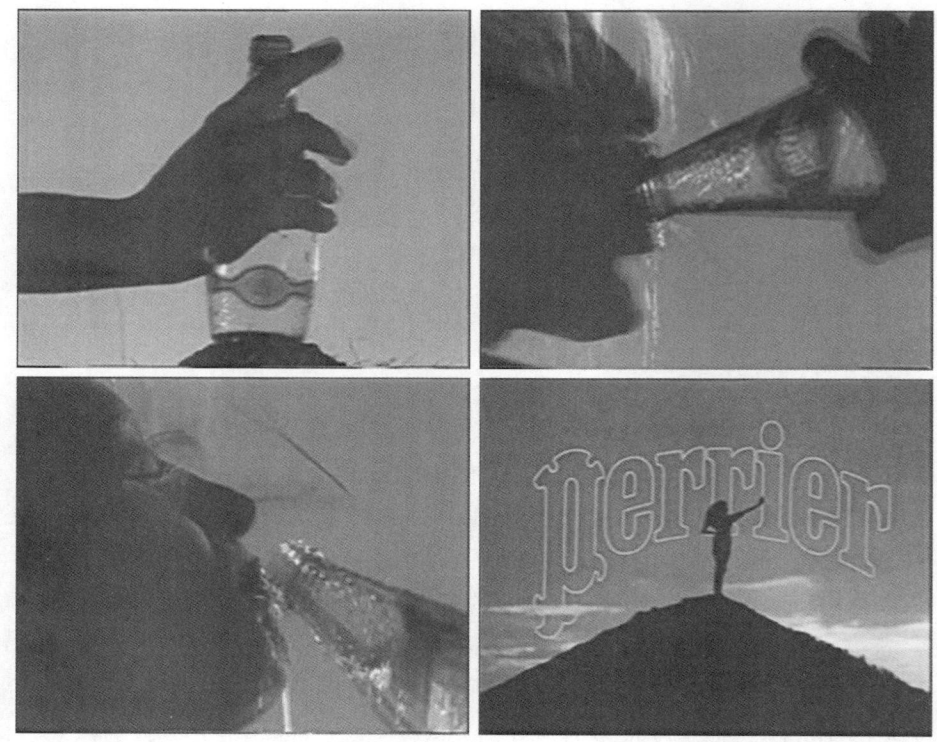

评析：

广告中，一位十分口渴的女子在一片荒草地里爬行，迎面而来的一头狮子似乎在寻觅着猎物，女子和雄狮几乎同时看到了山丘上的目标，到达顶端时，女孩饥渴地盯着那瓶巴黎水，雄狮发出了怒吼，女孩也毫无胆怯地怒吼，最终吓退了雄狮，拿起那瓶巴黎水一饮而尽。

该广告是1991年奥美广告公司在法国发布的四则广告之一，该片在第38届戛纳国际广告节中赢得了影视类大奖。

这则广告以幽默的方式表现了巴黎水的广告主题："水、气、生命（water, air, life）"，通过人类与动物的"较量"，雄狮给人的感觉是凶猛的，人类对这样的动物一般是避而远之的，而影片中采用了诙谐的方式：女孩的那声怒吼使关系发生了倒转，反而是凶猛的雄狮被人类吓跑了，看完后让人忍俊不禁。女孩最终在荒原上获得了活下去的希望，因为有了水。

(八) 啤酒类商品电视广告创意

啤酒可以宣泄感情，可以释放激情。喝啤酒是为了释放对啤酒的热爱和对生活的激情。

啤酒类电视广告的创意特点：

(1)对啤酒的热爱

在啤酒的电视广告中，为了表现对啤酒的热爱，往往别出心裁地表现啤酒本身的特征，比如品牌的历史悠久、口感醇、消暑爽、品质高等。

(2)见证历史

历史悠久的啤酒品牌总是经得起时间考验的，因此，表现啤酒品牌的历史悠久是很多知名啤酒品牌常用的方法。比如GUINNESS啤酒"倒退篇"中，运用大场面的制作，表达了"和Guiness,可以体验时空穿越的感受"。气势宏伟的画面，与消费者一起见证品牌所经历的重大事件，从而也暗示了历史悠久的Guiness啤酒是经过时间检验的优质啤酒。

(3)纯净天然的源头

在影响消费者购买决策的因素中，啤酒的产地也是非常重要的一点。在pure-blonde啤酒的广告中，着力刻画了天堂似的环境和天使般的人物，这些元素都是为了衬托啤酒源头的天然、无污染。产品纯正清澈之特点得以恰当地表达。

(4)丰富的啤酒泡沫

啤酒消费者对于啤酒丰富细腻的泡沫也很重视，这也是积累品牌好感的一个重要因素。在kaliber啤酒"误会篇"中，与众不同的产品诉求，直接的表现方式，喝了啤酒之后由于嘴角处留下了丰富的泡沫而让人混淆了性别。广告幽默风趣，利用丰富的啤酒泡沫巧妙地设计了男女之间的"误会"，博得消费者会心一笑。

(5)强调产品品质

品质是赢得消费者信任的最关键的因素，在miller啤酒"商标飞舞篇"中，做了这样的假想：如果所有的啤酒都没有了商标，你会选择哪个？Miller！品质才是选择的关键。剪辑的表达方式、商标纷飞的画面，理性地传递了产品信息。

(6)拟人化的表达

啤酒也可以是有生命的，家电也可以是有生命的。DRY啤酒"抢篇"正是用拟人的手法，展现了一瓶啤酒与一部电器之间的争夺战。双方激战，最终却是渔翁得利，广告中夹杂着些许黑色幽默。只因爱，牺牲也值。

(7)宣泄感情，点燃激情

啤酒是释放激情的一种饮料，因此在啤酒的广告中，总是想方设法地着力刻画这一点。

(8)焕发年轻的生活心态

啤酒是年轻人狂欢的一种饮料，但是啤酒并不是年轻人专享的饮料，只要心态年轻，任何年龄段的人都可以尽享啤酒的清爽，焕发年轻的生活心态。Guniess啤酒"老有所为篇"中，老人孤独而无聊，看看已经逝去的老伴的照片，逗逗笼中的小鸟，倍感乏味。然而 guniess 啤酒重新点燃了老人的激情，生活变得多姿多彩了。老人兴致勃勃地跟一位年轻女子结婚，婚礼上怀孕的新娘形象更是对"老有所为"这一主题的幽默呈现。

(9)有啤酒就有生活乐趣

喝啤酒更多的是为了体验生活乐趣，百威正是这样的饮料。它通过一次又一次的广告活动，展示出其热爱生活、享受生活、重视生活品质的品牌精神。百威擅长创作美式幽默广告，凸显百威给消费者带来更多意外乐趣的情节娱乐了观众，也让观众记住了百威。

(10)参与体育赛事，释放激情

体育运动是释放激情的一种重要方式。参与体育赛事，是很多啤酒品牌的营销手段，喜力一直以来赞助网球公开赛等体育赛事，其中"golf 篇"广告喜力赞助的就是高尔夫比赛。结合体育项目和产品特色制作幽默而有冲击力的广告，既传播了自身品牌，同时也帮助赛事做宣传。

名称 Heineken 啤酒

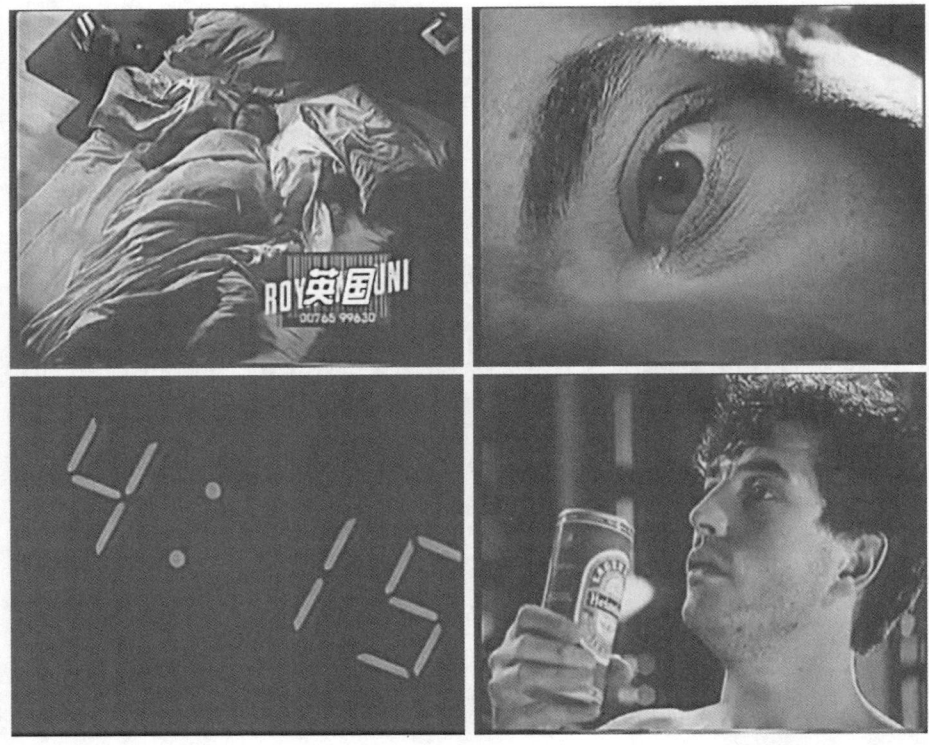

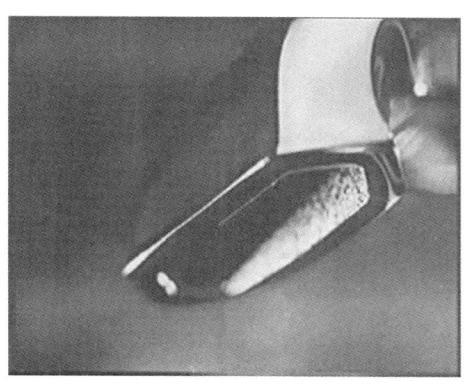 

评析：

房间"滴答"的水滴声，让这个男子不能安然入睡，在床上辗转反侧，突然睁开眼睛，看了一下时间才 4：15，无奈的他走到冰箱处拿出一瓶 Heineken 啤酒，喝完后，神奇的事情发生了，原先使人无法入眠的水滴声开始变得轻柔而有节奏，房间里所有的水装置有秩序地演奏出一曲催眠曲，这时的男子也安稳地入睡。这则广告体现了 Heineken 啤酒的魅力，很好地配合了这则啤酒广告的广告语："我们需要喜力啤酒，它能让人们放松，而其他啤酒是做不到的"。

片子结尾处男子吮吸着拇指睡觉的镜头诙谐幽默，瞬间把烦躁不安的大男人变成了小孩子，这一点让广告增添了无穷的魅力，也成为很多广告纷纷效仿的模板。

名称 1664 啤酒

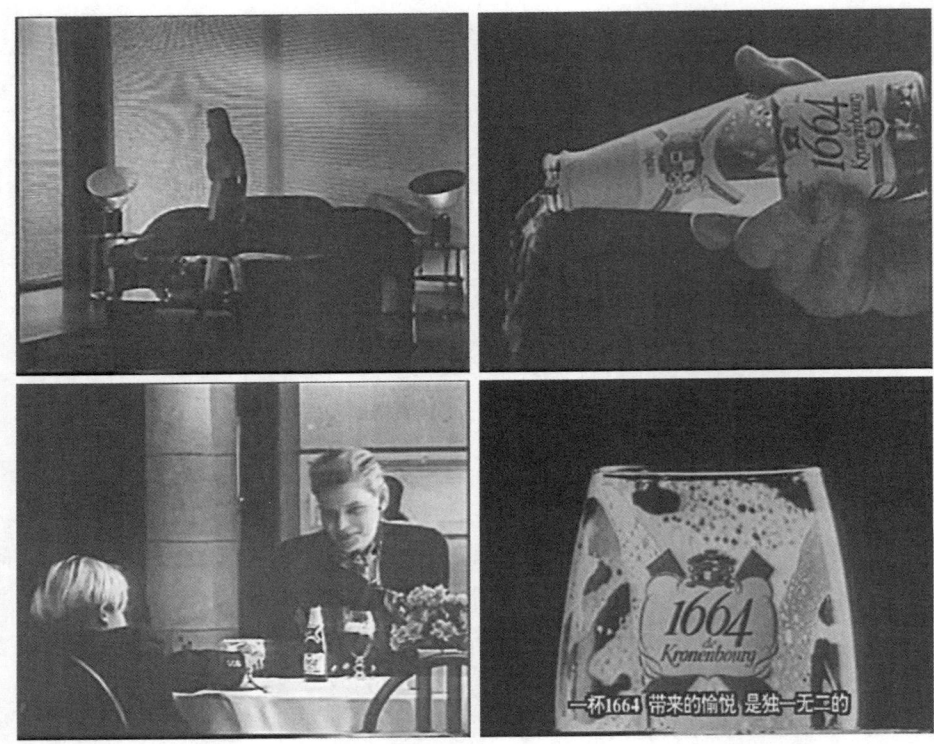

评析：

　　一女子带着一个小孩子驾驶着车与一男子同时行驶在路上，男子脑海中浮现了一则美好的画面：他端着1664啤酒喝着，一性感美艳的女子进入他的视线，性感地挑逗着这个男子，广告即将结束时，女子无意的"回眸一笑"让观众恍然大悟，原来前面的情节都是想象出来的。

　　广告很好地将现实和想象交替，配上低沉的音乐，着实营造出美国悬疑大片的感觉，片中情节的设置都巧妙地与1664啤酒有关。在现实中男子跟着女子来到一个露天酒吧，广告语"一杯1664啤酒带来的愉悦是独一无二的"，一语道出了整个广告蕴含的性诉求的情绪，更加含蓄地表明1664啤酒给人带来的丰富遐想。

第三节 电视广告策划

一、广告策划在广告运作中的地位与作用

(一)广告运作过程

市场调查:市场调查是广告运作的起点,它必须对市场容量、广告主生产企业、广告产品、竞争产品、消费者作一个详尽的了解,为进行广告活动提供直接的依据。其结果是以"市场调查报告"的形式体现。

广告决策:这是广告活动的关键,它包括对市场调查数据的分析、预测,确定广告定位、广告表现、广告诉求的方式,选择广告媒介,考虑广告实施过程与广告效果的测定,核定广告预算。在广告决策这一环节中,广告策划是其核心,除了核定广告预算不是广告策划的直接任务之外,上述其他各项都是广告策划的内容,其结果以"广告策划书"的形式体现。

广告表现:即广告的创作与制作。通常由广告创意、设计、制作等环节构成,其结果以完整的广告作品体现。

广告发布:依照广告策划确定的媒介策略,在相应的媒介上发布具体的广告。

广告效果测定:是广告实施的反馈环节,目的在于检测广告的效果究竟如何。其结果以"广告效果测定分析报告"体现。

(二)广告策划在广告运作中的地位

在广告运作的整个过程中,广告策划处于第二环节,但它是整个广告运作过程的核心。市场调查是为其提供决策的依据,是它的前提,后面部分都是其后续展开,是其执行环节。可以说,广告策划贯穿广告活动的全过程。另外,广告策划是多部门合作,涉及面最广,而其他环节则由单一部门完成。因此可以说,广告策划是广告活动的最重要的核心环节,它为其他环节提供战略依据、具体计划,并指导、调节、制约其他环节的实施。

(三)广告策划的重要作用

1. 保证广告活动的目标性

广告方案是按照目标制定的。它运用科学的方法,集中丰富的经验,事先将各项活动都做了安排。各项活动又紧紧围绕最终的总体目标而展开,具有共同的指

向性。在进行广告策划时，要按既定广告方针保证广告活动有条不紊地进行，使广告活动符合客观实际，有效地避免广告活动的盲目性。

2. 保证广告活动的计划性

在广告活动的初期，广告只是一种临时性的促销工具，广告活动比较分散、零乱，缺乏系统、长远的规划。随着广告活动的日益增多，广告活动的范围、规模和经费投入日渐增大，所使用的工具、手段也日渐复杂。广告不再是简单地购买一个播放时间或刊登版面的机械劳动，而发展成为一个极为复杂的系统工程。因此，现代意义上的广告活动必须具有高度的计划性，必须预先设计好广告资金的数额和分配、广告推出时机、广告媒体的选择与搭配、广告口号的设计与使用、广告推出方式的选择等等，而这一切都必须通过策划来保证和实现。通过科学的策划，一可以选择和确定广告目标和诉求对象，使整个活动目的明确、对象具体，防止出现盲目性。二可以有比较地选择广告媒体和最有效的推出方式。三可以有计划地安排广告活动的进程和次序，合理地分配和使用广告经费，争取最好的广告效益。总之，通过广告策划可以保证广告活动自始至终都是有条不紊地进行。

3. 保证广告工作的连续性

促进产品的销售，塑造名牌企业和名牌产品形象，这是广告的根本目的。而要达到这一目的，并非一朝一夕之事，仅仅通过一两次广告活动是不能解决问题的，而必须通过长期不懈的努力和持之以恒的追求，通过逐步累积广告效果才能实现广告的最终目标。

过去，广告主的广告活动往往是"临时抱佛脚"，当产品滞销、市场疲软或竞争激烈时，便向市场投放"广告"这颗炸弹，一旦打开市场，呈俏销之势，便偃旗息鼓，坐享渔利。这样的广告活动由于缺乏精心筹划，很难保持广告活动的连续性，也很难累积广告效果。而通过广告策划既可以总结和评价以前的广告活动，保证广告活动不间断、有计划、有步骤地推出，又可以在此基础上，设计出形式新颖独特、内容与主题又能与以前的广告活动保证有机联系的广告活动方案，从而在各个方面确保前后广告活动在效果上的一致性和连续性。

4. 保证广告活动的创造性

创造性地开展广告活动，使每一次广告活动都能像子弹一样击中消费者，使之采取相应的购买行为，可以说，这是每一个广告活动所追求的目标。广告人员的创造性是保证达成此目标的关键所在。通过广告策划，可以把各个层次、各个领域的创意高手聚集起来，利用集体的智慧，集思广益，取长补短，激发创意，从而保证广告活动的各个环节都充满创意。

5. 保证广告活动的竞争性

广告策划能够发现企业的优势和劣势,据此采取恰当的广告策略,从而提高市场竞争力。在策划中要仔细分析竞争对手状况,知道在什么条件下可以与对手竞争,什么条件下不能与对手竞争。比如广告产品总是具有某些优点和不尽人意的地方,经过广告策划可使广告产品扬长避短,使其长处得到充分的宣扬,避开竞争对手的锋芒,化劣势为优势。从某种意义上说,市场竞争就是策划的竞争。谁的策划更高明,谁就能赢得市场,在市场竞争中立于不败之地。

6. 保证广告活动的最佳效果

广告策划将企业的长远计划和短期计划相衔接,使广告活动的重点更为突出。在策划中根据产品生命周期的不同阶段,采用不同的广告战略,兼顾眼前目标与长远利益,使整个广告活动的宣传效果更为显著。因为市场竞争最重要的原则就是效益第一,广告主投资广告最直接的目的就是追求广告效果。欲达此目的,必须经过系统周密的广告策划。

通过广告策划,可以使广告活动自觉地沿着一条最简捷、最顺利、最迅速的途径运动,可以自觉地使广告内容的特性表现得最强烈、最鲜明、最突出,也可以自觉地使广告功能发挥得最充分、最完全、最彻底,从而降低成本、减少损耗、节约广告费用,形成广告规模效应和累积效应,确保以最少的投入获得最大的经济效益和社会效益、近期效益和长远效益。

总之,追求技术参数上的最优化程度,保证最佳效益,是广告策划的重要作用。

二、广告公司的架构

广告公司大概可以分为三大部门:创作部(Creative Department)、客户服务部(Account Servicing Department)、媒介部(Media Department)。

(一)创作部(Creative Department)

创作部的主要工作是负责构思广告及执行广告创作。中心人物是行政创作总监(Executive Creative Director,ECD)。一般来说,这个职位每间广告公司只有一人。不过,近年却开始出现Co—Executive Creative Director,即由两人分工处理不同的客户或联合处理相同的客户。

行政创作总监之下,会视乎人手而分为若干组,每组由一位或两位创作总监(Creative Director,CD)或副创作总监(Associate Creative Director,ACD)负责带领,其中一位是文案出身的,另一位则是美术出身的。但亦有不少创作总监是身兼两职的。创作总监的工作除了构思广告外,也负责指导及培训下属的工作。

创作总监下会有不同的小组,每小组由一位文案(Copy Writer,CW)及一位美术指导(Art Director,AD)组成。基本上,两人是会共同构思广告的,但文字修饰方面由文案主理,美术润饰方面则由美术指导主理。由于美术指导的执行工作一般都较繁复,所以大都有一位助理美术指导(Assistant Art Director,AAD)协助执行方面的工作。有经验的文案及美术指导将会晋升为高级文案(Senior Copy Writer,SCW)及高级美术指导(Senior Art Director,SAD)。不过,工作性质与以前只是大同小异。

创作部还包括了电视制作(TV Production)、平面制作(Print Production)、画房(Studio)及平面统筹(Traffic)四个小部门。电视制作部设有监制(Producer),主要负责电视广告的统筹,实际广告拍摄的工作则由广告制作公司(Production House)负责。平面制作部设有平面制作经理(Print Production Manager),主要负责跟进平面广告的印制工作。画房设有绘图员(Visualizer)、计算机绘图员(Computer Visualizer)、正稿员(Artist)等职位,负责不同的平面广告制作。平面制作统筹(Traffic Coordinator)则是负责统筹平面制作事宜的。

(二)客户服务部(Account Servicing Department)

客户服务部的主要工作是与客户联络及制定创作指引。中心人物是客户主管(Director of Client Service,DCS),以下按不同客户划分为客户总监(Account Director,AD)、副客户总监(Associate Account Director,AAD)、客户经理(Account Manager,AM)及客户助理(Account Executive,AE)。

(三)媒介部(Media Department)

媒介部的主要工作是为客户建议合适的广告媒体(例如电视、报纸、杂志、海报、直销等等),并为客户与媒体争取最合理的收费。中心人物是媒介主管(Media Director),下设媒介主任(Media Supervisor)及媒介策划(Media Planner)等不同职位。

三、电视广告策划的工作程序

电视广告的策划工作分工很细,一般来说,广告公司(Agency)只负责构思,制作公司(Production House)负责拍摄,后期制作公司(Post Production House)则负责后期剪接、配乐、配音、计算机特技、动画等工作。电视广告制作的程序也很繁复,大致可以分列如下。

(一)构思(Concept Development)

这是广告公司创作人员的主要工作。一般而言,在接获客户服务部的新工作简报(Briefing)后,创作总监(Creative Director)会指派一对文案(Copywriter)与美术指导(Art Director)共同负责构思,并给予适当的创作指引。通常只有五至十天的工作时限让创作人员去构思点子。创作人员构思完毕,便要在期限前提前与创作总监商讨(Review)。创作总监会凭经验给予指导、修改,可行的点子就会与客户服务部进行内部商讨(Internal Review),若发现有任何问题,就会再修改或者重新构思。不过,见客户的时间通常都会保持不变,因此构思的时间往往变得只有一两天,甚至一个晚上。

(二)阐述(Presentation)

从前创作人员是三步不出闺门的,阐述是客户服务部的工作。时至今日,创作人员大都逢会必到。因为,创作人员演绎自己的作品,大都比较得心应手。加上客户对创作人员一般都较为尊重,所以成功机会会相对的高。卖桥是一种不易为的工作。首先,要做好铺排(Preemption),把构思变得更有策略(Strategy),更明白客户的需要。每个人的卖桥方式都不同,有的会像演戏般演绎,有的会用大量图画或视像参考材料,有的甚至会把构思剪辑或拍摄成广告片,让客户更易明白。

(三)报价(Quotation)

卖桥成功并不代表真的成功,还要视乎构思的点子是否超出预算。很多时候由于预算的制作费太过昂贵,会令广告胎死腹中。制作预算会包括三大部分:拍摄费、后期制作费及广告公司费用。拍摄费视乎广告复杂程度及导演级数而定,相差可以由十多万元至几百万元不等。后期制作费则包括剪接、计算机效果、配乐、配音等。广告公司一般收取制作费的百分之十七点六五,作为报酬。总括而言,最小型的制作约需三四十万元,中型的制作约七八十万元,过百万的已是大制作。

(四)送检(Censorship)

从前审查是电视广播管理局的工作,今天却交由电视台自行审查。若电视广告播放后,收到任何投诉,电视台将会被检控,甚至停牌。所以,电视台对审查广告都很苛刻。近年电视广告常收到投诉,令审查变得更严格,甚至矫枉过正。

(五)制作(见下一节)

第四节 电视广告制作

一、电视广告的构成要素

(一)画面

画面是呈现在电视荧屏上的影像,是以色彩、形体、线条和运动为主构成的视觉形象。电视广告的画面多是动态的,它十分注重被拍摄体的运动,可以让商品自己动起来,也可以通过人物的活动带动商品的运动,方法多种多样。电视广告的画面也使用静态的图像,大都出现在广告片的结尾,主要用来展示商品的包装或品牌标识。

实际上,电视广告的"画面"是对画面所有内含物的一个统称。它还包含了构成画面内容的诸多视觉元素,主要有:人物、环境、道具、字幕和视觉特效。

据美国国家广告人协会的调查报告,广告中如果没有图像,将减少75%的传播效果,但如果广告中没有广告词声音说明,效果将减少25%。可见,图像或画面,也就是视觉信息对电视广告的构成是多么的重要。

(二)声音

声音在电视广告中的作用也是非常巨大的,是电视广告构成的重要因素。声音又可分为语音、音乐和音响三个部分。

1. 语音

电视广告中的语音,主要是指画面中人物的台词、独白和解说的播音或旁白。由于画面有强大的表现力,电视广告中的语音一般比广播广告要少。但是,语音在电视广告中仍具有独特的作用。首先,无论电视画面怎样生动形象,还是有很多事物难以传达,特别是表达抽象思维时。因此,在表达广告主题时,通常要借助语音;其次,在电视画面演示商品的同时,伴以解说词的方式,广告显得更加真实。以声画合一的力量来诉求商品的卖点,非常有助于实现广告的推销力。

2. 音乐

音乐从表面上看是非常抽象的,它不能像语言那样确切地传达具体的讯息,但却能极大地影响人的情绪和衬托环境气氛,能够很好地表现地方特色和时代特征,有力地烘托主题,也有着极强的象征作用。因此,音乐在影视广告中的作用是不能低估的。

3. 音响

音响是除了人声和音乐之外,生活环境中所有声音的总称。音响的作用非常重要,据统计,平均每部电影中的音响都占声音总和的三分之二以上。

音响的作用主要是加强与观众的联系,推动情节的发展。一声轮船的汽笛就可以把你带到海港,一声尖厉的刹车就会让你感到车祸的降临。音响具有的表现力和象征性,是非常强烈的。因此,音响在广告中的使用率也非常高。

(三)时间

电视广告的主要特征是将所要传达的信息存放在时间的流程中,离开了时间因素,信息就无从传达。所以影视被称为时间结构型媒体。

电视广告以时间来传达内容有两层含义。一是讯息出现的视觉长短给人的感觉和印象也不相同。一般地讲,同一讯息如果出现的时间长、次数多,就容易给人留下深刻的印象。而一则电视广告总的播放时间长度越长,相对来说,信息量就多一些,时间越短,则包容的信息也就少一些。

熟练地掌握时间要素,在电视广告中是至关重要的,因为电视广告实在是极为特殊的传达方式,其特殊性也就在它的单位时间限制太死、太短。因此,深入研究瞬间信息传达的规律、研究人接受信息的感知特点就极为重要。一般来说,让正常的观众能够感觉到广告,需要三至四帧的画面,能看得清楚要七八帧左右的画面,而要看得懂大约要两秒钟。当然这只是一个基本的参数,最主要的是具体分析、灵活运用。

二、电视广告制作流程

电视广告的拍摄和剪辑是电视广告业务运作的重要环节,拍摄和剪辑水平的高低直接影响着电视广告作品的质量。作为电视广告的创意人员,为了创作出高质量的广告作品,除了掌握一定的创意理论和创意方法之外,还应该熟悉电视广告的制作流程,了解电视广告的拍摄和剪辑过程,了解当前影视拍摄制作技术能够达到的效果,才能有针对性地创作出可供拍摄的好创意。

一些电视广告的创意人员由于不了解电视广告的拍摄和剪辑过程,经常创作一些很难进行视觉化表现的创意脚本,让摄制人员看后一头雾水,不知如何下手。本章将对电视广告制作的具体流程和业务进行讲解,以丰富电视广告创意人员的专业知识背景,提高其创意能力。

(一)挑选影片制作公司

电视广告制作的第一步就是挑选影片制作公司。

挑选影片制作公司,是进入电视广告制作流程的首要步骤。制作公司挑选得正确与否,从根本上影响着电视广告的制作质量,也影响着电视广告制作的其他步骤。下面对挑选影视制作公司的相关问题进行分析。

1. 影片制作公司的分类

由于影视制作的专业性比较强,影片制作公司的分类比较细致,因此要挑选合适的影片制作公司,首先就要了解各类影片制作公司的特点和专长,这样才能更好地表现广告创意脚本。根据电视广告的图像来源,可以把影视制作公司分为以下两大类。

(1)动画制作公司

动画制作公司主要是从事动画式广告制作的公司。最初的动画制作大多是绘图人员把图像一格一格地描绘在赛璐珞片上,然后以每秒 24 个画格进行剪辑合成。早期的动画广告就是这样制作而成的,这种制作方法虽然费时费力,但是制作成本较低。当今,在数字化动画制作新技术的冲击之下,虽然传统的动画制作方式显示出不足之处,但是传统动画制作公司依靠画家个性化的动画制作,创作出不同凡响的动画形象,依然有其优势。

随着电脑和多媒体技术的发展,数字化的动画制作公司出现了。由于掌握了先进的数字动画制作技术,这些公司进行动画形象的制作和动画图像的合成,制作流程更为方便。当然,由于这类广告技术含量比较高,所以制作成本较高,广告制作的价格相应也较高。

(2)实景制作公司

除了动画制作公司之外,业界数量最多的还是实景制作公司,就是通过摄像镜头和实际拍摄来获取图像的制作公司。按照拍摄方式和拍摄成本的不同,实景制作公司可以分为以下几种类型。

① 大型专业影片制作公司

这类制作公司主要是指那些拥有摄影棚的大型制作公司,这些公司往往与大型的电影制片厂有密切的关系,有些甚至隶属于电影制片厂,因此这类制作公司在拍摄场地、拍摄设备和专业人员方面拥有极大的优势,能够以电影胶片的形式进行电视广告的制作,能够拍摄出精品电视广告。当然,这类制作公司的收费通常比较高。

②制片工作室

制片工作室是指那些规模不大,但是拥有自己的制作特色的中小型制作公司。制片工作室的一个显著特点就是公司的主持者通常是一位杰出的导演,或者是优秀的摄影师,或者是成功的制片人。这类公司往往结构简单、专业性强,能够制作出一些精品的电视广告,广告制作收费也较高。由于制片工作室结构简单又能制作优秀的电视广告,所以经常被称为"精品店"。

③录像带制作公司

录像带制作公司,顾名思义就是以录像带的形式进行电视广告拍摄的公司,这类公司由于使用录像带进行广告拍摄,所以成本较低,广告收费也较低。录像带形式的广告具有真实、自然的特点,所以被一些广告客户青睐。由于前两种制作公司的收费较高,录像带制作公司便有了存在和发展的充分理由。

④地方电视台

有些地方性的客户,希望做一些制作成本低廉而又能传播商品特点和品牌形象的广告,地方电视台是合适的选择。地方电视台可以充分利用拍摄新闻的设备来拍摄电视广告。由于成本低,所以收费也低。当然,由于地方电视台拍摄电视广告的专业性不强,所以很难生产高质量的作品。不过有需求就有市场,既然地方性广告客户有此类需求,地方电视台就有发挥这种作用的空间。

2. 影响挑选制作公司的因素

(1) 广告制作预算

挑选影视制作公司要量力而行,广告制作预算是影响挑选影视制作公司的最基本的要素。如果广告客户的实力较强、广告制作预算较高,则应该选择大型的专业影片制作公司、制片工作室等类型的制作公司。反之,如果广告客户实力不强、广告预算不高,则应该选择录像带制作公司、地方电视台等收费较低的制作公司。

(2) 广告创意要求和创意风格

挑选制作公司之前,需要仔细地审阅创意脚本,研究广告的创意要求和创意风格。如果广告的情节设置或者画面表现需要质量非常高的图像效果,则需要选择胶片制作形式的广告制作公司,比如大型专业影片制作公司和制片工作室。如果广告的创意风格是追求真实、自然,要求真实地反映现实生活,就要选择录像带形式的制作公司。

(3) 商品的特点

商品本身非常精致,要让消费者体会到商品的特点,刺激消费者的购买欲望,就需要用精美的电视画面来呈现商品的外观,比如高档手表、钻石首饰、汽车、名牌服装等。有这种需求的商品广告,就应该选择拍摄技术高、专业性强的制作公司,如拥有摄影棚的大型专业影片制作公司。

(4) 制作公司的风格和专长

不同的制作公司有不同的特点和专长,在挑选制作公司的时候要充分考虑到这一点。如果制作公司的风格与电视广告的创意特点和风格能够吻合,则能够提升电视广告的拍摄质量和表现效果。

(5) 制作公司的收费情况

制作公司的收费情况也是影响挑选制作公司的重要因素之一。在对制作公司的挑选过程中,当两家拍摄实力相当的制作公司进入到备选方案中时,就应该挑出价较低的那一家。

3. 挑选影片制作公司的方法

(1) 观看样本带

影片制作公司通常会把拍摄过的作品整理成样本带,样本带就好比是制作公司的名片,通过观看样本带可以判断出该公司的拍摄水平和制作能力。

在观看样本带时,要分析判断每支广告的导演实力如何、演员挑选是否合适、摄影技术如何、灯光效果如何等问题,然后留意每支广告后面的摄制人员名单,这样就可以大致判断出每个制作成员的实力和水平,以方便选择适合自己创意脚本的拍摄团队。

在观看样本带的时候,还要注意区分每支广告的创意水平、拍摄水平和剪辑水平,因为创意水平代表的是广告公司的创意实力,拍摄水平代表的是影片制作公司的实力,剪辑水平代表的是剪辑公司的实力。因此,在挑选影片制作公司的时候关键要看样本带和拍摄水平。

(2) 比较制作费

如前文所述,在挑选制作公司的时候,还需要比较制作费用。如果通过比较样本带的质量选择出两家实力相当的制作公司,最终被选中的应该是出价较低的一家。

(二) 搭建拍摄团队

电视广告制作的第二步是搭建拍摄团队。

一旦影片制作公司得以确定,下一步就需要根据电视广告的创意特点和制作需要来搭建拍摄团队。成员素质直接影响到电视广告的拍摄质量,因此,需要对团队的每个成员进行仔细的考量和挑选。

1. 拍摄团队的成员数量

电视广告制作是一项专业分工非常细致的工作,因此,拍摄团队的每个成员都是各自领域的行家里手,在整个摄制团队中彼此不可取代。国际戏剧雇员联盟组织起源于正统而合法的剧场,这个组织认为:一个规范的影片拍摄团队至少要有15人,这样才能保证影片的拍摄质量。

电视广告作为商业影片,由于长度较短,又需要有比较强的吸引力,因此,电视广告的拍摄需要高素质的摄制团队。

2. 拍摄团队的人员构成及其职责

根据广告影片的拍摄需要,要搭建一个完整有效的拍摄团队,大致需要安排以下人员。

(1)制片人

制片人是整个拍摄团队的管理核心。制片人的工作将贯穿整个拍摄任务的始末,主要有拍摄前的准备工作,包括筹备拍摄、安排财务预算、实地观看拍摄场地等;拍摄过程中联络拍摄团队成员、安排拍摄人员的饮食住宿等;拍摄结束之后还要核算拍摄费用、做好各项善后工作等。

(2)导演

导演是整个拍摄工作的灵魂,主管整个拍摄工作,也是拍摄质量的主要责任承担者,因此,导演的工作决定着整个拍摄的成败。导演还参与演员挑选,指导演员拍摄,并指挥整个团队的拍摄工作。不同的导演有不同的工作方式,也有自身的拍摄风格,因此要选择与广告影片风格相符合的导演。

(3)摄影师

广告影片的全部拍摄工作是由摄影师来承担的,摄影师工作质量的高低将直接影响到广告的画面效果,因此,摄影师在整个拍摄团队中也占有非常重要的地位。摄影师应该对其装备器材非常熟悉,知道什么样的拍摄方式能够获得什么样的画面效果;摄影师还要了解所有的灯光技巧,懂得利用摄影棚内及外景的灯光技术。

同样,不同的摄影师也有自己的风格和擅长拍摄的领域,比如有的摄影师擅长拍摄人物,有的摄影师擅长拍摄雨中的场景,有的摄影师擅长拍摄静物……所以,一定要选择适合广告风格的摄影师。

(4)灯光师

灯光师,也被称为"鱼叉人",这是因为灯光师搬移灯光设备时,不是去攀登梯子,而是直接用一根长杆或者鱼叉来勾动和调整,因此获得了"鱼叉人"的称呼。

要达到很好的画面效果,灯光师需要全力配合摄影师,听从摄影师对灯光调整的指令。灯光师负责拍摄现场的所有灯光设施,整个拍摄所需要的灯光搬移、架设、接通及对焦等都由灯光师负责,并且随时调整各种会影响灯光强度的特别装置,如铁砂网、旗版、隔离网、一般网子或者网状物、遮光板等。由于拍摄时间有一定的限制,因此灯光师还应该动作娴熟。

(5)布景设计师

在广告的拍摄过程中,尤其是在摄影棚内进行拍摄时,有时需要为广告拍摄设计布景,这正是布景设计师的职责。布景设计师负责绘制各种背景幕布、现场布景及壁纸,有时也涉及一些标志和图样。

(6)道具师

在广告影片的拍摄过程中,为了获得逼真的画面效果,需要准备相应的道具。广告拍摄团队中,按照导演指示或者摄影师的指示,寻找、制作和搬运摄影棚内或者外景地所需要的各种道具的人员,称为道具师。

(7)化装师

如果广告创意脚本里面出现广告人物,拍摄团队中就需要有化装师了。化装师负责对广告模特的面部妆容和发型进行设计,这项工作有时由美容师和美发师分别完成,有时则两项合为一体,统称为化装师。化装师的工作非常重要,对于一些化妆品、美发用品类商品广告尤为重要。

(8)服装师

如果广告情节中有人物演员进行表演,拍摄团队中就需要服装师了。服装师负责为演员挑选、设计、制作服装,并且在表演前负责对演员的所有行头进行熨烫和美化。对于那些对服装要求非常严格的广告,拍摄现场还需要有可以挂衣服和放置熨衣板和熨斗的空间,甚至还会有缝纫机、洗衣机和干衣机等设备。

(9)食品料理师

如果广告中有食物料理的镜头,拍摄团队中还需要加进食品料理师。食品料理师除了需要在拍片现场以最快速度准备所需要拍摄的美食之外,还要对相关的拍摄事项非常熟悉,了解食物的形状、色泽和拍摄效果的关系,能够提供与之相匹配的食物,以拍摄出最好的视觉效果。

(10)场记

广告拍摄现场还需要有人专门监督拍摄时间和流程,这就需要场记。场记的职责主要有两项:一是负责估算每个场景所需要的拍摄时间,并把这个时间告诉导演,以方便导演安排每个镜头的取景和拍摄时间。如果某个场景实际拍摄时间超出了原定时间,场记负责提醒导演,否则会影响后面镜头的拍摄。二是负责监督不同镜头之间的连贯性。在拍摄过程中,创意脚本中的镜头顺序经常被打乱,因此,场记要监督连续镜头中的道具或演员的姿态动作是否因变换而失去连贯性和一致性。

(11)场务

在拍摄转场时有些笨重的拍摄器材需要搬移,这就需要一些年轻力壮的场务们的加入。除了负责机器的搬运之外,场务还需要了解简单的器材、线路的拆卸和接通,这样才能快速有效地搬运器材。如今,场务的工作分工越来越细致,比如有专门负责拍摄中摄影机移动的、有专门负责摄影机升降的,等等。

(12)特效人员

广告影片中的特效往往由专门的特效人员负责拍摄广告需要的特殊效果,比如一场雨、一场雪、一场火,或者人物的空中飞行等。特效人员的工作将为影片的视觉表现增色不少。

(13)录音人员

录音人员是指那些为广告拍摄收录音效的专业人员,一般包括录音师和吊杆控制员。录音师是专职收录镜头里所有按口型配音的对话的录音工程师;吊杆控制员则是通过控制一根长杆,把杆上的麦克风悬挂在演员上方来录音。为了避免不小心将头顶上的麦克风拍进画面,常用短波麦克风夹在演员的衣服上来替代,然后把麦克风收录的声音以无线方式传输给录音设备。

(14)录像带录制员

以录像带形式进行拍摄的广告片,需要有录像带录制员及相关设备,负责广告拍摄中的图像录制。

(15)广告演员

广告演员也是整个拍摄团队中的重要成员,负责广告影片的表演。特别指出的是,如果演员是儿童,还需要监护教育工作者。

(三)召开 PPM 会议

PPM 会议即开拍前会议,是指在电视广告正式拍摄前召集相关人员举行的会议。开拍前会议是电视广告正式拍摄前的一项必要的工作。一次成功的开拍前会议是电视广告得以顺利拍摄的重要前提。

参加 PPM 会议的成员通常有:广告公司的客户代表、创意人员代表,如客户部 AE、创意总监、艺术指导、文案人员等;企业代表,如企业的营销部门或者广告部门人员;广告制片公司人员,如制片人、导演、摄影师、灯光师、道具师等。

PPM 会议的时间通常安排在正式开拍前的一周左右,如果 PPM 会议时间太早,还难以确定正式开拍日的时间;而如果 PPM 会议太晚,拍摄团队的准备时间则少了。PPM 会议的地点最好安排在制作公司、广告公司和客户人员都方便到达的地方。

在 PPM 会议召开之前,根据会议的主要议程内容,会议主办者应该为参加会议的人员准备相应的资料,比如电视广告创意说明和创意脚本、广告音乐和音效的录音带、备选演员的试镜录像带、棚内搭景的布景设计图、外景地的照片、拍摄分工明细表、与会人员的通讯录等。在 PPM 会议上,还将重点对以下内容进行讨论和确认。

1. 电视广告创意意图说明和创意脚本讲解

与会人员首先需要对电视广告的创意脚本和创意要求进行了解,因此,会议首先安排广告公司的创意代表对本支电视广告的创意意图进行说明,并且讲解创意脚本,以方便与会人员了解广告的创意风格和创意表现要求。

2. 逐个讨论分镜头拍摄脚本,明确各个职责和任务

与会人员还需要对自己在拍摄过程中的具体职责和任务进行确认,因此,会议还需要安排导演带领与会人员一起逐个讨论分镜头脚本,分析每个镜头的拍摄要求和拍摄方法,并明确拍摄团队的每个成员在各个镜头拍摄过程中的职责和任务。

3. 确定每个场景和镜头的拍摄时间表

为了更好地对拍摄过程进行管理,还需要制定各场景和镜头的拍摄时间表。导演将对各个场景与镜头向会议成员说明,并且对每个镜头的拍摄顺序、所需要的拍摄时间和拍摄方法等进行相应安排,方便各成员在拍摄现场进行工作安排和协调。

4. 明确拍摄进度表

为了保证拍摄工作的顺利进行,会议还需要明确拍摄日的时间表,比如何时集合、何时开工、每个镜头何时拍摄等问题。

(四)正式开拍

经过前期充分的准备,以及 PPM 会议的探讨协商之后,按照 PPM 会议的拍摄进度表的安排,正式开拍日就到了。

在正式开拍日,除了拍摄团队的各成员必须到达现场外,广告公司的创意代表、企业的代表也都应该到场。如果现场需要一些临时的决策,各方成员都可以参与讨论和协商。

在正式开拍日,需要注意以下几个问题。

1. 准时到场

为了顺利开机拍摄,参加拍摄的每个成员都要按照时间表准时到场,为第一个镜头的拍摄做好准备,培养情绪,进入状态。

2. 合理安排镜头拍摄的先后顺序

为了获取更好的拍摄效果,在拍摄的时候要合理安排镜头拍摄的先后顺序。通常先拍摄复杂的、有难度的镜头。因为拍摄之初,拍摄团队成员的精力一般比较好;另外,有人物对话的镜头也往往优先安排拍摄,可以趁着演员情绪、精力好的时候拍摄。

3. 留意拍摄一些备用镜头

为了方便后期剪辑的需要,还需要在拍摄的空当,拍摄一些演员的特写、产品的镜头、演员和产品的合影图片、环境的镜头等,以供后期剪辑时衔接镜头使用。

4. 拍摄现场客户代表的职责

拍摄的时候,涉及商品的陈列、技术展示等问题时,需要客户代表快速地做出决策;客户代表还需要了解整个拍摄的进度和安排;客户代表负责监看广告的拍摄过程,如果客户代表对拍摄有疑问,可以找制片人或者创意总监,不要直接找导演,以免影响导演工作。

(五)后期剪辑

经过拍摄团队各成员的共同努力,电视广告的画面素材资料已经取得,下面就需要剪辑公司进行后期制作了。剪辑师根据电视广告创意脚本的要求,对这些画面素材进行剪辑和配音。

后期剪辑工作的主要内容有:

1. 挑选精彩镜头

后期剪辑的第一步就是要挑选精彩的镜头。在拍摄的过程中,为了确保画面质量,有些镜头经常重复拍摄很多次才能完成,因此剪辑师首先要对这些镜头进行挑选,把精彩的镜头挑选出来,如果有的镜头难于选择,就暂时保留以作备选镜头。

剪辑师在挑选好精彩镜头之后,需要邀请导演、客户代表和广告公司代表进行观看确认,等各方观点统一之后,剪辑师就按照自己的思路和广告的创意表现要求全面开始工作了。

2. 粗剪

粗剪,就是按照广告创意脚本的镜头顺序对这些经过挑选的镜头进行大致的剪辑。这种经过初步编辑的图像,就是电视广告的雏形。

3. 细剪

细剪是根据镜头顺序和广告的表现要求进行细致的图像合成。经过细剪的广告画面基本接近广告的完成画面了,画面与画面之间的逻辑和衔接更为合理,不同画面之间的色调、风格也更为协调和融合。

4. 配乐

在画面编辑工作基本完成之后,就需要进行声音方面的剪辑了,广告配乐是后期剪辑中的重要步骤。画面剪辑之后进行广告配乐,要仔细观察镜头的节奏和画面的情绪,配上与之相吻合的音乐。

5. 配音

为广告配音也是重要的剪辑工作,包括人物的对白、独白、旁白和广告口号等。符合广告的画面情绪和广告风格、有特色的配音能够为电视广告的表现加分。

6. 字幕创意配合

为广告影片配字幕,进行广告字幕创意,也是后期剪辑工作的一部分。字幕创意安排的好坏同样影响着电视广告的表现效果。

7. 必要的数字剪辑特效

在后期剪辑过程中,还需要根据客户的要求和广告的创意表现要求提供合适的数字剪辑特效,以进一步地完善广告的表现效果。

以上是电视广告制作流程的主要内容。了解并掌握这些主要的制作步骤,广告创作者便可以做到心中有数,创作出切实可用的电视广告创意脚本。

本章思考题:
1. 相对于其他媒体而言,电视广告的优势和不足是什么?
2. 简述詹姆斯·韦伯·杨的广告理论的基本要点。
3. 成功的广告创意应该具备哪些基本特性?
4. 影视广告的几大构成要素是什么?
5. 简述影视广告制作的流程。

第五章 音乐电视的创意、策划与制作

第一节　音乐电视概述

第二节　主旋律类音乐电视作品的创意与策划

第三节　商业类音乐电视作品的创意与策划

第四节　成熟期典型音乐电视作品详解

第一节　音乐电视概述

音乐电视,其产生与发展是和电视制作的产业化紧密相连的,从其在国内的名称演变也可见一斑。MTV,是国内尤其大陆业内对音乐电视的简称,这一名词最早源于美国,上世纪80年代开始在我国出现,其实为英文"MUSIC TELEVISION"的缩写。严格说来,"MTV"这一名词是美国音乐电视频道的缩写,这一频道自创办开始,首次尝试24小时不间断播出各种电视音乐节目,后期发展壮大,在世界各地建立了分公司,新加坡就是其亚洲总部所在地。随着上世纪90年代不少学者的研究界定,国内对于音乐电视的概念才渐渐确立,其名称也基本确定为"MV",即英文"MUSIC VIDEO"的缩写。顾名思义,音乐电视就是将音乐和电视画面相结合的一种专门电视艺术形式。

就音乐电视的特性而言,"音乐电视是通过音乐和意蕴化了的画面的组合完成审美体验的,音乐电视隶属于电视创作范畴,它是电视文艺节目创作形式中的一种,音乐电视正是通过音乐(歌曲)和优美画面的两度虚拟,以意化的音画组合,使审美者来完成审美的体验。音乐电视的美和它的功力是在音乐与画面的'虚拟'的融合中。"[①]

就目前的国内理论来讲,对音乐电视有以下几种认识。

音乐乐评人金兆钧认为:音乐电视就叫音乐电视广告片。他的理由是,无论是从目前的MV的制作还是当初音乐电视的推出来看,多数是和歌手专辑盒带的出版相伴随,很多歌手在制作专辑盒带后,在发行之前,往往会再投入一笔资金,为专辑中的主打歌曲拍摄一首3~5分钟的音乐电视(MV),通过电视这一大众传媒传播出去,为下一步盒带的倾销做好宣传铺垫的工作。

北京电影学院院长张会军教授认为:MV实质是一种视听文化,是建筑在音乐、歌曲结构上的流动视觉,视觉是音乐听觉的外在形式,音乐是视觉的潜在形态。其作品的价值应该在它的文化品位上。

中央电视台赵群认为,MV是一种3分钟到5分钟的短小音乐作品或歌唱节

---

① 项仲平:《电视节目策划》,中国广播电视出版社2002年版。

目,它以跳跃的、断断续续的、有逻辑的或无逻辑的快节奏画面,表现一部短小的音乐作品或歌曲节目。画面有室内的,也有室外的;有过去的,也有现在的;有黑白的,也有彩色的;有电脑制作的,也有动画制作的,还有电影特技制作的。它们创造出一种惊心动魄、如梦如幻、海阔天空、眼花缭乱的效果,具有较强的艺术感染力和震撼力。

北京电影学院许国均教授认为,MV 是音乐和画面的两度虚拟创作之一种,以意化的诗画式的音画组合。[①]

中央电视台原文艺中心主任邹友开认为,MV 是充分调动电视的手段,根据音乐歌曲的内涵和节奏,设计出包括演唱者在内,具有情绪化又互相联系的多组画面的艺术形象。

国外对音乐电视的认识渐渐地由泛指歌舞形式的节目频道,转变为特指制作精良的歌(或者舞),辅以拍摄精湛、后期画面制作严整的音乐电视节目形式。

综合以上各种观点,再加上对当下中国音乐电视发展形势的分析,我们基本可以看到当下音乐电视的几大特点:

第一,商业化趋势势不可挡。

第二,创作团队日趋专业化,水平蒸蒸日上。

第三,制作设备、技术日渐精良。

第四,投资成本呈水涨船高之势。

第五,作品艺术性有了极大提高。

音乐电视是制作者根据音乐歌曲内涵,运用电视艺术的表现理念,设计和拍摄出包括演唱者在内,具有情感与内涵联系的多组画面、多空间有机组合的艺术形象。

由于音乐电视种类纷繁芜杂,其制作背景、性质亦各不相同,因此不可能有一个固定不变的策划模式,要因时而异,因歌曲而异,因制作要求而异。对于制作者在前期创意、策划阶段的任务而言,首要任务是要理解歌曲的内涵。由于歌曲是以旋律和歌词所组合的艺术种类,除了优美动听的旋律,歌词的字面意义及延伸意义对制作者是具有相当挑战性的,也就是我们所说的"解词",这有些类似于解读诗词。

音乐电视的策划,顾名思义,先有"音乐",后有策划,亦即先要有歌曲,才能根据音乐的旋律、歌词完成拍摄的策划方案。目前我们经常遇到的歌曲,大致可以分为以下几种:主旋律类、商业类及业余(半业余)类。

---

① 项仲平编著:《电视节目策划》,中国广播电视出版社 2002 年版,第 249 页。

第二节 主旋律类音乐电视作品的创意与策划

主旋律类歌曲,指有明确主题指向、顺应某些宣传方针及社会发展动向的歌曲,如《春天的故事》、《走进新时代》、《好大一棵树》、《万事如意》、《祝你平安》、《常回家看看》等。这一类音乐电视的特点比较突出,比如其主题明确、旋律优美、歌词朗朗上口,因此,这类音乐电视的策划一般表现为场景宏大,歌手与音乐电视联系紧密。

下面具体以《春天的故事》为例进行分析。这首歌曲产生于上世纪 90 年代初,也就是中国的改革开放初见成效之时,当时中国领导人邓小平发表了著名的"南巡讲话",并把深圳定为中国改革开放的最前沿和试点。作为应景之作的《春天的故事》,其诞生也一波三折,几经修改。而从歌曲诞生和成功的过程来看,也正是当时中国经济大发展的一个验证。

该歌曲的 MV 由著名音乐电视人孟欣任总策划,张国立担任总导演和摄像,董文华担任主唱,在当时可谓"强强联合"。该 MV 的制作代表了当时主流的创意方式,先是由两枝绿叶的发芽入画,接着代入一个少年在阳光下吹圆号的镜头,随着歌曲前奏的进入,由运动镜头带入嫩芽破土而生的画面,紧接着海面波涛和朝阳初升的画面,马上跟进一群儿童在草地上欢快奔跑的画面,随着画面转入几朵花破蕊绽放,歌曲正名和主创人员名单一一打出。这一安排紧扣主题,歌名为《春天的故事》,而歌曲所涉及和歌唱的主要内容也是随着改革渐趋成熟后以深圳为代表的南方经济特区的飞速发展,以及随着这些发展为百姓所提供的安静祥和的生活环境和创业环境。因此,在接下来的前奏中,又加入了桃花绽放的镜头,并由此镜头接入了海涛拍岸的画面,这些充足的前奏,主要是为了扣住歌曲中"春天"的表面主题,而其内涵则为抓住"经济大发展"的内在主题。随着娓娓道来的第一句歌词"一九七九年",歌手董文华站在海岸边轻舒双臂,歌曲也就如故事一般向观众缓缓展开。由于前序做得到位,后面的画面自然相得益彰、驾轻就熟,接下来画面中所展示的是深圳的城市发展面貌,深圳当时的标志性建筑"邓小平讲话展示牌"、"铜牛"、"高楼大厦"也在画面中依次出现。

这类 MV 的特点可见一斑,即气势恢宏,画面与歌词紧密相扣,歌手的形象一般也包装得端庄大方。比如,歌词中出现的"一九七九年,那是一个春天",画面配合的是嫩芽破土而出、花蕊绽放、桃花盛开等,而"神话般地崛起座座城",配合的是深圳雨后春笋般崛起的高楼大厦,到了"春雷啊唤醒了长城内外",配合的是长城的航拍镜头,由此可以总结出这类 MV 的特点之一,即以"写实"为主。

一九七九年那是一个春天/有一位老人在中国的南海边画了一个圈/神话般地崛起座座城/奇迹般地聚起座座金山/春雷啊唤醒了长城内外/春晖啊暖透了大江两岸/啊,中国,中国/你迈开了气壮山河的新步伐/你迈开了气壮山河的新步伐/走进万象更新的春天/一九九二年又是一个春天/有一位老人在中国的南海边写下诗篇/天地间荡起滚滚春潮/征途上扬起浩浩风帆/春风啊吹绿了东方神州/春雨啊滋润了华夏故园/啊,中国,中国/你展开了一幅百年的新画卷/你展开了一幅百年的新画卷/捧出万紫千红的春天。(《春天的故事》歌词)

《走进新时代》这首歌曲的MV制作于1997年左右,这首歌曲的诞生标志着中国的改革开放已经取得很大成效,我国国民经济实力日益增长壮大,各民族繁荣昌盛。该MV的策划则更加彰显出国力富强、国运昌盛的气势。与《春天的故事》不同,这首歌的画面伊始,就伴随着歌曲名称、主创以及前奏的介入,前奏音乐气势磅礴、恢宏有力,画面则是以党旗和北京天安门背景下的各民族大团结为主,在歌曲开篇就奠定了该MV的主基调。进入正曲部分,第一个镜头是奔腾汹涌的黄河,接下来则是俯拍镜头下的歌手,这一安排亦紧扣歌曲主题:"总想对你表白,我的心情是多么豪迈,总想对你倾诉,我对生活是多么热爱",而到了后面"勤劳勇敢的中国人,意气风发走进新时代",画面辅助的是双手捧起黄土、辛勤耕种和丰收的"三部曲"。到了"啊…我们意气风发走进那新时代",则及时地出现了歌手以向日葵为背景的画面。这首歌的巧妙之处在于包含了对中国三代领导人的致敬,如歌词中所体现的"我们唱着东方红"、"我们讲着春天的故事"、"高举旗帜开创未来"等,这些也与上面提到的《春天的故事》有异曲同工之处。

总想对你表白/我的心情是多么豪迈/总想对你倾诉/我对生活是多么热爱/勤劳勇敢的中国人/意气风发走进新时代/啊/我们意气风发走进那新时代/我们唱着东方红/当家做主站起来/我们讲着春天的故事/改革开放富起来/继往开来的领路人/带领我们走进那新时代/高举旗帜开创未来/让我告诉世界/中国命运自己主宰/让我告诉未来/中国进行着接力赛/承前启后的领路人/带领我们走进新时代/啊/带领我们走进那新时代/我们唱着东方红/当家做主站起来/我们讲着春天的故事/改革开放富起来/继往开来的领路人/带领我们走进那新时代/高举旗帜开创未来/开创…未…来……(《走进新时代》歌词)

MV《好大一棵树》自其诞生起就深受百姓喜欢,首先在于其旋律优美舒缓,与《春天的故事》《走进新时代》等有明确歌颂对象和主题的歌曲相比,这类音乐电视制作的难度在于对主题、歌词的理解,以及如何规划好歌词和画面的有机结合。具体分析一下,这首歌的歌词在字面意义上是歌颂一棵参天大树,颂扬其赋予自然和社会的庇护，而另一方面，这首歌词又具有很明确的喻义性，即对教师等公益行业的典型模范的赞颂。因此，这首 MV 在创意之初也选定了这样一个方向。随着歌曲低沉舒缓前奏的进入，画面中是一本被风吹动的课本以及一支掉落的钢笔，然后镜头以摇臂镜头迅速摇下的方式进入该 MV 的主场景——破旧的教室，其间已经交代出了歌手坐在一张前排课桌上，随着主观镜头走向讲台，画面突然从明亮的教室内景切换到昏暗的外景天空，天上掉落的"纸钱"也喻示着这首 MV 所指向的"主角"逝者已矣，是对一种精神的缅怀，对一个个体的景仰。随着歌手田震对着镜头唱完"头顶一个天，脚踏一方土，风雨中你昂起头，冰雪压不服"几句，画面切换到灰白色调，一张消瘦的面容，一双求知若渴略带微笑的眼睛，故事的主人公跃入观众视线。这一开场的镜头调度，也奠定了这部 MV 的镜头切换规律，镜头几乎平均在歌手和"演员"之间切换，突出了对"乡村教师"的缅怀，而随着镜头的变化，歌曲的情绪也渐入高潮。在之后的镜头中，教室、教师、学生的画面也变成了明亮的色调，尤其在歌曲间奏的同时，画面中出现的是教师送给小女孩钢笔的场景。值得一提的是，这首 MV 上半部分是以摇臂、旋转的运动镜头为主，到了歌曲的下半部分，则有了更丰富的变化。下半部分一开始，就是小学生们升国旗的场景，这个镜头由上至下摇下，同时也配合了歌词中"头顶一个天"的含义，该段画面内容比上半部分明显丰富，而镜头也多以轨道的平行运动镜头为主。在这里可以提一下，这一创作手法不仅代表了当时的一种创作思潮，这类思潮也为发展至今的大陆 MV，尤其是商业 MV 奠定创作手法的模式标准提供了一种有效参考，这些我们留待后面再做具体分析。

  头顶一个天/脚踏一方土/风雨中你昂起头/冰雪压不服/好大一棵树/任你狂风呼/绿叶中留下多少故事/有乐也有苦/欢乐你不笑/痛苦你不哭/撒给大地多少绿荫/那是爱的音符/风是你的歌/云是你脚步/无论白天和黑夜/都为人类造福/好大一棵树/绿色的祝福/你的胸怀在蓝天/深情藏沃土/好大一棵树/绿色的祝福/你的胸怀在蓝天/深情藏沃土/头顶一个天/脚踏一方土/风雨中你昂起头/冰雪压不服/好大一棵树/任你狂风呼/绿叶中留下多少故事/有乐也有苦/欢乐你不笑/痛苦你不哭/撒给大地多少绿荫/那是爱的音符/风是你的歌/云是你脚步/无论白天和黑夜/都为人类造福/好大一棵树/绿色的祝福/你的胸怀在蓝天/深情藏沃土/好大一棵树/绿色的祝福/你的胸怀在蓝天/深情藏沃土/你的胸怀在蓝天/深情藏沃土。
（《好大一棵树》歌词）

  中央电视台近几年制作的几部公益广告宣传片，主题明确，构思亦紧扣歌曲内涵，简单明了，是一种社会诉求的表达，因此亦可视为一种主旋律 MV。如《不要等到》，这则公益广告只有乐曲，全篇没有一句歌词，只有伴唱部分适时出现，而这部音乐电视的"演员"则全部由中央电视台的主要节目主持人担当,因此,又在一定程度上被视为央视自己的频道宣传广告。该 MV 第一个镜头从咖啡馆开始,由王小丫的视角看到玻璃门外另两位主持人不经意的小碰撞并礼貌谦让开始,第二个场景则是由另一位主持人的视角看到第一个场景中的"事故"主人公之一热心帮助他人,如此循环往复,"故事"不断进行,总是由 3 位主持人完成一个片段,一个是旁观者赞许和深有感触的视角,另两位表现手手相传的人与人之间最基本的友爱和帮助,同时也表明了"爱"是可以互相传递的这一内涵。直到最后一个场景,镜头以 2008 年北京奥运会主场馆"鸟巢"和草地为背景,一位母亲在看护儿童车内的儿童,儿童的玩具掉在地上,一个小男孩跑过,将"福娃"玩具捡起递给儿童车内的儿童,镜头结束,出现字幕"迎奥运、讲文明、树新风"。这种创意模式也是大陆电视公益广告最主要的构思方式之一,其他很多类似的公益广告中也屡屡运用。

另一则中央电视台的公益广告《心在一起》,与《不要等到》有异曲同工之妙,同样沿用的是"传递式"的构思方式,但在形式上又略有差异。首先,《心在一起》是有歌词的一首完整歌曲,该 MV 的场景分别是电梯内为后来者等待、胡同内为买早点的老人挡住孩子踢来的足球、马路上抱起险些被车轮溅起的水花淋到的女孩等等场景。这一系列场景基本采用的是并列式的结构方式,并没有像《不要等到》那样严格地以"传递"方式、环环相扣而展开,而是将几个场景中出现的公众人物如刘建宏、鞠萍、撒贝宁和配角小女孩等人物的镜头穿插完成蒙太奇,其目的主要为了衬托歌词"世界那么大,只要我们心在一起"。这样的创意方式灵活简单,关键就在于镜头和用光的处理,这也是当今 MV 制作的一大核心要求,即技术的过关。

我们在寻找一个眼神/然后让微笑像空气一样/我们在寻找一种单纯/然后让感动像音符一样/我们在寻找一种温暖/然后让幸福像孩子一样/啊/世界那么大/只要我们心在一起/爱会一步一步向上升/希望充满灿烂天地/世界那么大/只要我们心在一起/爱会让每个角落发光/你的未来你听见了吗?(《心在一起》歌词)

第三节　商业类音乐电视作品的创意与策划

顾名思义,商业类音乐电视指为商业目的创作的音乐而制作的音乐电视。这类音乐电视涵盖面最为广泛,种类繁多,也是占 MV 市场分量最重的门类。以华语歌曲为例,这类 MV 涵盖了内地、港、台甚至海外等绝大部分商业市场,其 MV 制作风格亦多样化,但深入分析,也有其内在相似相通之处。

商业类歌曲最常见的主题一般为"爱情",无论美好的还是惨痛的,无论完满的还是哀怨的,总之,一个"情"字贯穿了这类歌曲的主要情调,当然,这其中若偶尔出现一些以励志向上为主旨的歌曲,自然更让人眼前一亮。就创意和制作而言,从早期(20世纪90年代)的《晚秋》、《涛声依旧》、《千千阙歌》、《情网》、《宝贝对不起》、《水手》、《爱我的人和我爱的人》、《我是一只小小鸟》、《大海》、《我的未来不是梦》到后来(2000年左右)的《红豆》、《偿还》、《忘情水》、《心如刀割》、《如果这都不算爱》、《心太软》、《太委屈》、《阳光总在风雨后》、《亲爱的你怎么不在我身边》、《温柔》,直到现在的《菊花台》、《青花瓷》、《富士山下》、《童话》、《我们说好的》、《死了都要爱》、《小小》、《I LOVE THE CITY》、《自由飞翔》、《全是爱》等,商业MV发展至今,技术日渐成熟,并尝试大胆借用影视剧的叙事及制作风格,这一方面彰显了音乐电视商业化的特性,另一方面反映出了当下受众审美品位及需求的明显提升,而在这方面目前彰显各方面水平达到成熟的作品则以商业MV《康美之恋》和《爱到春潮滚滚来》等为佼佼者。

以《涛声依旧》为代表的歌曲是上世纪90年代随着我国经济和文化实力大幅度提升而产生的"流行歌曲"的典型代表,我国的音乐电视制作也正是在那个时期渐渐进入了产业化发展的阶段。以当今的审美层面来看,那个时期的音乐电视制作难免有粗糙和不足之处,但"万事开头难",如今回头看来,早期的MV制作在市场化、商业性和唯美层面上,已经为现在的MV制作奠定了一定的基础,其经验和不足都有颇多可借鉴之处。

《涛声依旧》的MV,是一首典型"画面配歌词"的音乐电视作品,随着前奏的引入,画面在夜色下的水面、朦胧的月光、昏暗的灯笼、古典房檐之间依次做顺序剪辑,从第一句歌词"带走一盏渔火,让它温暖我的双眼"开始,歌手毛宁出现在海滩边,而后面的"留下一段真情,让它停泊在枫桥边",画面则又迅速而"适时"地变成了灯笼和古典建筑的亭台楼阁,由此便不难看出,编导者是取用了古诗"月落乌啼霜满天,江枫渔火对愁眠。姑苏城外寒山寺,夜半钟声到客船"的字面意思。这点我们由分镜头就可见一斑。而同时,从音乐电视这种电视艺术形式所承载的审美及文化传播的任务来看,当时的音乐电视所呈现出的"浅吟低唱"、"无病呻吟"、"顾影自怜"等等消极的感觉已经渐露端倪,并得到了如火如荼的发展,至于是创作者的理念引领了审美者的情趣还是审美者的情趣反作用于创作者,这也是我们广大电视从业人员很值得思考的课题之一。

带走一盏渔火/让它温暖我的双眼/留下一段真情/让它停泊在枫桥边/无助的我/已经疏远了那份情感/许多年以后才发觉/又回到你面前/流连的钟声/还在敲打我的无眠/尘封的日子/始终不会是一片云烟/久违的你/一定保存着那张笑脸/许多年以后/能不能接受彼此的改变/月落乌啼总是千年的风霜/涛声依旧

不见当初的夜晚/今天的你我/怎样重复昨天的故事/这一张旧船票/能否登上你的客船/流连的钟声/还在敲打我的无眠/尘封的日子/始终不会是一片云烟/久违的你/一定保存着那张笑脸/许多年以后/能不能接受彼此的改变/月落乌啼总是千年的风霜/涛声依旧不见当初的夜晚/今天的你我/怎样重复昨天的故事/这一张旧船票/能否登上你的客船/月落乌啼总是千年的风霜/涛声依旧不见当初的夜晚/今天的你我/怎样重复昨天的故事/这一张旧船票/能否登上你的客船。(《涛声依旧》歌词)

上世纪90年代初内地MV制作以《涛声依旧》之类的歌曲为代表,大量尝试外景拍摄。香港的MV制作则延续着本地独特文化背景下所形成的特有模式,也就是搭棚拍摄的制作模式,我们将其简称为"棚拍"。棚拍的模式相对于外景,最大的优点就是节约成本,同时可以在最大限度内满足歌手与MV有机结合的要求,当然,这种"小、精、尖"的模式,对于导演、摄像、灯光、美工等具体技术部门的要求则更为严格。

与纯粹"国语"歌即普通话流行歌曲相比,粤语歌曲的歌词更为考究,其文字意境更为优美,因此也更容易给听众深刻印象。《千千阙歌》是一首粤语歌曲,其歌词中大量充斥的是一种离愁别绪或者是孤芳自赏的哀伤,因此,这首MV的制作在更大程度上追求的是一种意境的表达。这首MV同样是只有歌手一个人出现,但与《涛声依旧》相比,歌手出现的时间量明显丰富,而制作手段也更为精细。首先是歌手的形象,随着前奏伊始,首先进入画面的就是歌手考究的晚礼服装扮及其惆怅、迷离甚或若有所思的眼神,此时画面运用叠化的特效顺势带到了屋子这一更大的空间内,接下来则是整首歌当中歌手一个人的"表演",这与大陆当时流行的"歌词配画面"的拍摄及制作方式有很大不同。当然这一方面表现出了当时香港MV制作者们的艺术品位,但另一方面也折射出部分粤语歌曲很难在"叙事情节"上有太大发挥空间的先天特性。

徐徐回望/曾属于彼此的晚上/红红仍是你/赠我的心中艳阳/如流傻泪/祈望可体恤兼见谅/明晨离别你/路也许孤单得漫长/一瞬间/太多东西要讲/可惜即将在各一方/只好深深把这刻尽凝望/来日纵是千千阙歌/飘于远方我路上/来日纵是千千晚星/亮过今晚月亮/都比不起这宵美丽/亦绝不可使我更欣赏/ah…因你今晚共我唱/临行临别/才顿感哀伤的漂亮/原来全是你/令我的思忆漫长/何年何月/才又可今宵一样/停留凝望里/让眼睛讲彼此立场/当某天/雨点轻敲你窗/当风声吹乱你构想/可否抽空想这张旧模样/来日纵是千千阙歌/飘于远方我路上/来日纵是千千晚星/亮过今晚月亮/都比不起这宵美丽/亦绝不可使我更欣赏/ah…因你今晚共我唱/ah…怎都比不起这宵美丽/亦绝不可使我更欣赏/因今晚的我可共你唱/来

日纵是千千阙歌/飘于远方我路上/来日纵是千千晚星/亮过今晚月亮/都比不起这宵美丽/亦绝不可使我更欣赏/ah…因你今晚共我唱/来日纵是千千阙歌/飘于远方我路上/来日纵是千千晚星/亮过今晚月亮/都比不起这宵美丽/都洗不清今晚我所思因不知哪天再共你唱。(《千千阙歌》歌词)

上世纪90年代,随着流行歌曲的迅速蔓延,与《千千阙歌》这一类主要着重于意境的歌曲风格明显不同,占据市场半壁江山、受众"共鸣"更多的是以"热恋"、"失恋"、"暗恋"、"三角恋"等等情爱基调为主题的流行歌曲,由很多歌名可见一斑。当年走红港澳台的"歌坛四大天王"及其代表作也是一个佐证,如《每天爱你多一些》、《一路上有你》、《饿狼传说》、《一千个伤心的理由》、《情网》、《心如刀割》、《一起走过的日子》、《来生缘》、《谢谢你的爱》、《忘情水》、《相思成灾》、《对你爱不完》、《我是不是应该安静地走开》、《今夜你会不会来》、《哪有一天不想你》等,同时期还有许多诸如《为什么你背着我爱别人》、《爱我的人和我爱的人》、《伤心太平洋》、《别让我的眼泪陪我过夜》、《宝贝对不起》等等,都是至今仍为大众耳熟能详的旋律。

以《情网》为例,这首歌词的基调是一个受到感情伤害的男子对于伤害自己的情人的"指责"与"抱怨",整首歌充斥着"为自己疗伤"、"顾影自怜"的感觉。在MV中,歌名和主创名单在第一时间出现在画面中,同时响起了哀婉的前奏(这种电子乐器所合成的前奏、伴奏、间奏等音乐形式,在当时已经渐渐被广大音乐电视制作者所熟悉和掌握,并且在随后的发展中日渐成熟),随着画面中大量出现的运动剪辑,镜头在歌手和一个女孩子的来回转身之间切换,以期造成一种"真情已逝、覆水难收"的感觉。由第一句歌词"请你再为我点燃一盏烛光,因为我早已迷失了方向"开始,运动剪辑使用得更加频繁,尤其突出的是镜头中红、黄、蓝等光影充斥,给人一种迷离的感觉,这种色彩运用也许是为了突出歌词中所提及的"因为我早已迷失了方向",因为镜头在歌手和女主角之间频繁切换的同时,还有一个小男孩在田野里彷徨的画面,这究竟是不是编导所刻意使用的"暗喻"手法,我们不能妄加评判。这种"杂耍式"的拍摄和剪辑方式,今天看来已经乏善可陈,但在当时市场的整体制作水准下,却具有很多尝试和创新的精神,比如画面中所使用的"抠像"、"前景带画"、"曝光"等形式,已经将一些影视剧的拍摄手法引入,这也为今后音乐电视的制作提供了许多经验。虽然风格有明显差别,但《情网》的MV拍摄与《千千阙歌》同样,基本采用的是"棚拍"的制作方式,这就主要靠歌手在镜头前的独自表演。这种形式一方面满足了当时唱片公司大力包装歌手的目的,另一方面也在画面层次性和饱满度上形成了一个先天的桎梏。另外,从这里我们也可以总结出"爱情歌曲"的另一大特点,即在歌词方面,大量使用的是"我"、"你"这种第一人称和第二人称循环转换的措辞方式,亦即"你的…"使我"受到了…的伤害"等等内容。这一"文学"创作模式沿用至今并有如火如荼之势。

请你再为我点上一盏烛光/因为我早已迷失了方向/我掩饰不住的慌张/在迫不及待地张望/生怕这一路是好梦一场/而你是一张无边无际的网/轻易就把我困在网中央/我越陷越深越迷惘/路越走越远越漫长/如何我才能锁住你眼光/情愿就这样守在你身旁/情愿就这样一辈子不忘/我打开爱情这扇窗/却看见长夜日凄凉/问你是否会舍得我心伤/而你是一张无边无际的网/轻易就把我困在网中央/我越陷越深越迷惘/路越走越远越漫长/如何我才能锁住你眼光/情愿就这样守在你身旁/情愿就这样一辈子不忘/我打开爱情这扇窗/却看见长夜日凄凉/问你是否会舍得我心伤/今夜就这样守在你身旁/今夜就这样一辈子不忘/我打开爱情这扇窗/却看见长夜的凄凉/问你是否会舍得我心伤。(《情网》歌词)

《一起走过的日子》是刘德华成名早期的代表作,这首歌同时也是其出演的关于江湖情义、父女感情的电影《至尊无上2》的主题曲,该影片由杜琪峰导演。本片是《至尊无上》的续集,以赌字挂帅。影片以一群赌徒为中心人物,剧情亦以一场赌局为牵引,但描述的却是一段兄弟恩怨情仇,内容与《至尊无上》并无相连之处。故事描述亚洲第一快手仇杰在一次赌局中被师弟詹永飞出卖,锒铛入狱。他的师父遂训练他的师弟鸡翼,后来仇杰出狱与鸡翼联手打败詹永飞,清理门户。在MV当中,男主人公背身前行的镜头中,歌曲名和主创人员字幕同时出现,随着低沉、气势渐浓的前奏音乐响起,场景选择的是一处荒凉的郊外小屋,刘德华所饰演的主人公身着当时流行的牛仔服、佩戴墨镜走入画面。从这里开始,刘德华在镜头中所表现出来的眼神和动作都流露出深深的遗憾与无奈的感觉,而随着歌词唱到"多少风波都愿闯,只因彼此不死的目光"时,镜头中出现了一位跑动中的女孩,该女孩着一袭白衣、面容清秀,便是男主人公所追忆的对象。此后,镜头便在一男一女两位主人公之间轮番切换,直到歌词上半部分行将结束,画面所呈现的是这对情侣相拥在大桥上的镜头。到了间奏部分,则是男主人公独自坐在车内,手上拿着一支香烟燃而未吸的画面,至此,整首歌曲中所贯穿的对"前尘往事"流连、追思、无奈甚至痛惜的感觉已经基本呈现。这首歌曲分为三段,与一般的歌曲多为两段有所不同,这也在一定程度上为MV的制作者制造了一定的难题,但该MV的编导者很好地解决了这一问题。在MV的下半部分即第一段间奏之后,镜头转为进行部分的叙事,交代出了上半部分中所出现的女孩服安眠药自尽的前史,这也为整首MV中男主人公痛彻心扉的追思与懊悔找到了依据,可谓高明的尝试。当然,这同时得益于该歌曲所服务的电影中的情节。与同时期纯粹以"热恋、失恋"等爱情主题为主的流行歌曲不同,这首歌曲的情绪相对沉稳、内敛,因此在MV的制作上,导演和摄像师大量采用的是中小景别拍摄。在表演上,也大胆采用了几段唯美的舞蹈场面,比如女孩的独舞、俯拍镜头下男女主人公的舞蹈动作等，这些处理明显借鉴了电影的拍摄和表演手法，这是当时音乐电视制作的一大亮点，也为后来高水准的音乐电视制作提供了宝贵的借鉴。

如何面对曾一起走过的日子/现在剩下我独行/如何让心声一一讲你知/从来无人明白我唯一你给我好日子/有你有我有情有生有死有义/多少风波都愿闯/只因彼此不死的目光/有你有我有情有天有海有地/不可猜测总有天意/才珍惜相处的日子/道别话亦未多讲/只抛低这个伤心的汉子/沉沉睡了谁分享今生的日子/活着但是没灵魂/才明白生死之间的意思/情浓完全明白了/才甘心披上孤独衣/有你有我有情有天有海有地/当天一起不自知/分开方知根本心极痴/有你有我有情有生有死有义/只想解释当我不智如今想倾诉讲谁知/剩下绝望旧身影/今只得千亿伤心的句子/剩下绝望旧身影/今只得千亿伤心的句子。（《一起走过的日子》）

《我是不是该安静地走开》由郭富城演唱，与张学友演唱的《情网》非常相似，在歌词的文学形式上更多采用的是第一人称的"陈述"，突出的是一种在爱情面前面临挫败和彷徨、暗自神伤的情绪。在MV一开始，随着前奏的缓缓进入，镜头表现的是郭富城在黑暗的光影下独自落寞的画面，接下来镜头切换到回忆画面，是一对情侣在草地上逗宠物狗的场景，但紧接着剪辑再次在郭富城失落的眼神和动作之间进行切换，这些安排都是在为正曲部分做足情绪铺垫。整体看来，这首MV的制作略显简单，除了回忆场景中出现的女主人公与新情人驾摩托车远去、男主人公的鲜花掉落地上的外景镜头，基本全部是郭富城独自一人在一个狭小的空间内表现忧郁的眼神和表情，镜头采用的是常规的推拉和平移手法，明显流于"画面配歌词"的迹象。另外，郭富城的照片剪辑素材也多次重复使用，这样的制作模式，在现今的MV制作市场上已经远远不能满足投资方和受众的需求。除了成本控制的重要因素之外，歌词的单薄也是造成MV制作简单的决定因素之一。与《来生缘》及近几年以《青花瓷》、《我们说好的》等富含叙事技巧的歌曲相比，《我是不是该安静地走开》更明显地倾向于简单、直白的个人对爱情的表白，其两段式的歌词也几乎是将一段歌词分为两段重复演唱，这类歌曲时至今日依然大量存在并不断涌现。因此，在我们的学生或准专业电视从业人员入手制作MV时，应慎重选择此类歌曲，以免碰到难以逾越的创作瓶颈。

我不知道为什么这样/爱情不是我想象/就是找不到往你的方向/更别说怎么遗忘/站在雨里泪水在眼底/不知道该往哪里去/心中千万遍不停呼唤你/不停疯狂找寻你/我是不是该安静地走开/还是该勇敢留下来/我也不知道那么多无奈/可不可以都重来/我是不是该安静地走开/还是该在这里等待/等你明白我给你的爱/永

远都不能走开/站在雨里泪水在眼底/不知道该往哪里去/心中千万遍不停呼唤你/不停疯狂找寻你/我是不是该安静地走开/还是该勇敢留下来/我也不知道那么多无奈/可不可以都重来/我是不是该安静地走开/还是该在这里等待/等你明白我给你的爱/永远都不能走开/我是不是该安静地走开/还是该勇敢留下来/我也不知道那么多无奈/可不可以都重来/我是不是该安静地走开/还是该在这里等待/等你明白我给你的爱/永远都不能走开。(《我是不是该安静地走开》歌词)

　　以当时走红的《爱我的人和我爱的人》为代表的歌曲,是台湾地区成功的典型作品,由于文化背景、市场形态、制作团队特点等诸多因素的不同,台湾地区的音乐电视制作,又呈现出其独特之处。《爱我的人和我爱的人》是台湾歌手裘海正的代表作之一,这首歌曲无论在作曲还是在作词上都具有鲜明的台湾地区流行歌曲的明显特点,如前奏中小号的伴奏,歌词中体现出的"反省"与"思考"等,因此,该MV的制作也颇为考究。用光方面,这部MV在光影上有明显对比,一明一暗,明亮色调使用在歌手裘海正独唱的部分,灰暗色调则使用在演员的表演部分,这其中包括裘海正以及一男一女两位演员。在镜头的使用上,该MV并没有将镜头局限于中小景别,而是基本使用了全、中、近、特等全套常规景别,而且其运用亦有章可循。裘海正的景别多以中近景和特写为主,而镜头中较少出现的女演员几乎是固定的中景镜头,男演员的镜头又多以中景和全景为主,这种明显区分的镜头使用给MV的视觉层次感增色不少。另外轨道拍摄的移动镜头也在MV中频繁出现。就表演来说,歌手裘海正的表演主要是随着歌曲的情感循序渐进,其表情变化在灯光的明暗两个处理部分时也有明显区分,女演员则是起到一个"符号式"的作用,在其为数不多的出现镜头中一般或是躺在床上或是靠窗而坐,镜头尽量不去追求其面部表情。与女演员的固定相对比,男演员的表演较为活跃,其在镜头中几乎一直做着各种调度,如走动、在墙上按图钉、做俯卧撑、走向坐着的女演员等等。以上种种安排都使MV的画面表现层次丰富、动静有机结合,这些安排也充分彰显出当时台湾音乐电视制作行业的一些核心理念。虽然成本要高于内地和香港同时期的普遍水平,但效果也有了明显的提高,这些创作理念也延续到今天的台湾音乐电视制作之中。

　　盼不到我爱的人/我知道我愿意再等/疼不了爱我的人/片刻柔情它骗不了人/我不是无情的人/却将你伤得最深/我不忍 我不能/别再认真/忘了我的人/离不开我爱的人/我知道爱需要缘分/放不下爱我的人/因为了解他多么认真/为什么最真的心/碰不到最好的人/我不问 我不能/拥在怀中/直到他变冷/爱我的人为我痴心不悔/我却为我爱的人甘心一生伤悲/在乎的人始终不对/谁对谁不必虚伪/爱我的人为我付出一切/我却为我爱的人流泪狂乱心碎/爱与被爱同样受罪/为什么不懂

拒绝痴情的包围/离不开我爱的人/我知道爱需要缘分/放不下爱我的人/因为了解他多么认真/为什么最真的心/碰不到最好的人/我不问 我不能/拥在怀中/直到他变冷/爱我的人为我痴心不悔/我却为我爱的人甘心一生伤悲/在乎的人始终不对/谁对谁不必虚伪/爱我的人为我付出一切/我却为我爱的人流泪狂乱心碎/爱与被爱同样受罪/为什么不懂拒绝痴情的包围/爱我的人为我痴心不悔/我却为我爱的人甘心一生伤悲/在乎的人始终不对/谁对谁不必虚伪/爱我的人为我付出一切/我却为我爱的人流泪狂乱心碎/爱与被爱同样受罪/为什么不懂拒绝痴情的包围。
（《爱我的人和我爱的人》歌词）

在当时爱情作为主题的流行歌曲开始大行其道的时候，台湾还有另外的一种歌曲也独树一帜，其主题多以"自强"、"奋斗"为主，这其中的代表人物是张雨生、郑智化、赵传等，他们的代表作《大海》、《我的未来不是梦》、《水手》、《星星点灯》、《我是一只小小鸟》等等，影响了当时一大批青年人的人生观念和价值理念，而这类MV的制作也根据歌手和歌曲的不同，各有特点。

《我的未来不是梦》是张雨生最有号召力的作品之一，由于其独特高亢的嗓音、青春气质的形象，张雨生成为当时流行歌坛的代表人物之一。这首歌曲的内涵紧扣时代，年轻人为理想和生活积极奋斗与百折不挠的精神贯穿始终。在MV的开篇，随着电子乐器奏出的节奏感较强的旋律，歌曲名称和主创名单打出，而背景是张雨生在海边，随后伴着前奏所酝酿的情绪，镜头继续以大海为背景，随着一双脚走在沙滩上的过渡，从第一句歌词开始，便是张雨生以大海为背景的形象出现。与其他着重突出歌手形象和包装、以前期拍摄素材为主的MV不同的是，这首MV更强调的是后期剪辑，整首MV基本以大海作为背景，歌手的形象叠化出现，而剪辑的节奏也并没有随着音乐节奏的变化而调整，一直以一个固定的基调进行。另一方面，歌手张雨生也并没有刻意随着音乐节奏的情绪或者演唱的技巧点而带出明显的面部表情变化，而是始终以一种随性、自然的状态出现在镜头中，尤其在MV的后半部至结尾部分，后期制作者更是加入了大量风光和航拍镜头的素材，甚至还有张雨生和其他歌手合作的素材资料。这种以后期为主的MV制作方式至今仍有一定的市场，尤其在影视剧主题曲、歌手纪念版等特殊情况下，更是常见之道。后来的歌手如王菲、陈奕迅等人的MV便多以这类创作方式为主。这一类MV的创意与制作，更多的是对后期制作理念与技术的考验。

你是不是像我在太阳下低头/流着汗水默默辛苦地工作/你是不是像我就算受了冷漠/也不放弃自己想要的生活/你是不是像我整天忙着追求/追求一种意想不到的温柔/你是不是像我曾经茫然失措/一次一次徘徊在十字街头/因为我不在乎别人怎么说/我从来没有忘记我/对自己的承诺 对爱的执著/我知道我的未来不是

梦/我认真地过每一分钟/我的未来不是梦/我的心跟着希望在动/我的未来不是梦/我认真地过每一分钟/我的未来不是梦/我的心跟着希望在动/跟着希望在动。（《我的未来不是梦》歌词）

《水手》是另一位台湾当时颇具影响力的歌手郑智化的代表作之一,他是一位典型的创作型歌手,《水手》这首歌就是他自己作词作曲。由于郑智化本身的残疾再加之这首歌曲对于生命力的向往和不向命运低头的基调,深受当时青年人的热爱。这首MV在创意的主题上并没有大费周折,选取的是"棚拍搭景"的模式,将背景定为一艘大航船,以对应"水手"这一关键词。而在镜头的调度上,制作者颇下了一番工夫,镜头富于变化,随着开篇前奏和片头字幕打出,镜头以船帆为前景,随着船帆的移动,渐渐将航船上的部分场景和人员调度交代出来。整首MV的场景相对集中,而背景人物则调度丰富,基本以歌手郑智化为中心,歌手的形象总是在前景,使之得以突出。在服装上也为其选取的是橙色的明亮西装,背景人物则相对"复杂",成年人和儿童等接近十人,可以看出编导者是动了脑筋,为辅助角色安排出了一定的人物关系,如郑智化和小男孩、肥胖的特型演员与其他"乘客"、牧师与"乘客"之间的关系等等,这些都有机地营造出了"航海"的基本氛围。而在镜头运用上,尽管采用的是"棚拍"方式,这首MV全部采用的是晃动镜头,更加突出了"航海"的感觉,同时又多次运用了摇臂和轨道,很好地解决了画面呆板、枯燥的问题。如果单从歌词的字面意义理解,必然会给人一些灰色、压抑的感觉,如"总是靠一点酒精的麻醉才能够睡去"、"骄傲无知的现代人不知道珍惜"等,所以MV的编导者"反其道而行之",所有演员包括歌手在内一直以微笑、欢快的形象出现在镜头中,反而使观众能够在比较轻松的状态下欣赏完整部MV。

苦涩的沙吹痛脸庞的感觉/像父亲的责骂母亲的哭泣/永远难忘记/年少的我喜欢一个人在海边/卷起裤管光着脚丫踩在沙滩上/总是幻想海洋的尽头有另一个世界/总是以为勇敢的水手是真正的男儿/总是一副弱不禁风孬种的样子/在受人欺负的时候总是听见水手说/他说风雨中这点痛算什么/擦干泪不要怕至少我们还有梦/他说风雨中这点痛算什么/擦干泪不要问为什么/长大以后为了理想而努力/渐渐地忽略了父亲母亲和/故乡的消息/如今的我生活就像在演戏/说着言不由衷的话戴着伪善的面具/总是拿着微不足道的成就来骗自己/总是莫名其妙到一阵的空虚/总是靠一点酒精的麻醉才能够睡去/在半睡半醒之间仿佛又听见水手说/他说风雨中这点痛算什么/擦干泪不要怕至少我们还有梦/他说风雨中这点痛算什么/擦干泪不要问为什么。（《水手》歌词）

《我是一只小小鸟》是另一首脍炙人口的"励志歌曲",该歌词曲作者是李宗盛,李宗盛的词曲风格一向以朴实、真诚见长，因此这首歌交给外貌平平而唱功深厚的赵传演唱，在当时便具备了独特的个性。《我是一只小小鸟》这首 MV 的制作也有其独到之处，在片头字幕打出的同时，前奏是悠扬、沧桑的风格，这时制作者用到了在当时颇为新颖的后期动画特效，赵传抱着吉他的形象首先随着字幕出现。接下来的画面是在一处公共走廊里人群的脚步，随着镜头的推上，是隔着铁丝网护栏后面蹲着的街头流浪歌手的形象，这一点可以视为对赵传个人对音乐追求的一种折射。而在进入歌词部分"有时候我觉得自己像一只小小鸟"时，画面给到的是一只被束缚着的白鸽，这里又是紧扣歌曲名称中的"小小鸟"这一关键词。MV 的上半部分主要是歌手赵传与笼子里的白鸽的画面，其中有马路、空房间等外景，而到了歌曲上半部分高潮时，画面剪辑进去了赵传个人演唱会的素材资料。这部 MV 在镜头运用上也做了许多大胆的尝试，比如晃动镜头的多次使用。在后期剪辑上，除了片头和片尾用到的动画特效，整首 MV 的剪辑风格节奏很快，有多处镜头时长都不超过一秒钟，对比其他几部台湾典型的 MV 代表作，这部 MV 的拍摄和剪辑思路已经尝试向欧美的摇滚音乐靠拢，这样的制作手法独辟蹊径，也为后来者提供了许多宝贵经验。

　　有时候我觉得自己像一只小小鸟/想要飞却怎么样也飞不高/也许有一天我栖上了枝头却成为猎人的目标/我飞上了青天才发现自己从此无依无靠/每次到了夜深人静的时候我总是睡不着/我怀疑是不是只有我的明天没有变得更好/未来会怎样究竟有谁会知道/幸福是否只是一种传说我永远都找不到/我是一只小小小小鸟/想要飞呀飞却飞也飞不高/我寻寻觅觅寻寻觅觅一个温暖的怀抱/这样的要求算不算太高/我是一只小小小小鸟/想要飞呀飞却飞也飞不高/我寻寻觅觅寻寻觅觅一个温暖的怀抱/这样的要求算不算太高/所有知道我的名字的人啊你们好不好/世界是如此的小我们注定无处可逃/当我尝尽人情冷暖当你决定为了你的理想燃烧/生活的压力与生命的尊严哪一个重要/我是一只小小小小鸟/想要飞呀飞却飞也飞不高/我寻寻觅觅寻寻觅觅一个温暖的怀抱/这样的要求算不算太高/我是一只小小小小鸟/想要飞呀飞却飞也飞不高/我寻寻觅觅寻寻觅觅一个温暖的怀抱/这样的要求算不算太高。（《我是一只小小鸟》歌词）

　　随着改革开放之后我国经济日新月异的发展，中国人在物质文明得到极大提高的情况下，文化意识形态领域也有了多元化的发展，而这些多元化的发展也反映到了文学、艺术等领域，以我们接下来要讨论的音乐电视来说，以几何级数增长的流行音乐作品也从侧面折射出了社会情感的一些现实状况。

　　在温饱问题早已解决之后，人们开始更多关注思想和情感方面的话题。随着这些需求的急剧增加，许多旋律轻快优美、歌词朗朗上口的流行歌曲便应运而生，这其中尤以《红豆》、《偿还》、《忘情水》、《心如刀割》、《如果这都不算爱》、《心太软》、《太委屈》、《阳光总在风雨后》、《亲爱的你怎么不在我身边》、《温柔》等为代表，通过歌名就不难看出，这一时期流行歌曲的主题更为明确，创作者们不约而同地将视线投向了"爱情"这个词汇。

《红豆》是歌手王菲的成名作之一，由于其清秀的外表、独特而具有穿透力的嗓音，从其走上歌坛开始就深受广大听众青睐。这首歌的词作者是香港一位高产的词作者林夕。林夕毕业于香港大学中文系，因此他的歌词中包含细腻的情感，遣词造句都很考究，无论合辙押韵还是讲求歌词的美感，他的作品都独树一帜。因为有了以上种种因素，王菲演唱的歌曲在 MV 的制作上就有相当的难度，我们以《红豆》为例来进行分析。由于王菲演唱的音乐电视作品多由香港甚至是海外影视制作机构制作，所以这首 MV 采用的是"棚拍"为主的拍摄模式。随着钢琴前奏的进入，画面中运用的是王菲的慢镜头特写剪辑，接着在背景音当中又加入了王菲录制音乐电视现场的对话作为背景。由此可见，这一时期的 MV 制作依然延续着以歌手为重点包装对象的理念，在前奏、间奏等非演唱部分，影像素材基本采用的是王菲在工作现场内外的原始状态记录，在一种随意性的表象下又给了观众一定的亲切感。进入演唱部分，则一改随意的状态，王菲着浓妆面对镜头演唱，发型也变为当时比较流行的蓬松烫发。整体看来，除了拍摄现场的素材资料中歌手有微笑状态，演唱部分的王菲一直以一种相对平稳的状态出现，这一方面符合歌手本人的性格、形象等特点，另一方面也与该首歌曲的词曲风格相互照应。由这首 MV 不难看出，此类音乐电视制作的着重点就在于对歌手的包装，同时也将视角放在歌手对歌曲的诠释上，并不刻意去追求叙事方式和外景风格，看似随意，却有其内在章法。这种方法，我们初入音乐电视制作行业的同学应该慎重模仿，否则很容易陷入"矫情"或曰"形式大于内容"的感觉中去。

　　还没好好地感受/雪花绽放的气候/我们一起颤抖/会更明白什么是温柔/还没跟你牵着手/走过荒芜的沙丘/可能从此以后学会珍惜/天长和地久/有时候有时候/我会相信一切有尽头/相聚离开都有时候/没有什么会永垂不朽/可是我有时候/宁愿选择留恋不放手/等到风景都看透/也许你会陪我看细水长流/还没为你把红豆/熬成缠绵的伤口/然后一起分享/会更明白相思的哀愁/还没好好地感受/醒着亲吻的温柔/可能在我左右/你才追求孤独的自由/有时候有时候/我会相信一切有尽头/相聚离开都有时候/没有什么会永垂不朽/可是我有时候/宁愿选择留恋不放手/等到风景都看透/也许你会陪我看细水长流/有时候我会相信一切有尽头/相聚离开都有时候/没有什么会永垂不朽/可是我有时候/宁愿选择留恋不放手/等到风景都看透/也许你会陪我看细水长流。（《红豆》歌词）

《心太软》是同时期台湾走红的歌手任贤齐的成名作,这首歌从不同的角度带出了当代青年人的感情状态和人与人之间关系的微妙变化。与同时期的歌曲相比,《心太软》的最大特点是在歌词中一改第一人称的"顾影自怜",采取了第二人称的"劝说"视角,也就是一个朋友在开解和安慰一位感情受到伤害的好友,这在当时是一个新颖的尝试,同时也为音乐电视的制作提供了一些便捷之处,台湾音乐电视注重叙事的理念也更加加强。《心太软》MV一开始,随着前奏的进入,是歌手任贤齐扮演的"安慰者"在睡梦中被朋友电话吵醒,紧接着的剪辑是任贤齐收拾停当,发动摩托车出发,别有用心的是在下面的镜头中,又通过倒叙和插叙的剪辑方式补充了歌手在接到电话后考虑如何安慰朋友时无奈和苦笑的表情,此时运用的俯拍镜头恰当地配合了人物的情绪。当任贤齐接到了感情受伤害的朋友——一个女孩之后,镜头交代了几场女孩痛苦的精神状态和面对任贤齐时任性、吵闹的无助,当女孩半夜上厕所时突然发现任贤齐为不打扰自己而睡在卫生间的椅子上,这一误会的安排有一些幽默的成分,但又符合生活的逻辑,此类场景的安排都是编导者的用心所在。这首MV的制作有几大明显的特点,一是对光线的考究,如任贤齐和女孩各自的公寓、夜景马路上的灯光运用、办公室的室内光等。另外在场景安排上也并没有为了控制成本而选用固定的"棚拍",相反其采用了实景拍摄的方式。任贤齐和女孩的公寓都比较小,这就符合了故事中人物单身、青年的身份特征,而任贤齐在片中工作的办公室,也借用了真实的写字间,另外马路上夜景的几场戏,都采用了跟拍和移动机位的安排。再有演员的服装和化妆,也是经过精心安排的。任贤齐在不同的场合穿着的休闲装和正装都与具体环境相符合,与之相对应,女孩的服装和化妆也做了细致的安排。这首MV的时长长达5分50秒,相对一直以来大多数音乐电视控制时长在5分钟之内的模式已经有了很大突破。除了歌曲本身的长度制约之外,超过5分钟时长的音乐电视作品对制作人员来说也是一个相当大的挑战,因为在此时长上,如果选用追求叙事的制作方式,已经接近一部小短片的容量,也正因为有《心太软》这一类MV作品的尝试与铺垫,近两年出现的《我们说好的》这样时长超过7分钟的具有完整故事情节的音乐电视作品就更显成功。

你总是心太软心太软/独自一个人流泪到天亮/你无怨无悔地爱着那个人/我知道你根本没那么坚强/你总是心太软心太软/把所有问题都自己扛/相爱总是简单相处太难/不是你的就别再勉强/夜深了你还不想睡/你还在想着他吗/你这样痴情到底累不累/明知他不会回来安慰/只不过想好好爱一个人/可惜他无法给你满分/多余的牺牲他不懂心疼/你应该不会只想做个好人/喔,算了吧/就这样忘了吧/该放就放/再想也没有用/傻傻等待他也不会回来/你总该为自己想想未来。(《心太软》歌词)

《亲爱的你怎么不在我身边》是台湾歌手江美琪的代表作,其歌词手法的特点是完全采取第一人称自述,我们姑且可以将其命名为"日记体",因此这样的 MV 制作比较适合采取歌手的个人表演以及"游记"的记录方式来完成。在《亲爱的你怎么不在我身边》MV 开篇,呈现出飞机上女孩子独自旅行的状态,在前奏的同时配合了歌手的独白:"为了缓和我们之间的关系,跟你道别之后,我就出发了",这一新颖手法的使用,开宗明义地交代出这部 MV 将会以一种"游记"和"日记"的状态记录为主要线索而展开。客观来讲,这一类歌曲和 MV 的制作之所以有其生命力并且取得一定成功,首先在于其旋律比较动听,容易抓住一部分受众尤其是年轻受众的审美趋向,但由于其歌词中"自我感"的充斥和画面中"独自浪漫"的状态,很容易得到青少年内心叛逆层面的共鸣,这种共鸣与现实生活有着明显的矛盾和冲突,若深入思考,其对受众的影响利弊孰大?这又将是一个社会学层面的探讨。

这里的空气很新鲜/这里的小吃很特别/这里的 latte 不像水/这里的夜景很有感觉/在一万英尺的天边/在有港口 view 的房间/在讨价还价的商店/在凌晨喧闹的三四点/可是亲爱的你怎么不在我身边/我们有多少时间能浪费/电话再甜美传真再安慰/也不足以应付不能拥抱你的遥远/我的亲爱的你怎么不在我身边/一个人过一天像过一年/海的那一边乌云一整片/我很想为了你快乐一点/可是亲爱的你怎么不在我身边。(《亲爱的你怎么不在我身边》歌词)

《温柔》是香港乐团"五月天"的一首代表作,这首歌曲的歌词并没有明确的主题和叙事性,因此其音乐电视的制作主要是着重于对乐团主要成员的包装,而不过多地去追求叙事方式。由于歌手当时属于年轻人时尚的代表,这首 MV 的制作也不可避免地在营造年轻人行为逻辑和思想观念上颇下了一番工夫。片中使用的昏黄影调首先便营造出一种朦胧感,而乐团的主要成员也并没有刻意在化妆和服装上过分考究,更加追求的是一种自然朴实的生活状态,与之相对照的则是片中唯一的女孩形象,一头红发是突出色,这些细节也奠定了该 MV 中红、黄二色作为主基调的特点。片中出现的红纸黑字的"租"字,制作者将几十张这样的红纸挂满树枝、红色的花朵,乐团主要成员将其衔在嘴上依墙而立、红发女孩在屋顶上踱步,以及几个男孩在水泥地的球场上"无实物"的挥拍动作等等,无不是当时年轻人内心当中追求"自由"的折射。而在摄像和剪辑方面,这首 MV 运用了快慢结合、运动和固定镜头结合的方式,快速的剪辑不超过一秒钟,这些技术理念依然在向国外摇滚风格的 MV 制作模式靠拢。这类 MV 的制作理念很容易被年轻的制作者所认同,尤其在我们的同学进行 MV 制作训练时,有意无意地会进行一些模仿尝试,但进行这些尝试的前提是一定要对镜头处理、用光和剪辑方面的基本功有过硬的储备,否则便很容易陷入只注重表象而忽略内在逻辑的状况中。

走在风中今天阳光/突然好温柔/天的温柔地的温柔/像你抱着我/然后发现你的改变/孤单的今后/如果冷该怎么渡过/天边风光身边的我/都不在你眼中/你的眼中藏着什么/我从来都不懂/没有关系你的世界/就让你拥有/不打扰是我的温柔/不知道不明了不想要/为什么我的心/明明是想靠近/却孤单到黎明/不知道不明了不想要/为什么我的心/那爱情的绮丽/总是在孤单里/再把我的最好的爱给你"《温柔》歌词）

纵观这一时期（2000年左右）的流行音乐电视制作，香港、台湾等地区的制作理念已经形成各自的风格，并且在技术和创意理念方面有了更加成熟的理解和提升，这也为后期一些精品MV的出现提供了软件及硬件的基础。而这一时期中国内地的音乐电视制作人也积极参与、默默学习、博采众长，一些经典MV的诞生已指日可待。

第四节　成熟期典型音乐电视作品详解

进入21世纪初期，随着影视制作行业的蓬勃发展，在音乐电视制作行业，由于各工种优秀人才的加入、分工日益明确和专业，如创意、策划、文案、导演、摄像、灯光、舞美、服化等等主要工种的专业态度及协调力得到了稳步提升，许多精品音乐电视也应运而生。

《童话》是台湾一部典型的带有故事情节的音乐电视，如歌词中所包含的关于"爱情童话"的主题，这部MV也选用了女主角不幸早逝，男主角纪念逝去的爱情为主线的叙事结构。这部MV具有完整的故事结构，且比较纯熟地穿插了倒叙、插叙的叙事技巧。片子一开始，是两名工作人员将钢琴放到舞台中央，然后是男主人公缓缓走到舞台中央向观众鞠躬致敬，镜头也交代出台下观众鼓掌示意。这样一个开篇，带有一定的悬念性，引起观众思考——"这是一场怎样的钢琴演奏会？为什么这首MV会安排这样的开场？"随着男主人公缓缓走到钢琴前坐下，他拿出手机按了几个按键并将其放到钢琴顶部，MV进行到这里持续了45秒钟，且没有歌曲的前奏，并且一直采用的是同期声，这些在当时都是很独特的处理。随着男主人公弹奏钢琴，画面剪辑到了女孩子随着琴声轻轻弹动的手指，故事自此进入男主人公的回忆阶段。在歌曲前奏的60多秒时间里，是回忆中情侣相处的场景，随着歌手开始演唱，其视线是对着钢琴上的手机，而思绪却在回忆与女孩相处，直到女孩出现病情的前史之间穿插。当歌曲正曲部分结束，导演安排了女主人公倚靠在男主人公身上聆听其演唱的场景，在这一过程中伴奏音渐渐拉低，同期声收录的歌手以钢琴为伴奏的清唱,再次提升了意境,而手机在整部 MV 中也是一个核心道具,在情节关键点中数次出现。这部 MV 除了开篇和结尾的安排与常规的音乐电视相比有很大突破之外,对于视听语言的追求也是其一大亮点,伴奏、演唱、同期声、人物对话等声音元素与画面的结合都做了精细的处理,而在长度上,这部 MV 也达到了 7 分半钟,这些突破对业内都有很多借鉴之处。细细看来,《童话》这部 MV 无论是光影处理、镜头运用、演员调度,都已经完全按照短片甚至是电影的处理手法进行创作,对于叙事性音乐电视的制作,提供了一个典型的案例。

忘了有多久/再没听到你/对我说你最爱的故事/我想了很久/我开始慌了/是不是我又做错什么/你哭着对我说/童话里都是骗人的/我不可能是你的王子/也许你不会懂/从你说爱我以后/我的天空星星都亮了/我愿变成童话里/我要变成童话里/我会变成童话里/你爱的那个天使/张开双手/变成翅膀守护你/你要相信/相信我们会像童话故事里/幸福和快乐是结局/一起写我们的结局。(《童话》歌词)

《我们说好的》则是另外一部成功的讲求叙事的音乐电视作品,主要制作团队同样是台湾的班底,其制作模式与细节运用与《童话》有许多异曲同工之处,但在叙事方式上则更为精彩。与《童话》采用"早逝、悲情"为核心故事情节不同,《我们说好的》则安排了更加成熟和复杂的剧情架构,将一对情侣从大学恋爱、共同打拼、事业和生活都有所成就、背叛直至分手的过程完整地表现了出来。就一部 MV 来说,这不仅仅是故事性和深度的提高,由于制作者在细节上的良苦用心作为奠基,其整体剧情给人带来的思考与震撼也不容小觑。《我们说好的》这部 MV 使用的是大陆歌手张靓颖演唱的版本,也是当时难能一见的歌手形象自始至终没有在片中出现的 MV 作品之一。片子的开头是一张家用的刻录光碟的特写镜头,上面是广告笔书写的歌曲名称和主创人员姓名,随着光碟缓缓进入影碟机,镜头切出了女主人公独自在房间里播放音乐光碟的全景,这一开篇便使人耳目一新。随着歌曲前奏音乐的进入,镜头以向上摇的动势过渡,加一个空旷篮球场的空镜头,自然地带到了回忆的场景,在长达 2 分 15 秒的前奏中,一直表现的是男女主人公从大学到毕业,相互扶持直到有了各自理想的工作,这一系列场景都有同期对白的收录。在镜头运用上,也更为精致,如男主人公接到录用电话的一场戏,摄像师采用了以飘动的窗纱为前景,男主人公的形象被飘动的窗纱挡住,这一安排也为后面剧情的发展和人物情感、命运的变化做了非常有效的渲染。随着歌曲演唱部分的进入,故事中的两位主人公已经完成了由学生到社会人的身份转变,工作中的挫折和积极拼搏并获得工作认同的情节占主要篇幅,而歌词部分的第一次高潮段落"我们说好…"在这些场景转换中也有了预示人物命运的意义。男女主人公从公寓出门的叠化效果,也相得益彰地表现出了时间的快速推移,而到了男主人公送手机给女主人公这一关键转场的时候,转为将音乐取消而采用同期对白的形式表现,这种安排对于情绪的掌控和后面的爆发力都做了很好的铺垫。与早其几年创作的《童话》MV相比,《我们说好的》这部MV从剧情、摄像、剪辑等方面都有了明显的提升和突破,在近7分钟的片长当中,将一个可以充实为电影故事的核心情节完整地表现出来,这些都值得我们认真借鉴。

好吗 一句话就哽住了喉/城市 当背景的海市蜃楼/我们 像分隔成一整个宇宙/再见 都化作乌有/我们说好决不放开相互牵的手/可现实说过有爱还不够/走到分岔的路口/你向左我向右/我们都倔强地不曾回头/我们说好就算分开一样做朋友/时间说我们从此不可能再问候/人群中再次邂逅/你变得那么瘦/我还是沦陷在你的眼眸/好吗 一句话就哽住了喉/城市 当背景的海市蜃楼/我们 像分隔成一整个宇宙/再见 都化作乌有/我们说好决不放开相互牵的手/可现实说过有爱还不够/走到分岔的路口/你向左我向右/我们都倔强地不曾回头/我们说好就算分开一样做朋友/时间说我们从此不可能再问候/人群中再次邂逅/你变得那么瘦/我还是沦陷在你的眼眸/yiya yiya～～～/我们说好一起老去 看细水长流/却将会成为别人的某某/又到分岔的路口/你向左我向右/我们都强忍着不曾回头/我们说好下个永恒里面再碰头/爱情会活在当时光节节败退后/下一次如果邂逅/你别再那么瘦/我想一直沦陷在你的眼眸/这是无可救药爱情的荒谬。(《我们说好的》歌词)

《我们说好的》MV 分镜头表

镜号	景别	摄法	时间	后期效果	内容	歌词	时长
1	特	固定			音乐光盘;字幕《我们说好的》张靓颖 曲:于立桃 李伟菘 词:文雅		5秒
2	全	固定		淡出	女主角将光盘放入影碟机,站立		5秒
3	中	摇		淡出	大学校园空镜头	前奏	4秒
4	大全	固定		淡出	篮球场空镜头	前奏	2秒
5	中	跟		淡出	情侣驾摩托车在海边公路上	前奏	2秒
6	中	固定			情侣相依坐在走廊上	前奏	2秒
7	近	固定		淡出	情侣甜蜜微笑	前奏	3秒
8	全	固定			女主角走进便利店	前奏;导演:吴圣麟	4秒

续表

镜号	景别	摄法	时间	后期效果	内　容	歌　词	时长
9	中	固定			男主角在便利店打工,女主角为男主角送夜宵	前奏	2秒
10	中	固定			男孩吃夜宵,女孩一旁甜蜜陪伴	前奏	1秒
11	近	摇			女孩喂男孩吃东西	前奏	3秒
12	特	固定			女孩手指在男孩背上轻弹	前奏	3秒
13	特	微摇			女孩幸福眼神看男孩	前奏	4秒
14	中	固定			镜头6,女孩头靠在男孩肩头		4秒
15	中近	固定		叠化	情侣对话	女:快毕业了,以后有什么打算啊? 男:毕业以后…找一份工作,然后… 女:然后什么? 男:然后…我们一起生活,一起努力	20秒
16	中	固定		叠化	情侣相拥而坐,背对镜头望向大海	前奏	2秒
17	远	固定		淡出	同镜头16	前奏	2秒
18	中	固定		淡出	大学校园内学生运动	前奏	1秒
19	中近	固定、俯			跑道	前奏	<1秒
20	小全	固定、仰			众大学生着毕业服从楼内跑出	前奏	<1秒
21	特	固定			情侣着学士服微笑合影	前奏	<1秒
22	中	固定			众毕业生合影	前奏	<1秒
23	中	固定			众毕业生将学士帽扔向天空	前奏	<1秒
24	中	固定、仰		淡出	学士帽被抛上天空	前奏	<1秒
25	中近	固定		淡出	情侣搬家	前奏	1秒
26	中近	上摇			男孩搬纸箱	前奏	1秒
27	中近	固定			女孩看着男孩喝水	前奏	1秒
28	近	固定		快闪	两人面对镜头整理衣服、面试4个镜头	前奏	4秒

续表

镜号	景别	摄法	时间	后期效果	内 容	歌 词	时长
29	中	固定			两人坐在秋千椅上	前奏;男孩手机铃响 男:喂…是…我是…嗯…好,好…下礼拜一,好,谢谢…拜拜。(对女)我录取了! 女:真的吗 男:真的… 女孩手机铃响,女孩拿起手机	20秒
30	中	固定		淡出	男孩抱着女孩转圈	前奏	2秒
31	中	固定			两人公寓内,情侣对坐在饭桌两边	前奏; 男:为了庆祝我们新生活的开始,所以…我有一份礼物要送你。(拿出礼物) 女:(也拿出礼物)嗯…我也有一份礼物要送你	7秒
32	近	固定			两人拿着礼物盒子的手	前奏; 男:真的吗…	1秒
33	特	微摇			男孩手拿礼盒和钢笔	前奏 男:…祝我们未来一切顺利	3秒
34	中	固定		淡出	同镜头31,两人举杯相碰	前奏 女:嗯,一切顺利!	2秒
35	全	固定		闪出	男孩驾摩托车送女孩上班	前奏	3秒
36	全	固定		闪出	女孩将安全头盔给男孩	前奏	2秒
37	中	固定		闪出	女孩吻男孩脸颊	前奏	1秒
38	特	固定			女孩微笑缕着头发、走出镜头	前奏	2秒
39	中	固定		闪出	男孩面对电脑工作	前奏	2秒
40	中	固定		闪出	女孩与同事在工作	前奏	2秒
41	中	固定		闪出	男孩工作状态	前奏	1秒

续表

镜号	景别	摄法	时间	后期效果	内 容	歌 词	时长
42	特	固定		闪出	女孩工作状态	前奏	1秒
43	中	固定		闪出	两人在路边摊吃饭	前奏	2秒
44	特	固定			男孩微笑看着女孩	前奏	<1秒
45	特	固定			女孩微笑	歌手:好吗…	<1秒
46	中	固定		淡出	男孩用筷子夹食物喂女孩	前奏	3秒
47	中	固定			女孩拿着男友送的水杯,对着窗子喝水	歌手:一句话就哽住了喉	
48	特	固定			老板将文件摔到桌上,呵斥男孩	老板:这是什么东西啊!	2秒
49	全	固定		淡出	男孩向老板鞠躬道歉		2秒
50	中	固定			男主角回到家	歌手:城市,当背景的海市蜃楼	5秒
51	全	固定		淡出	女孩坐在沙发上,男孩走过来倚在女孩肩头	女:怎么啦? 男:今天一早被老总训了一顿 歌手:我们,像分隔着一整个宇宙。再见,都化作乌有。我们说好,绝不放开相互牵的手	17秒
52	中	固定			女孩认真工作		2秒
53	近	固定			男孩努力工作		<1秒
54	全	固定			男孩在工作,女同事过来搭讪约其吃饭	女:哎,新同学,晚上要不要一起去喝酒? 歌手:可现实说过有爱还不够	2秒
55	特	固定			男主角微笑并礼貌地与女同事沟通	男:我今天晚上有事	4秒
56	特	固定、过肩俯			女同事反应	女:什么事啊?	3秒
57	特	固定			男主角侧面反应、微笑表情		2秒

续表

镜号	景别	摄法	时间	后期效果	内容	歌词	时长
58	特	同56			女同事反应	女：哦…好啦好啦…不勉强你了…那下次再约吧 歌手：走到分岔的路口，你向左我向右，我们都倔强得不曾回头	6秒
59	特	固定			男主角点头、反应	男：好，那下次再约	2秒
60	特	同56			女同事微笑、反应		1秒
61	特			淡出	女同事出画、男主角目视女同事、眼神反应		1秒
62	特	固定		闪出	女主角认真工作	歌手：我们说好就算分开一样做朋友	2秒
63	中	固定		闪出	男主角努力工作		<1秒
64	中	固定			女主角拿到薪水		4秒
65	特	上摇			男主角双手捏着装薪水的信封、眼神望远方	歌手：时间说我们从此不可能再问候	3秒
66	中	固定			两人走在马路上		2秒
67	全	固定			两人进餐厅		2秒
68	中	固定			女同事与男主角交涉工作，男主角表情反应	歌手：人群中再次邂逅	3秒
69	中	微摇			女主角与同事谈工作		1秒
70	特	微摇			女同事贴近男主角，两人谈工作	歌手：你变得那么瘦	2秒
71	特	固定			服务生倒酒		1秒
72	小全	固定		闪出	男主角应酬、与客户喝酒		<1秒
73	中	固定			女主角看电脑，发现男主角回来，站起走过去	歌手：我还是沦陷在你的眼眸	4秒
74	中	固定		淡出	女主角搀扶醉酒的男主角		3秒
75	小全	固定、俯			女主角照看未醒的男主角		2秒
76	特	固定、俯			女主角看闹钟		1秒
77	中	移动、推			男主角被闹钟吵醒		5秒
78	特	微摇		闪出	男主角面对洗漱镜、表情		1秒

续表

镜号	景别	摄法	时间	后期效果	内 容	歌 词	时长
79	特	微摇		闪出	同78		1秒
80	特	微摇、俯			男主角发现女主角留下的字条	字条:我先去上班了,不要迟到 歌手:好吗	
81	中	固定		闪出	男主角积极工作		1秒
82	近	固定			老板对男主角肯定的表情		<1秒
83	中	固定			女主角打手机给男主角		1秒
84	中	微摇			男主角在会议室,看手机	歌手:一句话就哽住了喉	1秒
85	中	微摇			女主角看手机屏幕		1秒
86	特	固定、俯			手机屏幕	男主角短信:METTING...SORRY	2秒
87	近	固定			女主角失望表情,转身出画	歌手:城市	4秒
88	中	固定			女主角独自回到公寓	歌手:当背景的海市蜃楼	3秒
89	特	固定			女主角回忆中男主角与自己聊天情景	歌手:我们	2秒
90	全	固定		定格拍摄做出同一场景两个空间的效果	男女主角分别走出家门去上班的状态	歌手:像分隔着一整个宇宙	5秒
91	中	固定			男主角与客户沟通	歌手:再见	2秒
92	中	摇			女主角独自坐在路边长椅上,失望起身离去	歌手:都化作乌有	2秒
93	特	微摇			男主角在歌厅喝酒		1秒
94	全	固定			女主角失落地从地下通道走上来		1秒
95	中	固定			男主角与客户分坐办公桌两边,签署合同		<1秒
96	近	微摇		过客户肩	男主角微笑看着客户		<1秒
97	小全	固定		淡出	男主角与同事将客户送进电梯,鞠躬送别	歌手:我们说好绝不放开相互牵的手	1秒

续表

镜号	景别	摄法	时间	后期效果	内 容	歌 词	时长
98	近	固定			男主角与同事击掌庆祝成功		2秒
99	中	固定		叠化	男主角加班至深夜、与先走的同事挥手告别		3秒
100	近	摇			男主角疲劳、哈欠、伸懒腰	歌手:但现实说光有爱还不够	3秒
101	全	固定		淡出	男主角下班遇到同样加班的女同事,两人搭讪	歌手:走到分岔的路口,你向左我向右	8秒
102	中	固定			早餐,男女主角对坐,男主角喝完牛奶匆匆离去	歌手:我们都倔强得不曾回头	3秒
103	特	微摇		淡出	女主角反应		4秒
104	全	固定、仰			女主角坐到公交车站长椅上	歌手:我们说好就算分开一样做朋友	2秒
105	近	固定			女主角若有所思表情		3秒
106	远	固定			女主角独自坐着等公交车		1秒
107	全	固定、仰			女同事约男主角下班一起喝酒,男主角欣然同意	歌手:时间说我们从此不可能再问候	4秒
108	特	摇			女同事手放在男主角腿上		3秒
109	中	摇			男主角与女同事眼神交流、表情		4秒
110	中	摇			女主角独自过马路,被过路车碰倒	歌手:人群中再次邂逅	2秒
111	全	摇、俯			女主角胳膊受伤		1秒
112	近	上摇			女主角受伤的胳膊	歌手:你变得那么瘦	2秒
113	全	固定			女主角走出急诊所	歌手:我还是沦陷在你的眼眸	3秒
114	中	摇			男主角与女同事亲密打桌球,女同事眼神		1秒
115	特	摇			男主角与女同事亲昵表情		<1秒
116	中	摇			同114		<1秒
117	近	摇		淡出	男主角与女同事举杯相碰		1秒
118	中	摇		淡出	女主角胳膊缠绷带、独自睡到天亮,起身,看窗外		9秒

续表

镜号	景别	摄法	时间	后期效果	内　容	歌　词	时长
119	中	跟			女主角独自走在马路上		3秒
120	中	固定、仰			女主角在镜头前走过		1秒
121	中	固定		淡出	女主角独自回到家中,关门		4秒
122	全	固定		淡出	男主角送手机给女主角,被女主角质问,两人口角,男主角摔手机		29秒
123	中	固定			女主角侧卧脸对镜头,男主角手拍其肩头	歌手:我们说好一起老去看细水长流	7秒
124	特	固定		淡出	女主角面部,睁开眼睛	歌手:却将会成为别人的某某	7秒
125	全	固定		淡出	卧室空镜头	歌手:又到分岔的路口	2秒
126	全	固定		淡出	客厅空镜头	歌手:你向左我向右	2秒
127	中	跟			女主角与同事走在路上,眼望远处、杯子掉落地上	歌手:我们都强忍着不曾回头	3秒
128	特	固定			杯子掉落地上,水洒出		1秒
129	中	微摇			男主角与女同事车内接吻		2秒
130	中	固定			同66		<1秒
131	中	固定			同46		<1秒
132	全	固定			男女主角微笑牵手离开公寓		<1秒
133	中	固定			同51		<1秒
134	中	固定			同74		<1秒
135	近	固定			女主角面部		<1秒
136	中	固定			同94		<1秒
137	中	固定			同102		<1秒
138	近	固定			同28,男		<1秒
139	中	固定			同28,女		<1秒
140	中	固定			男主角独自回到家中		<1秒
141	中	固定			同64		<1秒
142	中	固定			女主角走过镜头		<1秒
143	中	固定			男主角坐在车内对镜头表情		<1秒
144	中	固定			女主角面对镜头走	歌手:我们说好下个永恒里面再碰头	<1秒

续表

镜号	景别	摄法	时间	后期效果	内 容	歌 词	时长
145	中	固定			女主角与同事走过镜头,男主角与女同事的车在景深处		<1秒
146	近	固定		淡出	女主角走出镜头,车向反方向出画		3秒
147	特	摇		淡出	女主角哭泣		4秒
148	中	固定		淡出	同 37	歌手:爱情会活在当时光节节败退后	2秒
149	中	固定		淡出	同 6		1秒
150	中	跟		淡出	同 5		1秒
151	近	固定		淡出	男女主角在走廊上开心对话		1秒
152	近	固定		淡出	同 21	歌手:下一次如果邂逅	2秒
153	中	固定		淡出	同 29		1秒
154	特	固定		淡出	女主角戴着头盔的表情	歌手:你别再那么瘦	1秒
155	全	固定、仰		淡出	女主角走在海坝上,男主角牵其手在旁边走		1秒
156	中	跟		淡出	情侣骑摩托车在路上	歌手:我想一直沦陷在你的眼眸	1秒
157	特	微摇		淡出	同 12		1秒
158	中	固定		淡出	同 10		1秒
159	特	固定		淡出	女孩靠在男孩肩头,幸福表情、眼神		1秒
160	中	固定		淡出	同 30	歌手:这是无可救药爱情的荒谬	2秒
161	中	固定		淡出	同 34		1秒
162	全	固定		淡出	女主角坐在桌边写留言纸;男主角站在桌边拿起女孩的留言纸;(二人形象做叠化效果)		10秒
163	特	摇			男主角与女主角接吻		5秒
164	中	固定			同 163		1秒
165	全	固定		淡出	同 163		3秒

《青花瓷》也是台湾一部有完整故事情节的音乐电视作品,就策划而言,这部MV与我们上面提到的《童话》和《我们说好的》的不同在于,其歌词并不是常见的"白话"体,而是富于浓烈的诗文感,在讲求字斟句酌和用典的同时,更加追求文字本身的艺术性和美感,这就为前期的创意和策划设置了一个不小的难度。就歌曲名称而言,"青花瓷"这一词汇很容易让人联想到景德镇的官窑精品,而通观歌词部分,作者方文山描绘的意境既像一位技艺精湛的工匠在制作一件传世精品,又像是一个爱人在向他爱慕的对象倾诉衷肠,在似与不似之间,这也正是我国古代文人写诗填词时所追求的文字意境。因此,这部 MV 的编导者最终选定了以一件青花瓷传世精品为核心,一对情侣跨越世代的情缘为主要线索的故事架构。这部 MV 比较平均地分为古代和现代两部分,正邪善恶双方、三个主要人物之间围绕传世青花瓷的情感、恩怨纠葛为主要脉络。古代一段,男主人公未能挽救女主人公的生命,而现代一段,女主人公又未能挽救男主人公的生命,青花瓷依旧,而有情人终不能成眷属,这部 MV 的故事架构中贯穿的是一种"宿命"的感觉。除却主题不论,这部 MV 在制作上则是以"大手笔"的方式进行,但就古代部分来说,搭景、服装和化妆等部分对制作部门和投资的要求就比现代场景要高出许多,而轨道、摇臂等设备的使用,在这样的制作要求下,已经成为了必备的硬件。整体效果如何,是仁者见仁智者见智的,只是在剪辑的过程中数次穿插出歌手周杰伦的影像,似乎有影响故事完整性的遗憾。

素胚勾勒出青花笔锋浓转淡/瓶身描绘的牡丹一如你初妆/冉冉檀香透过窗心事我了然/宣纸上走笔至此搁一半/釉色渲染仕女图韵味被私藏/而你嫣然的一笑如含苞待放/炊烟袅袅升起/隔江千万里/你的美一缕飘散/去到我去不了的地方/天青色等烟雨/而我在等你/炊烟袅袅升起/隔江千万里/在瓶底书汉隶仿前朝的飘逸/就当我为遇见你伏笔/天青色等烟雨/而我在等你/月色被打捞起 晕开了结局/如传世的青花瓷自顾自美丽/你眼带笑意/色白花青的锦鲤跃然于碗底/临摹宋体落款时却惦记着你/你隐藏在窑烧里千年的秘密/极细腻犹如绣花针落地/帘外芭蕉惹骤雨门环惹铜绿/而我路过那江南小镇惹了你/在泼墨山水画里/你从墨色深处被隐去/天青色等烟雨/而我在等你/炊烟袅袅升起/隔江千万里/在瓶底书汉隶仿前朝的飘逸/就当我为遇见你伏笔/天青色等烟雨/而我在等你/月色被打捞起/晕开了结局/如传世的青花瓷自顾自美丽/你眼带笑意。(《青花瓷》歌词)

随着内地对影视制作行业重视程度的增加,以及各方面软硬件条件的成熟,内地音乐电视的制作理念和水准也有了大幅度提升,尤以近几年出品的《康美之恋》、《爱到春潮滚滚来》等作品为突出代表。

《康美之恋》是一部纯商业性质的音乐电视作品,由广东康美药业股份有限公司投资，是为其量身制造的企业宣传片性质的广告音乐电视。但编导者在策划和制作方面，并没有局限于制药企业这一元素本身，而是在MV中设计出了人物、环境、悬念等诸多戏剧元素，无论在导演理念、摄像手法、剪辑风格、人物形象塑造等方面都达到了较高水准。《康美之恋》由北京太阳圣火广告有限公司承制，童年导演，谭晶演唱，任泉、李冰冰主演，由这些一线阵容也可看出是一部比较大手笔的投资制作。这部MV并没有像以往的商业广告MV选择以企业为拍摄主体，而是将拍摄场景选在了素有"山水甲天下"之称的广西桂林，而其使用的设备也是高水平的，如其摄像机就是使用的当时在国外已经颇为先进的数字高清摄像机。正是由于前期的充足准备，这部MV在画面上刻意营造出了一种唯美的、"山水画式"的意境，其色彩的亮丽、饱满，镜头运用的考究，视听语言结合的艺术性，在国内音乐电视制作行业中都具有里程碑式的意义。这部MV的背景设计为"康美药业"背景下，一对年轻恋人为事业和幸福生活辛勤耕耘并最终获得美满结局的大情节，这有些接近于我国传统文化中为民众喜闻乐见的"郎才女貌"的人物设定。而整部作品中诸多细节的考究和运用更是起到了锦上添花的作用。一反传统MV制作理念中前奏与字幕先出现的开篇形式，这部MV的开篇先是山水画面以及演唱部分的进入，随着任泉扮演的男主人公的形象出现，画面才给出歌曲的歌名及主创人员字幕。另一个有突破性的地方是该MV前后两段在镜头运用上有非常明显的区别，歌曲的上半部分，画面基本使用居中构图的方式，而且多以固定机位进行拍摄。而进入歌曲的下半部分，又基本采用了移动镜头的方式进行拍摄，而在镜头运用上大量采用了前实后虚、前景带物等镜头语言，在景别上也多次使用了远景俯拍的大场景。以上这些安排不仅使画面的层次感和纵深感更加多样，也紧扣了歌曲的内在情感以及片中人物命运和情感的演进。同样，在剪辑手法上，上半部分采用的是常规剪辑方式，而到了下半部分，则使用了多次慢速特效。这种段落与段落之间明确动静结合的拍摄方式不仅对于音乐电视的视听语言是一种全新的摸索和尝试，也在理论上为研究者提供了一个典型的分析案例。总体看来，除了镜头的稳定、色彩饱满、场面宏大、人物刻画细腻等表面特点，纵观整部MV，与《我们说好的》、《富士山下》等强调剪辑特效的港台MV作品对比，《康美之恋》更显得大气，其意味也更为浓厚隽长。

一条路海角天涯/两颗心相依相伴/风吹不走誓言/雨打不湿浪漫/意济苍生苦与痛/情牵天下喜与乐/一条路千山万水/两颗心无怨无悔/风吹不走誓言/雨打不湿浪漫/意济苍生苦与痛/情牵天下喜与乐/明月清风相思/丽日百草也多情/两颗心长相伴/你我写下爱的神话/明月清风相思/丽日百草也多情/康美情长相恋/你我写下爱的神话。（《康美之恋》歌词）

《康美之恋》MV 分镜头

镜号	景别	摄法	场景	后期效果	内 容	歌词	时长
1	大全	固定	外	叠化	山水空镜、红帆小船在水中央	前奏 字幕:谭晶 康美之恋	4秒
2	大全	固定	外		大树居中,小女孩和小男孩分别从左右两端跑动至画面中央		5秒
3	全	固定	外	叠化	两儿童树下玩耍		4秒
4	大全	固定	外		任泉撑浆划船	字幕:康美之恋(Kangmei zhi lian) 作词　童年 作曲　晓锋 演唱　谭晶 歌手:一条路海角天涯	7秒
5	近	固定	外		流水	歌手:两颗心相依相伴	2秒
6	中	微摇	外		放草药筐的船在水中前行		4秒
7	近	固定	外		任泉表情	歌手:风吹不走誓言	4秒
8	大全	摇	外	叠化	群山空镜	歌手:雨打不湿浪漫	3秒
9	中	固定	外		任泉向山顶爬		3秒
10	近	上摇	外		同9	歌手:意济苍生苦与痛	1秒
11	全	固定	外		大树居中,李冰冰由右侧跑动入画	歌手:情牵天下喜与乐	3秒
12	近	微摇	外		李冰冰张望表情		4秒
13	全	固定、俯	外	叠化	树林、闪电、雨空镜		1秒
14	近	微摇	外		同9	歌手:一条路千山万水	2秒
15	特	上摇	外		任泉抓绳子的手		1秒
16	大全	固定	外		李冰冰风雨中趟水过河堤		2秒
17	近	摇	外		李冰冰手扶竹笠前行		1秒
18	近	固定	外		任泉表情	歌手:两颗心无怨无悔	3秒
19	全	固定	外		李冰在河堤上跑动、跌倒		1秒
20	近	固定	外		李冰冰水中双脚		<1秒
21	近	摇	外	叠化	飘在水上的竹笠	歌手:风吹不走誓言	5秒
22	近	微摇	外		任泉爬上山顶看到草药	歌手:雨打不湿浪漫	5秒
23	特	固定	外	叠化	任泉表情	歌手:意济苍生苦与痛	2秒

续表

镜号	景别	摄法	场景	后期效果	内容	歌词	时长
24	大全	固定	外		男女主角在桥上相遇		1秒
25	全	固定	外		同24		1秒
26	近	固定	外		同24		<1秒
27	特	固定	外		男主角握女主角双手	歌手：情牵天下喜与乐	<1秒
28	特	固定	外		李冰冰表情		2秒
29	中	固定	外		两人双手相握，对视	歌手：明月清风相思	1秒
30	特	固定	外		任泉表情		1秒
31	大全	固定	外		同29		3秒
32	中	固定	外		女主角依偎在男主角怀中	歌手：丽日百草也多情，两颗心长相伴	4秒
33	大全	固定	外		两人跑向大树	歌手：你我写下爱的神话	3秒
34	全	跟	外		两人并肩走过河堤	歌手：明月清风相思	2秒
35	大全	固定	外	叠化	34反打机位		2秒
36	大全	固定	外		群山、瀑布群空镜		2秒
37	大全	固定	外		众男拎药筒走过草棚	歌手：丽日百草也多情	4秒
38	中	下摇	外		李冰冰与女伴踏水车双脚	歌手：康美情长相恋	2秒
39	特	固定	外		水流		2秒
40	全	摇	外		李冰冰与女伴踏水车	歌手：你我写下爱的神话	2秒
41	中	摇	外		李冰冰与女伴交流		2秒
42	中近	微摇	外	叠化	任泉将水泼向镜头		3秒
43	大全	固定	外	叠化	众女水边刷洗制药用具		3秒
44	远	固定	外	叠化	瀑布		3秒
45	全	固定	外		停在岸边装满药材的船		1秒
46	中	跟	外		众女端着药材向镜头走		1秒
47	全	固定	外		众女端着药材走在木桥上		1秒
48	近	摇	外	叠化	数把红伞		2秒
49	特	固定	外		"康美药坊"木匾		1秒
50	中全	固定	外		众女端着药材背对镜头走向大门		1秒
51	近	跟	外		同50		1秒

续表

镜号	景别	摄法	场景	后期效果	内　容	歌词	时长
52	远	固定	外		众女走过长廊		2秒
53	特	跟	外		队首女表情		2秒
54	全	推	内		李冰冰与女伴筛药		2秒
55	中近	摇	内		李冰冰表情	歌手:一条路海角天涯	2秒
56	中	固定	内		李冰冰与女伴筛药		2秒
57	特	摇	内		李冰冰表情		3秒
58	中	摇	内		任泉看医书鉴别药材		2秒
59	近	摇	内		任泉侧面表情	歌手:两颗心相依相伴	2秒
60	特	固定	内	叠化	《本草纲目》被翻开		1秒
61	全	推	内		众女捣药		2秒
62	中	下摇	内		众女腿部	歌手:风吹不走誓言	3秒
63	特	固定	内		众女踩药碾的脚		<1秒
64	中	摇	内		同61		1秒
65	中	摇	内		众男切药		1秒
66	近	摇	内		侧拍65	歌手:雨打不湿浪漫	1秒
67	近	摇	内		侧拍65中众男表情		1秒
68	中	摇	内		侧拍众女以手碾捣药		1秒
69	近	摇	内		同68		1秒
70	全	推、俯	内		李冰冰煎药	歌手:意济苍生苦与痛	2秒
71	特	摇	内		李冰冰揭开煎锅盖		2秒
72	特	摇	内		李冰冰表情	歌手:情牵天下喜与乐	4秒
73	中	摇	内		李冰冰煎药		2秒
74	特	摇	内		李冰冰表情	歌手:一条路千山万水	4秒
75	特	摇	内		手与各种药材		2秒
76	近	摇	内		任泉表情	歌手:两颗心无怨无悔	1秒
77	全	摇	内		任泉配药		2秒
78	近	摇	内		任泉将药袋折好		3秒
79	大全	摇	外		众男挑扁担走过水边	歌手:风吹不走誓言	5秒
80	全	固定	外		众男挑扁担在桥上	歌手:雨打不湿浪漫	3秒
81	中	跟	外		同80,演员面向镜头		2秒
82	大全	固定、俯	外		众男挑扁担上船	歌手:意济苍生苦与痛	3秒
83	全	固定	外		众人将药材装船		2秒

续表

镜号	景别	摄法	场景	后期效果	内　容	歌词	时长
84	特	固定	外		药篓中的药袋,上贴"康美药坊"标签	歌手:情牵天下喜与乐	1秒
85	中近	摇	外		任泉将药篓搬起		3秒
86	近	摇	外		同85		2秒
87	特	固定	外		任泉表情	歌手:明月清风相思	3秒
88	全	摇、仰	外		挂满红伞的木杆		2秒
89	全	固定	外		众人划船出发	歌手:丽日百草也多情	4秒
90	大全	摇、俯	外		船在水中行进	歌手:两颗心长相伴	4秒
91	近	固定	外		左侧众人奋力划桨	歌手:你我写下爱的神话	2秒
92	近	固定	外		右侧众人奋力划桨		2秒
93	大全	固定、俯	外		船队渐渐行远	歌手:明月清风相思	4秒
94	远	固定	外		迎亲队伍前进	歌手:丽日百草也多情	4秒
95	全	固定	外		迎亲乐队欢快在走廊上前行	歌手:康美情长相伴	1秒
96	远	摇	外		迎亲乐队		1秒
97	全	大摇、俯	外		舞狮入画、村落外景	歌手:你我写下爱的神话	5秒
98	大全	固定、俯	外		众人欢庆		3秒
99	中	摇	外		女孩着民族服装载歌载舞	歌手:明月清风相思	2秒
100	中	摇	外		着民族服装男子吹乐器		1秒
101	全	摇、俯	外		舞狮跃起动势		1秒
102	全	固定、仰	外		舞狮跃起	歌手:丽日百草也多情	2秒
103	特	固定	外		舞狮叼走红绸		3秒
104	中	摇、仰	外		欢庆场面,舞狮跃起	歌手:两颗心长相伴	3秒
105	近	摇	外		孩子们欢乐表情	歌手:你我写下爱的神话	2秒
106	特	固定	外		老人喜悦的表情		1秒
107	中	固定	外		新娘在舞狮后面出现,新郎揭红盖头	歌手:明月清风相思,丽日百草也多情	2秒
108	近	固定	外		盖头掀开,新人幸福的表情		5秒
109	近	固定	外		众女欢乐表情		1秒
110	近	摇	外		众男喜庆庆祝	歌手:康美情长相恋	2秒

续表

镜号	景别	摄法	场景	后期效果	内容	歌词	时长
111	近	摇	外		新人相视而笑、甜蜜表情	歌手:你我写下爱的神话	4秒
112	中	摇	外		新人背对背倚靠,表情		2秒
113	特	固定	外	叠化	新人面对镜头表情		2秒
114	大全	固定	外		山水空镜,小船在水中前行	片尾字幕	3秒

《爱到春潮滚滚来》是另一部纯商业性质的音乐电视作品,由五粮液集团有限公司投资,为其"五粮春"系列酒品量身打造的广告音乐电视作品。这部MV摄制于2006年,略早于《康美之恋》,同样是由北京太阳圣火广告有限公司承制,其主创团队除演员外与《康美之恋》几乎是原班人马,因此在画面质感、人物形象刻画、意境等方面与《康美之恋》有颇多相似之处,甚至"青山绿水"等主背景都与《康美之恋》如出一辙。但该MV的人物设定为一对"神仙眷侣",在拍摄手法上也更多倾向于"武侠"的思路,如其中"腾空飞行"、"凌波虚度"等细节的安排,很容易使人想起前些年的国产武侠电影《英雄》、《十面埋伏》等影片中的细节,而且该MV主场景是在四川宜宾的蜀南竹海,这与电影《十面埋伏》的外景地重庆永川茶山竹海有异曲同工之意。如果将这部MV视为《康美之恋》的练兵之作的话,确实有些不足之处,如剪辑中几处素材的重复使用,节奏单一,情节单薄等缺憾,除了同样追求画面的唯美与质感,其他方面则与《康美之恋》不可同日而语。当然,如果将其视为《康美之恋》的一次练兵与尝试,那该片的作用则是发挥得淋漓尽致了。

一江春水情不尽/我梦绕魂牵/一夜春雨梦不休/你多情缠绵/一朝春露万花开/我美丽无限/一日春风人心暖/你风情万千/一生情深似海/爱到春潮滚滚来/五粮春光灿烂/香醉人间三千年。(《爱到春潮滚滚来》歌词)

附录一 简谈"韩流"的影响

从上世纪末到本世纪初,随着影视制作水平紧紧伴随并依靠着经济发展水平的速度爆炸性增长的同时,作为极具代表性的音乐电视作品,也不得不面临着娱乐性和商业性极致化的趋势,这一现象早在上世纪就已经有西方学者进行系统的研究,其中一个现象被称之为"娱乐至死"。

"娱乐至死"是对20世纪后半叶美国文化中最重大变化的探究和哀悼:印刷术时代步入没落,而电视时代蒸蒸日上;电视改变了公众话语的内容和意义;政治、宗教、教育和任何其他公共事务领域的内容，都不可避免地被电视的表达方式重新定义。美国学者尼尔·波兹曼认为，电视的一般表达方式是娱乐。一切公众话语都日渐以娱乐的方式出现，并成为一种文化精神。一切文化内容都心甘情愿地成为娱乐的附庸，而且毫无怨言，甚至无声无息，"其结果是我们成了一个娱乐至死的物种"。同时，他更是一针见血地指出：有两种方法可以让文化枯萎，一种是让文化成为一个监狱；另一种就是把文化变成一场娱乐至死的舞台。

在全球化不可避免的"娱乐至死"大背景和大诉求下，我们所接触到的音乐电视也未能幸免，其最大的影响者当属娱乐发家的韩国，因为一提到"韩流"现象，大多数中国人都是不会陌生的。从最早单兵作战的李贞贤到团体出动的"HOT"，从《我的野蛮女友》到《大长今》，以至于笔者落笔之时正在网络、电视上疯狂扩散的《江南Style》，我们不难看出，短短二十年间，韩国流行文化早已经从电影、电视剧、音乐、舞蹈等等方面全方位地影响了我们至少整整一代人。无论以"韩流"为代表的舶来文化对我们自身的文化和价值体系是福是祸，至少我们还是应该从专业的角度将其分析透彻，也只有如此，才能够在将来有所对策，有的放矢。

从大体来看，韩国音乐电视作品主要有以下一些要素：

第一，影像富有质感，讲求色调与布景；

第二，剪辑节奏紧扣音乐节奏，后期包装特效多；

第三，走"俊男靓女"路线，青春和性感是必不可少的杀手锏。

我们先从当下正在火爆的所谓"屌丝MV"《江南Style》来一窥大概。尽管被冠以"神曲"等极度夸张的绰号，并且登上了吉尼斯世界纪录的榜单，这首火爆全球的《江南Style》却依然是韩国流行元素的大拼盘。首先从歌词和创意来说，这首歌并没有具体的抒情或叙事内容，而是沿用当下流行歌曲所常见的重复句式，如其最多出现的歌词"好美丽、好妩媚"、"没错是你"、"男子汉"、"女人"等关键词，再加之朗朗上口的强烈节奏，都为这首歌注入了快速传唱的可能性。而从制作的创意上来说，该曲歌唱者鸟叔在MV中演绎的角色，更是把自己装扮成"屌丝"的形象，但观众们往往忽略了MV中所出现的其他人物及道具，他们基本都是性感、时尚的缩影，如地铁中跳钢管舞的女孩，为鸟叔伴舞的女孩们，停车场中的富少和豪车等等，大家不妨稍稍回忆一下，其实这一创意早已被周星驰和他的电影演绎得淋漓尽致了。另外，伴随着鸟叔和他的《江南Style》一起火遍全球的还有其"招牌"的骑马舞，随着这首歌的MV在网络等媒介上的疯传，更是有成千上万个骑马舞的版本在网络上娱乐着别人也娱乐着自己。韩国是一个流行歌舞的大国，仅从孙悦等歌手去韩国学习舞蹈、韩庚等歌手去韩国做团队发展等现象就不难看出韩国流行娱乐模式对亚洲的影响力。但就像高雅音乐，总听也会产生疲劳一样，帅哥美女看得过多也会产生审美逆反，所以鸟叔的反其道而行之想不火都难，这也让我们面对一个尴尬的问题:"星爷"已经老了,目前好像还没有"接班人"出现的迹象,"超级女声"的前辈如李宇春、周笔畅等人也在咬牙死撑,不知我们在喊着"江南"、跳着骑马舞的同时,自己的流行趋势将何去何从呢?因为在《江南 Style》貌似无章法和疯狂的舞步中,我们更应该看到"鸟叔"朴载相毕竟有伯克利音乐学院的教育背景,相信他的校友王力宏等人对于如何看待朴载相的流行更有自己的见地。

附录二　学生音乐电视作品例析

一、剧情类

　　学生 MV 作品《舍不得》,讲述的是一对情侣由热恋到出现一方出轨直至无奈分手的过程。由于是学生作品,受到软硬件等客观条件的制约,必然面临着制作不够精良的尴尬,因此制作者在有限的空间内努力尝试将人物关系和情感冲突做到合理化、清晰化。

　　在导演方面,《舍不得》着力模仿台湾剧情类音乐电视的架构,如《勇气》、《童话》、《我们说好的》等等,一方面注意画面的质感,同时努力在 4—7 分钟的有效时长内,尽量将人物形象刻画、人物关系设置、情节与悬念的设置等进行有机处理。片子开头,是两位主人公的对话,当镜头给到女主角走下楼梯的高跟鞋时,前奏响起,这是一种首尾相通的常见手法,即整部音乐电视的开头和结尾为同一场戏,甚至同一个镜头,这种手法往往能够给观众以一种首尾呼应、叙事"圆满"的情绪暗示。

　　在镜头运用方面,该片比较中规中矩地进行了构图和后期剪辑,当然,在此基础上还进行了一定的探索。随着音乐前奏出现的画面,是隔着铁丝网仰拍天上几朵白云的镜头,这样的安排在一定程度上对片子的基调以及烘托整个音乐起到了作用,这种处理我们可以参照中国传媒大学南广学院学生音乐作品《小小》的手法。当摆在桌上的一对水杯的镜头过后,是透过两位主人公两手相对而成的"心形"图案拍摄的天空,接着是俯拍的两人坐在草坪上手指相连仰头看天的场景。为了弥补音乐本身长度不足以撑住整个故事的先天问题,作者将音乐的前奏和副歌部分都做了适当复制和延长,当故事中的情侣走下台阶而斗嘴这场戏出现时,就是一个参照。只是这里我们需要提一下,就是学生作品中对于表演、台词等方面的随意性问题,这场戏中的对白是后期配音,并且刻意模仿了港台腔,就整部片子来说,这一段处理往往令观众有哑然失笑的感觉,甚至会有部分观众提出,这样处理的作用和目的是什么?而且这也不是一部喜剧或者是轻松主调的作品,所以这就是随意化处理而给整部作品带来的瑕疵，也是我们其他同学在创作中值得注意的。接下来该片作者又为情侣安排了另外一段对话，大致内容是两人在校园中对话，憧憬将来，男主人公的一句"在不久的将来，我们会抱着我们的孩子坐在这里……"这又是本片中另一个处理不够精细的所在，这个问题归根结底便是对于台词打磨这一训练的不到位，因为音乐电视这种艺术形式一般情况下很少出现对白，而类似剧情类的音乐电视即使出现了对白，也相当少，故而对语言的提炼有相当高的要求。上面我们提到场景中的对话，明明是一对大学生的身份，却在谈论成家生子的问题，这未免有点"操之过急"了。虽然当下大学生的恋爱在闲暇时常常会以此类问题互相试探对方感情的所谓"忠诚"，但我们恰恰不能忽略了艺术创作"来源于生活、高于生活"这句话的本质意义，如果我们学生的作品随便将生活中的语言放到自己的剧本或者影像中，便认为这就是对白、台词，那只能是"失之毫厘、谬以千里"了。当两段铺垫式的对白完成后，前奏的音量提高，片子方才进入主要的叙事部分，作者在这里做了男主人公在KTV中喝酒及女主人公在家中独自等待的平行蒙太奇处理，在表现出了两个时空的同时，也为故事的主要矛盾做了伏笔。在歌曲第一部分结束前，通过女配角的一句"我怀孕了"，将男主人公出轨这一关键矛盾交代出来，接下来随着女主人公手中的水杯摔碎在地上的处理，导演在其后的几场戏中重点刻画了女主角的内心情绪变化。在这里值得一提的是，这部片子在镜头运用上基本做到了"扬长避短"，表现在镜头运用上，基本采用的都是固定镜头及中近景别的拍摄手法。固定镜头和中近景别结合这一拍摄手法属于常规模式，其特点在于没有大的瑕疵并且便于后期剪辑及效果的辅助，对于我们许多处于中低年级学习编导的同学来说，这是一个典型的参照，因为很多同学在刚学摄像基础的时候，本能地迷恋于镜头的推拉摇移，误以为只要是动的画面便利于审美、"运动"的镜头就是专业的表现，这是大错特错的。殊不知运动镜头的运用以及摄像师在何种情况下采取推拉摇移，都是有章法的，这些专业问题我们就不在本章赘述了。歌曲的中间部分，女主角在桌上留下信离家而去，男主角拿起信的场景处理，明显参照了台湾版《我们说好的》这部MV的手法，这种两个人物在同机位、同景别营造出两个时空的效果的拍摄及特效手法，在当下学生们的作业训练中也比较"风靡"，这种尝试虽然不一定处处适用，但这种善于观察、敢于尝试的精神还是值得肯定的。当歌曲的情绪渐入高潮时，导演将两个主人公分别的场景分为上下两部分，其效果我们不做讨论，但这种手法足见当下日、韩、台剧对我们学生所产生的影响。

另外值得指出的是片子后面出现的两组镜头，一处是两位主人公分别在阳光下的旋转镜头，另一处是片尾出现的以廊柱为前景的叠化轨道镜头，由于没有轨道、摇臂等硬件支持，该片剧组成员充分利用身边条件，借来三轮车代替轨道，完成了上面两处场景的拍摄。这种"小聪明"类似于前些年人们笑谈的以老板椅代替轨道的拍摄手法,在这里虽然有些老生常谈,但随着当下的大环境以及硬件水平和经济条件的飞速提升,许多学生的惰性思维愈加严重,这正是我们教学双方时时应该反思的所在。综观整部片子,由于我们前面提到的一些创作能力和创作习惯的影响,出现了一些或有意或无意的瑕疵。另外,影调、节奏的不一致,也是一个明显的缺憾,这些都是应该继续加强的地方。

第一次你陪我坐着/我的手心是空空的/我知道那些简讯声你努力藏着/还怕我难过/不追问到底为什么/是我最后的温柔/想笑着附和说分开是好的/但我们却怎么一起哭了/我舍不得/可是时间回不去了/爱你很值得/只是该停了/没有我你要好好的/我舍不得/最后一次抱紧你了/我们错过的/错了就错了/不用担心我/我不爱你了/不追问到底为什么/是我最后的温柔/想笑着附和说分开是好的/但我们却怎么一起哭了/我舍不得/可是时间回不去了!爱你很值得/只是该停了/没有我你要好好的/我舍不得/最后一次抱紧你了/我们错过的/错了就错了/不用担心我/我不爱你了/至少你记忆里的我是微笑的/亲爱的/有你牵着我的那些日子/真的好快乐/我舍不得/可是时间回不去了/爱你很值得/只是该停了/没有我你要好好的/我舍不得/最后一次抱紧你了/我们错过的/错了就错了/不用担心我/我走了。
(《舍不得》歌词)

中国传媒大学南广学院的学生音乐电视作品《小小》,是当时国内难得一见的颇具水准的学生作品之一。该作品选取了台湾歌手戴佩妮的歌曲《小小》,无论从叙事结构、画面运用、后期效果以及整体情绪营造等方面,都达到了相当的水准。该作品设计的是一对从小一起长大、情同手足的姐妹之间的情感和故事,而且在二度创作的处理过程中,整个影像效果交代出了一种欲语还休的感觉,即一个女孩选择了做警察,另一个女孩沦为犯罪团伙帮手的命运,这种"猫鼠不共戴天"的常规设置,常使人想起《无间道》之类典型警匪电影的人物关系。随着前奏的进入,片子大量使用了叠化的效果,从地铁上两个女主角互相依靠着拍合影照开始,场景开始在童年和成年之间不断切换。这一组镜头的可取之处是通过两人的玩偶作为连接,以上这些镜头多采用的是手持移动拍摄,这就在第一时间对摄影工种提出了一个不小的难题,当然也足见整个团队对待该片的自信。当歌曲前奏进入尾声时,画面通过虚焦的方式拍摄了前景中的一对"晴天娃娃"(布玩偶挂件),虚焦的景深处是奔跑玩耍的儿童,值得注意的是这对玩偶的表情为一哭一笑,这种喻义镜头的选取虽不算独特,但此类手法在整部作品中多次使用并且与整部片子相得益彰,足见该作品的创作者在前期策划、筹备以及后期执行方面的能力。歌曲演唱的第一部分,依然采用的是童年、成年两个时空的不断切换,这个过程里童年玩耍的场景占了主要部分,只是安排了仅有的几场成年后两个人同生以及各自在社会中不同角色的交代，在镜头运用上采用了手持、虚实焦结合及移动镜头等不同的手法，丰富了画面样式。在画面样式丰富的同时，这部MV对于光影的处理也是值得参考的，如童年时两个女孩吹泡泡玩具时的明亮效果和成年后两人在郊外拉手向两个方向跑开时的偏暗影调，就非常到位地突出了整部片子所要表达的对比情绪。歌曲进入第二部分时，故事也渐入高潮，这场戏主要发生在地铁上，作为学生作品，对于地铁这类公共交通场景的拍摄确实是一个不小的挑战，难能可贵的是该作品的团队比较到位地处理好了场面调度。比如，中景拍摄两个人的亲密动作，以景深来突出犯罪团伙逼近两个人的紧张气氛。这个过程中最出彩的当属车厢内外两个空间的拍摄，车窗内外的几次画面切换，既符合了旋律的内在情绪，又适时地将人物命运和悬念感推向了高潮。这种以玻璃质感的物体进行拍摄的手法，即使对于专业剧组来说也是有相当难度的，这部MV的主创在后面的场景中"趁热打铁"，通过大楼玻璃作为折射体，将气氛推向了顶点，更是难能可贵。当作为警察的女主角与同事驱车前往营救被犯罪团伙控制的姐妹的路上，画面做了大量快速的切换，在童年回忆的画面中，又穿插了隧道、街道夜景的空镜头，无论对于视听语言的运用还是观众审美情绪的调控，都达到了事半功倍的效果。当另一女主角被枪指着头、望向窗外时，绚丽的烟花景象折射在了玻璃上，这也是我们前面所提到的点睛之笔。随着剧情的发展完整，镜头在唯一的挂着"晴天娃娃"的钥匙被放在桌上的画面结束，字幕出现的背景采用的是泡泡在空中飘动的空镜头，将整个片子带到了一种"言有尽而意无穷"的意境当中。

通过《小小》这样一部MV作品，我们可以总结出以下几点：首先，作为影视专业的学生，在基本功训练的阶段，就应该牢固掌握剧本写作、分镜头脚本写作、摄像、后期剪辑等等基本功，这些基本功对于一部作品的成功与否，都起到不可或缺的作用。其次，无论片种还是时长如何，对于通过镜头和剪辑台完成二度创作的影视作品来说，从开拍的那一刻开始，执行力与协调力都将是片子质量的至关重要的保障。最后，对于广大从事教育的同仁，由于各自专攻的专业领域、所擅长的技术要点不同，几乎没有人能够做到如卓别林、伍迪·艾伦、北野武等少数成功导演那样事事亲力亲为而又能够保证质量，因此，教师之间能否通力合作为学生服务，也是一个课题。

二、音乐音响类

学生作品《车站》，确切说来并不能算作真正意义上的音乐电视作品，它里面更加揉入了剧情片的元素，但由于这部片子的形式比较独特，并且其大量运用了音乐音效作为辅助手段，故而我们把这部短片放在音乐电视这一章节中来分析。这部作品表现的是一对夫妻由最初的偶遇、相识、相爱直到相伴走完一生的过程，其思路如当下不少跨越多个年代的电视剧一样，选取的是每个人生阶段的一个面来进行细致的刻画，以达到"以小见大"的效果。由于选取的是这样的情节，先天就比较"讨巧"，也就是只要抓住片中人物各个重要的人生阶段的要点进行刻画，只要不出现重大的穿帮或者镜头失误，就不会有比较明显的漏洞或者遗憾，而这也正是这部片子的最大成功之处。

就导演部分来看，《车站》这部 MV 作品沿用了该作者常用的前期相对简单制作，只是对演员的服装和造型做了适当的调整（当然，这样的前期制作对演员的要求是比较高的），后期上下足功夫的特点，即在基本固定的背景下完成故事的前期拍摄，诸如调色、音效、音响、画面做旧等等效果都在剪辑台上进行补充。镜头方面，也采取了固定机位、固定景别的拍摄方式，以中、近景为主，关键情绪点时辅助以特写，基本做到了详略得当。

音乐音响与剧情的相得益彰是该片最大的亮点。随着字幕的出现，作者刻意采取了无声处理，画面通过后期效果做旧，伴随着不规则的波纹线，从而得到了一种类似黑白电影及旧胶片的影像效果。同时作者还在画面左上角做了一个类似于片场打板器的 LOGO，这些都带出了创作者一种略带幽默、活泼的创作风格。正片开始，画面是空镜头（就整体而言，这一空镜头的运用更加类似于戏剧舞台的效果），一男一女两位主人公通过淡入的效果出现在画面的两端，随着男孩的眼睛及手部动作的特写，音效采用的是节奏稍微紧张的鼓声，这也映衬出了男孩心动的紧张和兴奋。当画面回到中景，男孩开始向女孩移动，音效又选用了比较轻快的鼓声，当女孩拒绝男孩的靠近，两个人完成了一次位置互换的舞台调度，最后共同调度到画面中央。比较好的处理是作者随着每次调度的到位将背景音效的鼓声做了三次停顿，这一方面利于观众的欣赏，以免于被音乐音响破坏了整体情绪；另一方面对于角色的塑造和人物情感的交流又起到了恰到好处的烘托作用。随着女孩给男孩一记响亮的耳光，画面切入黑屏，当画面再次淡入，两人又回到了开场时各自所在的位置，此时作者在音响上安排了一段诙谐中略带遗憾的小号，画面再次淡出黑屏，这种处理很像一些成功动画片或者喜剧电影的效果，即将紧张的情节做轻快的处理，不至于使观众感到过于的压抑。这里我们可以视为整部片子的第一章节，即两个人的"相识"，即交代出了主要人物，也将人物性格做了基本的刻画，为后面的发展打下基础，在后期效果及音乐音响上，也奠定了基本的风格和基调。当画面再次淡入到开场的调度时，通过男孩的眼部特写过渡，音响部分进入了紧张的鼓声，配角"小流氓"的入画，也预示着女孩受到了威胁。随着打斗音效的配合，男孩将"小流氓"赶出画外，两个人展开搏斗，画面中只有女孩子关注的神情记录，而伴随着枪炮等音效的加入，帽子、背包等道具一一飞入画面，让人不难联想到搏斗的

"惨烈"。这也正是该片一大可爱之处,作者学会了通过镜头表达构思,更可贵的是尝试了控制镜头监视器之外的空间,这种手法很像我国传统绘画艺术中"写意"手法的运用。也就是说,在一些场景的处理中,给观众思考的空间反而比费九牛二虎之力、面面俱到地拍出来能收到更好的效果。随着负伤的男孩再次入画、捡起背包、站回原位的一系列动作,音效选用的是一段悠扬感伤的小号,尤其到了男孩接过女孩递过的纸巾擦鼻血时,小号曲子也适时地进入了变奏,两个人的感情也就此有了"眉目"。我们可以将以上一段视为片子的第二章节,即"相近"。随着画面再次亮起,伴随着轻快的音乐,男孩和女孩嬉笑玩耍,有说有笑。当背景音乐停止时,画面通过特写交代出男孩送给女孩的小玩偶,此时音效配合了一段轻快的钢琴弹奏,通过几个特写镜头的辅助,第三章节"相恋"也告一段落。随着一组组合乐器完成的轻快、喜悦乐曲的进入,两人换成了旅行的服装,通过地图以及两人同时指着地图时无名指上的对戒,可以将此处理解为类似"蜜月旅行"的设计。当画面再次淡入淡出,片子进入第五章节,两位主角在景深处,已经换成了成熟的工作装扮,并且表现出了忙碌的状态,此时一位孕妇在丈夫的陪同下由前景走过,这一场中音乐配合的是一段温馨的电子琴乐曲。当怀孕夫妇与男女主角站在平行线上时,一种鲜明的对比感便充满画面,摄像通过男女主角的眼神交流以及手部特写,交代出了两位"事业型"主角内心情绪的变化。随着一段情绪组合电子器乐的背景音乐,出现了这部片子中一组比较仓促的蒙太奇,即男女主角有了自己的孩子并且通过一个儿童演员表演出孩子的迅速长大。就整体而言,这组音画组合时间过短,用了一小节音乐去表现孩子从出生到成长的重要过程,显然没有达到影视艺术表现要"真实、可信"的这一要求,尤其下面接入的章节是表现两位主角人到老年的情节,那么上面的章节中小孩这一角色的介入就更显得突兀了,这是应该注意的地方。进入第七章节,作者直接将场景跨越到了老年,背景音乐也选用了比较低沉的钢琴曲配合略带忧郁的笛子吹奏,随着缓缓的音乐,从两位主角服装上可以看出是秋冬季节,两位主角相互依偎、照顾,背景音乐也营造出凄凉、萧瑟的感觉,这种处理确实拍出了必要的味道。当片子进入最后一个章节,作者选用了情绪深沉而饱满的一段背景音乐,随着已经孑然一身的老年女主角拿出初恋时男主角送给自己的玩偶,背景音乐也由高潮渐渐走入尾声。

  由以上分析不难看出,《车站》这部 MV 作品更应该看作是一次音乐音响的训练,尽管在结构上有其不尽如人意的地方,但也无伤大雅,作者的创作热情和由创作所带来的快乐已经与其作品很好地结合,尤其是该组学生在完成作业过程中脚踏实地,因人而异,扬长避短的思路,也是值得大部分同学在拍摄过程中借鉴的。

三、实验类

　　学生 MV 作品《流川枫与苍井空》，其歌曲来自于网络同名歌曲，该曲作者"黑撒乐队"在网络上也一度被年轻一代追捧。由于这首歌旋律舒缓，歌词通俗，又选取了一对大学恋人相识、相恋、相离、相邂逅的一个线索，唱出了当代年轻人对爱情及未来的彷徨和迷茫，也唱出了理想与现实之间的矛盾与无奈，由于很具写实性，所以很能引起大学生的共鸣。这部 MV 的作者在选曲创意之初，首先经历了一个由受众向专业制作者转变的过程。一般来说，学生在选取音乐电视素材之初，往往根据个人好恶而定，甚至单一地趋向于歌曲旋律或者是歌词内容来进行创意，这样就往往造成创意、策划单薄或者热情大于内涵的尴尬。比如该 MV 作者系影视导演专业三年级学生，他们就必须在喜欢之后冷静地寻找一种契合点来进行 MV 二度创作的构思，而不是站在一个听众甚至是歌迷的角度上去品评指摘这首歌曲的好与坏，如果这样，就永远都无法成为本专业的合格毕业生或者将来的艺术从业人员。然而遗憾的是，这个看似不很复杂的概念却是很多大学生都存在的理解误区。幸而《流川枫与苍井空》这部 MV 的同学很快明晰了必须及时转化角色进行二度创作的概念，接着又产生了另外一个问题，就是具体执行方案的筹划。作为具备一定舞台导表演训练的同学，大家最初选定的方案是通过类似小剧场舞台的空间模式，运用灯光设计和演员舞蹈等肢体处理来完成对这首歌曲的理解和诠释。这本身也不失为一个不错的设想，但就具体操作而言，却将面临几个障碍：一是摄影与舞台和表演之间如何衔接的问题。因为小剧场一类的空间，其灯光不同于电影电视的灯光，进行拍摄就要考虑明暗的问题，过亮就极其容易曝光过度，过暗又可能流失很多重要的表演内容。二是演员"服化道"的手法问题。众所周知，舞台与影视剧表演有着很大的区别，舞台表演非常强调演员的肢体控制力与舞台控制力，而影视表演的重点在于在摄影、灯光、服装、化妆等等工种协调统一的状态下，演员将内心活动通过表情和台词进行处理的过程，因此其第一个关键点就是摄影与演员的关系。具体来讲，比如运用中近景别时，必然会对演员的化妆提出挑战，而由于舞台化妆与影视化妆的不同，高浓度的舞台装扮在高清摄影机下就会显得有些不合时宜。另一方面，舞台上的服装也有其特有的规定和要求，这又远不同于影视服装中尽量接近和还原真实生活中实际着装的质感与品位，这些都和化妆等面对同一尴尬，即如何与摄影机达到和谐相融。三是演员调度的问题。上面已经提到舞台表演强调演员对肢体和舞台的掌控及创造力，所以舞台表演最理想的观演关系也存在于实时的、不可重复的现场状态中，即演员和观众处于同一时空并且不可复制和重来。而影视作品则恰恰相反，它是强调和依赖蒙太奇手法的独特艺术形式，尽管有景别、镜头、高清摄影机、灯光等等软硬件的辅助,但归根结底其毕竟是人为的艺术种类,即创作者必须通过摄影机等物件作为媒介,来完成对创作理念的阐释,因此这和舞台表演之间就存在着天然的不可超越的鸿沟。因此,综合以上种种现实问题和制约,我们建议将这部音乐电视影像素材的选取放在室外。音乐电视策划的第一要务是理解词曲的内涵,《流川枫与苍井空》这首歌的曲子属于抒情式,全曲娓娓道来,并没有过多的起伏,因此,关键的任务就落实到了理解歌词的环节上。这首歌的歌名就是一个值得玩味的地方,"流川枫"、"苍井空",本不是中国本土的产物,而是邻国日本的两个名词,众所周知,"流川枫"是影响中国近两代人的日本动漫形象,也是当时一种偶像的缩影,无论从形象、性格等各方面,他们都是当时以"80后"为代表的青少年们的榜样和理想人物,但可惜的是,《灌篮高手》没有演绎大学生活,当时青少年们的偶像流川枫也只能停留在动漫这一领域中。而"苍井空",却是活生生的现实人物,尤其是"AV女优"的身份,很容易让人联想到当下在大学生中及媒体上常见的一个词汇,即"宅男女神"。因此,《流川枫与苍井空》这个歌名,引用日本词汇,一个"写意"、一个"写实",不得不令人联想其寓意,"理想与现实"、"情感与欲望"等等常见的组合词汇,也许正是歌曲作者们所想表达的一些看法吧。在这样的分析与理解基础上,我们建议准备拍摄MV的同学们着眼于孔夫子曾经说过的"食色,性也",紧紧抓住能够表现这几个关键词的影像,而避免演员表演的尴尬与不足,在形式上给人耳目一新的感觉。而为了与"电视散文"、"电视专题片"等形式相区别,又建议同学们进行一些采访来充实影像的形式结构。从第一稿的剪辑版本来看,这部MV有突破也有缺失,成功之处在于这部MV的拍摄、剪辑和包装基本上忠实地呈现出了作者想要表达的意图,整体素材量充足,剪辑逻辑合理而节奏顺畅,与音乐的节奏内涵也比较合拍。由于采用了单反相机作为摄影工具,在留意自然光源的前提下,整体摄影风格较清晰并且具备基本美感,这也为全片提供了技术保障。所采访的人物面对摄影机时都比较自然,谈话内容随意而有的放矢,这也说明了MV制作人员在前期沟通上下了一定的功夫。然而,恰恰具备双刃剑作用的也是以上几处。

由于该片的摄像同学采用的基本上全是手持镜头,这虽然可以为素材量的积累提供很大方便,但是从构图考究、多种景别之间关系镜头的衔接方面来看,又很容易缺失有效素材。所采访的四名青年男女,也全部在学校寻找,其中有学生,也有经营饮品店的创业者。客观看来,既然这首MV是要表达当下社会的某种共性,那么四个被采访对象,无论从数量还是从身份组成上来看,其权威性和可信性就会被大打折扣。以上意见在与主创人员沟通后,也被接纳了。当然,任何影视作品的创作,总是伴随着或多或少的遗憾和失误,因此在从开拍前到片子完成的环节中,我们能够将可预计风险及失误控制到怎样的程度,这将决定着片子距离成功的可能性。

  总体而言,中国的音乐电视制作已经完成了积累和摸索的过程,随着数字制作不可避免地成为主流,随着"多媒体"、"全媒体"等等纷繁芜杂的传播渠道日新月异,如何制作精品,如何让音乐电视在承载娱乐、审美的同时,还能够渐渐承担起文化使命的一点点责任,是我们广大影视制作专业的师生应该面对的问题。虽然不敢奢望《霓裳羽衣舞》那种盛世的状态,但就在落笔修改之时,东方卫视终于将"鸟叔"请上了中国的舞台,《最炫民族风》和龚丽娜已经第 N 遍在各个卫视、地方频道亮相了,无论是人才还是设备,貌似我们都不再稀缺了,那么,将来的音乐电视将何去何从呢?这值得我们思索。

思考题

1. 音乐电视发展至今,硬件与软件在创意、策划与制作过程中所占的比重呈现什么变化趋势?两者孰优孰劣,哪个为决定性力量?
2. 从音乐电视的审美层面来看,"娱乐至死"现象对音乐电视创作和大众审美情趣产生了哪些消极影响?
3. 随着《江南 STYLE》和《最炫民族风》等中外"神曲"的纷纷走红,中国传统文化积淀如何保持自身特点而不被侵蚀?试谈谈你的想法。

图书在版编目(CIP)数据

电视节目创意、策划与制作/徐荐等编著.--北京:中国传媒大学出版社,2014.7
(2022.10重印)
ISBN 978-7-5657-1096-4

Ⅰ.①电… Ⅱ.①徐… Ⅲ.①电视节目制作－教材 Ⅳ.①G222.3

中国版本图书馆 CIP 数据核字(2014)第 163204 号

电视节目创意、策划与制作
DIANSHI JIEMU CHUANGYI、CEHUA YU ZHIZUO

编　著	徐荐 李万才 谷琳 魏伟
责任编辑	黄松毅
特约编辑	张　静
封面制作	泰博瑞国际文化传媒
责任印制	李志鹏
出版发行	中国传媒大学出版社
社　　址	北京市朝阳区定福庄东街1号　　邮　编　100024
电　　话	010-65450528　65450532　　传　真　65779405
网　　址	http://cucp.cuc.edu.cn
经　　销	全国新华书店
印　　刷	艺堂印刷(天津)有限公司
开　　本	710mm×1000mm　　1/16
印　　张	21.75
字　　数	419 千字
版　　次	2014 年 10 月第 1 版
印　　次	2022 年 10 月第 9 次印刷
书　　号	ISBN 978-7-5657-1096-4/G・1096　　定价　49.00 元

版权所有　　翻印必究　　印装错误　　负责调换